भक्ति के स्त्री-स्वर

भक्ति के स्त्री-स्वर

सम्पादक

नवनीत आचार्य

"स्त्री भक्त कवयित्रियों का इतिहास और नैतिक भूगोल"

-अनामिका

वाणी प्रकाशन

प्रकाशन के उत्कृष्टतम 61 वर्ष

vaniprakashan.com

पेपरबैक पहला संस्करण : 2024

वाणी प्रकाशन

4695, 21-ए, दरियागंज, नयी दिल्ली-110 002

फ़ोन : +91 11 23273167, 23275710

शाखाएँ

अशोक राजपथ, पटना-800 004, बिहार

कॉफ़ी हाउस कैम्पस, महात्मा गांधी मार्ग, प्रयागराज-211 001, उत्तर प्रदेश

महात्मा गांधी अन्तरराष्ट्रीय हिन्दी विश्वविद्यालय, वर्धा-442 001, महाराष्ट्र

sales@vaniprakashan.in
vaniprakashan@gmail.com

Bhakti Ke Stree-Svar
Edited by Navneet Acharya

ISBN : 978-93-6287-663-8
Criticism

मूल्य : ₹399

आर. टेक ऑफ़सेट प्रिंटर्स, दिल्ली-110 032 में मुद्रित

वाणी प्रकाशन का लोगो मक़बूल फ़िदा हुसेन की कूची से

स्त्री भक्तों की महान

साहित्य-साधना

को

सश्रद्ध समर्पित

अनुक्रम

भक्ति के स्त्री स्वर

'पुरोवाक'

भक्ति, प्रीति, ममता–ये तीन जो महाभाव हैं, उन्हें साधते हुए मनुष्य ऐसा एकतारा हो जाता है जिससे जब निकलते हैं, स्त्री स्वर ही निकलते हैं यानी उत्कट निर्व्याज समर्पण के स्वर जहाँ सब तू-तू मैं-मैं मिट जाती है। मुक्ति के दो ही रास्ते सम्भव हैं–पहला रास्ता ध्यान का है जहाँ अहंकार की सरहद बढ़ाते-बढ़ाते इतनी बड़ी कर ली जाती है कि सारा ब्रह्माण्ड उसमें समा जाए! वह हुंकार-भरे संकल्प से सधता है, इसलिए पौरुष की आहट इसमें होती है। दूसरा रास्ता भक्ति का ही है जहाँ क्रमिक अहंकार का विलयन अन्त में उस स्थिति में ले आता है जहाँ कोई पराया नहीं रहता। एक के बहाने सारी दुनिया अपनी-अपनी-सी लगने लगती है–'जित देखौं तित लाल'। यही रास्ता भक्ति का है जिसके अवतरण से सारी उग्रता तिरोहित हो जाती है और मनुष्य में वह मूल स्त्री तत्त्व बीज रूप में बच जाता है और वह बीज है उत्कट समर्पण में बहे आँसू का एक कतरा जो अपनी सब सरहदें लांघकर सागर में मिल जाता है–'फ़ुटा कुम्भ जल जलहिं समाना, यह तत कह्यो गियानी।' वर्जिल शायद इसे ही 'टियर इन द हार्ट ऑफ़ थिंग्स' कहते हैं। भारतीय मनीषा, जो सुभग रूपकों में अपनी बात कहने की अभ्यासी है, ध्यानमग्न शिव की आँखों से आँसू के रूप में रुद्राक्ष झड़ने की कल्पना करती है। उसके बाद पौरुष का प्रतीक शिव भी आधे तो स्त्री हो ही जाते हैं, ठीक वैसे जैसे रास के बाद कृष्ण राधा के कपड़े पहन लेते हैं, राधा कृष्ण के कपड़े पहन लेती हैं और कृष्ण की आँखों से, पुरुष की आँखों से विश्व देखने को तत्पर हो जाती हैं! लिंग-विपर्यय का यह रूपक दरअसल चित्त की उस स्थिति का द्योतक है जब लिंग-चेतना से भी ऊपर उठ जाता है मनुष्य, फिर वर्ग-चेतना, वर्ण और नस्लगत पूर्वग्रहों की तो बात ही क्या! वर्ग-वर्ण-नस्लादि तो दुनियावी क्यारियाँ हैं कृत्रिम विभेद, लिंग-विभेद कृत्रिम विभेद नहीं, प्राकृतिक विभेद है पर प्रेम/भक्ति/ममता के शीर्ष पर उसकी भी चेतना नहीं रहती।

वानप्रस्थ के इस मुहाने पर तो प्रायः सभी यह महीन बात समझ ही लेते हैं पर यह जानना अत्यन्त सुखद है कि युवावस्था के प्रकर्ष पर सूचना-क्रान्ति के इस सत्योत्तर समय में एक नवल पुरुष यह बात शिद्दत से समझ रहा है, न सिर्फ़ स्वयं समझ रहा है, बल्कि अपने जैसे कई युवा आलोचकों/चिन्तकों से अनुरोध कर रहा है कि वे अपने-अपने इलाके की स्त्री भक्त कवयित्रियों को वहाँ के इतिहास और नैतिक भूगोल के आलोक में समझें! जो प्रसिद्ध हैं—उनकी कविता के नए आयाम उद्घाटित करने के साथ-साथ वे उन कवियित्रियों की गुम पाण्डुलिपियों का संधान भी करें जिनका बस नामोल्लेख भर होता है—वह भी साहित्येतिहास के फुटकल खाते में।

स्वयं नवनीत ने राजस्थान का चप्पा-चप्पा छानकर ऐसी कई कवयित्रियों की पाण्डुलिपियाँ इकट्ठा कीं और ह्वैट्स-अप पर मुझसे साझा की। 'ब्रजदासी बाँकावती' कृत 'ब्रजदासी भागवत', चन्द्रमहल पोथी खाना, जयपुर से उन्हें मिला और "विवाह-विलास" भी। सुन्दर लिपि में फूटे वे अक्षर आज भी तितली के पंखों-से थरथरा रहे हैं कि कोई तो हो उनकी सुभग उड़ान का साक्षी!

चार खण्डों में बँटे इस महत्त्वपूर्ण संग्रह में पहला भाग तो हिन्दी प्रदेश की भक्त कवियित्रियों पर केंद्रित है, दूसरा खण्ड पुरुष भक्त कवियों की स्त्री-दृष्टि पर, तीसरा मुस्लिम और दलित तबके की भक्त कवियित्रियों पर और चौथा हिन्दीतर प्रदेशों की भक्त कवियित्रियों का सजग लेखा-जोखा लेता हुआ उनका तुलनात्मक आकलन भी प्रस्तुत करता है। सम्यक् वर्गीकरण समीचीन विश्लेषण की प्रखर आधारभूमि रचता है और यह स्पष्ट करता है कि अस्मिता आंदोलनों ने अहंकार–विलयन की जो मुहिम बीसवीं शताब्दी में चलाई, उसके बीज भक्ति-युग में पड़ गये थे।

सबको एक चटाई पर बिठाकर घरेलू बिम्बों में अपना अनुभूत सत्य कहने की परम्परा भी स्त्रियों-दलितों-वंचितों ने वहीं से कायम की थी। सिल्क रूट से सूफी नाचते-गाते दक्षिण भारत आये और बाजार की सहज भाषा में गहन सत्य सबसे साझा करने लगे तो मन्दिरों को भी इसकी जरूरत समझ आयी कि शास्त्र लोकभाषा में बाँचे जायें और मन्दिरों के पण्डाल तक बड़े कर दिये गये कि अधिकाधिक संख्या में आम जन भी वहाँ सत्संग करें। शास्त्रों में लोकभाषा के अवतरण के साथ ही स्त्रियाँ, कामगर, दलित आदि वे सब जिन्हें संस्कृत ज्ञान से वंचित रखा गया था, उच्चाशय समर्पण में अपनी मुक्ति का मार्ग लगे ढूँढ़ने।

एक बिम्ब के सहारे अपनी बात कहूँ तो जैसे कुण्डलिनी मूलाधार से चलकर सहस्त्रार तक उठ सकती है, गैर-ब्राह्मण और स्त्रियाँ भी भक्ति की सीढ़ी से भाव के

उच्चतम शिखर तक पहुँच सकते हैं–प्राय: ऐसी ही मान्यता उमड़ने-घुमड़ने लगी! इस लोक में तो मनचीने पुरुष उपलब्ध होते नहीं तो कल्पना के लोक में ही उसकी अनन्त छवियों से तरह-तरह के मान ठानती है भक्त कवयित्रियाँ। भाषा की रंगीन पिचकारी से मनचीते कल्पना पुरुष को अपने रंग में रंग लेना चाहती हैं या फिर उसके ही रंग में रँग जाना चाहती हैं–'मैं तो साँवरे रंग राची' भाव से! एक बात और ध्यान देने की है और सम्पादक इस ओर सजग भी हैं कि बौद्ध और जैन धर्मों की निग्रहवादी संचेतना के विपक्ष में भी सगुण भक्त कवि-कवयित्रियों का यह सरस देहवाद पढ़ा जा सकता है।

धार्मिक वितण्डों के इस युग में यह बात नये सिरे से स्थापित करती है यह पुस्तक कि 'मजहब नहीं सिखाता आपस में बैर रखना', वह तो सब पदानुक्रम तोड़कर सबको एक चटाई पर बिठाने में आस्था रखता है। भक्ति आन्दोलन और अस्मिता आन्दोलन–दोनों नाभिनालबद्ध इसलिए हैं कि दोनों की शुरुआत 'अहंकार विलयन' की महाबोधि यात्रा या निजी क्षितिज विस्तार में होती है और यह पहुँचना चाहती है सर्वमंगल के उस महान क्षितिज तक 'जिसके आगे राह नहीं है।'

क्वाण्टम भौतिकी और पराविज्ञान दोनों की मूल स्थापना तो यही है कि यथार्थ के तीन आयाम होते हैं–पदार्थमयता का आयाम, चेतना का आयाम और अनन्त का आयाम जो गहराई का आयाम भी है और जिसकी परिमिति अगोचर है–इन्द्रियातीत होने की हद तक असीम और अगोचर। विज्ञानविद सृष्टि के नाभिकीय केन्द्र में चुम्बकीय आकर्षण वाले एक चमकीले नाद-बिन्दु की बात इन दिनों कहने लगे हैं और इसका उन्होंने नाम दिया है गॉड पार्टिकल (ईश कणिका)। माना जा सकता है कि सृष्टि का गुरुत्व केन्द्र वही है यानी उसकी विधायक–संचालक–विध्वंसक शक्ति। अगर मांगलिक ऊर्जाएँ हमने स्पेस में छोड़ी तो मांगलिक ऊर्जाएँ ही लौटकर हमारा आत्मन घेरेंगी, अमंगलकारी या नेगेटिव संवेदन भेजने पर हमारे आत्मन पर भी नारकीय संवेदनों का परावर्तन हो जाएगा–इतना तो कोई भी मानेगा क्योंकि परावर्तन वैज्ञानिक सच है और हमारी कृषि प्रधान सभ्यता में 'जो बोया, वह काटा' एक आम अनुभव! इसके आधार पर भक्ति कविता का नया सिद्धान्त कुछ यह बनेगा कि भक्त कवि दास्यप्रेरित विनय, साक्ष्यप्रेरित प्रीति और माधुर्य, निर्वेदप्रेरित शान्ति की जो मांगलिक ऊर्जाए काव्य-फलक से सृष्टि में विकिरित करते होंगे (प्रशस्ति और धन्यवादमूलक जो भाषिक ऊर्जाएँ सृष्टि में भेजते होंगे), सृष्टि उनके आत्मन पर ऐसे ही मांगलिक भावों की महामना दस्तक भेजती होगी। शायद इसी क्रम में उनमें चित्त की सारी संकीर्णताएँ विलीन हो जाती होंगी।

निष्कर्ष यह कि जो मांगलिक ऊर्जाएँ इष्ट को, सृष्टि को, समाज को दाता-भाव में हम निवेदित करते हैं, उनसे उनका कुछ भला होता हो, न होता हो–हमारा अपना मनोवैज्ञानिक प्रक्षालन तो हो ही जाता है! इस तरह धर्म एक मनोवैज्ञानिक आवश्यकता भी है, एक वर्किंग हाइपोथेसिस, एक खूंटी जिस पर हम अपनी सारी चिन्ताएँ टाँग सकते हैं क्योंकि जगत् में तो सबके अनुभवों का सार यही होता है कि "ऐसा कोई ना मिला जिनसौं रहिए लागी।"

इन प्रतिभावान युवा अध्येताओं ने दुर्लभ पाठों के अपने तर्कपूर्ण, साक्ष्यपूर्ण, हार्दिक विश्लेषणों से परम्परा का शुभत्व उद्घाटित करते हुए समवेत रूप से जो मूल बात कही है, उसमें ग्रीक नाटकों के कोरस की नैतिक आभा है और इस आधारभूत समझ का औदात्य कि अतिवादियों के भरोसे, धर्म के नाम पर लड़ाने भिड़ानेवाले लोगों के भरोसे, विलगाववादी राजनीति के भरोसे समर्पण और माधुर्य जैसे उच्च मानवीय संवेग नहीं छोड़े जा सकते। यह आवश्यक है कि हर धर्म के आधार पाठों की एक धर्मनिरपेक्ष आध्यात्मिक गवेषणा सुधी युवा आलोचक हर भाषा में यों ही करते रहें और उनके इण्टरमीडियल अनुवाद भी। टैगोर, हजारी प्रसाद द्विवेदी और नामवर सिंह की परम्परा इसी तरह आगे बढ़ती रहे!

–अनामिका

लन्दन, जनवरी, 2024

सम्पादक की ओर से

समस्त भारतवर्ष में 'भक्ति के स्त्री स्वर' विविध भाँति अनुगुंजित होते रहे हैं। धर्म, पन्थ, मत, दर्शन आदि की विभिन्नताओं से परे इन भक्त कवयित्रियों ने सृजन एवं मुक्ति चेतना की अपूर्व ऊँचाइयों को अर्जित किया। इनका आत्मचिन्तन देह से विदेह की महाप्रज्ञा से युक्त सामाजिक समरसता की सार्वजनिक, उन्नत विश्वदृष्टि से लबरेज़ है। भक्त कवयित्रियाँ भक्ति की अपनी इस अनन्त यात्रा में पितृसत्तात्मक सामाजिक संरचना के वर्चस्व एवं उत्पीड़न के ख़िलाफ़ रचनाशीलता के अपने अमोघ अस्त्र के सहारे लगातार टकराती रहीं। इस टकराहट ने स्त्रीत्व की नयी परिभाषाएँ गढ़ते हुए आत्म निरीक्षण द्वारा सत्यान्वेषण किया जिसकी एक प्रमुख सरणि के रूप में लैंगिक असमानता के विरुद्ध अपनी रचनात्मक मुहिम के ज़रिये इन्होंने पुरुष सन्दर्भों के बग़ैर अपनी स्वतन्त्र अस्मिता की तलाश की।

हमारे साहित्य अध्ययन एवं साहित्येतिहास लेखन के पैटर्न में आरम्भ से ही पुरुषों के वर्चस्व के कारण इन स्त्री साधिकाओं की उपस्थिति एवं उनके रचना कर्म को अपेक्षित जीवन्तता एवं प्रमुखता से स्थान नहीं मिला है। परन्तु मठों, मन्दिरों व पोथियों के सूक्ष्मावलोकन एवं तात्त्विक विवेचन द्वारा उनकी निरन्तर उपस्थिति के साथ-साथ उनकी मुक्ति चेतना के विभिन्न आयाम भी उभरते हैं। यही उभरे संकेत इस संकलन की रचना के प्रेरक बिन्दु बने।

उल्लेखनीय है कि कई वैदिक ऋषिकाओं द्वारा वेदों की ऋचाओं के सृजन के कतिपय संकेत हमें परम्परा से ज्ञात होते हैं। बौद्ध भिक्षुणियों एवं जैन-साध्वियों की विरल साहित्यिक सम्पदा से भी हमारी परम्परा बहुभाँति समृद्ध हुई है। आगे मध्यकालीन भक्ति साहित्य के सन्दर्भ में विभिन्न भक्ति सम्प्रदायों, शाखाओं एवं मत-मतान्तरों से सम्बद्ध एवं स्वतन्त्र रूप में भी कई भक्त स्त्रियाँ विपुल मात्रा में साहित्य सृजन से जुड़ीं। इनकी सहज, बेबाक आत्मानुभूतियाँ भक्ति संवेदना के कलेवर में स्त्री मुक्ति की जीवन्त अनुगूँज हैं।

दक्षिण भारत में आलवार और नयनार दोनों मतों के अन्तर्गत स्त्री भक्तों की एक लम्बी शृंखला दृष्टिगोचर होती है। जहाँ भावनात्मक उत्कर्ष के साथ ही सामाजिक सद्भाव के अमर सन्देश तथा जीवनबोध, आत्मसंघर्ष एवं दमन की तमाम सामाजिक अटकलों के विरुद्ध इनका मुखर विद्रोह एवं अपने आत्म को ढूँढने की बेचैन तलाश साफ ध्वनित होती है। ऐसे ही हमारे देश के अन्य प्रदेशों में भी बड़ी तादाद में स्त्री भक्तों की प्रवाहमान परम्परा दृष्टिगोचर होती है। ध्यातव्य है कि भक्ति-आन्दोलन में विकसित विविध सम्प्रदायों में भी अनेकानेक स्त्री भक्तों का जुड़ाव एवं उनकी रचना प्रक्रिया विकासमान रही है। लेकिन साहित्य जगत (आलोचना एवं इतिहास) में न तो उनकी सृजनात्मकता को कभी केन्द्रीय स्थान मिला ओर न ही उनकी परम्परा का यथोचित 'मूल्यांकन' ही हुआ।

ग़ौरतलब है कि जे. एन. यू. में अध्ययन के दिनों से ही स्त्री भक्तों के चिन्तन से रूबरू होने का जो सिलसिला चला वही इस संकलन की संरचना का प्रेरक बिन्दु रहा। विमर्श के हवाले स्त्रियों के स्वत्व एवं स्वायत्त आइडेंटिटी बोध से जुड़े सवालों की अर्थवत्ता जैसे-जैसे अधिक गहराने लगी है वैसे-वैसे मुझे स्त्री भक्तों के चिन्तन एवं सत्यान्वेषण की उनकी अन्त:चेतना के गहन अध्ययन एवं पुनर्मूल्यांकन की आवश्यकता और अधिक महसूस होने लगी है। चिन्तन के इसी केन्द्र में इस संकलन का सृजन सम्भव हुआ।

'भक्ति के स्त्री स्वर' चार अध्यायों में संरचित है। प्रथम अध्याय ***भक्ति के स्त्री स्वर : पाठ, अस्मिता, मुक्ति चेतना की समानान्तर दुनिया*** में मूलत: हिन्दी भाषी प्रदेशों से सम्बद्ध स्त्री भक्तों के स्वरों को समायोजित किया गया है। विभिन्न मत-मतान्तरों एवं मनोभावों से सम्पृक्त इन भक्त कवयित्रियों ने अपनी निजानुभूतियों के सहारे भक्ति साहित्य का नव रूपायन किया। *एकरूपता एवं संगति : मीरां की कविता की पहचान और मूल्यांकन का पश्चिमी आग्रह शीर्षक* आलेख में मीरां की कविता के विविधायामी पक्ष रेखांकित करते हुए लेखक ने उनकी कविता के मूल्यांकन के पश्चिमी आग्रह के बरक्स इनकी कविता की पहचान तथ्यात्मक ढंग से की है। यहाँ यह दर्शाया गया है कि किसी खास दर्शन एवं मत-मतान्तरों की सीमा से परे एवं लोक में पल्लवित होने के कारण मीरा के सृजन कर्म का फ़लक बहुत व्यापक एवं समृद्ध है। ऐसे में पश्चिमी विद्वता की 'संगतता' एवं 'एकरूपता' की कसौटी पर मीरां की कविता खरी नहीं उतरती। यहाँ यह आग्रह भी प्रमुखता से उभरा है कि भक्ति-युगीन सन्तों-भक्तों के सृजन कर्म की बहुवचनात्मक प्रकृति

की ही तरह मीरां की कविता के पाठानुसन्धान में भी सावधानीपूर्वक इसे ध्यान में रखना आवश्यक है। इस क्रम में तमाम पाण्डुलिपियों के हवाले मीरां की कविता का भावात्मक एवं भाषिक स्वरूप विश्लेषित किया गया है। आगे *मीरां का प्राचीनतम पद : पाण्डुलिपि परम्परा पर एक बहस* शीर्षक आलेख की ज़द्दोजहद 16वीं सदी से लेकर 19-20वीं सदी तक उभरे मीरा के चरित अध्ययन के बहाने उनकी प्राचीनतम मानी जाने वाली पाण्डुलिपि का प्रामाणिक अध्ययन एवं सूक्ष्म पड़ताल करना है। इस पड़ताल की मूल प्रेरणा 20वीं सदी तक आते-आते मीरां के हजारों पदों का प्राप्त होना, जबकि उनके अपने समय यानी 16वीं सदी में उनके लिखे ले-देकर एक-आध पद प्राप्त होते हैं। यहाँ मीरां के करतारपुर पाण्डुलिपि में संग्रहित पद के दादुपंथ की पाण्डुलिपि में संग्रहित सुखानन्द के पद साथ तार्किक विश्लेषण हुआ है। यहाँ लेखकीय ज़ोर इस बात पर भी अधिक है कि आगे मीरां की छापवाले असंख्य पदों का सृजन उनकी एक विशिष्ट सामाजिक-अकादमिक कंस्ट्रक्ट की मंशा से परिचालित जान पड़ते हैं। इन सबके रहते भी स्पष्ट है कि यहाँ लेखकीय मंशा न तो भारतीय व पश्चिमी ज्ञान की कोटियों को पृथक-पृथक रूप में एक दूसरे के प्रतिरोध में मुखरित करने की है और न ही 'कागजी' एवं 'मगजी' परम्परा को एक दूसरे के विपरीत प्रतिपादित करने की है। मीरां पर वर्तमान अकादमिक बहसों के सन्दर्भ में यह आलेख एक महत्त्वपूर्ण दस्तावेज़ के रूप में प्रस्तुत है।

इसी क्रम में *मीराबाई के व्यवस्था विरोधी विचार* शीर्षक आलेख भी अपने आप में महत्त्वपूर्ण बिन्दुओं का रेखांकन करता है। यहाँ लोक में प्रचलित मीरां के पदों का आकलन उनके रचनात्मक एवं जीवन सन्दर्भों के आधार पर किया गया है। इसमें मीरां का घर के भीतर-बाहर एवं अन्तर्मन के संघर्षों एवं तदजन्य प्रतिरोध खास तौर पर उभरा है। मीरां के बहाने यहाँ भक्ति की समावेशी सांस्कृतिक चेतना का भी तथ्यात्मक विवेचन हुआ है। इसी कड़ी में *उत्तर औपनिवेशिक विमर्श और भक्ति कविता : सन्दर्भ स्त्री भक्त कवि* आलेख के द्वारा भक्ति कविता पर उत्तर औपनिवेशिक बहस को स्त्री भक्ति के विशेष सन्दर्भ में उजागर किया गया है। यहाँ भारतवर्ष में विभिन्न प्रदेशों की भक्त कवयित्रियों के स्वर में प्रेम, प्रतिरोध और स्वाधीन चेतना के मिले-जुले स्वरों की एकरूपता का बहुविध रेखांकन किया गया है। उत्तर काल में स्त्रीवादी इतिहास लेखन के सन्दर्भ में भी भक्तिकालीन स्त्री काव्य चेतना को देखने के नये दृष्टिकोण भी यहाँ व्याख्यायित हैं। *महिला सन्त परम्परा में सहजोबाई का योगदान* के माध्यम से सन्त परम्परा में सहजोबाई के आत्मचिन्तन

एवं स्वानुभतियों को प्रकाशित किया गया है। इनकी रचनाधर्मिता के विभिन्न परिप्रेक्ष्य उद्घाटित करते हुए स्त्री मुक्ति चेतना के व्यापक सन्दर्भों का रेखांकन हुआ है। ऐसे ही आगे *चरणदासी सम्प्रदाय की स्त्री भक्त कवयित्रियों की काव्य संवेदना* को व्यापक धरातल पर उद्घाटित किया गया है। यहाँ यह देखना दिलचस्प है कि निर्गुण भक्ति संवेदना के प्रसार क्रम में स्त्री भक्तों की महद उपस्थिति भक्ति आन्दोलन के एक विशिष्ट पहलू से हमें रू-ब-रू कराती है। यहाँ सहजोबाई, दयाबाई आदि सन्त कवयित्रियों की भाषिक व सांस्कृतिक चेतना के विवेचन द्वारा भक्ति का अवधारणात्मक स्वरूप बहुत स्पष्ट हुआ है। निर्गुण भक्ति एवं तत्सम्बद्ध काव्य संवेदना का स्त्री पक्ष यहाँ भक्ति का विशिष्ट सन्दर्भ प्रदर्शित करता है।

भक्ति के सन्दर्भ में स्त्री अस्मिता की खोज *ब्रजदासी बांकावती : भक्ति एवं स्त्री अस्मिता का युगीन सन्दर्भ* नामक आलेख द्वारा रेखांकित हुई है। यहाँ राजस्थान में पल्लवित कृष्णभक्ति धारा की मूल संवेदना ब्रजदासी के रचना कर्म में पूर्ण जीवन्तता के साथ उद्घाटित हुई है। भक्ति साहित्य की परवर्ती जनधारा के विकास में अनुगुंजित स्त्री मुक्ति स्वर यहाँ प्रमुखत: उभरे हैं। इसी भाँति *मध्यकाल और सन्त कवयित्रियाँ* नामक आलेख के द्वारा भक्ति के व्यापक फलक में विभिन्न कवयित्रियों के कृतित्व का समग्रत: विवेचन प्रस्तुत है। यहाँ सार रूप में विभिन्न मत-मतान्तरों एवं भक्ति सिद्धान्तों के क्रमवार विश्लेषण द्वारा स्त्री भक्ति की समानान्तर परम्परा का व्यापक स्वरूपोद्घाटन हुआ है। इन महत्त्वपूर्ण स्त्री स्वरों के रेखांकन के साथ भारतीय सामन्तवाद के बीच स्त्री जीवन का यथार्थ तत्त्वत: विवेचित है।

स्त्री भाव और भक्त कवि नामक द्वितीय अध्याय में भक्त कवियों के स्त्री भाव केन्द्रित उद्गार एवं स्त्री चिन्तन से सम्बद्ध विविध आलेख यहाँ समायोजित हुए हैं। पुरुष भक्तों की निगाह से भक्ति का स्त्री पक्ष यहाँ पूर्ण व्यंजकता से स्पष्ट होता है। इस क्रम में *नन्ददास के काव्य में स्त्री और प्रेम* नामक आलेख में नन्ददास की स्त्री दृष्टि पर गहन विवेचनादि द्वारा यहाँ जड़िया कवि नन्ददास की जेंडर संवेदना का पठनीय विवेचन किया गया है। रूपमंजरी के माध्यम से प्रेम एवं स्त्री पुरुष सम्बन्धों का खास पर्सपेक्टिव यहाँ स्पष्ट रेखांकित है। नन्ददास द्वारा संकेतित 'परम प्रेम पद्धति' का भी यहाँ विस्तृत परिप्रेक्ष्य उद्घाटित है। भक्ति की साधानात्मक प्रयुक्ति में प्रेम के प्रति उनकी अटल पक्षधरता एवं प्रेमानुभूति का पर्याय बन चुके उनके जीवन एवं काव्य दर्शन की मार्मिक पड़ताल भक्ति में स्त्री सहभागिता के खास पहलुओं का अनावरण करता है। *सूर की स्त्री सम्बन्धी अवधारणा* नामक महत्त्वपूर्ण आलेख

का वर्ण्य विषय भी सूर के बहाने सगुण भक्तों के स्त्री चिन्तन का खास रेखांकन है। इस सन्दर्भ में सूर की स्त्री दृष्टि की मौलिकता एवं नवीन उद्‌भावनाएँ विस्तारपूर्वक वर्णित हैं। सूर के दृष्टिकोण से स्त्रीत्व की विभिन्न छवियों के रेखांकन के साथ स्त्री पुरुष सहभागिता, मैत्री एवं आत्म सम्बन्ध आदि विरल मनोभावों का आधारभूत विश्लेषण यहाँ हृदयग्राही है। आगे *जायसी की पद्‌मावती की छवि : एक अध्ययन* आलेख द्वारा जायसी के पद्‌मावत में चित्रित पद्‌मावती के रंगबिरंगे छायाचित्रों का तात्त्विक विश्लेषण हुआ है। यहाँ विचारधारा, इतिहास तथा मानवीय अनुभूति के मिश्रण से निर्मित स्त्री की छवि एवं उसके विकास के रेखांकन सहित विचारधारा और समाज में नारी की विविध स्थितियों का तथ्यात्मक मूल्यांकन बड़ा रोचक एवं महत्त्वपूर्ण है। *सूरदास का भ्रमरगीत और गोपियों की अनन्य कृष्ण भक्ति* शीर्षक आलेख द्वारा गोपियों के अपने विशिष्ट दृष्टिकोण एवं भक्तिपूर्ण दार्शनिक मनोभावों का क्रमिक रेखांकन हुआ है। अपने मनचीते परमपुरुष के प्रति स्त्री के आत्मिक उद्‌गार यहाँ चिन्तन के महद् धरातल पर विस्तारपूर्वक वर्णित हैं। अन्त में भक्त कवियों का स्त्री विषयक दृष्टिकोण (कबीर, जायसी और तुलसी के सन्दर्भ में) के बहाने भक्त कवियों की स्त्री दृष्टि का गहन विवेचन उनकी रचनाधर्मिता के आधार पर प्रस्तुत है। अपने समय एवं समाज की तमाम प्रतिबद्धताओं के बीच इन कवियों की निगाह से स्त्री के विविध रूपाकार यहाँ जीवन्त होकर जीवन के विविध स्तरों एवं स्थितियों में स्त्रीत्व के प्रति उनके दृष्टिबोध की विविधोन्मुखी व्याख्या है।

तृतीय अध्याय में ***मध्यकालीन भक्त कवयित्रियाँ : हाशिये के स्वर*** द्वारा भक्ति फिनोमिना में हाशिये के समाज से सम्बद्ध स्त्री भक्तों के विश्लेषण को शामिल किया गया है, जिसमें सामाजिक क्षेत्र में धार्मिक व जातिगत आधार पर हाशिये में माने जाने वाले वर्ग की स्त्रियाँ यहाँ भक्ति के क्षेत्र में केन्द्रीय स्थान की वाहक बन गयीं। तमाम प्रतिबन्धों एवं चुनौतियों से होड़ लेते हुए उनके जीवन एवं साहित्य में भक्ति दर्शन का सर्वसमावेशी एवं समुन्नत भावबोध उजागर होता है। इस अध्याय में प्रथम आलेख *भक्ति, मुस्लिम कवयित्रियाँ और किवदन्तियाँ* में मध्ययुग की दो महत्त्वपूर्ण कवयित्रियों-- ताज बीबी (1643) एवं शेख रंगरेज़िन (1655) के जीवन एवं सर्जन सम्बन्धी प्राप्त किवंदन्तियों आदि विभिन्न तथ्यों के आधार पर क्रमवार, सम्यक विवेचन किया गया है। इस आधार पर इनकी भक्ति में स्वानुभूति के विशिष्ट स्त्री स्वरों का उद्‌घाटन उनकी कविताओं के व्यापक सन्दर्भ में किया गया है। यहाँ कवयित्री द्वय द्वारा हिन्दू पौराणिक कथाओं का उपयुक्त उपयोग बेहद सूक्ष्मता से

उद्घाटित है। सांस्कृतिक रूप में बेहद आश्वस्तकारी चलचित्रों का रूपायन यहाँ अत्यन्त प्रभावशाली एवं महत्त्वपूर्ण संकेतों से संयुक्त है। इसी क्रम में *मध्यकालीन भारतीय दलित सन्त कवयित्रियाँ शीर्षक आलेख के द्वारा समग्र भारतीय परिदृश्य में महत्त्वपूर्ण दलित सन्त कवयित्रियों-* जनाबाई, रामी चण्डीदास, गोमाई, राजाई, आऊबाई, प्रेमाबाई, बहिणाबाई, कान्होपात्रा, सखूबाई, गवरीबाई, सहजोबाई, दयाबाई, बावरी साहिबा, फूलांबाई, लखम्मा आदि के साहित्यिक अवदान की विस्तृत चर्चा की गयी है। इसके द्वारा यहाँ समकालीन नारीवाद के उत्स रूप में इन दलित सन्त कवयित्रियों के महद योगदान को विस्तारपूर्वक प्रतिपादित किया गया है। उक्त परम्परा के अध्ययन एवं सूक्ष्मावलोकन की दिशा में यह बेहद महत्त्वपूर्ण बन पड़ा है।

चतुर्थ अध्याय ***भक्त कवयित्रियों का अखिल भारतीय तुलनात्मक सन्दर्भ*** में भारत की विभिन्न भाषा-भाषी भक्त कवयित्रियों के विविध स्वर तुलनात्मक रूप में प्रतिपादित हैं। इस क्रम में भक्ति संवेदना एवं स्त्री संचेतना की बहुआयामी जीवन दृष्टि खास रेखांकित है। यहाँ *ओड़िआ भक्ति काव्य में स्त्री चिन्तन (लक्ष्मी पुराण के विशेष सन्दर्भ में)* नामक पहले आलेख द्वारा लक्ष्मीपुराण के हवाले तत्त्वमूलक स्त्री चिन्तन स्त्रीवाद के सम्पूर्ण डिस्कोर्स के आलोक में विवेचित है। भक्ति के आलोक में यहाँ स्त्री के निजी व्यक्तित्व, उसकी अस्मिता एवं समाज में उसके लिए वांछित स्पेस की हिमाकत विविध स्तरों पर की गयी है। एक स्त्री के नज़रिये से प्रेम एवं भक्ति क्षेत्र में सहभागिता की अवधारणा यहाँ खास तौर पर रेखांकित है। यहाँ ओड़िआ सूफ़ी कवियों द्वारा भारी तादाद में ईशोपासना की विविधायामी छवियों के रूपायन क्रम में भी भक्ति के विशिष्ट स्त्री स्वरों की अनुगूँज स्पष्ट मुखरित है।

लला योगेश्वरी पर केन्द्रित अगला आलेख कश्मीरी सन्त कवयित्री ललद्यद की आत्माभिव्यक्तियों को तथ्यात्मक ढंग से विस्तारपूर्वक बयाँ करता है। विभिन्न ऐतिहासिक स्रोतों के साथ जनश्रुतियों, किंवदन्तियों तथा लोककथाओं में पल्लवित ललद्यद के जीवन एवं सृजन सम्बन्धी व्यापक पड़ताल के साथ भक्ति में उनकी महद उपस्थिति का तात्त्विक विवेचन किया गया है। स्त्री साधना के अनुभूतिजन्य वैशिष्ट्य के साथ परम्परावादिता, कट्टरवाद, शास्त्रज्ञान, धार्मिक आडम्बर, रूढ़िबद्धता आदि का प्रत्याख्यान करते लला के स्वर यहाँ बेहद प्रखर एवं मुखर रूप में अभिव्यंजित हैं। आगे दक्षिण की *भक्त कवयित्रियाँ (तेलुगु एवं तमिल के सन्दर्भ में)* नामक आलेख में दक्षिण भारत की दो महत्त्वपूर्ण कवयित्रियों-- तेलुगु कवयित्री वेंगमांम्बा

और तमिल कवयित्री आण्डाल की रचनाओं की सुदीर्घ साहित्यिक समृद्धता एवं व्यापक सामाजिक सरोकारों पर वृहद आलोकपात हुआ है। सामाजिक रूढ़ियों, साम्प्रदायिक पद्धतियों से गहरी मुठभेड़ करती इनकी आत्मचेतना यहाँ भक्ति के व्यापक सन्दर्भ में विश्लेषित है।

इसी कड़ी में *भक्तिकाल का स्त्री स्वर : लल्लेश्वरी, अक्का महादेवी और मीराबाई* आलेख में स्त्री भक्ति के तुलनात्मक सन्दर्भों की विशिष्ट व्याख्या है। यहाँ इन स्त्री भक्तों की भावचेतना को 'आधुनिक और मानवीय' मानते हुए उन्हें स्त्री समाज एवं स्त्री प्रश्नों के उत्स रूप में उकेरा गया है। स्त्री मुक्ति को 'मानव मुक्ति का उत्स' दर्शाते हुए इन भक्त कवयित्रियों के साहित्यिक योगदान का विश्लेषण यहाँ भक्ति अध्ययन के विरल एवं अनछुएँ पहलुओं की ओर जरूरी संकेत करते हैं। आगे *"रामविलास शर्मा : भक्ति आन्दोलन में स्त्रियों का योगदान" (आण्डाल, अक्क महादेवी, ललद्यद और मीराबाई)* शीर्षक महत्त्वपूर्ण आलेख आण्डाल, अक्क महादेवी, ललद्यद और मीराबाई की सृजन परम्परा पर व्यापक दृष्टिपात करता है। यहाँ स्त्री स्वरों की अखिल भारतीय उपस्थिति एवं परिव्याप्ति एवं उनकी रचनाओं में निहित त्याग, विद्रोह, प्रेम और समर्पण का सांगोपांग निरूपण हुआ है। साथ ही लोक रीतियों, सामाजिक परिवेश के रूपायन सहित शोषणपरक सामाजिक व्यवस्थाओं का मुखर प्रतिरोध भी यहाँ विस्तारपूर्वक उद्धृत है।

इसी तरह *मन दर्पण मैल न होई : ललद्यद, कश्मीरियत और भक्ति की विरासत* शीर्षक आलेख में राजनीतिक दर्शन के रूप में भक्ति आन्दोलन का भारतीय राजनीति पर प्रभाव की ओर इशारा करते हुए कश्मीर के समाज और राजनीति पर कश्मीरी भाषा की आदि सन्त कवयित्री ललद्यद के जीवन और साहित्य के प्रभाव को बेहद रोचक व तथ्यपरक ढंग से व्याख्यायित किया गया है। साथ ही सांस्कृतिक बहुलता, प्रेमपूर्ण सह अस्तित्व, सार्वभौम धर्म, साम्प्रदायिक सौहार्द, मानवता और सहिष्णुता के मूल्यों से सुसज्जित कश्मीरियत को चौदहवीं सदी में ललद्यद की साहित्य यात्रा द्वारा स्पष्ट किया गया है।

भारतीय नेपाली सन्त कवयित्री योगिनी अंजना देवी : एक परिचय नामक आलेख भी मानीखेज़ है। इसमें पूर्वी हिमालय की भक्ति परम्परा में स्त्री काव्य की मुख्य परिवाहक— योगिनी अंजना देवी के कृतित्व पर महत्त्वपूर्ण दृष्टिपात किया गया है। भारतीय नेपाली भाषा की एकमात्र कृष्णभक्त कवयित्री अंजना देवी द्वारा कृष्णोपासना में निर्गुण भजनों की रचना एवं पूर्वी हिमालय की भक्ति परम्परा का

परिचय उनकी कविताओं के हवाले विस्तारपूर्वक दिया गया है। अन्त में *भक्ति साहित्य और स्त्री का मुक्ति-स्वर* नामक अध्याय में अखिल भारतीय स्त्री भक्तों के मुक्ति के उन्मुक्त स्वर सार रूप में समाहित किये गये हैं। उक्त लेखन का वैशिष्ट्य इस बात में भी खास है कि इसमें स्त्री साधना की आरम्भिक यात्रा से लेकर उत्तरोत्तर परिदृश्य में सन्निहित उनकी गहन वैचारिकी एवं मुक्तिकामी छटपटाहट तत्त्वत: उद्‌घाटित है। विभिन्न भक्त कवयित्रियों की रचनाधर्मिता से अवगत कराने के क्रम में यहाँ भारतीय भक्ति का सम्पूर्ण सन्दर्भ एवं युगबोध विशेष तौर पर उजागर हुआ है। समग्रत: स्त्री भक्तों के मूल स्वर—मुक्ति चेतना का बहुविध रूपायन करते हुए यह अध्ययन इस अध्याय का सार तत्त्व अपने आप में समाये हुए है।

इस संकलन के सफल संयोजन का श्रेय सर्वप्रथम परम श्रद्धेय गुरुदेव को है जिनके विशेष अनुग्रह ने मुझे इस दिशा में प्रवृत्त किया। इस महद् कार्य में मेरे शुभचिन्तकों, गुरुजनों, सहकर्मियों एवं मित्रों का योगदान भी अकथनीय रहा। जिनका अप्रतिम सहयोग और अभूतपूर्व मार्गदर्शन सदा मिलता रहा है। परमादरणीय अनामिका जी ने भारत से लन्दन तक के अपने परम व्यस्ततम क्षणों में भी इस संकलन पर समग्रत: आलोकपात करते हुए परम सहयोगपूर्वक अपने पुरोवाक् द्वारा इस कृति को अलंकृत किया। आपके इस स्नेहाशीष का मैं सदा आभारी रहूँगा मैडम! साथ ही इस पुस्तक में अपने विभिन्न आलेखों द्वारा शामिल सुधी विद्वानों एवं मित्रों के निरन्तर सहयोग बिना यह सब इस रूप में सम्भव न हो पाता। आप सबसे लगातार होती परिचर्चाओं एवं ज्ञान की साझा समझ की अनवरत कड़ी के रूप में ही यह संकलन बना। अत: यह हम सबका एक साझा प्रयास ही है। मेरे अग्रज एवं परममित्र डॉ. दलपतसिंह राजपुरोहित के संवाद एवं मार्गदर्शन ने मुझे बहुत समृद्ध किया। अत: आप इसमें केवल एक लेखक ही नहीं इस सम्पूर्ण मुहिम में मेरे सहयात्री भी रहे। प्रो. नन्दकिशोर पाण्डेय सर ने सदा अपने सहज संवाद एवं मार्गदर्शन द्वारा भक्ति की मेरी समझ को समुन्नत किया। अत: आपके प्रति धन्यवाद ज्ञापन कोरी औपचारिकता भर होगी। पूज्य डॉ. विजया श्रीवास्तव मैडम से समय-समय पर मिलते यथोचित मार्गदर्शन एवं नि:स्वार्थ सहयोग ने मेरा मार्ग प्रशस्त किया। आदरणीय डॉ. ब्रजरतन जोशी से भी इस पुस्तक पर हुए निरन्तर संवाद बेहद लाभप्रद रहे। भाईसाहब डॉ. प्रेमसिंह राजपुरोहित से समय-समय पर हुई चर्चाएँ मेरी बड़ी उपलब्धि है। अग्रज डॉ. अंजनी श्रीवास्तव सर से होती परिचर्चाओं ने भी सदा मेरे ज्ञान का विस्तार किया।

इस संकलन के इस रूप में पूर्ण होकर अपना आकार ग्रहण कर पाने में मेरे

परिजनों के पूर्ण सहयोग एवं मुझे सदा ऊर्जस्वित रखने के उनके जज़्बे की भूमिका महत्त्वपूर्ण है। मम्मी अब भी स्कूल के दिनों की भाँति ही मुझे लगातार पढ़ते-लिखते देखकर सदा आशीषों से सींचती रहती हैं। मेरे हर लेखन-प्रकाशन से हर्षित होते पापा इस बार भी अपने हरखित मन से मुझे सदा ऊर्जा से भरते रहे। पत्नी अभिलाषा से तो भक्ति एवं स्त्रीत्व के कई महीन रेशों की बाबत बहुत कुछ सोच, समझ व सीख पाया। स्त्री भक्तों के उसके बहुविध गायन द्वारा खनकते शब्दों ने भक्ति की मेरी समझ में बहुत इज़ाफा किया। अनुज विकास आचार्य से सतत संवाद ने मेरे चिन्तन-मनन को सदा प्रभावित किया। पुत्र मथुरेश का आगमन भी हमारे जीवन में 'अभिनव' रहा कि उसके आते ही मेरी पुस्तकों के प्रकाशन का सिलसिला शुरू हुआ। पौने दो वर्ष के अपने नन्हें जीवन में पापा को सदा 'पल्हाई' (पढ़ाई) में व्यस्त देखने की उसकी शिकायत भी वाज़िब है। मुझे भी बहुत मलाल है बेटा कि पूरी तबियत से तुम्हारे अनमोल बचपन में रम नहीं पा रहा!

स्त्री भक्तों के आकाशधर्मा चिन्तन, उनके कहे-सुने एवं लिखत-पढ़त को समझने-सहेजने का यह एक स्वल्प प्रयास है। भारतीय भक्ति के विरासत स्वरूप इनके रचनाकर्म को परखने-समझने की अनिवार्य कोशिश के रूप में यह पुस्तकाकार संकलन प्रस्तुत है।

आशा है सुधी पाठकों के लिए यह पुस्तक उपयोगी सिद्ध होगी।

–डॉ. नवनीत आचार्य

जनवरी, 2024

पुरुलिया, पश्चिम बंगाल

(क) भक्ति के स्त्री स्वर : पाठ, अस्मिता, मुक्ति चेतना की समानान्तर दुनिया

एकरूपता और संगति

मीरां की कविता की पहचान और मूल्यांकन का पश्चिमी आग्रह

–प्रो. माधव हाड़ा

मीरां की उपलब्ध और प्रचलित कविता का भाव और भाषा का वैविध्य संगति और एकरूपता के संस्कार और आदत वाली पश्चिमी विद्वता को विचित्र लगता है। मीरां की कविता में राम-कृष्ण, सगुण-निर्गुण, दाम्पत्य, अध्यात्म, रहस्य, रोमांस, भक्ति आदि सब एक साथ और यह एकाधिक भाषाओं में है। पश्चिमी विद्वता को लगता यह लोक में प्रचलित मीरां की एकाधिक छवियों के कारण है और 'वास्तविक' या 'आरम्भिक' मीरां इससे अलग है। यह अपने 'ओथेंटिक' के औजार से इसकी खोज का दावा भी करती है। मीरां की कविता 'पुरानी लेकिन जीवित कविता' है, इसलिए इसमें वैविध्य बहुत स्वाभाविक है। श्रुत और स्मृत पर निर्भर, भारत के अलग-अलग क्षेत्रों में लगभग दस-बारह शताब्दियों तक निरन्तर चलने वाला भक्ति आन्दोलन अपनी प्रकृति में ही बहुवचन है। इतने लम्बे समय तक और इतनी अलग-अलग सामाजिक-सांस्कृतिक इकाइयों में जारी रहने वाले भक्ति आन्दोलन में सक्रिय कवियों की कविता में 'संगतता' की अपेक्षा करना युक्तिसंगत नहीं है। 'बहुलतावादी अन्तश्चेतना' भारतीय सांस्कृतिक अनुभव में अन्तर्निहित है, लेकिन 'संगतता' या एकरूपता पश्चिमी विद्वता के 'ओथेंटिक' की अर्हताओं में सम्मिलित है, इसलिए यह हमारी कविता में भी वही खोजती है और जब यह वहाँ नहीं मिलती तो उसके लिए इस कविता की प्रामाणिकता संदिग्ध हो जाती है। एकायामी, शास्त्र निर्भर और साम्प्रदायिक कविता में 'संगतता' मिल जाएगी, लेकिन मीरां की लोक में पली-बढ़ी कविता शास्त्र, संहिता, साम्प्रदायिक मत-मतान्तरों से ऊपर और अलग है और इसमें

पूर्व आचार्य, हिन्दी विभाग, मोहनलाल सुखाड़िया विश्वविद्यालय, उदयपुर (राजस्थान)

वो सब है जो एक स्वतन्त्रचेता और आत्मनिर्भर मनुष्य की बहुवचन समझ और विवेक में होता है। मीरां की कविता का भाषिक वैविध्य भी बहुत स्वाभाविक है, लेकिन यह भाषाओं के औपनिवेशक वर्गीकरण और विभाजन की स्मृति समझ के कारण हमें विविध और अटपटा दिखाई पड़ता है।

1

'संगतता' पाठानुसन्धान की एक कसौटी है, लेकिन मीरां जैसे मध्यकालीन सन्त-भक्तों की कविता पर इसका इस्तेमाल उसकी बहुवचनात्मक प्रकृति को ध्यान में रखकर बहुत सावधानी से होना चाहिए। भक्ति साहित्य के प्रसिद्ध पाठानुसन्धानकर्ता जॉन स्ट्रैटन हॉली ने यह ध्यान रखे बिना मीरां की कविता के पाठानुसन्धान में इसका इस्तेमाल किया। हॉली का मीरां की पाण्डुलिपियों पर एकाग्र यह आलेख उनकी किताब *श्री भक्ति वायसेज* [1] (2005 ई.) के हिन्दी अनुवाद *भक्ति के तीन स्वर* [2](2019 ई.) में 'पाण्डुलिपि में मीरां' नाम से संकलित है। यह आलेख कुछ हद फ्रांसिस टैफ्ट के आलेख 'इल्युजिव हिस्टोरिकल मीरा–ए नोट'[3] की इस धारणा का प्रत्याख्यान है कि मीरां सर्वथा अनैतिहासिक है, लेकिन आलेख में यह बात हॉली ने बहुत किन्तु-परन्तु के साथ कही है। मीरां के ऐतिहासिक अस्तित्व को लेकर संशय उनके मन में फिर भी है और उन्होंने अपने को इस सम्बन्ध में 'संशयवादी' कहा भी है। हालाँकि वे अपनी उस धारणा में कि *इतिहास का ऐसा कोई खाका नहीं है, जिससे मीरां को जोड़ा जा सके* [4] कुछ नये उपलब्ध साक्ष्यों के आधार बदलाव के लिए प्रस्तुत लगते हैं, लेकिन फिर भी उनका निष्कर्ष बहुत निश्चयात्मक नहीं है। वे लिखते हैं कि– *अगर कानून के शब्दों में शल्य क्रिया करूँ, तो मैं इस मामले में संशयवादी हूँ। बल्कि मेरा कहना यह है कि अगर हम अपने ज्ञान के स्रोतों पर इस ऊँचे मक़सद से गहरी दृष्टि डालें कि उन स्रोतों को कब और कैसे दिनांकित किया जा सकता है, तो इससे धारणा बनती है कि मीरांबाई के बारे में सचमुच क्या महत्त्वपूर्ण है– उनकी स्मृति, न कि उनकी ऐतिहासिकता। लेकिन उस स्मृति की एक सबसे दिलचस्प विशेषता है उसकी ऐतिहासिकता के आनुषंगिता की दिशा-अभिग्रहण, अवधारणा और प्रस्तुतिकरण के इतिहास के रूप में उसका विकास।* [5] हॉली मीरां की 'वास्तविक' छवि की तलाश में उसके विभिन्न स्रोतों में उपलब्ध प्राचीनतम 'ओथेंटिक' छह रचनाओं तक पहुँचते हैं। उनका 'ओथेंटिक' यह आग्रह इतना सख्त है कि वे एक के बाद एक सभी स्रोतों को अप्रामाणिक घोषित करते

जाते हैं। यहाँ तक डाकोर की वि.स.1642 (1585 ई.) की 69 पदों वाली चर्चित और विवादित पाण्डुलिपि में भी वे हिन्दी / हिन्दू राष्ट्रवाद[6] की, जिसके सम्बन्ध में इसके अन्वेषी ललिताप्रसाद सुकुल ने सोचा तक नहीं होगा, साज़िश भी ढूँढ़ लेते हैं। उनकी अन्वेषित या एकत्र यह छह रचनाएँ पश्चिमी विद्वता की प्रामाणिकता की अन्य सभी कसौटियों के साथ 'संगतता' की कसौटी पर भी खरी उतरती है। हॉली लिखते हैं कि - *फिर भी तमाम सीमाओं के बावजूद 16वीं-17वीं सदी की कविताओं के इस छोटे-से संकलन के आधार पर 'प्रारम्भिक मीरांबाई' के बारे में छवियाँ गढ़ने की कोशिश की जानी चाहिए। आख़िर इनमें संगतता का तत्त्व है और यह ठीक वैसी नहीं है जो मीरांबाई के आज के उस कहीं ज़्यादा पर्याप्त कोश के अध्ययन से उभरती है, जिसे हम उनका मानते हैं।*[7] उनके अनुसार इनमें संगतता यह है कि– *उनमें प्रेम पर ज़ोर दिया गया है। यह एक रोग है, जलन है इसे हमेशा कृष्ण से नहीं जोड़ा जाता। .. इन कविताओं में बस वे प्रेमी हैं, और कुछ नहीं।*[8] इस तरह हॉली 'वास्तविक, और 'आरम्भिक मीरां' को केवल प्रेम और विरह तक सीमित कर देते हैं और उसकी अन्य सभी उपलब्ध और प्रचलित जागतिक और आध्यात्मिक चिन्ता और सरोकारवाली रचनाएँ सन्दिग्ध हो जाती हैं। हॉली की यह क़वायद हमें ऐसी मीरां तक ले जाती है, जिसका सदियों से लोक में रची-बसी और उसमें निरन्तर जीवित मीरा से कोई सम्बन्ध नहीं है।

2

मीरां की उपलब्ध और प्रचलित रचनाओं में संगति और एकरूपता का अभाव पश्चिमी विद्वता इसके किसी मत-मतान्तर या आधुनिक विचार के रूपक और रूढ़ि में मिसफिट होने के कारण लगता है। पश्चिमी विद्वता की मुश्किल यह है कि मीरां की प्रचलित रचनाएँ मध्यकालीन मत-मतान्तरों, सम्प्रदायों और आधुनिक विचारधाराओं की तयशुदा रूढ़ियों और रूपकों के अनुशासन या साँचों-खाँचों में नहीं आतीं। उसकी कविता की एक पंक्ति है– *कोई निंदौ कोई बिंदौ, मैं तो चलूंगी चाल अनूठी। मतलब यह कि कोई निन्दा करे या सराहना, मैं 'अनूठी' चाल चलूंगी।* 'अनूठी' का मतलब है उल्टा या विमुख। अपने इस निश्चय के कारण मीरां का जीवन और कविता रूढ़ि से अलग और रूपक से बाहर है। रूपक निर्मिति या संरचना है–उसमें ज़ोर व्यवस्था और एकरूपता पर होता है। अलग, आगे, हटकर और अतिरिक्त के लिए उसमें जगह मुश्किल से ही निकलती है। इस सबकी इसमें

या तो अनदेखी होती है या काट-छाँट। मनुष्य का रूपकीकरण सम्भव नहीं है, क्योंकि इधर-उधर, आगे-पीछे, अलग और अतिरिक्त, ये सब मनुष्यता के बुनियादी गुणधर्म हैं। रूपक में ढलने या ढालने के दौरान कोई मनुष्य अस्तित्व में जैसे ही हमें इधर, उधर और अतिरिक्त कुछ दिखता है, तो लगता है यह अन्तर्विरोध या यह विसंगति है। यदि कोई मनुष्य है, तो यह सब होना उसके मनुष्य होने में शामिल है। रूपकों की आदत और संस्कार से सोचने वालों को इसलिए मीरां की उपलब्ध रचनाएँ अटपटी लगती हैं और इस कारण वह इसमें संगतता खोजने की क़वायद में जुटते हैं। प्रचलित रचनाओं में उन्हें उनके वांछित रूपक में सीमित मीरां से अलग इधर, उधर, अलग और अतिरिक्त मनुष्य मीरां है। यह अलग-अलग रूपकों में ढली हुई सीमित और कटी-छँटी केवल भक्त या केवल विद्रोही या केवल प्रेमी या केवल पवित्रात्मा या केवल सामंत मीरां नहीं है। यह एक साथ सामन्त, विद्रोही, भक्त, प्रेमी, पवित्रात्मा, कवियित्री आदि है। दरअसल एक मनुष्य के अस्तित्व में जो होता है, मीरां की रचनाओं में वो सब है। पश्चिमी विद्वता कभी मीरां को विद्रोह की रूढ़ि में ही देखना चाहती है, जबकि कभी उसकी अपेक्षा यह है कि वह पितृसत्तात्मक अन्याय और उत्पीड़न के रूपक में हो। मीरां ने विद्रोह नहीं किया, ऐसा नहीं है। मीरां ने विद्रोह किया, लेकिन यह एक सामान्य पारिस्थितिक विद्रोह था। इसको किसी साँचे-खाँचे के विद्रोह की तरह देखना-समझना ग़लत होगा। यह विद्रोह की निर्धारित सैद्धान्तिकी का सत्ता के विरुद्ध स्थायी प्रतिरोध जैसा विद्रोह नहीं है। इसे वैसा बनाने के लिए काट-छाँट और जोड़-बाकी करनी पड़ेगी, जो उसके असल विद्रोह को ही बदल देगी। विमर्श की सैद्धान्तिकी के अनुसार स्त्री के दुःख का कारण पितृसत्तात्मक अन्याय और उत्पीड़न है। मीरां इसके सिद्धान्तकारों को इसी रूपक में जँचती है। यह सही है कि हम पितृसत्तात्मक समाज हैं, लेकिन हम यह भूल जाते हैं कि यूरोप की एकरूप पितृसत्ता की तुलना में हमारे यहाँ यह कई रूप लिये हुए है। पितृसत्ता भी यदि एक सांस्कृतिक संरचना है, तो इसकी सार्वभौमिक और सार्वकालिक पहचान कैसे सम्भव है? हमें यह तो देखना ही पड़ेगा कि कौन-सा पितृसत्तात्मक समाज स्त्री को मनुष्य होने की जगह ज़्यादा देता है। मीरां का कृष्ण से प्रेम उसकी पति से नाराज़गी के कारण नहीं है। यह पारम्परिक भक्ति संस्कार के कारण है, इसलिए पारिस्थितिक है। मीरां जिस पितृसत्तात्मक समाज में है, वही उसे मीरां होने का साहस भी देता है और उसके इस साहस का सदियों तक सम्मान भी करता है। रूपक में सुविधा होती है, उसका सम्मोहन भी होता है, लेकिन कई बार

इसकी तान्त्रिक ज़रूरतें आपको बहुत ग़लत और आधारहीन निष्कर्षों पर पहुँचा देती हैं। आपको पता ही नहीं लगता है कि आप वहाँ पहुँच गये हैं, जो है ही नहीं।[9]

3

संगति या एकरूपता के लिए मीरां को किसी एक भाव या उसकी रूढ़ि में सीमित कर देना ग़लत है। मीरां की कविता का भाव-वैविध्य भक्ति आन्दोलन के स्वभाव, उसकी लोकव्याप्ति और उसकी किसी शास्त्र, मत और सम्प्रदाय से असम्बद्धता के कारण है। मीरां की श्रुत और स्मृत निर्भर रचनाएँ अपनी प्रकृति और स्वर में बहुवचन हैं और यह भारतीय भक्ति आन्दोलन का बुनियादी स्वभाव भी है। भक्ति आन्दोलन में सक्रिय कोई भी सन्त-भक्त केवल किसी एकायामी विचार, मत या पन्थ में सीमित नहीं है। भक्ति आन्दोलन में अकसर ऐसा हुआ है कि सन्त-भक्तों को पन्थ-मतों के दायरे में उनकी सक्रियता और स्वीकार्यता के बाद लाया गया। पन्थ और सम्प्रदाय हमेशा सन्त-भक्तों के आविर्भाव, सक्रियता और मान्यता के बाद अस्तित्व में आए। मीरां के सम्बन्ध में भी यही सच है। उसको उसके अपने जीवन काल में सम्प्रदाय और मत-मतान्तरों में बाँधने या सम्मिलित करने के प्रयास हुए। वल्लभ सम्प्रदाय से उसे सम्बद्ध करने के प्रयासों के तो वार्ता ग्रन्थों में प्रामाणिक उल्लेख मिलते हैं।[10] पोथियों-पाण्डुलिपियों में मीरां का स्वर बहुवचनात्मक नहीं है, जबकि लोक में उपलब्ध श्रुत और स्मृत रचनाएँ अपने स्वर में पूरी तरह बहुवचनात्मक हैं, जो भक्ति आन्दोलन और मीरां का अपना बुनियादी स्वर और स्वभाव भी है।

एक-दूसरे से अलग माने जाने वाले सगुण-निर्गुण, प्रेम-ज्ञान, कृष्ण राग, भक्ति-योग आदि उसकी कविता में एक साथ हैं। यह बहुत स्वाभाविक है और भक्ति आन्दोलन की अपनी बहुवचनात्मक संस्कृति के कारण है। 'संगतता' के पश्चिमी संस्कार और अभ्यास वाले आरम्भिक हिन्दी विद्वानों के लिए मीरां की कविता इस सम्बन्ध में चौंकाने वाली थी। रामचन्द्र शुक्ल सहित कई आरम्भिक आधुनिक विद्वानों ने मीरां की भक्ति को माधुर्य भाव की श्रेणी में रख दिया। रामचन्द्र शुक्ल ने लिखा कि मीरांबाई की उपासना *'माधुर्य भाव' की थी अर्थात् वे अपने इष्टदेव की भावना प्रियतम या पति के रूप में करती थी।*[11] रामचन्द्र शुक्ल के वैदुष्य के कारण मीरां की कविता पर माधुर्य भाव का यह 'टैग' हिन्दी में रूढ़ि बन गया। उनकी रचनाओं का अनुसन्धान और आलोचना करने वाले विद्वानों ने कृष्णलीला और माधुर्य भाव से इतर उसकी रचनाओं को अप्रामाणिक ठहरा दिया। डाकोर की प्राचीन

प्रति के अन्वेषी ललिताप्रसाद सुकुल के मन में भी यह सन्देह था। उन्होंने लिखा कि *गिरधर नागर की विरहिणी मीरां रघुबीर के विरह में व्याकुल चित्रित की गयी हैं। क्या यह भी नये सिरे से सिद्ध करना होगा कि मीरां की भक्ति 'कांता भाव' की थी। कृष्ण को छोड़कर यह कांत भाव की भक्ति क्या मर्यादा पुरुषोत्तम राम के चरित्र के साथ जोड़ी जा सकती है?*[12] उन्होंने आगे मीरां की ऐसी रचनाओं के सम्बन्ध में स्पष्ट कहा कि *इससे न तो मीरां की भक्ति का उत्कर्ष ऊँचा उठता है और न राम की पतितपावनता ही अधिक निखरती है। इसे तो यदि भ्रष्ट प्रयोग ही कहा जाए तो अनुचित न होगा।*[13] मीरां के एक और आरम्भिक अध्येता कृष्णलाल की धारणा भी यही थी। उनका मानना है कि *मीरां के सम्बन्ध में प्रसिद्ध कुछ जनश्रुतियों से भी स्पष्ट है कि मीरां अपने प्रौढ़वय और अन्तिमकाल में गिरधर नागर भगवान कृष्ण की लीलाओं का माधुर्यभाव से गान करती थी। वृंदावन में जीव गोस्वामी (अथवा रूप गोस्वामी) को फटकार और मिलन वाली जनश्रुति से भी मीरां के माधुर्यभाव को स्वीकृति मिलती है और द्वारका में रणछोड़ जी के मंदिर की मूर्ति के सामने नाचते-गाते विलीन हो जाने की जनश्रुति से भी मीरां के माधुर्य भाव और कृष्णलीला के पदगान को ही स्वीकृति मिलती है। उपर्युक्त जनश्रुतियाँ चाहे सत्य न हों, फिर भी इसमें तो सन्देह नहीं कि साधारण भक्त जनता मीरां को भी इसी रूप में मानती चली आ रही है। मीरां माधुर्य भाव की भक्ति का प्रतीक है, अस्तु विषय एवं भावाभिव्यक्ति की दृष्टि से कृष्णलीला के माधुर्य भाव से पूर्ण पद ही मीरां की सर्वाधिक प्रामाणिक रचनाएँ मानी जा सकती हैं।*[14]

4

भक्ति आन्दोलन के दौरान भक्ति का जो रूप विकसित हुआ वो सरलीकृत और बहुवचन था। भक्ति आन्दोनल की व्याप्ति सम्पूर्ण देश में थी और इस दौरान क्षेत्रीय सांस्कृतिक ज़रूरतों के तहत भक्ति का जो लोकरूप बना वो शास्त्रीयभक्ति के पारम्परिक साँचों-खाँचों से निकलकर सरल हो गया था। संगति और एकरूपता के आग्रही आरम्भिक आधुनिक विद्वानों ने भक्ति को सगुण-निर्गुण, प्रेम-ज्ञान, भक्ति-योग आदि के साँचों-खाँचों में बाँटकर सन्त-भक्तों की जो पहचान बनायी वो आधी-अधूरी है। मीरां के साथ भी यही हुआ। मीरां की लोक भक्ति का साँचों-खाँचों में विभाजन सम्भव नहीं था। आरम्भिक अध्येताओं ने यह महसूस भी किया। सन्त साहित्य के विख्यात अध्येता परशुराम चतुर्वेदी को मीरां की कविता ने मुश्किल में

डाल दिया। वे इस दुविधा में पड़ गये कि मीरां को सन्त मानें या भक्त। उन्होंने पहले लिखा कि *दूसरे प्रकार के पद वे हैं, जिनका वर्ण्य विषय सन्तमत द्वारा प्रभावित जान पड़ता है और जिनमें न केवल 'साहब', 'सुरति', 'नाम', 'सुखमणा', 'सहज' एवं 'निरंजन' जैसे अनेक शब्दों के प्रयोग मिलते हैं; अपितु जिनमें ऐसी कई बातें प्रचुर मात्रा में मिल जाती हैं, जिनके कारण मीराँबाई को सन्तमतानुसारिणी कहने की प्रवृत्ति हुए बिना नहीं रहती।*[15] लेकिन आगे मीरां की दूसरी कई माधुर्य भाव की रचनाओं के आधार पर अपने इस विचार का खण्डन उन्होंने स्वयं ही यह कहकर कर दिया कि *इस प्रकार की धारणा को प्रश्रय देना हमें युक्तिसंगत जान नहीं पड़ता।*[16] भक्ति आन्दोलन के दौरान भक्ति का एक सरल लोकरूप विकसित हुआ, जिसमें भक्ति के शास्त्रीय और सांस्थानिक रूप घुल-मिलकर आसान हो गये। लोक की भक्ति में सगुण-निर्गुण, प्रेम-ज्ञान, भक्ति-योग, राम-कृष्ण आदि सब एकरूप हो गये और इनको लेकर इसमें कोई परहेज़ और भेदभाव भी नहीं था। लोक में भक्ति का मतलब आचार-विचार में सच्चाई, दया, करुणा, त्याग, वैराग्य, सत्संग, तीर्थाटन, पूजा-अर्चना, व्रत-उपवास आदि था। मीरां की भक्ति यही लोक भक्ति है। उसका सगुण-निर्गुण, सन्त-भक्त, ज्ञान-प्रेम, राम-कृष्ण आदि में विभाजन और वर्गीकरण ग़लत है। उसकी कविता में राम, रमैया, योग आदि इसी कारण है। उसके यहाँ राम और कृष्ण, दोनों ईश्वर हैं, दोनों एकरूप हैं, इसलिए दोनों उसके प्रेम के उपादान और पूजनीय हैं। वह सगुणोपासक है, लेकिन गाहे-बगाहे निर्गुण को भी साध लेती है। उसके यहाँ सगुण-निर्गुण एक-दूसरे में घुल-मिल गये हैं। उसके यहाँ *आवो मनमोहना जी मीठा थारा बोल* भी है और *चालो अगम के देस* भी है। ख़ास बात यह है वह ऐसी सन्त-भक्त है जो कहती है *ओलूं थारी आवै हो महाराजा अबिनासी।*

मीरां की कविता में भाव विविधता उसकी लोकव्याप्ति के कारण भी है। भक्ति आन्दोलन में क्षेत्रीय सांस्कृतिक ज़रूरतों के तहत भक्ति के कई मत-मतान्तर और धारणाएँ अस्तित्व में आयीं। मीरां की हैसियत एक सामन्त स्त्री की थी, इसलिए उसका सन्त-भक्त रूप ख़ूब लोकप्रिय हुआ। मतों-सम्प्रदायों और इनकी विभिन्न धारणाओं के अनुसार उसकी रचनाओं का रूपान्तरण भी ख़ूब हुआ। आरम्भ में मत-मतान्तर और सांस्थानिक नहीं थे, लेकिन आगे चलकर ये सांस्थानिक भी हो गये। इनमें द्वेष तो नहीं था, लेकिन वर्चस्व के विस्तार की स्पर्धा और आग्रह इनमें बाद में बढ़ गये। मीरां की रचनाएँ कृष्ण भक्ति और राम भक्ति, दोनों सम्प्रदायों में लोकप्रिय थीं, इसलिए इनके आग्रहों और धारणाओं के अनुसार इनमें कुछ रद्दोबदल भी हुए।

5

मीरां की कविता में भाषाई संगति और एकरूपता नहीं है, जो बहुत स्वाभाविक है, लेकिन भारतीय भाषाओं की औपनिवेशिक समझ पर निर्भर पश्चिमी विद्वता को इस कारण मीरां की प्रामाणिकता संदिग्ध लगती है। मीरां की रचनाएँ आज के हिसाब से राजस्थानी के साथ अलग से गुजराती, ब्रज आदि में भी मिलती हैं और इसमें एक साथ गुजराती, ब्रज, राजस्थानी आदि का मिलाजुला रूप भी मिलता है। दरअसल मीरां की कविता में भाषाई वैविध्य हमें भाषाई वर्गीकरण और विभाजन की औपनिवेशिक समझ के कारण दिखाई पड़ता है। उपनिवेशकाल से पहले तक जब भारतीय भाषाओं को औपचारिक पहचान नहीं मिली थी, तब यहाँ का भाषाई परिदृश्य अलग था। यहाँ की भाषाएँ और बोलियाँ एक-दूसरे से इस तरह से सम्बद्ध थीं कि इनको पृथक् और वर्गीकृत करना कठिन था। भारत के भाषा सर्वेक्षण के दौरान जॉर्ज ग्रियर्सन को इसी तरह की मुश्किल का सामना करना पड़ा। उनसे पहले तक यूरोपीय विद्वान् तो एक-दूसरे से भिन्न चरित्र और स्वभाव वाली भारतीय भाषाओं की भी इनकी परस्पर सम्बद्धता के कारण सदियों तक कोई अलग पहचान नहीं बना पाये। लम्बे समय तक शब्द समूह की समानता के आधार पर कतिपय दक्षिण भारतीय भाषाओं को भी संस्कृत से उत्पन्न माना जाता रहा।[17] जॉर्ज ग्रियर्सन ने खींच-खाँचकर भारतीय भाषाओं का जो वर्गीकरण और विभाजन किया उससे पहली बार भाषाओं को एक-दूसरे से अलग पहचान मिली। विडम्बना यह है कि खींच-खाँचकर कर किया गया वर्गीकरण और विभाजन तो हमारी भाषाई समझ का हिस्सा हो गया, लेकिन भारतीय भाषाओं की परस्पर घनिष्ठ सम्बद्धता सम्बन्धी कई बातें जो सर्वेक्षण के दौरान सामने आयीं, उन पर कम लोगों का ध्यान गया। मीरां की कविता के भाषाई वैविध्य को भारतीय भाषाओं की इस परस्पर सम्बद्धता से अच्छी तरह समझा जा सकता है।

भारतीय भाषाएँ एक-दूसरे से इस तरह जुड़ी हुई हैं कि वे एक-दूसरे से कहाँ और कैसे अलग होती हैं, यह तय करना मुश्किल काम है। अकसर वे दूसरी भाषा की सीमा शुरू होने से पहले ही उसके जैसी होने लगती हैं। ग्रियर्सन ने भी सर्वेक्षण के दौरान यह महसूस किया। उसने इसके प्रतिवेदन के पूर्वकथन में भारत में क्षेत्रीय भाषाओं की सीमाओं की चर्चा करते हुए लिखा कि *सामान्यत: जब तक विशेष रूप से जाति (रेस) एवं संस्कृति में अन्तर न हो या बड़ा पहाड़ या प्राकृतिक बाधा उपस्थित न करे, तब तक भारतीय भाषाएँ एक-दूसरे में विलीन हो जाती हैं।*[18]

मीरां की कविता की भाषा में गुजराती, राजस्थानी, ब्रज आदि अलग-अलग भाषाएँ नहीं हैं। ये एक ही भाषा के क्षेत्रीय रूप हैं, जो कुछ दूर चलकर एक-दूसरे में विलीन हो जाते हैं। मीरां ने पर्याप्त देशाटन किया, इसलिए उसकी भाषा में एक ही भाषा के एक-दूसरे से सम्बद्ध और एक-दूसरे में घुले-मिले क्षेत्रीय रूप हैं, जो अब औपनिवेशिक भाषाई समझ के कारण हमें अलग भाषाओं के रूप में दिखाई पड़ते हैं।

भारत में भाषा के क्षेत्रीय रूपों को पहचान देने का आग्रह उपनिवेशकाल से पहले तक लगभग नहीं था। भाषा का क्षेत्रीय वैशिष्ट्य यहाँ सदियों से है, लेकिन इसके आधार पर पृथक् भाषाई पहचान का आग्रह यहाँ कभी नहीं रहा। अपनी भाषा की अलग पहचान और उसके नामकरण की सजगता यहाँ लगभग नहीं थी। भाषाएँ यहाँ इस तरह एक-दूसरे से जुड़ी और एक-दूसरे में घुली-मिली थीं कि इनको अपनी अस्मिता के साथ जोड़कर देखना सम्भव नहीं था। भाषा को अपनी अस्मिता का हिस्सा बनाने का चलन यहाँ उपनिवेशकाल के बाद शुरू हुआ। भारतीय भाषाओं को उनकी क्षेत्रीय विशेषताओं के आधार पर पहली बार वर्गीकृत और विभक्त करने वाले जॉर्ज ग्रियर्सन ने भी भाषा के मामले में भारतीयों के इस ख़ास नज़रिए को लक्ष्य किया। उन्होंने सर्वेक्षण के अपने प्रतिवेदन के पूर्वकथन में एक जगह लिखा कि "एक सामान्य भारतीय ग्रामीण यह नहीं जानता कि जिस बोली को वह बोल रहा है उसका नाम भी है। वह अपने यहाँ से पचास मील दूरी पर बोली जानेवाली बोली का नाम तो बता सकता है, किन्तु जब उसकी बोली का नाम पूछा जाता है तो वह कह उठता है कि *ओह, मेरी बोली का तो कुछ नाम नहीं है, यह तो विशुद्ध भाषा है।*[19] भारत में देशभाषा अथवा बोलियों की नाम संज्ञाओं को मान्यता और स्वीकृति उपनिवेशकाल में मिली। यहाँ के लोग अपनी भाषा को देशभाषा या बोली कहते थे या फिर दूसरे लोग उसका क्षेत्र के आधार पर कोई नाम कौशली, गुजराती आदि रख देते थे। मीरां की कविता की लोकप्रियता उत्तर भारत के बड़े भूभाग में थी, इसलिए इस भाषा की अलग-अलग क्षेत्रीय विशेषताएँ तो इसमें आ गयी थीं, लेकिन इन क्षेत्रीय विशेषताओं को अलग भाषाई पहचान का दर्ज़ा उपनिवेशकाल में मिला और बाद में यह चलन में भी आ गया। मीरां की कविता में भाषा में उस क्षेत्र की उच्चारण आदि तमाम क्षेत्रीय विशेषताएँ हैं, जहाँ यह चलन में थी। अब यही विशेषताएँ मुखर होकर अस्मिता का हिस्सा हो जाने के कारण हमें अलग भाषाओं के रूप में दिखाई पड़ती हैं।

पन्द्रहवीं-सोलहवीं सदी की मीरां की कविता को आज की राजस्थानी, गुजराती, ब्रज आदि भाषाई पहचानों में देखना ग़लत है। यह तय है कि उत्तर भारतीय देश भाषा की क्षेत्रीय पहचानों का विकास बहुत पहले शुरू हो गया था। उद्योतन सूरि की आठवीं सदी की रचना *कुवलयमाला* के अनुच्छेद 242 में 18 देशी भाषाओं का क्षेत्रीय विशेषताओं के साथ सोदाहरण नामोल्लेख है, लेकिन ख़ास बात यह है कि यहाँ ये पृथक् अस्तित्व वाली भाषाओं के रूप में उल्लिखित नहीं है। यहाँ भाषा एक है, लेकिन यह अलग-अलग क्षेत्रीय विशेषताओं के साथ बोली जा रही है।[20] दरअसल मीरां के समय पन्द्रहवीं-सोलहवीं सदी में राजस्थान, गुजरात, ब्रज, मालवा आदि में जो भाषा इस्तेमाल हो रही थी, वह कुछ क्षेत्रीय विशेषताओं को छोड़कर लगभग एक थी। जॉर्ज ग्रियर्सन ने भी उपनिवेशकाल में भाषाओं का वर्गीकरण और विभाजन तो किया, लेकिन वह इस सच्चाई से परिचित था कि क्षेत्रीय भिन्नताओं के साथ तमाम उत्तर भारत में एक ही भाषा इस्तेमाल होती थी। सर्वेक्षण के दौरान वह भी इस निष्कर्ष पर पहुँचा कि "राजपूताना, मध्यभारत तथा गुजरात के विस्तृत क्षेत्रों में दैनिक जीवन में व्यवहृत शब्द एवं शब्द समूह प्रायः समान हैं। हाँ, उच्चारण में अन्तर अवश्य है। इस प्रकार यह कहा जा सकता है और सामान्य लोगों का विश्वास भी यही है कि गंगा के समस्त कांठे में, बंगाल और पंजाब के बीच, अपनी अनेक स्थानीय बोलियों सहित केवल एकमात्र प्रचलित भाषा हिन्दी ही है।"[21] इस भाषा की अलग-अलग और स्पष्ट क्षेत्रीय पहचानें बहुत बाद में विकसित हुईं। ख़ास बात यह है कि इनका पृथक् भाषिक पहचानों के रूप में विभाजन और वर्गीकरण तो आगे चलकर उपनिवेशकाल में जॉर्ज ग्रियर्सन ने किया। गुजराती साहित्य के एक विशेषज्ञ आयी.जे.एस. तारपुरवाला ने पन्द्रहवीं-सोलहवीं सदी में मीरां की कविता के भाषिक वैविध्य के कारणों की बहुत युक्तिसंगत पड़ताल की है। उनके अनुसार *मीरां पर गुजरात, राजपुताना और पूरा मथुरा क्षेत्र अपना दावा करता है, लेकिन जिस समय में वह जी रही थी, उस समय इन क्षेत्रों में केवल एक ही भाषा–पुरानी गुजराती या पुरानी पश्चिमी राजस्थानी प्रचलित थी, इसलिए कोई आश्चर्य नहीं कि उनके पद अब उन तमाम क्षेत्रीय भाषाओं में मिलते हैं, जिन्होंने इस भाषा का स्थान ले लिया था।*[22] दरअसल हुआ यही है कि मीरां के पद राजस्थान, गुजरात, मालवा, ब्रज आदि में उस समय लगभग समान रूप से व्यवहृत भाषा में हुए, लेकिन जैसे-जैसे क्षेत्रीय भाषिक इकाइयों का पृथक् विकास हुआ, ये पद इन इकाइयों के अनुसार राजस्थानी, ब्रज, गुजराती आदि में ढलते गये।

मीरां की कविता आज के हिसाब से, राजस्थानी के बाद सबसे अधिक गुजराती और ब्रज में मिलती है। राजस्थानी में तो ठीक है, लेकिन कुछ विद्वानों को उसकी कविता के गुजराती और ब्रज में होने पर आपत्ति है। यह इसलिए है, क्योंकि हम मीरां की कविता को आज की भाषाई पहचानों में देखना-समझना चाहते हैं। यह ग़लत है। मीरां के पदों की मूल भाषा अपभ्रंश की अन्तिम अवस्था में विकसित वह देश भाषा है, जिसका व्यवहार कुछ विशेषताओं के साथ लगभग तमाम उत्तर भारत में होता था। मध्यकालीन वैयाकरणों ने इस भाषा का नाम सब जगह देश भाषा ही प्रयुक्त किया है। एल.पी. तेस्सीतोरी आदि कतिपय आधुनिक विद्वानों ने इसको 'पुरानी पश्चिमी राजस्थानी', या 'जूनी' या 'पुरानी गुजराती' आदि नाम भी दिये हैं। दरअसल पन्द्रहवीं-सोलहवीं सदी में राजस्थानी, गुजराती और ब्रज अलग भाषाएँ नहीं हैं और आगे उपनिवेशकाल तक ये एक ही भाषा की अलग-अलग बोलियाँ ही हैं। जार्ज ग्रियर्सन के बाद इन भाषाओं की उत्पत्ति और पहचान पर पहली बार विस्तार से विचार करने वाले एल. पी. तेस्सीतोरी (1887-1919 ई.) के शब्दों में *प्राचीन पश्चिमी राजस्थानी शौरसेनी अपभ्रंश की पहली सन्तान है और साथ ही उन आधुनिक बोलियों की माँ है, जिनको गुजराती तथा मारवाड़ी के नाम से जाना जाता है।*[23] *आगे वे कई प्राचीन रचनाओं के साक्ष्य से इस निष्कर्ष पर पहुँचे कि जिस भाषा को मैं 'प्राचीन पश्चिमी राजस्थानी' के नाम से पुकारता हूँ, उसमे वे सभी तत्त्व हैं, जो गुजराती के साथ मारवाड़ी के उद्‌भव के सूचक हैं और इस तरह वह भाषा स्पष्टत: इन दोनों की सम्मिलित माँ है।*[24] मुनि जिनविजय ने भी गुजरात विद्यापीठ के अपने कार्यकाल में तैयार की गयी पुरानी गुजराती गद्य सन्दर्भ नामक एक पाठ्य पुस्तक में तेरहवीं से पन्द्रहवीं सदी तक के 300 वर्षों के दौरान के गद्य के नमूने संकलित किये। इनकी भाषा 'प्राचीन गुजराती' के आगे कोष्ठक में उन्होंने स्पष्ट नामोल्लेख किया *अर्थात पश्चिमी राजस्थानी।*[25] गुजराती भाषा के मर्मज्ञ और विद्वान् स्वर्गीय झवेरचन्द्र मेघाणी के विचार भी इस धारणा को पुष्ट करते हैं। उन्होंने इस सम्बन्ध में एक जगह लिखा है कि *मेड़ता की मीरां इसी में पदों की रचना करती और गाया करती थी। इन पदों को सौराष्ट्र की सीमा तक के मनुष्य गाते तथा अपना करमानते थे। चारण का दूहा राजस्थान की किसी सीमा में से राजस्थानी भाषा में से अवतरित होता तथा कुछ वेश बदलकर काठियावाड़ में घर-घराऊ बन जाता। नरसी मेहता गिरनार की तलहटी में प्रभु पदों की रचना करता और ये पद यात्रियों के कंठों पर सवार होकर जोधपुर, उदयपुर पहुँच जाया करते। इस ज़माने का पर्दा उठाकर यदि*

आप आगे बढेंगे, तो आपको कच्छ, काठियावाड़ से लेकर प्रयाग पर्यन्त भूखण्ड पर फैली हुई एक भाषा दृष्टिगोचर होगी।[26] आगे उन्होंने और स्पष्ट करते हुए लिखा है कि- *उसी की पुत्रियाँ फिर ब्रजभाषा, गुजराती और आधुनिक राजस्थानी का नाम धारण कर स्वतन्त्र भाषाएँ बनीं।*[27] जार्ज ग्रियर्सन ने भी पन्द्रहवीं सदी में राजस्थानी और गुजराती के एक होने की बात कही है। उन्होंने स्पष्ट लिखा कि *गुजराती का राजस्थानी से बहुत निकट सम्बन्ध है। यहाँ तक कि पन्द्रहवीं शताब्दी में मारवाड़ तथा गुजरात की भाषा एक थी। इसके बाद ही इसने इन दो भाषाओं का रूप धारण किया; किन्तु मूलतः इन दोनों बोलियों में अत्यल्प ही अन्तर है।*[28] इसको उन्होंने एक उदाहरण देकर पाद टिप्पणी में और स्पष्ट किया। उन्होंने लिखा कि सन् *1455-56 में मारवाड़ राज्य के जालोर स्थान के एक कवि ने 'कान्हड़देव' शीर्षक प्रबन्ध लिखा था। सन् 1912 में इसको लेकर गुजरात में एक वादविवाद चल पड़ा कि यह पुरानी गुजराती का प्रबन्ध है अथवा मारवाड़ी का। सच यह है कि यह दोनों में से किसी का नहीं है, अपितु कवि की उस मातृभाषा में है, जो बाद में इन भाषाओं के रूप में प्रकट हुई।*[29] मीरां की कविता की भाषा के सम्बन्ध में भी यही सच है। यह राजस्थानी, गुजराती या ब्रज नहीं है, यह पन्द्रहवीं सदी की उसकी वह मातृभाषा है, जिसकी पहचान अब क्षेत्रीय विशेषताओं के मुखर हो जाने के कारण अलग-अलग भाषाओं के रूप हो गयी है। पद्मनाभ के *कान्हड़देव* प्रबन्ध की भाषा पुरानी पश्चिमी राजस्थानी है, इसलिए तेस्सीतोरी के अनुसार उसके समकालीन नरसिंह मेहता की भाषा भी यही रही होगी। उसकी कनिता का आधुनिक गुजराती में रूपांतरण बहुत आगे चलकर हुआ।[30] मीरां जो नरसिंह मेहता के साथ गुजराती की दूसरी बड़ी भक्त कवयित्री है और उसके कुछ समय बाद ही हुई है, की रचनाएँ भी इसी भाषा में हुईं। आगे चलकर ये अलग-अलग भाषाई पहचानों के बनने के साथ आधुनिक गुजराती या राजस्थानी में ढलती गयीं। जहाँ तक मीरां की कविता के ब्रज में मिलने का सवाल है तो ब्रज और राजस्थानी भी मध्यकाल में अलग भाषाएँ नहीं थीं। राजस्थानी के प्राचीन साहित्यिक रूप पिंगल में ब्रज शामिल है। ब्रज दरअसल पुरानी राजस्थानी का ही क्षेत्रीय विस्तार है। ये भाषाई पहचानें बाद में बनीं यह इससे भी प्रमाणित है कि मीरां के पदों की भाषा एकरूप नहीं है। कोई पद सम्पूर्ण ब्रज में है, तो किसी पद में राजस्थानी और ब्रज एक साथ है और किसी पद में राजस्थानी के साथ कुछ शब्द या वाक्यांश गुजराती के भी आ गये हैं। मीरां के समय देश भाषाओं की पृथक् क्षेत्रीय पहचानें नहीं थीं, लेकिन धीरे-धीरे ये बनती गयीं। मीरां के पद लोकप्रिय थे,

इसलिए ये भी इनके अनुसार ब्रज, राजस्थानी और गुजराती होते गये। उल्लेखनीय तथ्य यह है कि क्षेत्रीय भाषाई पहचानों के अनुसार ढल जाने के बाद भी इनमें उस समय की भाषा के साक्ष्य मौजूद हैं। उसके ब्रज भाषा के पदों में राजस्थानी और राजस्थानी में गुजराती भाषा के शब्द और अर्थ रूढ़ियाँ इसी कारण हैं।

6

मीरां का जन्म, लालन-पालन और विवाह राजस्थान में हुआ, इसलिए कुछ विद्वानों की धारणा है कि केवल राजस्थानी मीरां की भाषा है और इससे इतर भाषाओं की मीरां की रचनाएँ मीरां की रचनाएँ नहीं हैं। हीरालाल माहेश्वरी का मानना है कि *मीरां का अधिकांश जीवन राजस्थान में बीता। वह वहीं जन्मी और ब्याही गयी। केवल जीवन के अन्तिम दिन गुजरात में बीते। उसकी वृंदावन यात्रा अथवा वहाँ निवास निराधार है। इस कारण शुद्ध गुजराती, शुद्ध पंजाबी और शुद्ध भोजपुरी भाषाओं में मिलने वाले पद अपने वर्तमान रूप में कदापि मीरां के नहीं हो सकते। शुद्ध ब्रजभाषा के पद भी सन्देहास्पद ही हैं। अधिक से अधिक ऐसे पदों में मीरां की भावना भले ही सुरक्षित हो। मीरां की भाषा राजस्थानी थी।*[31] कमोबेश यही बात नरोत्तम स्वामी ने भी कही है। उनके अनुसार मीरांबाई की *कविता की भाषा राजस्थानी है, जो पश्चिमी हिन्दी का एक प्रधान विभाग है।.....मीरांबाई की भाषा में ब्रजभाषा का मिश्रण बहुत है। गुजराती की विशेषताएँ भी अनेक स्थान पर पायी जाती है। पंजाबी, खड़ी बोली, पूरबी आदि का आभास भी कई स्थानों पर होता है। उनके अनेक पद शुद्ध गुजराती में भी पाये जाते हैं, पर इसमें सन्देह है कि वे उनके बनाये हुए हैं*[32] इस तरह के आग्रह युक्तिसंगत नहीं हैं। दरअसल, पन्द्रहवी-सोलहवीं सदी में मीरां की कविता की भाषा का क्षेत्रीय आधार पर विभाजन नहीं हुआ था, लेकिन आगे चलकर ये पहचानें कुछ हद तक बनती गयीं। मीरां की विभिन्न क्षेत्रों में प्रचलित कविता भी इन पहचानों में ढलकर गुजराती, ब्रज, राजस्थानी आदि होती गयी। साफ़ है कि मीरां की ब्रज या गुजराती या राजस्थानी में मिलने वाली कविता मीरां की ही है। यह अलग बात है कि बाद में यह निरन्तर चलन में रहने के कारण इन पहचानों में अलग भी दिखाई देने लगीं। मीरां की भाषा ब्रज मिश्रित राजस्थानी मानने वाले नरोत्तम स्वामी ने भी यह तो स्वीकार किया है कि मीरां के प्रचलित पदों की आधुनिक भाषा उसकी असल भाषा नहीं है। उन्होंने लिखा कि *मीरांबाई के पद जिस रूप में पाये जाते हैं ठीक उसी रूप में वे लिखे गये होंगे, यह कहना कठिन है। जो पद छपे हैं उनमें अधिकांश की*

भाषा आधुनिक हो गयी है। पद गाने की चीज हैं और गानेवालों द्वारा गाते समय फेरफार हो जाना बहुत सम्भव है। गाने वाले जनता को समझाने के लिए भी भाषा को आधुनिक कर देते हैं।[33]

वैविध्य और बहुवचन भारतीय परम्परा और इसके सांस्कृतिक बोध में अन्तर्निहित है। यहाँ साहित्यिक परम्पराओं की निर्मिति में विविध प्रकार प्रेरणाएँ और प्रभाव सक्रिय रहे हैं और इस कारण इनमें वैविध्य है। यहाँ तक कि कई बार ये वैविध्य विरोधाभासी और अन्तर्विरोधपूर्ण होने की हद तक भी हैं। पश्चिम के सांस्कृतिक बोध में संगति और एकरूपता है, क्योंकि इसका विकास चर्च के अनुशासन में हुआ है। भारतीय सांस्कृतिक बोध इस तरह के किसी अनुशासन से हमेशा बाहर रहा और प्रायः यह स्वतन्त्र रूप से विकसित हुआ। भक्ति आन्दोलन तो भारतीय मनीषा की स्वातंत्र्य चेतना का विस्फोट है और स्वतन्त्रता हमेशा बहुवचन में ही चरितार्थ होती है। मीरां की कविता भी स्वतन्त्रता की चेतना की वाहक कविता है, इसलिए यह बहुवचन है। उसके भाव के बहुवचन को चर्च के अनुशासन में विकसित संगतता की कसौटी पर कसकर कोई निष्कर्ष निकालना उसकी वास्तविक छवि बनाने के बजाय उसको विकृत कर देगा। मीरां के उपलब्ध प्राचीन हस्तलिखित पाठों को उनकी भाषा-वर्तनी और व्याकरण के वैचित्र्य के आधार पर ख़ारिज करने का कोई औचित्य नहीं है, क्योंकि एक तो उस समय व्याकरण और वर्तनी को लेकर पर्याप्त क्षेत्रीय वैविध्य था और दूसरे, इनके लिखिया ऐसे भक्त लोग थे, जिनको लिखने-पढ़ने का बहुत अभ्यास नहीं था। मीरां की रचनाओं के मूल पाठ के निर्धारण को उसकी भाषा से जोड़कर देखना भी ग़लत है। उसकी रचनाओं में दिखनेवाला भाषाई वैविध्य हमें भाषाई वर्गीकरण और विभाजन की औपनिवेशिक समझ और संस्कार के कारण दिखाई पड़ता है। उपनिवेशकाल से पहले तक जब भाषाई पहचानों को औपचारिक मान्यता नहीं मिली थी, तो भाषाएँ एक-दूसरे से इस तरह सम्बद्ध थीं कि उनको पृथक् और वर्गीकृत करना और अपनी अस्मिता के साथ जोड़कर देखना सम्भव नहीं था। पन्द्रहवीं-सोलहवीं सदी में जब मीरां की कविता हुई, तो आज के महाराष्ट्र और गुजरात सहित तमाम उत्तर भारत में क्षेत्रीय वैशिष्ट्य के साथ कमोबेश एक ही भाषा प्रयुक्त हो रही थी। मीरां की कविता इसी भाषा में हुई। यह अलग बात है कि बाद में क्षेत्रीय विशेषताओं के मुखर और प्रमुख हो जाने से यह उनके अनुसार राजस्थानी, गुजराती, ब्रज आदि में ढल गयी।

सन्दर्भ और टिप्पणियाँ

1. जॉन स्ट्रैटन हॉली, *श्री भक्ति वायसेज़* (नयी दिल्ली : ऑक्सफोर्ड युनिवर्सिटी प्रेस, 2005).
2. जॉन स्ट्रैटन हॉली, *भक्ति के तीन स्वर,* हिन्दी अनुवाद अशोक कुमार (नयी दिल्ली : राजकमल प्रकाशन, पेपरबैक संस्करण 2019).
3. फ्रांसिस टैफ्ट, "इल्युजिव हिस्टोरिकल मीरांबाई–ए नोट", मल्टीपल हिस्ट्रीज़, संपा. लारेंस ए बॉब, वर्षा जोशी एंड माइकेल डब्ल्यू मिस्टर जयपुर : रावत पब्लिकेशन, 2002, पृ. 313.
4. जॉन स्ट्रैटन हॉली, *सोंग्ज ऑफ़ सेंट्स ऑफ इंडिया,* न्युयार्क : ऑक्सफोर्ड युनिवर्सिटी प्रेस, 1988, पृ. 127.
5. जॉन स्ट्रैटन हॉली, भक्ति के तीन स्वर, पृ.111.
6. वही, पृ. 116.
7. वही, पृ. 127.
8. वही, पृ. 128.
9. देखिए, लेखक की मीरां के जीवन और समाज पर एकाग्र किताब *पचरंग चोला पहर सखी री* नयी दिल्ली : वाणी प्रकाशन, 2015, जिसमें मीरां को विचार और सैद्धान्तिकी की रूढ़ि और रूपक में सीमित करने की कोशिशों का विस्तृत विवेचन है।
10. वैदेही ओखद जाणै – मीरा और पश्चिमी ज्ञान मीमांसा, राजकमल प्रकाशन, 2024, पृ.-73
11. रामचन्द्र शुक्ल, *हिन्दी साहित्य का इतिहास* काशी : नागरीप्रचारिणी सभा, संस्करण, 1984, पृ. 127.
12. ललिताप्रसाद सुकुल, (भूमिका) "पदावली परिचय," मीरां स्मृति ग्रन्थ, संपा. सकलनारायण शर्मा, ललिताप्रसाद सुकुल आदि कलकत्ता : बंगीय साहित्य परिषद, 1949, पृ. झ.
13. वही, पृ. ठ
14. कृष्णलाल, "भूमिका", *मीराँ बृहत् पद संग्रह,* पद्मानती शबनम (संपा), बनारस : लोक सेवक प्रकाशन, 1943, पृ. ङ.
15. परशुराम चतुर्वेदी, "मूल प्रस्तावना," *मीराँबाई की पदावली,* संपा.पद्मावती शबनम, इलाहाबाद : हिन्दी साहित्य सम्मेलन, बाइसवाँ संस्करण 2008, मूल संस्करण 1972, पृ. 6.
16. वही, पृ. 7.
17. जॉर्ज ग्रियर्सन : *भारत का भाषा सर्वेक्षण,* खंड-1, भाग-1, अनुवाद : उदयनारायण तिवारी, उत्तरप्रदेश हिन्दी संस्थान, लखनऊ, तृतीय संस्करण, 1959, पृ. 26.
18. वही, पृ. 59.
19. वही, पृ. 39.
20. *कसिणे णिट्ठुर-वयणे बहुक-समर-भुंजए अलज्जे य।*
'अडडे' त्ति उल्लवंते अह पेच्छइ गोल्लए तत्थ ॥1॥
णय-णीइ-संधि-विग्गह-पडुए बहु-जंपए य पयईए।
'तेरे मेरे आउ' त्ति जंपिरे मज्झदेसे य ॥2॥

णीहरिय-पोट्ठ-दुव्वण्ण-मडहए सुरय-केलि-तल्लिच्छे।
'एगे ले' - जंपुल्ले अह पेच्छई मागहे कुमरो ॥3॥
कविले पिंगल-णयणे भोयण-कह-मेत्त-दिण्ण-वावारे।
'कित्तो किम्मो' पिय-जंपिरे य अह अन्तवेए य ॥4॥
उत्तुंग-थूल-घोणे कणयव्वण्णे य भार-वाहे य।
'सरि पारि' जंपिरे रे कीरे कुमरो पलोएइ ॥5॥
दक्खिण्ण-दाण-पोरुस-विण्णाण-दया-विवज्जिय-सरीरे।
'एह तेहँ' चवंते ढक्के उण पेच्छए कमरो ॥6॥
सललिय-मिउ-मद्दवए गंधव्व-पिए, सदेस-गय-चित्ते।
'चउडय मे' भणिरे सुहए अह सेंधवे दिट्ठे ॥7॥
वंके जडे य जड्डे बहु-भोई कढिण-णीण-सूणंगे।
'अण्प्पाँ तुप्पाँ' भणिरे अह पेच्छइ मारूए तत्तो ॥8॥
घय-लोणिय-पुट्ठंगे धम्म-परे संधि-विग्गहं-णिउणे।
'णउ रे भल्लउं' भणिरे अह पेच्छइ गुज्जरे अवरे ॥9॥
ण्हाओलित्त-विलित्ते कय-सीमंते सुसोहिय-सुगत्ते।
'अम्हं काउं तुम्हं' भणिरे अह पेच्छए लाडे ॥10॥
तणु-साम-मडह-देहे कोवणए माण-जीविणो रोद्दे।
'भाउय भइणी तुम्हे' भणिरे अह मालवे दिट्ठे ॥11॥
उक्कड-दप्पे पिय-मोहणे य रोद्दे पयंग-वित्ती य।
'अडि पाँडि मरे' भणिरे पेच्छइ कण्णडए अण्णे ॥12॥
कुप्पास-पाउयंगे मास-रूई पाण-मयण तल्लिच्छे।
'इसि किसि मिसि' भणमाणे अह पेच्छइ ताइए अवरे ॥13॥
सव्व-कला-पत्तट्ठे माणी पिय-कोवणे कढिण-देहे।
'जल तल ले' भणमाणे कोसलए पुलइए अवरे ॥14॥
-कुवलयमालाकहा (सं. प्रेम सुमन जैन), भाग-2, प्राकृत भारती अकादमी, जयपुर, 2015, पृ. 557

21. ग्रियर्सन जॉर्ज, *भारत का भाषा सर्वेक्षण,* खंड-1, भाग-1, पृ. 45.
22. तारपुरवाला आयी. जे. एस., "इंट्रोडक्शन," *स्टडीज़ फ्रोम गुजराती लिटरेचर,* वोल्यूम-1, कलकत्ता युनिवर्सिटी, कलकत्ता, 1924, पृ. XIII
23. तेस्सीतोरी एल. पी. 'प्रस्तावना', *पुरानी राजस्थानी,* अनुवाद नामवर सिंह, काशी : नागरी प्रचारिणी सभा, द्वितीय संस्करण, 1955, पृ. 3.
24. वही, पृ. 4.
25. पंडित प्रबोध बेचरदास (संपा.), *तरुणप्रभाचार्यकृतषडावश्यकबालावबोधवृत्ति,* मुंबई : भारतीय विद्या भवन, 1976, पृ. XII.
26. लालस संपा. सीताराम, 'राजस्थानी साहित्य का परिचय' में उद्धृत, *राजस्थानी सबद कोस,* प्रथम खंड, जोधपुर : राजस्थानी शोध संस्थान, 1962, पृ. 87

27. वही, पृ. 87
28. ग्रियर्सन जॉर्ज, *भारत का भाषा सर्वेक्षण,* खंड-1, भाग-1, पृ. 344
29. वही, पृ. 344.
30. तेस्सीतोरी एल. पी., 'भूमिका', *पुरानी राजस्थानी,* पृ. 10.
31. माहेश्वरी हीरालाल, *राजस्थानी भाषा और साहित्य,* कलकत्ता : आधुनिक पुस्तक सदन, 1960, पृ. 325.
32. स्वामी नरोत्तम, "प्रस्तावना," *मीरां-मंदाकिनी,* आगरा : युनिवर्सिटी बुक डिपो, 1930, पृ. 15.
33. वही, पृ. 15.

मीरां का प्राचीनतम पद :
पाण्डुलिपि परम्परा पर एक बहस

डॉ. दलपत सिंह राजपुरोहित

अकादमिक क्षेत्र में मीरां (मीराबाई) की जो छवि है वह औपनिवेशिक काल यानी 19वीं सदी में बनी है। प्राचीन स्रोतों के विधिवत अध्ययन के अभाव में हम 19वीं सदी में बनी उस छवि को 16वीं सदी पर आरोपित करते आ रहे हैं जो मीरां की अपनी सदी रही है। मीरां के अध्ययन में आज भी उन्नीसवीं-बीसवीं सदी में उभरे मीरां के चरित को इतिहास में खोजा जाता है और थोड़े बहुत हेर-फेर के साथ वही लोकप्रिय छवि प्रस्तुत की जाती है और उन्हीं स्थापनाओं का पिष्टपेषण किया जाता है जो औपनिवेशिक काल और राष्ट्रवादी आन्दोलन के आलोक में बनीं। इसलिए इस आलेख का उद्देश्य मीरां की कविता के विकास के कुछ मूल प्रश्नों को खोजना है।

मीरां के प्राचीनतम पद की पाण्डुलिपि में उपस्थिति और अनुपस्थिति के अध्ययन द्वारा इस आलेख में हम यह प्रस्ताव रखना चाहते हैं कि मीरां की कविता की पाण्डुलिपियों और पदों के विकास पर लोक में बनी उनकी छवि का गहरा प्रभाव रहा है। मीरा की यह छवि पहले पहल 'भक्तमाल' यानी धर्माख्यानों में संग्रहित और विकसित हुई। यह छवि एक निडर और विद्रोही स्त्री भक्त की थी। बाद में विकसित उनकी कविता के बड़े हिस्से के विकास के पीछे की प्रक्रिया यह रही होगी कि स्त्री स्वर में प्रकट जो भक्ति का मुहावरा है जिसमें प्रेम का आवेग, मिलन की आतुरता, और विरहजनित पीड़ा ध्वनित होती है ऐसे बहुत से पदों में मीरां की छाप लगाकर उन्हें मीरा को समर्पित किया गया। ऐसा करने से पदों को एक नयी वैयक्तिकता या

सहायक आचार्य, एशियन स्टडीज़ विभाग, टेक्सस विश्वविद्यालय, ऑस्टिन

प्रामाणिकता मिली और उनमें नये जीवन का संचार हुआ। यह आलेख, कम से कम, मीरा के प्राचीनतम पद की यही कहानी कहता है।

दूसरी बात हम यह कहना चाहते हैं कि पाण्डुलिपि अध्ययन का उद्देश्य 'लोक' या मौखिक परम्परा को नकारना क़तई नहीं है। न ही 'काग़ज़ी' और 'मग़जी' परम्परा को एक दूसरे के विरोध में खड़ा करना है। भारतीय समाज मौखिक के साथ लिखत को भी बराबर महत्त्व देते आया है इसलिए मौखिक और पाण्डुलिपि को लेकर भारतीय और पश्चिमी ज्ञान की कोटियाँ बनाना व्यर्थ है। भक्ति सम्प्रदायों में मौखिक कविता को लिखित रूप में संग्रहित करके बानी संकलन बनाने और उनकी पूजा करने की परम्पराएँ स्थापित हुईं। सिख धर्म, दादूपन्थ, रामानन्दी सम्प्रदाय, कबीर पन्थ आदि इसके जीवन्त उदाहरण हैं। सिख और दादू पन्थ तो बानी यानी 'पुस्तक' पर ही आधारित सम्प्रदाय रहे हैं। मीरां के सन्दर्भ में ही बात की जाए तो पाण्डुलिपियाँ लोक में उनकी कविता के विकास व फैलाव और पिछली अनेक सदियों में मीरां के चरित निर्माण के आख्यान को जानने का ठोस स्वरूप हैं।

फिर से मीरां

परम्परा अनुसार मीरां का जन्म सन् 1500 ई. के आस-पास हुआ। वे राजस्थान में स्थित एक छोटी राजपूत रियासत मेड़ता के कुलीन परिवार में पली-बढ़ीं। उनका विवाह भोजराज से हुआ था जो मेवाड़ के सिसोदिया राणा सांगा के बड़े पुत्र थे। राणा सांगा भारतीय इतिहास में प्रसिद्ध हैं जिन्होंने 1527 ई. में मुगल सम्राट बाबर के ख़िलाफ़ खानवा की लड़ाई लड़ी थी। अपने विवाह के कुछ समय बाद ही मीरां विधवा हो गयीं। कृष्ण के प्रति समर्पित हो उन्होंने तीर्थस्थल वृन्दावन की यात्रा की। मीरां के ससुराल वालों को उनकी भक्ति और सन्तों के साथ घूमना स्वीकार नहीं था इसलिए उन्होंने उन्हें मारने की कोशिश की, लेकिन स्वयं कृष्ण ने उसकी रक्षा की। सोलहवीं शताब्दी के उत्तरार्ध में किसी समय मीरां गुजरात स्थित द्वारका गयी और उसके बाद उन्हें कभी नहीं देखा गया। सार्वभौमिक रूप से स्वीकृत तो नहीं लेकिन संक्षेप में मीरां के जीवन की कहानी यही है जिसे हम सुनते-पढ़ते आए हैं।

जिस सोलहवीं सदी में मीरां उपस्थित थीं उस पूरी सदी में मीरां के जीवन के बारे में लेखन (यानी चरित या धर्माख्यान) और उनके पदों का संग्रहण न के बराबर हुआ है। पूरी सोलहवीं सदी में पाण्डुलिपियों में बमुश्किल एक पद मीरां का लिखा मिलता है। ठीक उसी तरह रामानन्दी सम्प्रदाय के नाभादास का अपने 'भक्तमाल'

में मीरां पर लिखा एक छप्पय सोलहवीं सदी का कहा जा सकता है। इनके अलावा ओरछा के हरिराम व्यास का एक छोटा सा उल्लेख भी इसी सदी का माना जा सकता है। यानी मीरां बाई के बारे में हम जो कुछ जानते हैं वह बाद की सदियों में विकसित हुआ है। मीरां की अपनी सदी, यानी सोलहवीं सदी में केवल एक पद मीरां का बनाया मिलता है जबकि बाद की सदियों में, विशेषकर अठारहवीं सदी से मीरां की कविता विकसित होती है और बीसवीं सदी में जाकर लगभग साढ़े पाँच हज़ार पद उनके बनाये माने जाते हैं। पिछली पाँच सदियों के दौरान मीरां की विभिन्न छवियाँ सामने आयीं। इन छवियों का निर्माण इस बात पर निर्भर करता है कि उनके बारे में कौन बोल रहा है और किस काल या सन्दर्भ में उनका आह्वान किया जा रहा है। इसलिए सोलहवीं शताब्दी में रहने वाली 'ऐतिहासिक' मीरां की तुलना में विद्वानों को मीरां को एक 'परम्परा' के रूप में चित्रित करना उचित लगता है।

मीरां बाई पर ऐतिहासिक रूप से शोध-कार्य उन्नीसवीं सदी के उत्तरार्ध में शुरू हुआ। तब से लेकर आज तक मीरां अध्येताओं के आकर्षण का केन्द्र बनी हुई हैं। आरम्भिक हिन्दी कविता के अध्येता माधव हाड़ा की दो बहुचर्चित पुस्तकें इस बात का उदाहरण हैं कि मीरां कैसे भक्तिकाल पर हो रहे शोध के केन्द्र में बनी हुई हैं।[1] माधव हाड़ा पिछले पाँच सौ सालों में बनी और गढ़ी गयी मीरां की विभिन्न छवियों का अध्ययन करते हैं। वे छवियाँ जिनका उत्स धर्माख्यानों और ख्यातों में होता है और बाद में औपनिवेशिक इतिहासकारों, वामपन्थियों और नारीवादियों द्वारा उनको गढ़ा जाता है। इस ऐतिहासिक अध्ययन में माधव हाड़ा मीरां को अपने समय और समाज में चित्रित करके उनके स्त्री-अनुभवों और संघर्षों को हमारे सामने लाते हैं, ऐसे अनुभव उनकी कविता, बहियों, ख्यातों और लोक स्मृति में रचे-बसे हैं।

राजपूतीकरण व पुनर्वास :
19-20वीं सदी के अकादमिक विमर्श में मीरां

नैन्सी मार्टिन ने उन्नीसवीं सदी के उत्तरार्द्ध से उभर रहे अकादमिक हलकों में अस्मिता की राजनीति के माध्यम से बनी मीरां की छवि का प्रभावी अध्ययन किया है।[2] मार्टिन का काम दर्शाता है कि उन्नीसवीं सदी के अन्त में मीरां का अध्ययन करने वाले इतिहासकार स्वयं राजस्थानी पृष्ठभूमि और राजपूत दरबारी सन्दर्भ से आते हैं और उन इतिहासकारों ने मीरां की जो छवि गढ़ी वही बाद में सर्वमान्य

होती चली गयी। क्योंकि इसी समय मीरां का 'राजपूतीकरण' और 'पुनर्वास' शुरू होता है जो काफ़ी हद तक आज भी चल रहा है।

राजपूतीकरण का तात्पर्य उन्नीसवीं सदी के ऐतिहासिक आख्यानों में उभरा वह विमर्श है जिसमें राजपूत रजवाड़े इतिहास में अपने शौर्य और वीरता के आख्यान को 'रिकवर' करते हैं और उनकी अस्मिता को एक वृहत्तर भारतीय राष्ट्र की अस्मिता के साथ एकमेक करते हैं। इस विमर्श का उद्भव जेम्स टॉड के 'एनल्स एंड ऐंटीक्विटीज़ ऑफ़ राजस्थान' (1829-1832 ई.) से होता है। जेम्स टॉड अपने 'राजस्थान' में चारण-भाटों के कहे आख्यानों को बहुत कुछ 'फ़ेस वैल्यू' पर लेता है और राजपूतों के शौर्य की वह महागाथा लिखता है जो राजस्थान को भारतीय स्तर पर ही नहीं वैश्विक स्तर पर बड़ा स्थान दिलाती है। टॉड का 'इतिहास' राजस्थान पर आधुनिक अकादमिक व ऐतिहासिक लेखन की शुरुआत माना जा सकता है। इसका प्रभाव उन्नीसवीं सदी के राष्ट्रवादी लेखकों जैसे बंकिमचन्द्र पर तो पड़ता ही है, मेवाड़ के श्यामलदास जैसे दरबारी सन्दर्भ में लिख रहे इतिहासकारों पर भी पड़ता है।

दरअसल श्यामलदास ही अपने 'वीरविनोद' में मीरां के जीवन का वह लोकप्रिय चित्र खींचते हैं जिसे इस आलेख की शुरुआत में दिया गया है।[3] वे कर्नल टॉड की अवधारणा कि मीरां राणा कुम्भा की रानी थी को ख़ारिज करते हैं और जोधपुर की तवारीख़ों का हवाला देते हुए मीरां को भोजराज की पत्नी दिखाते हैं। जोधपुर की तवारीख़ों से ज़ाहिर है श्यामलदास का मंतव्य 'नैणसी री ख्यात' में आये मीरां के उल्लेख से है जिस पर पर्याप्त विवाद रहा है। 'वीरविनोद' में श्यामलदास मीरां को 'विराग के गीत गाने वाली' रानी कहते हैं और उनके दुख का उल्लेख करते हैं जो उन्होंने उनके देवर के सत्तारूढ़ होने पर भोगा था। यानी श्यामलदास मीरां के दुख को ससुर या पति के काल में नहीं बल्कि देवर के काल में दिखाकर विवाह संस्था के आदर्श को बचाते हैं। इस तरह वे एक आदर्श पत्नी के रूपक की आधारशिला रखते हैं जो बाद में बहुत विकसित होता है, यानी श्यामलदास 'राजपूतीकरण' में बड़ी भूमिका निभाते हैं।

मीरां के चरित का 'राजपूतीकरण' वह प्रक्रिया है जिसमें मीरां को भारतीय राष्ट्र की एक आदर्श नारी के रूप में चित्रित किया जाता है जो अपने प्रेम और सत्य के लिए स्वयं का बलिदान देने के लिए तैयार हो जाती है। राष्ट्रवादी आन्दोलन के इस दौर में मीरां एक बहादुर और सशक्त नारी के रूप में प्रस्तुत की जाती है जो एक आदर्श भारतीय नारी का आख्यान रचती है। ज़ाहिर है मीरां बाई का चरित इतिहास में

इस तरह से एकरूपीय नहीं था क्योंकि वे अनेक राजपूती मर्यादाओं और अपेक्षाओं के विरोध में खड़ी थीं। इसलिए राष्ट्रवादी सन्दर्भ में लिख रहे राजस्थान के इतिहासकार मीरां का राजपूती शौर्यगाथाओं के अनुसार 'पुनर्वास' यानी 'रिहेबिलीटेशन' करते हैं। मीरां का मेवाड़ में विवाह, उनका भोजराज की विधवा होना, उनके देवर रत्नसिंह और विक्रमादित्य के समय उनका मेवाड़ में बुरा समय गुज़रना आदि श्यामलदास के 'वीरविनोद' में प्रमुखता पाता है। श्यामलदास जेम्स टॉड की ग़लतियाँ तो गिनाते हैं लेकिन उनसे ख़ासे प्रभावित भी लगते हैं। मीरां के राजपूत 'पुनर्वास' की प्रक्रिया में मुंशी देवी प्रसाद का लिखा 'मीरांबाई का जीवन चरित्र' (1898 ई.) एक बड़ा प्रस्थान बिन्दु है क्योंकि इसमें विस्तार से यह दिखाया जाता है कि मीरां का वैवाहिक जीवन सुखी था और उनकी असली प्रताड़ना उनके विधवा होने के बाद शुरू होती है। देवीप्रसाद के अनुसार मीरां ने रत्नसिंह और विक्रमादित्य के समय में बहुत दुःख भोगा। अपने देवर और शासक के सामने सत्य और प्रेम के लिए मीरां का अडिग बने रहना मीरां की विद्रोही छवि तो बनाता है लेकिन पति के बजाय देवर को उन्हें प्रताड़ित करने वाला दिखाकर यह चित्रण विवाह-संस्था को बचा ले जाता है। इस छवि के अनुसार मीरां अपने वैवाहिक जीवन में सुखी और भक्ति-भाव वाली स्त्री थी और सन्तों के साथ उनका घूमना उनके विधवा होने के बाद शुरू होता है। इस तरह मीरां का विद्रोही स्वरूप पारिवारिक संस्था में 'अकोमोडेट' हो जाता है। मीरां के राजपूत परिवार में 'पुनर्वास' की प्रक्रिया का चरमोत्कर्ष उसको एक आदर्श हिन्दू पत्नी के रूप में चित्रित करने के साथ पूरा होता है। क्योंकि यही छवि बीसवीं सदी के राष्ट्रवादी आन्दोलन में प्रमुखता पाती है। महात्मा गांधी मीरां को सत्य के साथ खड़ी एक आदर्श भारतीय स्त्री कहते हैं तथा आज़ादी के बाद के सिनेमा तथा 'अमर चित्र कथा' कॉमिक्स के अंक में मीरां का आदर्श हिन्दू स्त्री और सुशील पत्नी वाला स्वरूप ही प्रमुखता पाता है।

कहाँ हैं मीरां की कविता की पाण्डुलिपियाँ? सवाल और कुछ जवाब

यह बात वाक़ई हैरान करने वाली है कि सोलहवीं सदी में जहाँ कबीर, रैदास, सूरदास, नानक, तुलसीदास आदि सन्तकवियों की कविता की हस्तलिखित प्रतियाँ मिलती हैं वहीं इस सदी की पाण्डुलिपियों में मीरां का केवल एक ही पद मिलता है। हालाँकि यह एक पद भी मीरां का है या नहीं इस पर सवालिया निशान है। दादूपन्थ,

जो मीरांबाई के अपने क्षेत्र राजस्थान में फला-फूला सन्त सम्प्रदाय था और अपनी विशाल 'सरवँगी' बानी संकलन परम्परा में सौ से अधिक सन्तों-भक्तों की रचनाएँ संग्रहित करता है वह सत्रहवीं सदी के मध्य तक मीरां का एक भी पद संकलित नहीं करता। यह कहना कि मीरां किसी सम्प्रदाय का अंग नहीं थी इसलिए उनकी कविता संग्रहित नहीं हुई व्यर्थ है क्योंकि भक्ति कविता की शुरुआती पाण्डुलिपियाँ जैसे 1582 ई. की पाण्डुलिपि 'पद सूरदास का' (अपर नाम 'फ़तेहपुर मेनुस्क्रिप्ट') और दादूपन्थ की 'सरवँगी' परम्परा पन्थ व सम्प्रदाय से इतर कृष्ण व रामभक्त सन्तों-भक्तों की कविता को बराबर स्थान देती है। इसलिए भक्ति कविता की शुरुआती पाण्डुलिपियों में मीरां की कविता की अनुपस्थिति चौंकाती है।

1. क्यों है डाकोर प्रति की प्राचीनता सन्देहास्पद?

कुछ विद्वानों ने गुजरात के डाकोर स्थित रणछोड़जी मन्दिर से प्राप्त 'डाकोर पाण्डुलिपि' को सोलहवीं सदी की बताया है जो एकदम निराधार है। 1930 ई. के दशक में कलकत्ता विश्वविद्यालय के ललिताप्रसाद सुकुल द्वारा देशभर की यात्रा की गयी थी और मीरां की पाण्डुलिपियों को खोजा गया था। सुकुल जी ने यह दावा किया कि उन्होंने गुजरात के डाकोर स्थित रणछोड़जी मन्दिर के पुजारी के हाथों मीरां के पदों की 1585 ई. की पाण्डुलिपि देखी थी जिसमें मीरां के 69 पद थे। सुकुल जी के इस दावे पर पर्याप्त मतभेद रहा है। मीरां की कविता की इस 'डाकोर पाण्डुलिपि' के 16वीं सदी की होने को सन्देहास्पद मानने के पीछे चार प्रमुख कारण रहे हैं: (1) ललिता प्रसाद सुकुल के अलावा किसी अध्येता ने इस पाण्डुलिपि को कभी नहीं देखा है, (2) पूरी सोलहवीं (और सत्रहवीं) सदी में एक सन्त-कवि को आधार बनाकर भक्ति-कविता की कोई पाण्डुलिपि संग्रहित नहीं हुई है। इन दोनों सदियों में मिली सारी पाण्डुलिपियों में अनेक सन्त-भक्त कवियों के पद एक साथ संग्रहित किये गये हैं। ये पाण्डुलिपियाँ आपस में एक दूसरे से मेल भी खाती हैं। इसलिए केवल मीरां के पदों पर आधारित एक पाण्डुलिपि का होना सोलहवीं-सत्रहवीं सदी की पाण्डुलिपि संस्कृति के 'पैटर्न' से मेल नहीं खाता, (3) जिस रणछोड़जी मन्दिर में इस पाण्डुलिपि के संकलित और संग्रहित होने का दावा किया है वह वल्लभ सम्प्रदाय का मन्दिर रहा है। और वल्लभ सम्प्रदाय के वार्ता ग्रन्थों में मीरां की जो निम्न-स्तरीय छवि है उसको देखा जाए तो यह बात क़तई सम्भव नहीं है कि अपने शुरुआती काल में वल्लभ सम्प्रदाय ने मीरां के पदों का इतना बड़ा संकलन तैयार

किया होगा, आख़िर में (4) इस प्रति में मीरां के जो 69 पद बताये गये हैं उनमें अधिकांश वे पद हैं जो 20वीं सदी में लोकप्रिय हुए थे। सुकुल जी सम्भवतया उन्हीं लोकप्रिय पदों की प्रामाणिकता सिद्ध करते हुए उन्हें प्राचीन बता रहे थे। मीरां के जिस राजपूतीकरण और पुनर्वास की चर्चा हम मुंशी देवीप्रसाद के 'मीरांबाई का जीवनचरित्र' के सन्दर्भ में पीछे कर आये हैं सुकुल जी उसी पुस्तक को पुन: सम्पादित भी करते हैं। ज़ाहिर है सुकुल जी देवीप्रसाद के 'मीरां चरित्र' को उनकी कविता द्वारा सिद्ध कर रहे थे। सुकुल जी की इस परियोजना को ऐतिहासिक सन्दर्भ में देखा जाए तो बीसवीं सदी में जैसे-जैसे हिन्दी नये राष्ट्र की भाषा बनने की ओर अग्रसर हो रही थी, उसे इस बात की महती आवश्यकता थी कि अपने क्लासिक कवियों (मीरां, कबीर, सूर आदि) के पास निश्चित और प्राचीन तारीखों वाले ग्रन्थ भी हों। इससे हिन्दी का एक 'मज़बूत' इतिहास सामने आता था। मीरां के लिए यह और भी ज़रूरी था क्योंकि वह उत्तर भारतीय भक्ति आन्दोलन का अकेला लेकिन लोकप्रिय स्त्री स्वर था।

2. मीरां का प्राचीनतम पद

सोलहवीं सदी का जो एक पद मीरां का मिलता है वह गुरु नानक की परम्परा की 'करतारपुर पाण्डुलिपि' में संग्रहित हुआ था जिसके आधार पर 'आदिग्रन्थ' (1604 ई.) बना। 'आदिग्रन्थ' ही बाद में 'गुरुग्रन्थ साहब' के रूप में विकसित होता है। कुछ सन्देह इस पद के 'करतारपुर पाण्डुलिपि' में संग्रहित होने पर भी रहा है क्योंकि मीरां के पद और बाक़ी पाण्डुलिपि के अक्षरों की बनावट व लेखन में फ़र्क़ दिखता है। जो भी हो यह पद 1642 ई.में गुरुग्रन्थ साहिब के 'भाई बन्नो' संस्करण में संग्रहित है। इस पद को बीसवीं शताब्दी की शुरुआत के अध्येता मैकॉलिफ[4] से लेकर पिछले कुछ दशकों तक के विद्वानों जैसे विनांद कैलेवर्ट[5] नैन्सी मार्टिन[6] सी. एल. प्रभात[7] और जॉन हॉली[8] ने मीरां का सबसे पुराना पद माना है। यह पद इसलिए भी महत्त्वपूर्ण है कि सोलहवीं सदी के इस पद के अलावा सत्रहवीं सदी में मीरां के कुछ 22 पद पाण्डुलिपियों में मिलते हैं जिनमें से अधिकांश पद अब शोधार्थियों के लिए देखने को उपलब्ध नहीं हैं। मीरां के पदों की विस्तृत पाण्डुलिपि परम्परा दरअसल उनके जीवन के दो सौ साल बाद 18वीं सदी से शुरू होती है।

सिख परम्परा में 'गोइंदवाल पोथी' और 'करतारपुर पोथी' में उत्तर भारत के रैदास, कबीर आदि सन्तों की बानी भी संग्रहित है जिसे 'भगत बानी' कहा जाता है।

मीरां का प्राचीनतम पद इसी 'भगत बानी' का हिस्सा है। कबीर, नामदेव, रैदास के साथ मीरां के पद को संकलित करके शुरुआती सिख परम्परा ने आध्यात्मिक और सामाजिक समता का सन्देश दिया था।[9] इन पोथियों में सिख गुरुओं व उनके शिष्यों के साथ 'भगत बानी' को सम्मिलित करने के पीछे यह उद्देश्य रहा होगा कि इससे यह साबित होता है कि सन्तों का दैवीय अनुभव हर युग में घटने वाली घटना है। सन्तों की वाणी उसी दैवीय अनुभव को शब्दों में पिरोती है जिससे हमारी आध्यात्मिक खोज को राह मिलती है। ऐसे सन्तों का हर युग में आविर्भाव होना एक सतत चलने वाली प्रक्रिया है और यह प्रक्रिया अक्सर गुरु-शिष्य परम्परा में चलती है। रैदास के कई पदों के साथ मीरां के एक पद का 'करतारपुर पाण्डुलिपि' में संग्रहित होना इस बात की गवाही देता है कि मीरां की रैदास की शिष्या बनने की जनश्रुति पंजाब में सोलहवीं सदी में विद्यमान थी। गुरु-शिष्य परम्परा पर बल देने वाली सिख धारा ने इसी कारण रैदास के साथ मीरां को अपने ग्रन्थ में स्थान दिया होगा। करतारपुर पाण्डुलिपि में मीरां का प्राचीनतम पद इस प्रकार है –

मनु हमारो बन्धिऊ माई कवल नैन आपने गुन
तीखण तीर बेधि सरीर दुरि गयो री माई
लागिउ तब जानिउ नहीं अब न साहिउ जाई री माई
तन्त मन्त अऊखद करऊ तऊ पीर न जाई
है कौऊ उपकार करै कठिन दरदु माई
निकट हऊ तुम दुरि नहि बेगि मिहु आगी
मीरा गिरधर सुआमी देआल तन की तपत बुझाई री माई
कवल नैन आपने गुन अपने गुन बन्धिऊ माई[10]

मीरां के इस प्राचीनतम पद में उनकी विरहजनित पीड़ा और प्रेम की सघनता है जिसे वे अपनी सखी या माँ को बता रही हैं। इस पद को दो तरीक़े से पढ़ा जा सकता है। पहला तो इसमें मीरां की छाप व उनका स्त्री सम्बोधन अहम है जो मीरां के वैयक्तिक प्रेम को दिखाता है वहीं दूसरी तरफ़ यह भी कहा जा सकता है कि यह पद मीरां का नहीं होकर *उनके बारे में* है (ज़ोर मेरा)। क्योंकि अक्सर भक्तों की छाप के साथ 'कहे' 'कहत' 'भणे' आदि शब्द आते हैं जो इस पद में नहीं है। जो भी हो मीरां की छाप इस पद को ऐतिहासिकता, वैयक्तितता और जीवन देती है। क्योंकि इसके पीछे मीरां की एक पूरी कहानी का सन्दर्भ उभरता है। कवि की छाप

किसी पद को नया जीवन कैसे देती है यह अन्य भक्तों के सन्दर्भ में जॉन हॉली ने विस्तार से दिखाया है।[11]

3. रामानन्दी सुखानन्द और मीरां का प्राचीनतम पद

हैरानी की बात यह है कि इस प्राचीनतम पद को मीरां के अपने ही क्षेत्र राजस्थान में विकसित दादूपन्थ की पुरानी पाण्डुलिपियाँ मीरां का नहीं बताकर सुखानन्द का दिखाती हैं। सिख परम्परा की 'गोइंदवाल' और 'करतारपुर' पोथियों में आये लगभग सभी 'भगत' अपने पदों के साथ दादूपन्थ की पुरानी पाण्डुलिपियों में मौजूद हैं, लेकिन अकेली मीरां वहाँ अनुपस्थित हैं। सवाल यह उठता है कि मीरां के अपने क्षेत्र राजस्थान में विकसित दादू के इस पन्थ की पुरानी पाण्डुलिपियों में मीरां के पद संकलित क्यों नहीं हुए? दादूपन्थ की पाण्डुलिपियों में पन्थ से जुड़े या न जुड़े होने का कोई दबाव नहीं था क्योंकि उसमें सगुण, निर्गुण, स्त्री भक्त सभी के पद संकलित हुए हैं। मीरा के जिस प्राचीनतम पद की बात चल रही है उसे दादूपन्थ की लगभग सभी पुरानी पाण्डुलिपियाँ एक साथ सुखानन्द का ही बताती हैं। सवाल यह भी है कि ये सुखानन्द थे कौन? और क्या कारण रहे होंगे कि मीरां का प्राचीनतम पद उनका पद बन गया? या ऐसा भी हो सकता है कि जिसे हम मीरां का प्राचीनतम पद मानते हैं वह सुखानन्द का ही हो? तो सिख परम्परा ने इसे मीरां का क्यों माना? इन्हीं सवालों के जवाब लेख में आगे खोजे जाएँगे।

सुखानन्द नाभादास के भक्तमाल में आये रामानन्द के बारह शिष्यों में एक थे। इनके बारे में इतना कम ज्ञात है कि नाभादास के भक्तमाल का एक छप्पय न होता तो शायद ये इतिहास में विलीन हो जाते। सुखानन्द के इतिहास में विलीन होने का एक कारण यह भी है कि रामानन्द के शिष्यों द्वारा जो सम्प्रदाय स्थापित हुए उनकी गुरु-शिष्य परम्परा में वे कहीं नहीं आते इसलिए उनकी स्मृति सुरक्षित नहीं रही। सुखानन्द के बारे में नाभादास का लिखा छप्पय इस प्रकार है –

> भक्तिदान भैहरन भुज सुखानन्द पारस परस।
> सुखसागर की छाप राग गौड़ी रुचि न्यारी।
> पद रचना गुरु मन्त्र मनों आगम अनुहारी।।
> निसिदिन प्रेम प्रवाह द्रवत भूधर ज्यों निर्झर।
> हरिगुन कथा अगाध भाल राजत लीलाभर।।

सन्त कंज पोषन बिमल अति पीयूष सरसी सरस।
भक्तिदान भैहरन भुज सुखानन्द पारस परस।[12]

नाभादास का यह छप्पय यह बताता है कि सुखानन्द 'सुखसागर' की छाप के साथ पद लिखते थे। राग गौड़ी में पद-रचना उन्हें सर्वाधिक भाता था। उनकी कविता विरह में पगी, भावना से द्रवित कविता थी, जैसा कि नाभादास लिखते हैं, "निसिदिन प्रेम प्रवाह द्रवत भूधर ज्यों निर्झर।" दादूपन्थी प्राचीन पाण्डुलिपियों (सन् 1628 ई. की गोपालदास की 'सरवंगी' और 1659 ई. की एक विशाल पाण्डुलिपि) में संकलित इन सुखानन्द के तीन पद संग्रहित हैं। इन तीनों पदों को देखें तो नाभादास का कथन सत्य ही साबित होता है। तीन में से एक पद में 'सुखसागर' की छाप मिलती है। दो पद राग गौड़ी में हैं। इन दो पदों में सुखानन्द स्त्री स्वर में, स्त्री की अस्मिता धारण करके उसी मुहावरे में कविता करते हैं। और इन्हीं तीन पदों में एक वह पद है जिसे सिख परम्परा की 'करतारपुर' पाण्डुलिपि में मीरां का पद माना गया है और जिस पर ऊपर इस आलेख में चर्चा की गयी है। यानी मीरा के प्राचीनतम पद में जो स्त्री का विरह और पीड़ा है वही स्वर सुखानन्द का भी है। दादूपन्थ की उपर्युक्त दोनों पाण्डुलिपियों में यह पद इस तरह आया है –

कवल नैन आपने गुनि मन हमारो बन्धियौ री माई
जैसें बाँधि जिभ्या स्वादी विषम बांन सान्ध्यौ माई।।टेक।।
तीखण तीर बेधि सरीर दुरि गये माई।
लगत ही हम जान्यों नाहीं अब न सह्यौ जाई री।।
तन्त मन्त वोखद करऊ तऊ पीर न जाई।
है कौऊ उपचार करै अधिक पीर माई।।
निकटि हौ तुम दुरि नाहीं बेगि मिलहु आयी।
सुखानन्द स्वामी दयाल तन की ताप नसाई।।[13]

केवल दूसरी पंक्ति को छोड़कर मीरां का यह पद सुखानन्द का हो गया है क्योंकि इसमें छाप उन्हीं की लगी हुई है। करतारपुर और दादूपन्थी दोनों पाण्डुलिपियों में इस पद का एक ही राग 'राग मारू' है जिससे यह पता चलता है कि दोनों पाण्डुलिपि परम्परा का स्रोत एक ही है। दादूपन्थी पाण्डुलिपियों में यह पद 'विरह विनती' के अंग में आया है जिसमें कबीर, दादू, सूरदास, अग्रदास आदि पुरुष सन्त-भक्त स्त्री के मुहावरे में अपने नारी रूप में कविता करते हैं। सुखानन्द का पद इसलिए ख़ास

है कि इसमें सम्बोधन भी स्त्री के हैं। स्त्री स्वर की प्रखरता ही शायद वह कारण रहा होगा कि करतारपुर पाण्डुलिपि के संग्रहण के वक्त यही पद मीरां की छाप के लिए उपयुक्त रहा होगा। करतारपुर पाण्डुलिपि निःसन्देह दादूपन्थी पाण्डुलिपियों से पहले संग्रहित हुई।

लेकिन पद की दो अलग अलग छाप होना और भी कुछ कहता है। एक तो यह कि पद दो परम्पराओं में अलग अलग कवियों का माना गया था। लेकिन जिस मुख्य बात की ओर यहाँ इशारा है वह यह है कि इस पद के स्त्री स्वर को करतारपुर पाण्डुलिपि के संग्रहकर्ताओं ने स्त्री भक्त का नाम देकर, उनकी छाप लगाकर इसे और प्रामाणिक, जीवन्त और ऐतिहासिक बना दिया। क्योंकि सुखानन्द के पद में केवल उनका नारी रूप है लेकिन मीरां अपने पद में अपने स्त्रीत्व की सम्पूर्णता में खड़ी है, अपनी विशेष कहानी कह रही है, जिससे इस पद का महत्त्व और बढ़ जाता है। सुखानन्द के छप्पय पर भगवानप्रसाद रूपकला अपने 'वार्तिक तिलक' में संयोग से मीरां को ही याद करते हैं और कहते हैं कि दोनों की संवेदना उनकी छाप काफ़ी मिलती जुलती थी।[14] 'मीरां गिरधर सुआमी देआल' के साथ 'सुखानन्द स्वामी दयाल' की संगति भी बैठती है तो ज़ाहिर है छाप का बदलना भी सहज रहा होगा।

यह एक पद, जो मीरां का प्राचीनतम पद रहा है, इस बात का संकेत करता है कि मीरां के अपने बनाये पदों के साथ उनकी कविता के बड़े हिस्से के विकास की एक ख़ास प्रक्रिया रही है। इस प्रक्रिया में किसी पद में स्थित स्त्री स्वर को स्त्री-कवि या भक्त मीरां की छाप मिली होगी। और राजस्थान ऐसी ही उर्वर भूमि रही है जिसकी सामाजिक संरचना, भौगोलिक स्थिति या उसके लोक में स्त्री स्वर में प्रकट प्रेम और विरह की काव्य-परम्परा का वृहत्तर इतिहास रहा है।

भक्ति का स्त्री स्वर और लोक में मीरां की कविता का विकास

भक्ति कविता में पुरुष सन्तों द्वारा स्त्री स्वर को धारण करना और स्त्री के मुहावरे में कविता करना किसी एक कवि विशेष या क्षेत्र से जुड़ा हुआ नहीं है। परमात्मा से मिलन की आतुरता, प्रेमी के प्रति आसक्ति को स्त्री स्वर में प्रकट करना पूरी भक्ति कविता में समाया हुआ है। ए. के. रामानुजन ने यह महत्त्वपूर्ण बात कही थी कि भक्ति के लोक में पुरुष होना कोई विशेषाधिकार नहीं है।[15] पुरुषों को समाज में शक्तिशाली पद मिला हुआ होता है जिसकी उन्हें हमेशा सुरक्षा करने की ज़रूरत होती है। लेकिन भक्ति की राह में पुरुषों को अपने पुरुषत्व से परे जाना होता है। उन्हें

परमात्मा पर अपनी आसक्ति को प्रकट करना होता है। वे इसी आसक्ति या भक्ति को स्त्री स्वर में प्रकट करते हैं। इसलिए ए. के. रामानुजन के अनुसार भक्त और सन्त एक तीसरे लिंग को प्रकट करते हैं और उसे धारण भी। कृष्ण भक्ति धारा में विरह की अवधारणा पर बात करते हुए जॉन हॉली लिखते हैं कि सामाजिक दृष्टि से स्त्रियों की पुरुषों पर निर्भरता उन्हें आदर्श भक्त बनाती है।[16] सूफ़ी सन्तों के यहाँ भी विरह सर्वत्र समाया है लेकिन उसमें पुरुष साधक को नारी रूप नहीं धारण करना पड़ता। निर्गुण सन्त नारी को 'माया' कहते हैं जो उन्होंने अपनी नाथ-सिद्ध परम्परा से ग्रहण किया है, लेकिन यह उन्हें अपनी संवेदना के विपरीत जान पड़ता है। कबीर और सन्त कवियों द्वारा साधना के मार्ग में स्त्री स्वर और अस्मिता को धारण करने को पुरुषोत्तम अग्रवाल ने 'संस्कार' और संवेदना' का द्वन्द्व कहा है।[17] स्त्री को माया मानना संस्कार है? लेकिन प्रणय निवेदन में स्वयं स्त्री बन जाना संवेदना: 'बालम आव हमारे गेह रे, तुम बिन दुखिया देह रे'। कबीर के अलावा दादू और विस्तृत सन्त परम्परा को देखा जाए तो विरह अपने आत्म में समायी हुई परम सत्ता के अनुभव की खोज के साथ शुरू होता है। इसमें सन्त एक विरहिणी की अस्मिता धारण करते हैं। विरहिणी के इस मुहावरे में अपनी आत्मसत्ता की तलाश करते साधक की सतत खोज को बयान किया जाता है जो विरहिणी को मृत्यु तक ले जाता है। मृत्यु से अमरता तभी सम्भव है जब प्रेमी या परमात्मा यानी 'जिलावनहार' से मिलना हो नहीं तो इस विरह में विरहिणी की मृत्यु निश्चित है। विरह की पीड़ा को नहीं झेल पाने का दोष भी विरहिणी को ही लगता है।

राजस्थान के सामाजिक-भौगोलिक परिवेश को पहचाना जाए तो मीरां के नाम पर हज़ारों की तादाद में पदों के रचे जाने की कहानी का पता चलता है। ख़ासकर मीरां की कविता का वह हिस्सा जिसमें विरहजनित दुख और प्रेम की सघनता जैसे रूपक आते हैं। ठीक वही भाव मीरां के प्राचीनतम पद और उनकी कविता के बड़े हिस्से में है। राजस्थान में विरह गीतों का यह विकास केवल रोमैंटिक कल्पना का उत्पाद नहीं है, बल्कि इन गीतों का उत्स इस क्षेत्र की सामाजिक संरचना में है। यहाँ समाज का एक बड़ा हिस्सा पशुपालक, वणिक-जातियों और चारण-भाट समुदायों से मिलकर बना था, जिनके लिए मौसम के बदलाव के अनुसार अपने निवास स्थान को छोड़कर किसी दूसरी जगह जाना आजीविका का हिस्सा था। ठीक वैसा ही जैसा कि एक निश्चित जगह पर बसे किसान के लिए फसल बोना और काटना होता है।[18] अकाल की ज़द में रहने वाले इस क्षेत्र में मौसम की अनिश्चितता के

कारण पशुपालक समुदायों के पूरे गाँव अपने पशुओं के साथ किसी दूसरी जगह जाया करते थे। दरबारी परिवेश में होने वाले युद्धों की अर्थव्यवस्था ने भी राजस्थान के पुरुष वर्ग को दूरस्थ स्थानों पर जाकर लड़ने के लिए मजबूर किया। इस पूरी प्रक्रिया का विस्तृत अध्ययन डर्क कॉल्फ ने अपनी बहुचर्चित पुस्तक में किया है।[19] वर्षा यहाँ जीवन का स्रोत थी तो अकाल एक वास्तविकता। युद्ध भी वर्षा काल में रुकते थे क्योंकि वर्षा आपसी-चलन को बाधित करती थी। राजस्थान की सन्त भक्ति कविता में ऐसे सेनानी का ज़िक्र बार बार आता है जो अपने क्षेत्र से दूर है जिसके लिए विरहिणी विरह की पीड़ा को झेल रही है। वहाँ यह सेनानी परमात्मा है और उसकी प्रतीक्षा करती स्त्री एक भक्त है। ऐसे रूपक इस क्षेत्र की ठोस भौगोलिक वास्तविकता और सामाजिक परिदृश्य के ही उदाहरण रहे हैं। और यही परिवेश मीरां की कविता के बड़े हिस्से के विकास की ज़मीन रही है।

राजस्थान का उपर्युक्त भौगोलिक-सामाजिक परिवेश भक्ति कविता के साथ विरहजनित प्रेमाख्यानों के उत्कर्ष का भी कारण रहा है। 'ढोला मारू' जैसे प्रेमाख्यान की तरह, मूमल-महिंद्रा, जेठवा-उजली, आभलदे-खीमजी, बिंजा-सोरठ, केहर-कँवल, आसा-बाघेली, जलाल-बूबना आदि अनेक प्रेमाख्यान राजस्थान की विशेष सामाजिक संरचना और भौगोलिक स्थिति के कारण उपजे। राजस्थान की यह प्रेमाख्यान परम्परा भक्तिकविता के विकास का भी कारण रही है। नामवर सिंह ने ठीक ही कहा था कि कबीर ने 'ढोला मारू' के कई दोहे उठाये और केवल 'प्रीतम' (प्रेमी) जैसे शब्दों की जगह 'गोविन्द' (भगवान) रख दिया और लोकगीतों को भक्तिभावना में रँग दिया।[20] दादू के शिष्य बखना ने अपने विरहजनित पदों में 'ढोला-मारू' के दोहों को ज्यों का त्यों उठा लिया है। यही दादूपन्थ विरह को अपनी सन्तबानी की पाण्डुलिपियों में मुख्य जगह देता है जिसमें सुखानन्द का वह पद संकलित है जो मीरां का प्राचीनतम पद माना गया है।

निष्कर्षत: कहा जाए तो राजस्थान के प्रेमाख्यानों की कबीर आदि सन्तों की कविता के विकास में जो भूमिका रही है वही कहानी मीरां के प्राचीनतम पद की दो अलग-अलग छाप होने की भी है। जिस प्रकार प्रेमाख्यान के पात्र राजस्थान की सामाजिक-भौगोलिक वास्तविकता को अपनी कहानी के द्वारा एक नया सन्दर्भ देते हैं, ठीक वही कार्य भक्ति कविता में कवियों की छाप करती थी। जिस सोलहवीं सदी में मीरां की कविता के प्रमाण बिरले ही मिलते हैं उसी सदी में सिख परम्परा की 'करतारपुर' पाण्डुलिपि में संग्रहित मीरां का प्राचीनतम पद एक 'आउटलायर'

या अनोखा पद है। यह पद मीरां की कविता की परम्परा बनने की ओर इशारा नहीं करता। पद का संकेत मीरां की बन रही छवि की तरफ़ है जो राजस्थान से निकलकर सोलहवीं सदी के अन्त तक पंजाब अंचल में पहुँच चुकी थी। वह छवि एक पद को एक स्त्री के अनुभव की ठोस छाप देती है और पद को नया जीवन देती है। इस प्राचीनतम पद के अस्तित्व में आने की यही प्रक्रिया शायद सोलहवीं सदी के बाद आने वाली सदियों में मीरां की छाप वाली कविता के अभूतपूर्व विकास की ओर भी इशारा करती है।

(यह लेख मेरे पूर्व-प्रकाशित आलेख "मीरां'ज़ अर्लिएस्ट सॉंग एंड हर इमेजेज़ इन हिस्ट्री एंड हैजियोग्राफ़ी" के एक अंश पर आधारित है। यह आलेख, जर्नल ऑफ़ द अमेरिकन ओरिएंटल सोसाइटी, वॉल्यूम 143, न० 4, 2023 ई. में प्रकाशित है।)

(इस आलेख का एक बड़ा रूप "आलोचना 74" में प्रकाशित हो चुका है)

सन्दर्भ

1. हाड़ा, माधव, *मीरां का जीवन और समाज : पचरंग चोला पहर सखी री,* वाणी प्रकाशन, नयी दिल्ली, 2015 ई., और माधव हाड़ा, मीरां वर्सेज़ मीरां (अनुवाद, मीरां का जीवन और समाज : पचरंग चोला पहर सखी री, अनुवादक-प्रदीप त्रिखा), वाणी बुक कंपनी, नयी दिल्ली, 2020 ई.
2. मार्टिन, नैन्सी, *मीराबाई इन द एकेडमी एंड द पॉलिटिक्स ऑफ़ आइडेंटिटी,* फ़ेसेज़ ऑफ़ द फेमिनिन इन एन्सिएंट, मिडिवल एंड मॉडर्न इंडिया में संकलित (संपादक मंदाक्रांता बोस), ऑक्सफ़ोर्ड यूनिवर्सिटी प्रेस, न्यूयॉर्क, 2000 ई.
3. श्यामलदास (महामहोपाध्याय कविराज), *वीरविनोद : मेवाड़ का इतिहास,* द्वितीय भाग, खंड-एक, मोतीलाल बनारसीदास, नयी दिल्ली, प्रथम प्रकाशन 1886 ई., पुनर्मुद्रण 1986 ई., पृ.1-2
4. मैकॉलिफ़, एम. ए., द *लिजेंड ऑफ़ मीराबाई, द राजपूत प्रिंसेस, इण्डियन एंटीक्वरी,* न० 32, पृ. 329-53, 1903 ई., पृ. 335
5. कैलेवर्ट, विनांद, द *अर्लीएस्ट सॉंग ऑफ़ मीरा (1503-1546 ई.), जर्नल ऑफ़ द ओरिएंटल इंस्टिट्यूट* बड़ौदा, अंक 39, पृ.239-53,1990 ई.पृ. 203
6. मार्टिन, नैन्सी, *डाइड इन द कलर ऑफ़ हर लार्ड : मल्टीपल रिप्रेजेंटेशन्स इन द मीराबाई ट्रेडिशन, पीएचडी* शोध प्रबन्ध, ग्रेजुएट थियोलॉजिकल यूनियन, अप्रकाशित, 1995 ई., पृ. 115, और 137
7. प्रभात, सी. एल., *मीरा : जीवन और काव्य,* राजस्थानी ग्रन्थागार, जोधपुर, 1999 ई., पृ. 462-64

8. हॉली, जॉन स्ट्रैटन, *श्री भक्ति वॉयसेस,* ऑक्सफ़ोर्ड यूनिवर्सिटी प्रेस, नयी दिल्ली, 2005 ई., पृ. 103-6
9. मान, गुरिन्दरसिंह, *द मेकिंग ऑफ़ सिख स्क्रिप्चर,* ऑक्सफ़ोर्ड यूनिवर्सिटी प्रेस, न्यूयॉर्क, 2001 ई. पृ.111
10. शर्मा, *पुरोहित हरिनारायण, मीरां बृहत्पदावली (प्रथम भाग),* ग्रन्थांक-93, प्रधान सम्पादक– फ़तहसिंह, राजस्थान प्राच्यविद्या प्रतिष्ठान, जोधपुर, 1968 ई. पृ.174
11. हॉली, जॉन स्ट्रैटन, *श्री भक्ति वॉयसेस,* ऑक्सफ़ोर्ड यूनिवर्सिटी प्रेस, नयी दिल्ली, 2005 ई.
12. नाभादास, *श्री भक्तमाल, प्रियदासजी प्रणीत टीका-कवित्त, श्री सीतारमशरण भगवानप्रसाद रूपकला विरचित भक्तिसुधास्वाद तिलक सहित,* तेजकुमार प्रेस बुक डिपो, लखनऊ, 1962 ई. पृ. 527-8
13. विद्याभूषण संग्रह, प्राच्यविद्या प्रतिष्ठान, जयपुर पाण्डुलिपि-34, 1715 विक्रमी/1659 ई०) एवं विनांद केलवर्ट, *द सरवंगी ऑफ़ गोपालदास, मनोहर प्रकाशन, दिल्ली, 1993 ई.पृ. 514-5*
14. नाभादास, *श्री भक्तमाल, प्रियदासजी प्रणीत टीका-कवित्त, श्री सीतारमशरण भगवानप्रसाद रूपकला विरचित भक्तिसुधास्वाद तिलक सहित,* तेजकुमार प्रेस बुक डिपो, लखनऊ, 1962 ई. पृ. 528
15. रामानुजन, ए. के., *टॉकिंग टु गॉड इन द मदर टंग,* इंडिया इंटरनेशनल सेंटर, क्वार्टरली, 1992 ई., पृ.55
16. हॉली, जॉन स्ट्रैटन, *श्री भक्ति वॉयसेस,* ऑक्सफ़ोर्ड यूनिवर्सिटी प्रेस, नयी दिल्ली, 2005ई., पृ.172
17. अग्रवाल, पुरुषोत्तम, *अकथ कहानी प्रेम की : कबीर की कविता और समय,* राजकमल प्रकाशन, दिल्ली, 2009 ई. पृ. 356—70
18. कोठियाल, तनुजा, *नॉमेडिक नैरेटिव् 'ज़, ए हिस्ट्री ऑफ़ मोबिलिटी एंड आइडेंटिटी इन द ग्रेट इंडियन डेज़र्ट, कैम्ब्रिज यूनिवर्सिटी* प्रेस, दिल्ली, 2016ई. पृ.42
19. कॉल्फ, डर्क, *नौकर, राजपूत, सिपाही : द एथनोहिस्ट्री ऑफ़ द मिलिट्री लेबर मार्केट इन हिन्दुस्तान, 1450-1550 ई.,* कैम्ब्रिज, कैम्ब्रिज यूनिवर्सिटी प्रेस, 1990 ई.
20. सिंह, नामवर, *हिन्दी के विकास में अपभ्रंश का योग,* लोकभारती प्रकाशन, इलाहाबाद, 1952 ई., पृ. 238

उत्तर औपनिवेशिक विमर्श और भक्ति कविता : सन्दर्भ स्त्री भक्ति कवि

प्रो. प्रभाकर सिंह

उत्तर समय विमर्श और विचार की गतिकी का समय है। उत्तर औपनिवेशिक विमर्श के इस दौर में उत्तर संरचनावाद, उत्तर आधुनिकता, सबॉल्टर्न विमर्श, नव इतिहासशास्त्र ने साहित्य और इतिहास के पढ़ने और समझने के मायने बदल दिये हैं। धर्म और भक्ति की सेकुलर अवधारणाएँ उत्तर समय में शिफ्ट करके बाजार और विज्ञापन के हवाले हो गयी हैं। 'भक्ति धर्म की रसात्मक अनुभूति है' आचार्य रामचन्द्र शुक्ल का यह कथन अब अपनी प्रासंगिकता खोज रहा है। अब भक्ति दिखावे, कट्टरता और संकीर्ण धार्मिकता में बदल गयी है। मध्यकालीन इतिहास में हुए भक्ति आन्दोलन के समावेशी और लोकजागरण के तेज़ को उन्मादी भक्ति और संकीर्ण विचारों के रूपान्तरण ने धारण कर लिया है। एक तरफ़ उत्तर पूंजी और नव साम्राज्य के इस दौर ने भक्ति और धर्म को बाजार और पूँजी की वस्तु बनाकर रख दिया है तो विचारों की नयी गतिकी ने भक्ति के पुनर्पाठ के रास्ते भी खोले हैं।

उत्तर औपनिवेशिक विमर्श के इस दौर में उत्तर आधुनिक विचारों में भक्ति और धर्म के पारम्परिक एकरेखीय अध्ययन की जगह उसके बहुलतावादी और बहुसमावेशी पाठ की वकालत है। मसलन अब उत्तर आधुनिकता में मेगा नैरेटिव्स की जगह छोटे-छोटे नैरेटिव को महत्त्व दिया जाने लगा है। भक्ति के मायने और भक्त कविता को देखने की नव्य इतिहास शास्त्र की नयी सैद्धान्तिकी ने इतिहास के बन्द कोने-अन्तरों को जिन्हें हाशिया समझकर उपेक्षित किया गया उनके दरवाजे खोल दिये। उत्तर आधुनिक विमर्श इतिहास या साहित्य के इतिहास को किसी एक परम्परा या सात्यता

हिन्दी विभाग, काशी हिन्दू विश्वविद्यालय, वाराणसी

में देखने का आग्रह नहीं करता। वह बहुलतावादी दृष्टिकोण के बीच साहित्य और इतिहास की व्याख्या करता है। इतिहास के आलोक में साहित्यिक कृतियों को देखने की जगह अब साहित्यिक कृति को ही इतिहास की कृति मानकर साहित्य के इतिहास पर पुनर्विचार किया जा रहा है। साहित्य के इतिहास पुनर्लेखन की नयी इतिहास दृष्टियाँ बन रही हैं। हिन्दी साहित्य के इतिहास लेखन में भक्तिकाल सदैव से विचार और विमर्श के केन्द्र में रहा है। नव इतिहासशास्त्र और उत्तर औपनिवेशिक विमर्श के आलोक में भक्ति साहित्य के इतिहास लेखन पर पुनर्विचार की आवश्यकता है।

भारतीय इतिहास में भक्ति आन्दोलन और भक्ति साहित्य आज भी हमारे समय और समाज को प्रभावित करने वाला आन्दोलन रहा है। भक्ति आन्दोलन की अखिल भारतीय बहुलतावादी संस्कृति और लोकजागरण की चेतना ने इस आन्दोलन को विरल बनाया। उस दौर के भक्त कवियों का ईश्वर धर्मनिरपेक्ष है। वह बैरागी नहीं दुनिया में रहते हुए लौकिक जीवन को सुखमय बनाने का मार्ग प्रशस्त करता है। संसार की वास्तविकता और मनुष्य की महत्ता को स्वीकार करना, जीवन को सुन्दर बनाना, स्थानीय भाषा से प्रेम करना, पोथी में क़ैद ज्ञान की जगह जीवन में बसे हुए ज्ञान को महत्त्व देना, छुआछूत से दूर कर्मकाण्ड से रहित एक सुन्दर समाज की परिकल्पना भक्ति कविता की केन्द्रीय चेतना रही। यों भक्ति आन्दोलन एक आध्यात्मिक क्रान्ति की तरह था जिसका रूपान्तरण 19वीं सदी में आधुनिक नवजागरण के रूप में होता है। भक्ति आन्दोलन को रामविलास शर्मा लोक जागरण कहते हैं तो ठीक ही है क्योंकि लोकभाषाओं में लोक जन चेतना के साथ भक्ति कविता का ऐसा रूपान्तरण अखिल विश्व में नहीं दिखाई देता। भक्त कवि मतों, पन्थों और जीवन के भीतर रहकर सुधार करना चाहते थे। एक तरह से इनसाइड क्रिटिक की तरह। अखिल भारतीय स्तर पर कवि नामदेव, रामानन्द, ज्ञानेश्वर, तुकाराम, शंकरदेव, कबीर, गुरु नानक, सूर, तुलसी, जायसी, मीरा, अक्क महादेवी, ललद्यद, जनाबाई और अण्डाल सभी भक्त कवियों ने पाखण्ड और संकीर्णता का विरोध किया। भक्ति आन्दोलन के अखिल भारतीय स्वरूप पर के. दामोदरन अपनी पुस्तक 'भारतीय चिन्तन परम्परा' में सही लिखते हैं कि, "भक्ति आन्दोलन ने देश के विभिन्न भागों में भिन्न-भिन्न मात्राओं में तीव्रता और वेग ग्रहण किया। यह आन्दोलन विभिन्न रूपों में प्रकट हुआ किन्तु कुछ मूलभूत सिद्धान्त ऐसे थे जो समग्र रूप से पूरे आन्दोलन पर लागू होते थे। पहले धार्मिक विचारों के बावजूद जनता की एकता को स्वीकार करना। दूसरा ईश्वर के सामने सब की समानता, तीसरे जाति

प्रथा का विरोध, चौथे यह विश्वास कि मनुष्य और ईश्वर के बीच तादात्म्य प्रत्येक मनुष्य के सद्गुणों पर निर्भर करता है न कि उसकी ऊँची जाति अथवा धन सम्पत्ति पर, पाँचवें में इस विचार पर जोर कि भक्ति ही आराधना का उच्चतम स्वरूप है और अन्त में कर्मकाण्ड और मूर्ति पूजा, तीर्थाटन और अपने को दी जाने वाली यन्त्रणाओं की निन्दा। भक्ति आन्दोलन मनुष्य की सत्ता को सर्वश्रेष्ठ मानता था और सभी वर्गगत एवं जातिगत भेदभाव तथा धर्म के नाम पर किये जाने वाले सामाजिक उत्पीड़न का विरोध करता था...।"[1]

भक्ति आन्दोलन की अखिल भारतीय व्याप्ति और भक्ति कविता के अन्त: सूत्र को लेकर इतिहासकार और आलोचकों में मत मतान्तर है। हिन्दी साहित्य के इतिहास लेखन की परम्परा का सूत्रपात करने वाले औपनिवेशिक इतिहास लेखक गार्सा द तासी, जॉर्ज अब्राहम ग्रियर्सन ने औपनिवेशिक नज़रिये से भक्ति आन्दोलन और भक्ति साहित्य का पाठ किया। ग्रियर्सन ने तो भक्ति कविता के उदय को ईसाई धर्म से ही जोड़कर विवेचित किया है। विक्टोरियन नैतिकता और मर्यादा को वह भक्ति कविता विशेष रूप से तुलसीदास की कविता से जोड़ते हैं। भक्ति का औपनिवेशिक पाठ प्रस्तुत करते हैं। राष्ट्रवादी अथवा नवजागरण कालीन इतिहासकारों की इतिहास दृष्टि जिसमें मिश्र बन्धु, आचार्य शुक्ल और आचार्य हजारीप्रसाद द्विवेदी का नाम लिया जाता है, उन्होंने भक्ति आन्दोलन और भक्ति कविता को विभिन्न परिस्थितियों और परम्परा के प्रवाह से जोड़कर विवेचित विश्लेषित किया। मार्क्सवादी इतिहासकार रामविलास शर्मा, इरफान हबीब, सतीश चन्द्र भक्ति आन्दोलन के सामाजिक और आर्थिक पहलुओं की गहरी छानबीन करते हुए भक्ति को सामाजिक और आर्थिक सन्दर्भों में प्रस्तुत करते हैं। इसी प्रक्रिया में उत्तर समय में भक्ति आन्दोलन और भक्ति कविता पर पुरानी मान्यताओं को प्रश्नांकित किया गया और नये समय के साथ भक्ति कविता के पुनर्पाठ की बात की। उत्तर आधुनिक विमर्श और सबॉल्टर्न इतिहास दृष्टि एवं नव्य इतिहासशास्त्र के दृष्टिकोण से भक्ति कविता को देखने और परखने के लिए इतिहासकारों और चिन्तकों ने विमर्श के नये सन्दर्भों से जोड़कर जो सवाल खड़े किये वह कुछ इस तरह हैं :

- भक्ति आन्दोलन की अखिल भारतीयता को एक ही तरीके से देखना क्या इसे सरलीकृत कर देना नहीं है। इसके अन्त:पाठ को उसकी स्थानीयता और व्यापक भारतीय परिवेश में किस रूप में मूल्यांकित किया जाये?

- औपनिवेशिक आधारित आधुनिकता या जिसे इकहरी आधुनिकता कहा जाता है उसके दायरे से भक्ति की अखिल भारतीय बहुरंगी आधुनिकता को कैसे परखा जा सकता है?
- भारतीय आधुनिकता, लोकजागरण और देशज आधुनिकता के आयीने में भक्ति कविता को देखते हुए परवर्ती कविता में उसके विकास को किस तरह से देखा जा सकता है?
- क्या भक्ति साहित्य को आधुनिक सबॉल्टर्नवादी मानदण्डों से परखना चाहिए क्योंकि पूर्ववर्ती इतिहास लेखन में हाशिये के साहित्य को महत्त्व नहीं दिया गया?
- भक्ति आन्दोलन का अखिल भारतीय स्वरूप मसलन दक्षिण भारत, बंगाल, महाराष्ट्र में इस कविता की प्रतिरोधी चेतना को आधुनिक समय में सामाजिक रूपान्तरण के रूप में विकसित होते हुए देखा जा सकता है जबकि हिन्दी प्रदेश में एक समृद्ध भक्ति परम्परा होते हुए भी जिसमें कबीर, तुलसी, जायसी, सूरदास, मीरा जैसे भक्त कवि उपस्थित रहे पर उनकी कविताई और चेतना का प्रगतिशील संचरण हिन्दी समाज में कमतर क्यों रहा?
- हिन्दी समाज प्राय: भक्त कवियों को मठों, महन्तों और परम्परावादी सांस्कृतिक रूपान्तरण में ही क्यों देखता परखता रह गया?
- नव्य इतिहासशास्त्र की नज़र से जो इतिहास की सातत्यता पर सवाल उठाये गये हैं उस सिद्धान्त के साथ भक्ति कविता को देखने से कौन से नये मूल्य उपस्थित हो रहे हैं?...
- भक्ति कालीन कवियों का अन्त: पाठ करने पर स्त्री भक्त कवियों की कविताएँ और उनके सरोकार आपस में किस रूप में मिलते हैं?
- स्त्री भक्ति कविता में हिन्दी प्रदेश की मीरा, तमिल की आण्डाल, कन्नड़ की अक्क महादेवी, कश्मीर की ललद्यद, महाराष्ट्र की जनाबाई के स्वर में प्रेम, प्रतिरोध और स्वाधीनता का स्वर इन्हें एक दूसरे से किस तरह से जोड़ता है?
- उत्तर समय में स्त्रीवादी इतिहास लेखन ने भक्ति कालीन स्त्री काव्य चेतना को देखने का नया नज़रिया किस रूप में प्रस्तुत किया है ?
- स्त्रीवादी आलोचक और इतिहासकारों में सुमन राजे, अनामिका, रोहिणी

अग्रवाल, गरिमा श्रीवास्तव के आलोचना और इतिहास लेखन ने मध्यकालीन स्त्री कवियों को देखने का एक लोकतान्त्रिक और वैज्ञानिक नज़रिया हमारे सामने प्रस्तुत किया है। उत्तर समय में इतिहास लेखन के इस स्त्रीवादी लेखन से हिन्दी साहित्य के इतिहास पुनर्लेखन में क्या बदलाव आया?

भक्ति आन्दोलन एवं भक्ति कविता पर साहित्य के इतिहास लेखन और आलोचना की परम्परा में कई आलोचकों ने नवाचारी ढंग से विचार किया जिसमें मुक्तिबोध का नाम प्रमुख है। 'मध्ययुगीन भक्ति आन्दोलन का एक पहलू' जैसा उनका निबन्ध इस बात की ताकीद करता है जिसमें वह भक्ति आन्दोलन की व्याप्ति पर बेहद तार्किक सवाल उठाते हैं। उन्हीं के शब्दों में... "भक्ति आन्दोलन जनसाधारण से शुरू हुआ और जिसमें सामाजिक कट्टरपन्थ के विरुद्ध जनसाधारण की सांस्कृतिक आशा आकांक्षाएँ बोलती थीं, उसका मनुष्य सत्य बोलता था, उसी भक्ति आन्दोलन को उच्च वर्गों ने आगे चलकर अपनी तरह बना लिया और उससे समझौता करके फिर उस पर अपना प्रभाव कायम करके और अनन्तर जनता के अपने तत्त्वों को उनमें से निकालकर उन्होंने उस पर अपना पूरा प्रभुत्व स्थापित कर लिया...।"[2]

भक्ति आन्दोलन और भक्ति कविता के सन्दर्भ में मुक्तिबोध द्वारा उठाये गये इन सवालों पर हिन्दी आलोचना पर बहस कम ही हुई क्योंकि हिन्दी का मानस सन्त कविता या भक्ति आन्दोलन की क्रान्तिकारी कविता से अधिक अपने को सगुण भक्ति कविता से जोड़ता रहा है जबकि सन्त कविता की एक व्यापक और क्रान्तिकारी परम्परा आधुनिक काल तक मौजूद रही। इसे जानबूझकर हाशिये पर रखा गया। अब जबकि हिन्दी साहित्य के इतिहास लेखन में नयी इतिहास दृष्टियों के उभार के साथ उनको प्रस्तावित किया जा रहा है और इतिहास लेखन की नयी सबॉल्टर्न दृष्टियों की बात की जा रही है तब मुक्तिबोध के यह सवाल हमारे लिए पुनः प्रासंगिक से लगते हैं। मसलन दलित चिन्तक धर्मवीर, कंवल भारती ने कबीर और सन्त कविता का जो पुनर्पाठ तैयार किया उसमें वह उस आलोचना को खारिज करते हैं जो सन्त कवियों विशेष रूप से कबीर की कविता की क्रान्तिकारी और तेजस्वी स्वरूप को बेबाकी से प्रस्तुत नहीं करती...।

इस बीच भक्ति कविता पर पश्चिमी आलोचना और पश्चिम के भक्ति काव्य के प्रेमी आलोचकों ने भी नये सिरे से विचार किया है। डेविड एन. लॉरेंजन, जॉन

स्ट्रेटन हॉली जैसे महत्त्वपूर्ण चिन्तकों और विचारकों ने भक्ति साहित्य की कविता, मध्यकालीन सन्तों के स्वर, उनकी सामाजिक, आर्थिक स्थिति का भक्ति से सम्बन्ध, कला, साहित्य और संगीत से भक्त कवियों की कविताओं के अन्तर्सम्बन्ध जैसे विषयों को लेकर नयी व्याख्या प्रस्तुत की। भक्ति कविता को देखने का एक पहलू भक्ति काल और भक्ति आन्दोलन में विकसित जनक्षेत्र जो भक्ति का जनक्षेत्र है जिसे हम 'पब्लिक स्फीयर' के रूप में देखते हैं वह हेबरमास के 'पब्लिक स्फेयर' की अवधारणा जो यूरोप में 18वीं सदी के बाद विकसित बुर्जुआ समाज के साथ जुड़ी है उससे अलग है। भक्ति आन्दोलन में जो जनक्षेत्र विकसित हुआ उसमें हाशिये के समाज जिसमें शिल्पकार, दस्तकार, श्रमजीवी समाज की आर्थिक स्वायत्तता के साथ एक नये जनक्षेत्र के उभार की बात देखी जा सकती है। यह जनक्षेत्र भक्ति कविता में सन्त साहित्य में विशेष रूप से दिखाई देता है। कबीर, रैदास जैसे भक्त कवि अपनी कविता में उस समय हिन्दू और मुसलमान पाखण्डियों पर तंज कसते हैं तो इसके पीछे उस जनक्षेत्र या उस जन समाज की ताकत है जो इन सन्त कवियों के साथ जुड़ा हुआ था। आर्थिक रूप से मजबूत और स्वावलम्बी समाज। यह भक्ति के बहाने एक संवादी और सामूहिक भूमिका में भी था।

मध्यकालीन इतिहासकारों में सतीश चन्द्रा और इरफान हबीब भक्ति काल में विशिष्ट एकेश्वरवाद और पर्सनल गॉड की बात करते हैं जो एक तरह से उस दौर में धर्म के सेकुलराइजेशन की खूबसूरत बात है। इन इतिहासकारों ने स्पष्ट रूप से यह बताया है कि कबीर, रैदास, तुलसी, सूर, मीरा, जायसी जो भक्त कवि हैं इन सबका अपना पर्सनल गॉड है। भक्ति कविता में धर्म, ईश्वर का यह निजीपन और समाज के सुन्दर होने का स्वप्न हर कवि की अपनी मौलिक चेतना का हिस्सा है। यह अनोखा रूप कविता और भक्ति में रिश्ता बनाता है...। इसी सन्दर्भ में तीसरी परम्परा की खोज पुस्तक में हिन्दी साहित्य के तीसरे आयाम पर बातचीत करते हुए सुधीश पचौरी का लिखना है, "सतीश चन्द्र का मानना है कि पर्सनल गॉड की अवधारणा हिन्दू धर्म का पहला सेकुलराइजेशन था। यह अपने आप में एक बड़ी शिफ्ट थी। पर्सनल गॉड की खोज तब इतनी जबरदस्त रही कि कबीर ने निर्गुण तक को अपने पर्सनल गॉड की तरह महसूस किया। निर्गुण के भी कई पर्सनलाइज्ड संस्करण बने एक कबीर का बना, दूसरा नानक का बना, तीसरा दादू का बना, चौथा रविदास का बना। तुलसी और सूरदास के पर्सनल गॉड तो सगुन थे। मीरा ने भी कृष्ण को अपना पर्सनल गॉड बनाया।"[3]

भक्ति काल को राष्ट्रीय भाषाओं के विकास और आवाजाही के सन्दर्भ में और संवाद के दृष्टिकोण से भी देखा परखा जा सकता है। व्यापारिक पूँजीवाद के विकास के साथ नगरीकरण की प्रक्रिया, बाजारों के निर्माण के साथ जातीय निर्माण की प्रक्रिया भी विकसित होती है और इसी प्रक्रिया में लोक भाषाओं का प्रसार-प्रचार होता है। घुमक्कड़ प्रवृत्ति के कारण सन्तों की भाषाओं में तमाम जनपदीय भाषाओं की आवाजाही होती है। इस तरह से लोक भाषाओं के विकास की एक मिलीजुली संस्कृति भक्तिकाल की कविता में विकसित होती है। कला और संगीत के द्वारा उस दौर में जहाँ भक्ति और कविता का एक अखिल भारतीय आन्दोलन अपना रूप ग्रहण कर रहा था तो उसी समय साहित्य और संगीत का एक अनूठा संगम भी हो रहा था। प्रसिद्ध मार्क्सवादी आलोचक रामविलास शर्मा 'भारतीय साहित्य की भूमिका' पुस्तक में भक्ति आन्दोलन के अखिल भारतीय स्वरूप को और उसके संगीत की अखिल भारतीय व्याप्ति को कुछ यूँ दर्ज करते हैं..., "कितना शानदार युग था एक ओर मानसिंह का दरबारी संगीत दूसरी सूर और तुलसी का गैर दरबारी संगीत। दक्षिण में संगीत का क्षेत्र बना कर्नाटक। इस केन्द्र के संचालक थे पुरन्दर दास और वह दरबारी गायक नहीं थे। इस तरह वह सूर, तुलसी की परम्परा से जुड़ जाते हैं। यह सब गायक लोक भाषा में रचनाएँ करते थे। उनकी भक्ति का आधार था प्रेम और उसका परिणाम था लोकहित..। संगीत और साहित्य के इस अनूठे संगम का ही प्रभाव था कि एक ही किस्म की राग रागिनी देश के विभिन्न कोनों में मिल जाती। दक्षिण का राग उत्तर के राग से संपृक्त होता है। दक्षिण कान्हरा विभिन्न नामों से उत्तर भारत में गायन का आधार बनता है। मालवा और गौड प्रदेश के राग मिलकर मालव गौड हो जाते हैं...।"[4]

भक्ति आन्दोलन के सन्दर्भ में एक बात यह भी खास है कि हिन्दी की नवजागरण कालीन आलोचना में उसे भारतीय चिन्ता का स्वाभाविक विकास कहा गया अथवा युगीन परिवेश में इस्लामी संस्कृति के प्रभाव से उसका आकलन किया गया। उत्तर समय में भक्ति आन्दोलन और भक्ति को देखने का नया नज़रिया हमें यह बताता है कि भक्ति आन्दोलन को विवेचित करते हुए कई आचार्य संस्कृत और उसकी शास्त्रीय परम्परा से भक्ति को जोड़ते हैं जबकि भक्ति की कविता और उसकी लोक चेतना भारतीय कविता की वह जनधर्मी परम्परा है जिसे मौखिक परम्परा कहा जाता है वह उससे अधिक जुड़ती है। यह परम्परा किसी शास्त्र से नहीं लोक की विविध मौखिक परम्पराओं से अपना जुड़ाव बनाती रही। पशुपालन

संस्कृति, ग्रामीण गीत और लोक संस्कृति के बहुत से रूपों में इस परम्परा को देखा और परखा जा सकता है। हिन्दी आलोचना में 'भक्ति आन्दोलन और सूरदास का काव्य' जैसा महत्त्वपूर्ण शोध करने वाले प्रोफेसर मैनेजर पाण्डेय ने कृष्ण कविता को पशुपालन संस्कृति के साथ जोड़कर देखा परखा। भक्ति कालीन कविता का जन संस्कृति से गहरा जुड़ाव है इस बात की ओर संकेत करते हुए मैनेजर पाण्डेय लिखते हैं कि, "भक्ति आन्दोलन की नयी सांस्कृतिक चेतना के कारण उस काल की कविता की अन्तर्वस्तु रचना दृष्टि और अभिव्यक्ति पद्धति का जो नया विकास हुआ वह संस्कृत काव्य और काव्यशास्त्र से बहुत कुछ स्वतन्त्र है। संस्कृत, पालि, प्राकृत और अपभ्रंश के अभिजात वर्गीय साहित्य से भक्ति काल का जनोन्मुख साहित्य अन्तर्वस्तु और रूप की दृष्टि से भिन्न ही नहीं नया और स्वतन्त्र भी है। भक्ति काव्य की अन्तर्वस्तु जन संस्कृति और जनजीवन के अनुभव से निर्मित है इसके काव्य रूप संस्कृत के प्रचलित काव्य रूपों से भिन्न हैं। वे लोक जीवन और लोक साहित्य में प्रचलित काव्य रूपों के विकसित रूप हैं। भक्ति काल की प्रगीतात्मकता ग्राम गीतों की मौखिक परम्परा की देन है। इसकी कविता के अधिकांश छन्द संस्कृत के छन्दों से भिन्न और हिन्दी के जातीय छन्द हैं। सबसे अधिक महत्त्वपूर्ण बात यह है कि भारतीय साहित्य के इतिहास में पहली बार भक्तिकालीन कविता में सामान्य जनता के जीवन व्यवहार की भाषा और कविता की भाषा के बीच एकता कायम हुई। कई समय सिद्ध भाषा की तथाकथित साहित्यिकता और जीवन व्यवहार की भाषा की सहज सामाजिकता के बीच का कृत्रिम भेद समाप्त हुआ...।"[5]

हिन्दी साहित्य के इतिहास लेखन में उसका लोकवृत्त मुख्य धारा की अपेक्षा हाशिये के समाज के साथ निर्मित होता है जिसकी इतिहास लेखन में प्राय: उपेक्षा हुई है। भक्ति आन्दोलन का आधार सन्त और सूफ़ी कविता में विशेष रूप से व्याप्त है। साहित्य इतिहास लेखन की परम्परा में या आलोचना में प्राय: इस मत की उपेक्षा हुई। औपनिवेशिक इतिहास लेखन के प्रतिरोध में नवजागरण कालीन राष्ट्रवादी इतिहास लेखन लिखा गया लेकिन उसमें भी इतिहास निर्माण की संस्थाएँ और इतिहास लेखकों ने शास्त्रीय मर्यादा और काव्यशास्त्रीय मर्यादा और कविता की शास्त्रीय भूमि को ज़्यादा तवज्जो दिया। दिलचस्प यह है कि इस कैनन का विरोध करते हुए भी आचार्य हजारीप्रसाद द्विवेदी, नन्ददुलारे वाजपेयी भी इतिहास निर्माण की प्रक्रिया में सन्त-सूफ़ी भक्ति कविता को दृढ़ता से स्थापित नहीं कर पाते। प्रगतिशील इतिहास

लेखन में रामविलास शर्मा जैसे इतिहासकार राष्ट्रवादी इतिहास लेखन की भक्ति विषयक इतिहास दृष्टि की संकीर्णता बहुत उजागर नहीं कर पाते।

इतिहास लेखन और इतिहास दृष्टियों की इसी निर्माण प्रक्रिया को प्रश्नांकित करते हुए फ्रांचेस्का ऑर्सिनी ने अपने महत्त्वपूर्ण शोध 'हिन्दी का लोकवृत्त' में इसको रेखांकित करते हुए स्पष्ट किया कि इतिहास लेखन की एकमत पसन्द और बहुमत पसन्द दृष्टि का द्वन्द है। प्राय: हिन्दी साहित्य के इतिहास लेखन में एकमत पसन्द इतिहास दृष्टि का दबदबा रहा, लिहाजा बहुमत पसन्द इतिहास दृष्टियाँ उपेक्षित रहीं। हिन्दी साहित्य इतिहास लेखन की परम्परा में सबॉल्टर्न इतिहास दृष्टि के विकास के साथ बहुमत पसन्द और बहुजन साहित्य इतिहास लेखन की परम्परा का विकास होता है। रणजीत गुहा, ज्ञानेन्द्र पाण्डे, गायत्री चक्रवर्ती जैसे इतिहास लेखकों ने इतिहास को देखने की एक नयी दृष्टि दी। खासकर हिन्दी साहित्य इतिहास लेखन पर इसका गहरा असर हुआ दलितवादी, स्त्रीवादी इतिहास लेखन को इस इतिहास दृष्टि ने एक नया नज़रिया दिया। यह दिलचस्प है कि सबॉल्टर्न इतिहास दृष्टि का यह नज़रिया हिन्दी साहित्य इतिहास लेखन में मुक्तिबोध के उन प्रश्नों के साथ जुड़ता है जिसे वह 'मध्ययुगीन भक्ति आन्दोलन का एक पहलू' जैसे निबन्ध में बहुत पहले उठा चुके थे। देखा जाये तो मध्य युग में विशेष रूप से भक्ति काल को लेकर उनकी यह स्थापना काबिले गौर है कि "किसी भी साहित्य को हमें तीन दृष्टियों से देखना चाहिए। एक तो यह कि वह किन-किन सामाजिक और मनोवैज्ञानिक शक्तियों से उत्पन्न है अर्थात् वह किन शक्तियों के कार्यों का परिणाम है। किन सामाजिक सांस्कृतिक प्रक्रियाओं का अंग है। दूसरे यह कि उसका आन्तरिक स्वरूप क्या है किसका परिणाम है और किन भावनाओं ने उसके आन्तरिक तत्व रूपायित किये हैं। तीसरे उसके प्रभाव क्या हैं? किन सामाजिक शक्तियों ने उनका उपयोग या दुरूपयोग किया है और क्यों? साधारण जन के किन मानसिक तत्त्वों को उसने विकसित या नष्ट किया है।"[6]

हिन्दी साहित्य में भक्ति काव्य को देखने का एक और नया भाषाई नज़रिया हमें उत्तर औपनिवेशिक इतिहास दृष्टि ने मुहैया कराया है कि साहित्य के इतिहास में युगीन परिवेश में भाषाओं के उदय और उनके विकास के समानान्तर साहित्य की रचनात्मकता कैसे विकसित होती है। खासकर यह बात भक्ति काल के ऊपर और भी अधिक लागू होती है। भक्ति काल जिसे रामविलास शर्मा 'लोक जागरण' का काव्य कहते हैं और हिन्दी आधुनिकता का आरम्भ वहीं से मानते हैं। भक्ति काल की सन्त

कविता के अध्येता पुरुषोत्तम अग्रवाल 'कबीर और उनका समय' जैसी पुस्तक में भक्ति काव्य के लिए विशेषकर सन्त कविता के लिए 'देशज आधुनिकता' जैसा शब्द प्रयोग करते हैं तो यह भक्ति काल को देखने का भारतीय आधुनिकता का नज़रिया है।

उत्तर समय में भक्ति आन्दोलन को समझने का एक नया नज़रिया नव इतिहास शास्त्रीय दृष्टि भी हमें मुहैया कराती है जिसमें भक्ति काव्य के मेगा नैरेटिव्स की जगह छोटे-छोटे काव्य वृत्त के दृष्टिकोण से भी भक्ति काव्य को देखा परखा जा सकता है इस रूप में यह भक्ति आन्दोलन और भक्ति काव्य बहुत स्रोत परक अब बहुवचन दृष्टिकोण के साथ दिखाई देता है भक्ति काल में प्राय यह दृष्टिकोण भी आलोचना पर हावी दिखाई देता है जिसमें तुलसी और जायसी, कबीर और मीरा के इर्द-गिर्द हिन्दी आलोचना का बहुतायत लेखन हमें मिलता है जबकि उसी दौर में इन कवियों के घराने के अन्य कई अपनी भक्ति चेतना के साथ भक्त की जन धर्मी चेतना के साथ मौजूद हैं। अब उत्तर समय में उन कवियों की कविताएँ की पड़ताल करते हुए उनकी स्वतन्त्र काव्य दृष्टियों का विवेचन करना चाहिए। इसी मायने में भक्ति काल बहुवचनात्मक और बहुत स्रोत परक है। इसी बात को उत्तर आधुनिक विमर्शकार सुधीश पचौरी 'तीसरी परम्परा की खोज' पुस्तक में व्यक्त करते हुए लिखते हैं... "हिन्दी साहित्य के मौजूदा इतिहासों में भक्ति आन्दोलन को जिस तरह की एकवचनीयता प्रदान की गयी है वह नव्य इतिहासशास्त्रीय दृष्टि से भक्तिकालीन साहित्य संस्कृति के मिजाज के अनुकूल नहीं बैठती। भक्ति आन्दोलन में भक्ति भी एकवचन है और आन्दोलन भी एकवचन है। मानो समूचा भक्ति आन्दोलन एकमुखी और एकवचनात्मक है।.... अलग-अलग पन्थ, सम्प्रदाय, अखाड़े, मार्ग और सिलसिले अलग-अलग विचार व्यवस्थाओं से जुड़े हैं। रचनाकारों ने अपने-अपने पन्थों, सम्प्रदायों आदि से सम्बन्धित रचनाएँ की हैं। उनको एक सूत्र में बाँधकर उनकी अनेकान्तता को इतिहास ने बाधित किया है। नव्य इतिहासशास्त्र ऐसी गाँठ को खोलकर देखता है तो पता चलता है कि भक्ति आन्दोलन एक वचनकारी हरगिज नहीं बल्कि बहुवचनकारी है।"[7]

स्पष्ट है कि भक्ति काल को किसी एक केन्द्रीय पद्धति से देखने और आकलन करने की अपेक्षा उत्तर समय के अस्मिता मूलक और विमर्श मूलक एवं नव इतिहास शास्त्र की इतिहास दृष्टि से देखना परखना होगा तभी उसकी भिन्नताओं और बहुवचनात्मकता को देखा परखा जा सकता है, सही पड़ताल की जा सकती है खास बात यह है कि यह बहुवचनात्मक भक्ति धाराएँ एक दूसरे से जुड़ने और

उसे स्वतन्त्र होते हुए अन्तर क्रियाएँ करते हुए भक्ति का ताना-बाना बुनती हैं जाहिर है उन्हें उनकी भिन्नात्मक मौलिकता में भी देखना होगा साथ ही अन्तर क्रिया करने वाले उन सूत्रों की भी पड़ताल करनी होगी जो भक्त कवियों को एक दूसरे से, भक्ति आन्दोलन की कविताओं को एक दूसरे से जोड़ता है।

भक्तिकाल को देखने के लिए हमें उस समय की जन भाषाओं के विकास की गतिकी को समझना बहुत जरूरी है। प्रसिद्ध चिन्तक शेल्डन पोलॉक ने साहित्य के इतिहास में और उसके पुनर्लेखन में भाषाओं के उदय की पड़ताल की आवश्यकता की ओर संकेत करते हुए लिखा है, "साहित्य इतिहास को दोबारा कैसे सोचा जाये खासकर क्यों और कैसे साहित्यिक भाषाओं का उदय हुआ, किस तरह से कॉस्मोपॉलिटन और वर्नाकुलर पहचानों ने एक दूसरे को प्रभावित किया। इस प्रक्रिया में कैसे उनमें बदलाव आया तथा भारतीय उपमहाद्वीप के साहित्य और उनके इतिहास पर सोचने का मतलब क्या है यह अब तक कैसे सोचा गया है।"[8]

स्पष्ट है कि भक्ति काल में भक्त कवियों ने अपनी स्थानीय बोली वाणी में अपनी कविताओं को कहा या रचा तो इसलिए भक्ति काल की हिन्दी कविता को समझने के लिए भाषिक संरचना के लिहाज से उसे देखना परखना होगा। उत्तर औपनिवेशिक दृष्टिकोण से भाषा की संरचना साहित्य के इतिहास को समझने का एक महत्त्वपूर्ण कैनन है। हिन्दी क्षेत्र में अनेक देसी भाषाएँ साहित्य में उपस्थित होकर कैसे उनके विकास में काम कर रही थीं इसे समझना जरूरी है। हिन्दी का भक्ति आन्दोलन बहुभाषी समाज की बहुभाषिक अभिव्यक्ति है तो जाहिर है साहित्य इतिहास लेखन में उसकी बहुभाषाई सृजनात्मकता और उसकी सर्जनात्मक शक्ति की पड़ताल भी ज़रूरी है।

कह सकते हैं कि भक्ति आन्दोलन और भक्ति कविता को उत्तर समय में देखने के कई नज़रिए हो सकते हैं जिसमें एक ओर इतिहास लेखन और इतिहास दृष्टियों की पड़ताल करते हुए उत्तर आधुनिक विमर्श के साथ भक्ति कविता को देखना होगा तो दूसरी ओर भाषा, कला, संगीत और अन्य माध्यमों में भक्ति आन्दोलन और भक्ति कविता की पुनः पड़ताल करना भी आवश्यक है। हमारे समय में धर्म की संकीर्ण चेतना और दिखावे के बीच भक्त कवियों की उन्मुक्त और समन्वयवादी और जनधर्मी भक्ति संवेदना से हम बहुत कुछ सीख और ग्रहण कर सकते हैं।

जनभाषा में मुक्ति की आकांक्षा के साथ मध्यकालीन स्त्री भक्ति कविता का विस्तार होता है। सही अर्थों में मध्यकालीन नवजागरण की चेतना का अखिल

भारतीय स्वरूप इन स्त्री भक्त कवियों की कविताई में दिखाई देता है। अपनी अभिव्यक्ति के खरेपन के साथ पितृसत्तात्मक व्यवस्था और उसकी जड़ता का प्रतिकार करती हुई यह भक्त स्त्री कवि प्रेम और माधुर्य का एक विरल संसार रचती हैं, जहाँ उनका आत्म स्वाभिमान और आत्म सम्मान का स्वर सबसे मुखरित है। भक्ति कविता का यही स्वर स्त्री कवियों की आपसदारी भी तय करता है। कवि आलोचक अनामिका 'स्त्री मुक्ति की सामाजिकी : मध्यकाल और नवजागरण' पुस्तक में इन भक्त स्त्री कवियों की आपसी संवेदना को इन शब्दों में व्यक्त करती हैं... "मेरी समझ में भक्तिकालीन रचनाओं से अन्त:पाठीय जैसा संवाद विमर्शात्मक लेखन खासकर स्त्री लेखन ने किया है उतना समकालीन लेखकों में किसी और ने नहीं। इससे बड़ा प्रमाण क्या होगा कि उनके सरोकार एक हैं, तादात्म्य बनता तभी है जब सरोकार एक होते हैं।"[9]

भक्ति आन्दोलन और भक्तिकाव्य में स्त्री कविता का स्वर इस मायने में विरल है कि वह स्त्री होने के सुख-दुख के साथ अपने युग की धर्म सत्ता, पुरुष वर्चस्व, सामन्ती जकड़न, जात-पाँत की संकीर्णता के ख़िलाफ़ तीखा प्रतिरोध करती हैं तो प्रेम और उसके मर्म की संवेदना का सिरा उनसे कभी छूटता नहीं। इसी धरातल पर भारतीय स्त्री भक्त कवियों का अन्त:पाठ किया जा सकता है। हिन्दी की मीराबाई, कन्नड़ की अक्क महादेवी, कश्मीर की लल, मराठी की जनाबाई एवं तमिल की अण्डाल का स्वर आपस में एकमेक हो जाता है। उनकी कविता का खरापन, प्रेम और प्रतिरोध की गहराई इन्हें आपस में मिलाती है। भक्त स्त्री कविता में मीरा का स्वर सबसे मुखर है। स्वाभिमान और गरिमा से परिपूर्ण पुरुषवादी संकीर्णता और उसकी जड़ सोच के ख़िलाफ़ जो अबला स्त्री को बौराने पर मजबूर करती है, फिर तो वह लोक लाज के बन्धन को तोड़ देती है। समाज को और परिवार को स्त्री की मान मर्यादा और उसकी संवेदना का लिहाज नहीं तो भला वह उसका लिहाज क्यों करे। तभी तो मीरा कहती हैं, "अपने घर का पर्दा कर लो, मैं अबला बौरानी"[10] खास बात यह है कि मीरा कदम कदम पर उस शृंखला को तोड़ती हैं जो स्त्री को एक चौखट में बाँध देना चाहती है। वह उस पितृसत्तात्मक व्यवस्था की जड़ सोच का विरोध करती हैं उसको बदल देना चाहती हैं। कुल की मर्यादा, लोक लाज, नैतिकता के नाम पर स्त्रियों के ख़िलाफ़ चलाये जा रहे अभियान का पुरजोर विरोध करती हैं।

आधुनिक नवजागरण के दौर में भी स्त्री पक्ष को लेकर समाज सुधारकों में मर्यादा, नैतिकता और परिवार की लोक लाज का प्रश्न केन्द्र में है। इसी को टैगोर

'घरे बाहरे' का द्वन्द्व कहते हैं जिसे मीरा अपने काव्य और स्वर में तोड़ती हैं। इसी मायने में वह मध्यकालीन भारतीय स्त्रीवाद की आधुनिकता का पाठ रचती हैं। उनकी बेबाकी और विद्रोही स्वर के सामने आधुनिक नवजागरण सम्पन्न स्त्रियों का स्वर भी कुछ फीका ही नजर आता है। यह बात काबिलेगौर है कि मीरा में भारतीय स्त्रीवाद का यह वह चेहरा दिखाई देता है जो सम्बन्धों के बीच रहते हुए उसके सकरे ताने-बाने को तोड़ता है। विद्रोह करते हुए मुक्ति की चेतना का ऐसा संसार बनाती है जो ज्ञान के लिए, सत्संग के लिए साधुओं और ज्ञानियों के पास बैठता है। मीरा इसी मायने में विरल हैं। उनकी कविता और भक्ति की इसी विरलता का विवेचन करते हुए रोहिणी अग्रवाल की 'साहित्य का स्त्री स्वर' पुस्तक में मीरा पर यह टिप्पणी उल्लेखनीय है, "मीरा सम्बन्धों में स्पेस चाहती है सम्बन्धों से मुक्ति नहीं। उसकी मानसिक संरचना के ताने-बाने में पितृसत्तात्मक व्यवस्था की रूढ़ छवियों के साथ स्वप्नशील व्यक्ति की सघन संवेदनशीलता है, कर्तव्यपालन की एकनिष्ठ दृढ़ता के साथ स्व की सुरक्षा और सम्मान की मानवीय आकांक्षा एक औसत स्त्री की तरह मीरा सरल हृदय है किन्तु औसत स्त्री से भिन्न ज्ञान पिपासु। सत्संगति के महत्त्व की जो सैद्धान्तिक बातें हैं वह पोथियों में पढ़ती आयी है क्यों न उन्हें जीवन में उतार जीवन सफल बना ले। साधु संगत मीरा के लिए ज्ञान अर्जन और आत्म विस्तार का जरिया है– भौतिक जगत के रहस्य को जानने, जगत के साथ अपने सम्बन्धों को गुनने और अपनी मानवीय सत्ता को एक सार्थक दिशा देने के मीरा के अनुभव सीमित हैं अपने ही वृत्त में बन्द स्त्री जीवन की नियति के कारण। वह आरोपित स्त्री नियति से ऊपर उठकर अपने को तलाशना और सँवारना चाहती हैं। उल्लेखनीय है कि इस तलाश में परिवार और सम्बन्धों का निषेध नहीं है बल्कि उनके अर्थ और अन्तरंगता का विस्तार है–

"माई म्हारै साधां रो इक्यतार
साधु ही पीहर साधु ही सासरो, सांवरिया भरतार है
जात-पात कुल कुटुम कबीलो साधु ही परिवार है
मीरा के प्रभु गिरधर नागर रमस्या साधां री लार है।"[11]

मीरा की कथा को कश्मीर की ललद्यद के साथ मिलाकर पढ़ें तो लगता है कि वह मीरा से दो कदम आगे हैं। स्त्री पर लगी पाबन्दियों के ख़िलाफ़, वह उस सामाजिक संरचना और पितृसत्तात्मक व्यवस्था का ऐसा तीखा तिरस्कार करती हैं वह खास लगता है। मीरा से एक सदी पहले लल कश्मीर में पैदा हुई। अपनी उम्र

से दुगुनी उम्र के व्यक्ति से विवाह हुआ। ससुराल में सताया गया। तरह-तरह की यातनाएँ सही। प्रतिरोध ऐसा किया कि निर्वस्त्र होकर घर से निकल पड़ी सब कुछ त्याग कर। स्त्री प्रतिरोध का यह स्वर भारतीय स्त्री कविता को एक नया आयाम देता है। युवा स्त्री आलोचक सुजाता स्त्री कविता के इस पाठ को 'आलोचना का स्त्री पक्ष' नामक किताब में कुछ यूँ दर्ज करती हैं, "आध्यात्मिकता ठीक है लेकिन मैं इसे लल द्वारा स्त्री के लिए तय की गयी बाह्य मर्यादाओं के त्याग को एक और कोण से देखने की सिफारिश करूँगी। वह कोण है जेंडर मुक्त हो जाने का। मीरा और लल की कविता और विद्रोह की भाषा और जीवन को जेंडर पहचान से समझना होगा। मीरा कृष्ण को पति मानकर उनके प्रेम में बावरी होकर फिरी। मीरा ने विद्रोह के रास्ते में अपना स्त्री होना पुनः पाया तो वहीं स्त्री देह को धरने का पर्याप्त दण्ड भोगकर लल देह से ही मुक्त हो गयी। मीरा ने अपनी जेंडर पहचान के साथ विद्रोह किया और लल ने जेंडर के दायरे तोड़कर। एक का लेखन पूरी तरह जेंडर प्रशिक्षण से स्वयं को मुक्त करता हुआ स्त्री होने के दायरे से मुक्त होता हुआ सीखे को अनसीखा करता हुआ। अपने-अपने विद्रोह में हालांकि मीरा और लल दोनों ने स्त्री की घरेलू छवि को नष्ट किया। मीरा फिर भी समर्पित पत्नी की भूमिका अपने काव्य में निभाती रही लेकिन लल का समस्त विद्रोह नकार और एकान्त का चयन के चयन का है।"[12]

लल की कविता पढ़ते हुए उनका विद्रोह देखते हुए कर्नाटक की अक्क महादेवी को भी पढ़ा जा सकता है। महादेवी भी वस्त्र मुक्त होकर स्त्री मुक्ति के नये वितान रचती हैं। उनकी कविता की यह पंक्तियाँ इस बात की ताक़ीद करती हैं।

राजा वसूलेगा कर
धन बन ज़मीन पर
लेकिन लगायेगा कैसे लगान
रूप पर या गन्ध पर
वह प्रगाढ़ शान्ति जो मुझको
लपेटे है चारों तरफ़ से
कैसे ले जायेंगे वह छीनकर
उसका ही नूर दुशाला जिसका
क्या उसको करना है वस्त्रों का?[13]

महाराष्ट्र की भक्त स्त्री कवियों ने घर नहीं छोड़ा बल्कि आम स्त्रियों की तरह

घर गृहस्थी के साथ जुड़कर अपना एक समानान्तर कल्पित संसार बसाया। वही कल्पित संसार उनकी कविता में परिवार, समाज और उस पितृसत्ता की संकीर्णता का प्रतिरोध करता है। यहाँ अनूठा है इन स्त्री भक्त कवियों की कविता की भाषा। जनाबाई, मुक्ताबाई की कविता में प्रतिरोध और स्त्री अस्मिता का यह स्वर भक्ति काल की स्त्री कविता की परिधि का विस्तार करता है। स्त्री भक्त कवियों की भाषा ही उनकी कविता की जान है। कभी अभिधा के द्वारा सीधे-सीधे कह देने की कला बेधड़क तो कभी-कभी व्यंजना के माध्यम से तीखा काव्य स्वर। भाषा और सौन्दर्य की एक नयी कसौटी है जो भक्ति कविता का नया धरातल बनाती है। यहाँ स्त्री अपनी पूरी अस्मिता और स्वाभिमान की अभिव्यक्तियों के साथ मजबूती से खड़ी है। अनूठे चाल की अनूठी भाषा की यह कविता धर्मसत्ता, पितृ सत्ता, सामाजिक सामन्ती सत्ता के अवरोधों और जड़ता की तीखी आलोचना करती है। इस मुखर भाषा के माध्यम से स्त्री मुक्ति का आख्यान रचने वाली इन भक्त कवियों की कविताओं का पुनर्पाठ किया जा सकता है। एक बात और, भौतिकता में मौजूद इन स्त्री कवियों को लेकर कई लोक कथाएँ प्रचलित हैं जो कई बार उनके मौलिक, ऐतिहासिक और प्रतिरोधी कारनामों को आध्यात्मिकता का चोला पहनाकर चमत्कारिक ढंग से पेश करती हैं। देखना यह होगा कि इन कथाओं में पुरुष वर्चस्व या उसकी चालाकियों की साज़िश तो नहीं। हमें उसकी शिनाख्त करनी चाहिए। कई बार ये कथाएँ स्त्री भक्त कवियों की प्रेम और प्रतिरोध की कविता को कथा के रहस्यवादी ताने-बाने में ऐसा बुनती हैं कि जो उन्हें मनुष्य से अधिक देवत्व की ओर ले जाती है। जरूरत है भक्तिकालीन स्त्री कवियों की काव्य की असली ज़मीन की तलाश करना। जिससे मध्यकाल के उस परिवेश के साथ विवेचन हो जहाँ यह भक्त स्त्री कवि की कविता का मुखर स्वर अपने स्वाभिमान के साथ खड़ा है। उनकी कविता की जागृति और आधुनिकता कई मायने में आधुनिक काल के स्त्री स्वर को भी पीछे छोड़ने वाला है उत्तर समय में इसे भी देखा जाना चाहिए।

सन्दर्भ

1. दामोदरन, के., भारतीय चिन्तन परम्परा, पीपुल्स पब्लिशिंग हाउस प्राइवेट लिमिटेड, नयी दिल्ली, पृ. 318
2. जैन, नेमिचन्द (संपा.), मुक्तिबोध रचनावली, खण्ड 5, मध्ययुगीन भक्ति आन्दोलन का एक पहलू, राजकमल प्रकाशन, संस्करण 2007, पृ. 292

3. पचौरी, सुधीश, तीसरी परम्परा की खोज, वाणी प्रकाशन, नयी दिल्ली, संस्करण 2019, पृ. 225
4. शर्मा, रामविलास, भारतीय साहित्य की भूमिका, राजकमल प्रकाशन, नयी दिल्ली, संस्करण 2006, पृ. 192
5. पाण्डे, मैनेजर, भक्ति आन्दोलन और सूरदास का काव्य, भूमिका, वाणी प्रकाशन, नयी दिल्ली, चतुर्थ संस्करण 2003, पृ. 4
6. जैन, नेमिचन्द (संपा.), मुक्तिबोध रचनावली पाँच, राजकमल प्रकाशन, नयी दिल्ली, संस्करण 2007, पृ. 293
7. पचौरी, सुधीश, तीसरी परम्परा की खोज, वाणी प्रकाशन नयी दिल्ली, संस्करण 2019, पृ. 248- 47
8. पोलॉक, शेल्डन, लिटरेरी हिस्ट्री, रीजन एंड नेशन इन साउथ इंडिया, वॉल्यूम 23, अक्टूबर-दिसम्बर 1995, पृ. 1
9. अनामिका, स्त्री मुक्ति की सामाजिकी, मध्यकाल और नवजागरण, राजकमल प्रकाशन, नयी दिल्ली, संस्करण 2023, पृ. 78
10. उद्धृत, वही, पृ. 80 (उद्धृत अक्क महादेवी की कविता का अनुवाद कवि अनामिका द्वारा)
11. अग्रवाल, रोहिणी, साहित्य का स्त्री स्वर, साहित्य भण्डार प्रकाशन, इलाहाबाद, संस्करण, 2015, पृ. 33
12. सुजाता, आलोचना का स्त्री पक्ष, पद्धति, परम्परा और पाठ, राजकमल प्रकाशन, नयी दिल्ली, दूसरा संस्करण, नवम्बर 2021, पृ. 168
13. उद्धृत, अग्रवाल, रोहिणी, साहित्य का स्त्री स्वर, पृ. 33

मीराबाई के व्यवस्था-विरोधी विचार

डॉ. ऋषि कुमार[1]

मीरा का कृष्ण भक्तों में सर्वश्रेष्ठ स्थान है। इनके जन्म को लेकर विभिन्न विद्वानों के मत अलग-अलग हैं। कई विद्वानों ने राजा दूदा की पुत्री होने के भ्रम में इन्हें विद्यापति के समकालीन माना है जिनमें प्रमुख नाम जॉर्ज ग्रियर्सन का आता है। मिश्रबन्धु विनोद में मीरा का जन्म संवत् 1573 बताया गया है। इसी के आधार पर आचार्य रामचन्द्र शुक्ल ने 1573 वि. संवत् को ही मान लिया है। लॉर्ड मैकलिफ ने मीरा का जन्म सन् 1504 माना है। वास्तव में मीरा का विवाह संवत् 1573 में हुआ था न कि जन्म। इस पर डॉ. कृष्णदेव झारी कहते हैं कि "राजस्थानी इतिहास के विद्वानों महा. गो. ही. ओझा, मुंशी देवीप्रसाद आदि ने यह मान्य सिद्ध किया है कि राणा सांगा के पुत्र भोजराज का मीरा से विवाह सं. 1573 में हुआ था। मेड़तियों के इतिहास से भी इस विवाह तिथि की पुष्टि होती है। यह सर्वविदित है कि विवाह के समय मीरा केवल 12 वर्ष की थी, अतः इस आधार पर मीरा का जन्म वर्ष सं. 1561 श्रावण सुदी। शुक्रवार लिखी मिलती है। गणना करने पर दूसरी तिथि सुद्ध बैठती है।"[1] इस प्रकार मीरा की जन्म तिथि सम्वत् 1561 ही मान्य जान पड़ती है। राव दूदा जी की पाँच सन्तानों में से चौथे पुत्र रत्नसिंह का जन्म लगभग सं. 1540-41 माना जाता है। लगभग 18 वर्ष की आयु में उनका विवाह हुआ था। इस दृष्टि से भी अगर देखा जाये तो मीरा का जन्म सम्वत् 1561 मानना ही तर्क संगत जान पड़ता है। इनका जन्म-स्थान मेड़ता ही रहा होगा। कई विद्वान कुड़की भी मानते हैं। इसकी अभी तक प्रामाणिकता पर विचार होना बाकी है। पर जनश्रुतियों में यह प्रसिद्ध है कि इनका

अध्यक्ष, हिन्दी विभाग, एसोसिएट प्रोफेसर, रवीन्द्र भारती विश्वविद्यालय, 56A, बी.टी. रोड, कोलकाता-700050

जन्म मेड़ता ही रहा होगा। इस पर डॉ. कृष्णदेव झारी जी कहते हैं कि "जनश्रुति में यह प्रसिद्ध है कि मीरा के शैशवकाल में ही मीरा की माता का स्वर्गवास हो गया था और मीरा का लालन-पालन उसकी मौसी ने किया था जो मेड़ता के पास कुड़की गाँव में रहती थी। मीरा अपने माँ-बाप की इकलौती लड़की थी।"[2] इस प्रकार इनका जन्म स्थान मेड़ता ही माना जा सकता है। इनके सम्बन्ध में जानने के लिए हमें कोई प्रामाणिक पुस्तक या शाही वंशावलियों में नहीं पाया जाता है। क्योंकि मेवाड़ की परम्परा उस समय केवल सत्तारूढ़ राजा-महाराजा की स्त्रियों का ही इतिहास के पारम्परिक ख्यात बही आदि में रहता था इसलिए मीरा का उल्लेख न के बराबर है। इस पर माधव हाड़ा जी कहते हैं कि "मेवाड़ की यह परम्परा केवल सत्तारूढ़ सामन्तों की स्त्रियों को ही अपने दायरे में लेती थी, इसलिए शेष राजपूत स्त्रियों का उल्लेख इसमें नहीं के बराबर है। मीरा का पति भोजराज अपने पिता राणा सांगा के जीवित रहते ही मर गया। इस तरह मीरा को किसी सत्तारूढ़ शासक की पत्नी होने का गौरव प्राप्त नहीं हुआ और वह ख्यात बहियों में दर्ज होने से रह गयी।"[3] बल्कि मीरा जैसी कृष्ण भक्तिन के सम्बन्ध में जनश्रुतियों से अधिक जानकारी मिलती है। इस पर जॉन स्ट्रेटन हॉली जी का मत है कि "वास्तव में सार्थक मीराबाई को हम प्रदर्शित तथा काव्यात्मक भक्ति उपक्रम में अधिक पा सकते हैं, जब उन्हें याद किया जाता है। वास्तविक मीरा को शाही वंशावलियों में कम ही पाया जा सकता है जहाँ उनके अस्तित्व को आपको ढूँढ़कर निकालना पड़ेगा।"[4] इस प्रकार मीरा को उनके काव्य और जन-जन के द्वारा उनके पदों को गाया जाना तथा उनके सम्बन्ध में कही जाने वाली कथा-कहानी के माध्यम से उन्हें पूर्ण रूप से जाना और समझा जा सकता है। मीरा का जीवन संघर्षमय रहा। वे कभी यहाँ तो कभी वहाँ भटकती रहीं। सन् 1516 ई. में उनका विवाह हुआ पर चार-पाँच वर्ष के अन्दर ही उनके पति भोजराज का निधन हो गया। महाराणा सांगा और बाबर के बीच 1527 ई. में हुए खानवा के युद्ध में उनके पिता की मृत्यु हो गयी। ससुर महाराणा सांगा भी 1528 ई. में नहीं रहे। इसके बाद मीरा का देवर रत्नसिंह सत्तारूढ़ हुआ लेकिन मीरा से उसके सम्बन्ध तनावपूर्ण रहे होंगे क्योंकि वह सांगा के विरुद्ध षड्यन्त्रकारी था। वह भी बूँदी के हाड़ा सूरजमल के हाथों मारा गया। इसके उपरान्त विक्रमादित्य गद्‌दी पर बैठा जो घमण्डी था। उसको मीरा की गतिविधियाँ और आचरण पसन्द नहीं आता था। उसने मीरा को कई तरह से यातनाएँ दीं जिससे मीरा ने दुःखी होकर अपने बड़े पिता मेड़ता के यहाँ 1535 ई. में शरण ली। पर यहाँ भी वह एक वर्ष ही रह पायी

थी क्योंकि जोधपुर के शासक मालदेव 1536 ई. में उन्हें हराकर मेड़ता को उजाड़ दिया था। वीरमदेव को यहाँ-वहाँ भटकना पड़ा। मीरा भी टोडा तक उनके साथ रही फिर वहाँ से वृन्दावन और द्वारिका चली गयी।

मीरा के पदों को कई विद्वान मूल एवं प्रामाणिकता के चक्कर में सीमित कर देते हैं। जिसके कारण इनके बहुत सारे पदों को अप्रामाणिक मान बैठते हैं। ऐसे विद्वान लोक और परम्परा की ओर ध्यान नहीं देते हैं। इस पर माधव हाड़ा जी कहते हैं कि– "मीरा की कविता लोक में पली-बढ़ी है, इसलिए केवल मूल, प्राचीन और प्रामाणिक के आग्रह के साथ उसके पदों के अनुसन्धान के अच्छे परिणाम नहीं निकले। इस तरह का आग्रह रखने वाले विद्वानों ने मीरा की कविता को सौ-पचास पदों तक सीमित कर दिया। उनको हमारे लोक के स्वभाव की समझ भी नहीं थी और पदों की प्रामाणिकता जाँचने की उनकी कसौटियाँ भी आधुनिक थीं, इसलिए उन्होंने मीरा के कुछ बहुत महत्त्वपूर्ण पदों को अप्रामाणिक की श्रेणी में डाल दिया।"[5] इस प्रकार विद्वान लोक, परम्परा को मानने वाले भी थे। ऐसे विद्वानों में हरिनारायण पुरोहित और स्वामी आनन्दस्वरूप का नाम प्रमुख है। इस पर माधव हाड़ा जी कहते हैं कि– "इनका नज़रिया समावेशी था और उनको हमारे लोक के स्वभाव की समझ भी अच्छी थी, इसलिए उन्होंने उपलब्ध सभी स्रोतों से पद लिये। हरिनारायण पुरोहित की पद चयन कसौटियाँ ज्ञात नहीं हैं, लेकिन यह तय है कि उन्होंने प्राचीन, हस्तलिखित और प्रामाणिक के अलावा भी एकाधिक अन्य कसौटियों पर पदों की परख की। उन्होंने केवल हस्तलिखित और मूल जैसी कोई कसौटी नहीं रखी, उन्होंने किसी भी स्रोत से परहेज नहीं किया और खास बात यह है कि वे किसी एक स्रोत पर पूरी तरह निर्भर भी नहीं रहे।"[6] इस प्रकार मीरा को समझने के लिए प्राचीन, हस्तलिखित, प्रामाणिकता के साथ ही साथ लोक में चली आ रही गीत, कथा की भी जाँच-पड़ताल करनी पड़ेगी।

इसके अतिरिक्त पारम्परिक देशज इतिहास रूपों, धार्मिक आख्यानों और जनश्रुतियों को सहानुभूतिपूर्वक पढ़ा जाये जिनकी पश्चिमी विद्वानों ने अनदेखी की है। खास तौर पर मीरा को जानने और समझने में जनश्रुतियों को भी शामिल करना चाहिए जो हमारे भारतीय समाज के सांस्कृतिक व्यवहार और भाषा का बहुत अहम हिस्सा है। पश्चिमी विद्वान दो शताब्दियों तक अपने हिसाब से हमारी चीजों को देखते रहे जो कि गलत है। इसे भारतीय लोक, स्रोत जनश्रुतियों के साथ समझाना होगा क्योंकि मीरा के जीवन संघर्ष, दुःख, भक्ति, व्यवस्था विरोधी विचार के संकेत

इन सब में भी विद्यमान हैं। इस पर माधव हाड़ा जी कहते हैं कि– "इन कविताओं और हरजसों में मौजूद मीरा की जीवन सम्बन्धी जानकारियाँ अक्षरश: सही नहीं हैं लेकिन ये पूरी तरह मिथ्या भी नहीं हैं। इन संकेतों को इतिहास के उपलब्ध तथ्यों को सहवर्तिता में समझा जाये तो ये अपने असल रूप में सामने आ जाते हैं।"[7] मीरा में कृष्ण भक्ति बाल्यकाल से ही मौजूद थी। इस सम्बन्ध में कई कहानियाँ लोक में विद्यमान हैं। एक जनश्रुति है कि मीरा बारात में सजे-धजे वर यानी दूल्हे को देखकर स्वाभाविक जिज्ञासावश अपनी दादी या माता से पूछा कि मेरा वर कौन है। उसकी जिज्ञासा पर उत्तर मिला कि तुम्हारे वर भगवान कृष्ण हैं। मीरा के मन में यह बात घर कर गयी और वह धीरे-धीरे भगवान कृष्ण को अपना वर मानने लगी। एक दूसरी कथा जनश्रुति में यह भी है कि मीरा एक साधु के पास एक छोटी कृष्ण मूर्ति देखकर उसको लेने के लिए मचल गयी। साधु ने मीरा को मूर्ति नहीं दी और वहाँ से वह चला गया। मीरा ने मूर्ति लेने की ज़िद में खाना-पीना तक छोड़ दिया। बाद में साधु को कृष्ण भगवान ने स्वप्न में कहा कि वह मूर्ति मीरा को दे दे। उसके उपरान्त साधु ने मूर्ति मीरा को दे दी। मीरा ने तभी से उसे अपना वर और आराध्य मान लिया। इस प्रकार जब मीरा धीरे-धीरे कृष्ण की भक्ति में डूबती गयी तो उनकी ननद, सास मीरा की भक्ति भावना से अप्रसन्न थी और कहती कि हमारी लोक-लाज और परम्परा को ये नष्ट कर रही है। इसी क्रम में कहा गया कि मीरा व्यवस्था के विरुद्ध कार्य कर रही है। इसे लोक-लाज के कारण ये सब छोड़ देना चाहिए क्योंकि किसी स्त्री को इस तरह साधु सन्त के साथ उठना-बैठना उन दिनों वर्जित था।

मीराबाई की ननद ऊदाबाई राणा के कहने पर मीराबाई को समझाती है कि वह सन्तों की संगति छोड़ दे क्योंकि इससे हमारी समाज में बेइज्जती हो रही है। वह कहती है मैं नहीं छोड़ सकती क्योंकि ये सब मेरे माता, पिता, सज्जन और स्नेही हैं। उन्होंने सन्तों की शरण ले ली है अब मेरा सब कुछ उनके चरणों में ही समर्पित है। इस प्रकार वो सन्तों को छोड़ने में अपनी असमर्थता बताती है :

"मीरा बात नहीं जग छानी उदाबाई समझो सुघर सयानी।।
साधु माता पिता कुल मेरे, सजन सनेही ज्ञानी।
सन्त चरण को सरण रैन दिन, सत्य कहत हूँ बानी।।
राणा ने समझावो जावी, मैं तो बात न मानी।
मीरा के प्रभु गिरधर नागर, सन्तों हाथ बिकानी।"[8]

जब भक्त अपने प्रभु प्रेम के मार्ग पर पहला कदम रखते हैं तो लोग उसकी प्रशंसा करते हैं, पर जब वह उसकी गहराई में चलते जाता है और एक विशाल वृक्ष का रूप धारण कर लेता है तब भक्त सब कुछ प्रभु को समर्पित करता है अर्थात अपनी सुध-बुध खोकर अपने प्रभु का स्मरण करने लगता है तो वही लोग उसे पसन्द नहीं करते हैं। मीरा को भी अपने जीवन में इस तरह की कठिनाइयों का सामना करना पड़ा था। वे उस समय समाज के विपरीत जाकर कहती हैं कि अब वे प्रेम के मार्ग से यदि चाहें भी तो नहीं हट सकती क्योंकि उन्हें किनारे की झलक दिखाई दे रही है। अब उन्होंने भक्तिरूपी अमृत की बूँद को पी लिया है तथा वह बूँद उनके अन्तर में समा गयी है –

"गोविन्द सूँ प्रीत करत, तबहि क्यों न हटकी।
अब तो बात फैल परी, जैसे बीज वट को।।
बीज की बिचार नाहि, छाँय परी तट की।
अब चूको तो ठौर नाहिं, जैसे कला नटकी।।
× × ×
घर घर में घोल मठौल, बानी घट घट की।
सबही कर सीस धारे, लोक लाज पटकी।।
मद की हस्ती समान, फिरत प्रेम लटकी।
दास मीरा भक्ति बुँद हिरदय बीच अटकी।।"[9]

जब मीरा की आलोचना उनके ही परिवार के लोग करने लगे तो वह कहती हैं कि उन्होंने अनमोल प्रभु को मोल ले लिया है अर्थात् प्रभु को पूर्णतया अपना लिया है और प्रेम के वश ही प्रभु उनके हो गये हैं। चाहे लोग कहें कि ये अच्छा कार्य नहीं किया। अर्थात् प्रेम के मार्ग को अपनाकर उचित नहीं किया। पर मीरा इन विचारों से भिन्न विचार रखते हुए कहती है कि उन्होंने एक बहुमूल्य सौदा किया है –

"माई री मैं तो लीनो गोविंदो मोल।
कोई कहै छावे कोई कहै छुपकै, लियो री बजंता ढोल।।
कोई कहै महँगो की कहै सोंधो, लियो री तराजू तोल।।
कोई कहै, कारो कोई कहै गोरो, लियो रो अमोलिक मोल।।
याही कूँ सब लोग जाणत है, लियो री आँखी खोल।।
मीरा कूँ प्रभु दरसण दीज्यो, पूरब जनम का कोल।।"[10]

मीरा प्रभु के प्रेम में मग्न अर्थात लीन होकर उनसे मिलने के लिए चल पड़ी है। लोक-लाज, कुल की मर्यादा, मान-अपमान आदि बन्धनों को त्यागकर उन्होंने आत्म-ज्ञान की गली में प्रवेश किया है क्योंकि इस गली में आना इतना आसान भी नहीं है। वे कहती हैं कि तीनों गुणों से परे लाल किवाड़ वाले महल की अटारी पर उनके प्रियतम, प्रभु की सेज बिछी है। शुभ गुणरूपी आभूषणों से सुशोभित होकर वे सुमिरन रूपी थाल हाथ में लिये प्रभु-मिलाप को जा रही हैं। अब उनका मन यानी चित्त संसार की ओर से हटकर प्रभु के स्मरण में लगा हुआ है –

तेरो कोई नहिं रोकणहार, मगन होय मीराँ चली।।
लाज सरम कुल की मरजादा, सिर सैं दूरि करी।
मान अपमान दोउ धर पटके, निकसी हूं ग्यानी गली।

× × ×

बाजूबन्द कडूला सोहै, सिन्दुर माँग भरी।
सुमिरन थाल हाथ में लीन्हा, सोभा अधिक खरी।।
सेज सुखमणा मीरा सोवे, सुभ है आज घरी।
तुम जावो राणा घर अपणे, मेरी तेरी नाहिं सरी।।"[11]

मीरा अपने सखी से कहती है कि मेरे नैनों को तो हर समय मनमोहन अर्थात् कृष्ण की मूरत निहारने की आदत पड़ गयी है। मेरे चित्त पर उनकी मधुर मूरत ऐसी चढ़ गयी है कि किसी और की सुध ही नहीं रहती। मेरे हृदय में तो इस मनमोहक मूरत की सूरत हमेशा गड़ी रहती है। फिर इसमें किसी और की मूरत या स्मृति कैसे समा सकती है। मैं अपने भवन में खड़ी कब से उनका पथ निहार रही हूँ। मेरे प्राण सदैव उसी साँवले, प्यारे मनमोहक मनमोहन में अटके हुए हैं। वही मेरे जीवन का मूल है। मीरा कहती है कि मैं तो गिरधर या मनमोहन के हाथों बिक चुकी हूँ पर लोग कहते हैं कि मैं बिगड़ गयी हूँ। इस प्रकार कृष्णभक्त मीरा के विचार लोगों से भिन्न दिखते हैं –

"नैनन बसी मनमोहन की मूरत
आली री म्हारे णेणा वाण पड़ी।
चित्त चढ़ी म्हारी माधुरी मूरत, हिवड़ा अणी गढ़ी।
कब री ठाड़ी पन्थ निहारां, अपने भवण खड़ी।

अटक्यां प्राण सांवरो, प्यारो, जीवण मूर जड़ी।
मीरा गिरधर हाथ बिकाणी, लोग कह्या बिगड़ी।"[12]

मीरा भक्ति भावना में इतना लीन हो गयी कि पैरों में घुंघरू बाँधकर नाच रही है। यह देखकर लोग कहते हैं कि मीरा बावली हो गयी है और सास कहती है कि मैं कुल कलंकिनी हूँ। इतना ही नहीं राणा तो इतने क्षुब्ध हुए कि विष का प्याला ही भेज दिया और मीरा ने उसे हँसते-हँसते पी लिया। मैंने अपना तन-मन अर्थात् सब कुछ अपने मनमोहन (हरि) पर वार दिया है। उनके दर्शन मात्र से मुझे अमृत की प्राप्ति होती है। मैं अपने प्रभु गिरधरनागर के चरणों में आ पड़ी हूँ। मुझे अब लोगों के मन में जो आये कहते रहें। इस प्रकार मीरा के विचार उस समय परिवार और सामाजिक व्यवस्था के विपरीत होते गये –

"पग घुँघरू बाँध मीरा नाची रे
पग बाँध घुंघरयां णाच्यारी।
लोग कह्या मीरा बावरी, सासु कह्यां कुलनासी री।
विष रो प्यालो राणा भेज्यां, पीवां मीरां हांसा री।
तण मण वारया हरि चरणमा दरसण व्यास्यां री।
मीरा रे प्रभु गिरधरनागर यारी सरणां आहस्या री।।"[13]

मीरा स्वयं तो भक्ति में लीन है ही पर वे दूसरे मनुष्यों को भी कहती हैं कि मनुष्यों, तुम राम नाम का रस पियो, इसका परिणाम बड़ा चमत्कारी अर्थात् सुखदायी होता है। हे मनुष्य नित्य कुसंगत का त्याग करके सत्संग में जाकर बैठो और प्रभु चर्चा सुनकर अपने जीवन को सार्थक बनाओ। अपने चित्त से काम, क्रोध, मद, लोभ और मोह की जो कुप्रवृत्तियाँ व्याप्त है, उनको बाहर निकालकर निर्मल हो जाओ। हे प्रभु मैं तो आपके रंग में भीग गयी हूँ :

"राम नाम रस पिओ
राम नाम रस पीजै, राम नाम रस पीजै।
तज कुसंग सतसंग बैठ नित, हरि चरचा सुण लीजै।
काम क्रोध मद लोभ मोह कूं बहा चित्त से दीजै।
मीरा रे प्रभु गिरधरनागर, ताहि के रंग भीजै।।"[14]

इस प्रकार मीरा आजीवन कृष्ण भक्ति के पथ पर चलती रही और परिवार एवं

समाज से ताना सुनती रही। उस समय इस तरह की परम्परा राजघरानों में नहीं थी। इसके विपरीत जाकर मीरा ने गेरूआ वस्त्र पहने और योगियों के साथ-साथ यहाँ-वहाँ सत्संग करती रही जो व्यवस्था-विरोधी कार्य थे। मीरा घर, परिवार को त्याग कर अपने मनमोहन की शरण में चली गयी। अपने गिरधर की भक्ति में वह सांसारिक सुख-सुविधाओं को त्याग कर भी खुश थी। इस तरह मीरा ने समाज की व्यवस्था के विपरीत जाकर कृष्ण भक्ति की ऐसी अलख जगायी कि वह अजर अमर हो गयी।

सन्दर्भ

1. झारी, डॉ. कृष्णदेव, मीराबाई, शारदा प्रकाश, महरौली, नयी दिल्ली, प्रथम संस्करण 1976, पृ. 69
2. वही, पृ. 70
3. तिवारी, मुक्तेश्वर नाथ (सं.), विश्वभारती पत्रिका, अप्रैल-जून-2023, पृ.15
4. हॉली, जॉन स्ट्रेटन (अनुवादक : अशोक कुमार), भक्ति के तीन स्वर : मीराँ, सूर, कबीर, राजकमल पेपरबैक, नयी दिल्ली, दूसरा संस्करण-2020, पृ.112
5. हाड़ा, माधव (चयन एवं सम्पादन), सौनें काटन लागै, मीरां पद संचयन, सस्ता साहित्य मण्डल प्रकाशन, नयी दिल्ली, प्रथम संस्करण-2021, पृ. 34-35
6. वही, पृ. 35
7. हाड़ा, माधव, पचरंग चोला पहर सखी री, गुलज़ार पोस्ट पब्लिकेशन, नयी दिल्ली, संस्करण-2017, पृ. 12
8. सेठी, वीरेन्द्र, मीरा प्रेम दीवानी, राधास्वामी सत्संग व्यास, पंजाब, सोलहवाँ संस्करण-2001, पृ. 75
9. वही, पृ. 87-88
10. वही, पृ. 93
11. वही, पृ. 102-103
12. प्रकाश प्रियदर्शी (संकलन), मीराबाई के लोकप्रिय पद, मनोज पॉकेट बुक्स, दिल्ली, प्रथम संस्करण, पृ. 15
13. वही, पृ. 52
14. वही, पृ. 123-124

महिला सन्त परम्परा में सहजोबाई का योगदान

डॉ. सत्य प्रकाश तिवारी

मानव इतिहास के प्रारम्भिक काल में हमारा समाज मातृसत्तात्मक था, कालान्तर में धीरे-धीरे यह पितृसत्तात्मक समाज में परिवर्तित होने लगा। मध्यकाल तक आते-आते भक्ति काल के समय ने तमाम हताश एवं उपेक्षित लोगों में जिस अदम्य उत्साह की सृष्टि की, उससे प्रभावित होकर तमाम महिला सन्तों ने भी अपनी सामाजिक स्थिति को बेहतर करते हुए पितृसत्तात्मक जकड़न से मुक्त होने की प्रक्रिया में महत्त्वपूर्ण भूमिका का निर्वहन किया।

21वीं शताब्दी के प्रारम्भ से ही भारत की विभिन्न महिला रचनाकारों ने स्त्री सशक्तीकरण के प्रयासों को वैश्विक स्तर पर राह दिखाई। आज के स्त्री विमर्श की नींव में सन्त कारैक्काल, सन्त बावरी साहिबा, सन्त निर्मला बाई, सन्त मीराबाई, सन्त जनाबाई, सन्त ताज बीबी, सन्त सहज़ोबाई, सन्त दया बाई, सन्त सागर बाई से होते हुए सन्त श्रीमां तक का महत्त्वपूर्ण योगदान रहा है। वैसे इस आलेख में मीराबाई (1498 से 1557) से लेकर सहजोबाई की चर्चा करते हुए महिला सन्त परम्परा में सहजोबाई का क्या योगदान रहा, उस पर ही मैंने अपना ध्यान केन्द्रित किया है।

महिला सन्त परम्परा में मीराबाई का नाम अत्यन्त आदर के साथ लिया जाता है। ऐसे समय में जब स्त्री की इच्छा को महत्त्व नहीं दिया जाता था, मीरा का यह कहना कि "मेरो तो गिरधर गोपाल दूसरो न कोई" किसी क्रान्ति से कम नहीं था। मीरा ने कृष्ण भक्ति के मार्ग में आने वाली जिन बाधाओं को अपनी अदम्य इच्छा

एसोसिएट प्रोफेसर एवं अध्यक्ष, हिन्दी विभाग, शिवपुर दीनबन्धु इंस्टीट्यूशन कॉलेज, हावड़ा, पश्चिम बँगाल

शक्ति के द्वारा पार किया उसे रेखांकित करते हुए डॉक्टर बलदेव वंशी कहते हैं, "मीरा उफनती आवेगी बरसाती नदी की भाँति वर्जनाओं की चट्टानें तोड़ती, राह बनाती अपने गन्तव्य की ओर बेरोक बढ़ती चली गयी। वर्जनाओं के टूटने के झंकार से मीरा की कविता उत्पन्न हुई। वह हर स्तर पर लगातार वर्जनाओं को क्रम–क्रम तोड़ती गयीं। राज परिवार की, रनिवासे की, सामन्ती मूल्यों की, पुरुष प्रधान समाज द्वारा थोपे नियमों की कितनी ही वर्जनाओं की शृंखलाएँ मीरा ने तोड़ फेंकी और मुक्त हो गयी।"[1] मीरा के वैधव्य को लेकर विद्वानों में मतभेद है। कुछ विद्वानों का मानना है कि वे विधवा नहीं थीं क्योंकि उनके रचे पदों में कहीं भी इसका प्रमाण नहीं मिलता तो कुछ का मानना है कि मीरा के पति भोजराज की असमय मृत्यु हो जाने के कारण मीरा को वैधव्य का सामना करना पड़ा। इन दोनों ही स्थितियों में मीरा, कृष्ण को ही अपना पति मानती रही। मीरा के सन्दर्भ में शिवकुमार मिश्र का यह कथन यहाँ अत्यन्त प्रासंगिक जान पड़ता है, "सन्त या भक्त के मत को निर्मल कहा गया है– व्यक्तिगत राग-द्वेष से परे उदार और क्षमाशील। मीरा की मनोभूमि ऐसी नहीं है। वे न तो अपने आक्रान्ताओं को ज़िन्दगी की आखिरी साँस तक भूल पायी हैं और न ही क्षमा कर पायी हैं। उनके प्रति उनकी घृणा रह-रह कर भभकी और भभकती रही है। फिर भी मीरा भक्त और सन्त के रूप में मान्य हैं। निश्चय ही सन्त और भक्त तो वे हैं, परन्तु इनके साथ-साथ एक औरत होने का एहसास भी उनमें बरकरार रहा है।"[2]

भक्ति आन्दोलन ने स्त्री-पुरुष सबके लिए सहज ही भक्ति का द्वार उपलब्ध करा दिया। पितृसत्तातमक समाज में यह पहली बार हुआ कि स्त्री घर से बाहर निकलकर साधु-सन्यासियों के बीच आयी और अपनी रचनाशीलता के माध्यम से समाद्रित भी हुई। इन महिला सन्तों में मीराबाई के अलावा आतुकूरि मोल्ला, बहिणाबाई, जनाबाई, ताज बीबी, सहजोबाई इत्यादि का नाम प्रसिद्ध है।

महिला सन्त परम्परा की अगली कड़ी में आतुकूरि मोल्ला का नाम महत्त्वपूर्ण है। इनकी सटीक जन्म तिथि ज्ञात नहीं है लेकिन अधिकतर लोग सन् 1525 के आसपास इनका जन्म मानते हैं। आन्ध्र प्रदेश के सन्त कवियों में इनका महत्त्वपूर्ण स्थान है। ये बहुत कम पढ़ी-लिखी थीं किन्तु इन्होंने तेलुगु भाषा में जिस रामायण की रचना की, आज भी वह तेलुगु भाषियों में समादृत है। इनका यह मानना था कि राम कथा के गुणगान हेतु ज्ञानी या विद्वान होना आवश्यक नहीं है। यदि सामान्य व्यक्ति पर भी राम की कृपा हो तो वह अत्यन्त सुन्दर तरीके से ईश्वर का गुणगान कर

सकता है। इन्होंने अपनी रामायण में युद्ध काण्ड तक की ही कथा का वर्णन किया है। अपने आराध्य के जीवन में आये वियोग रूपी दुखों के कारण इन्होंने रामायण के आगे की कथा लिखी ही नहीं।

बहिणाबाई का जन्म सम्वत् 1551 में महाराष्ट्र के देवगाँव में हुआ था। बहिणाबाई ब्राह्मण जाति की थी और सन्त तुकाराम की शिष्या होने के कारण इन्हें अपने परिवार और समाज से तमाम उलाहने सुनने पड़ते थे। पति रत्नाकर भट के तमाम अत्याचारों को भी इन्होंने सहन किया लेकिन अपने भक्ति भाव से समझौता नहीं किया। "एक दिन रत्नाकर भट के शरीर में जलन शुरू हो गयी। वैद्य दवा दे-देकर थक गये, लेकिन रत्नाकर सही ही न हो रहा था। जब उन्होंने तुकाराम का स्मरण किया तो उन्हें इस पीड़ा से राहत मिली।"[3] इसके बाद रत्नाकर भट को अपने अहंकार पर पश्चाताप भी हुआ।

बहिणाबाई के गुरु सन्त तुकाराम शूद्र जाति से थे। इनकी शिष्या होने के कारण इन्हें घर और बाहर से तमाम उलाहने, अपमान और अत्याचार सहन करने पड़े। यह सोचकर वे हमेशा दुखी रहती थीं कि केवल शूद्र जाति में जन्म लेने के कारण बहुत से लोग तुकाराम की उपेक्षा करते थे। बहिणाबाई को इस पीड़ा का उत्तर वज्रोपनिषद में मिला। इस महत्त्वपूर्ण ग्रन्थ का अनुवाद कर इन्होंने उन लोगों की पीड़ाओं को कम करने का प्रयास किया जो इनकी ही तरह जातिगत भेद-भाव को देख दुखी रहते थे।

बहिणाबाई ने मराठी और हिन्दी दोनों भाषाओं में पदों की रचना की है। इनके पद भक्तों में काफ़ी लोकप्रिय हुए हैं। इनका एक प्रसिद्ध पद है –

"फूल बिना फल, जल बिना अंकुर, बिन पुरुष नहीं छाया।
जल बिन कमलिनी, रवि बिन तेज,
है दीप के पास प्रकाश।
नर तहां नारी, पुण्य तहां अविनाश।
बहिणी कहे जिसकू हरि भावे, वोहि है पुण्य की रास।
शान्ति क्षमा इसके घर सोवे, सबहि सम्पत्ति दास।"[4]

जनाबाई के जन्म स्थान, तिथि की सही जानकारी नहीं मिलती है। नामदेव के सान्निध्य में इनकी प्रतिभा पल्लवित और पुष्पित हुई। नामदेव के घर में इनका स्थान इनके घर के सदस्यों की तरह ही था। इन्होंने स्वयं को नामदेव की दासी के रूप में चित्रित किया है। इनकी ईश्वर भक्ति अत्यन्त उच्च कोटि की रही है। कहा

जाता है कि ईश्वर कि कृपा जनाबाई पर इतनी अधिक थी कि वे इनके कार्यों में भी सहयोग करते थे। यहाँ तक कि जब ये जंगल में लकड़ी काटने जाती थीं उस समय ईश्वर भी इनके पीछे-पीछे चले जाते। इनकी रचनाओं में अनावश्यक सजावट नहीं मिलती। इन्होंने अपने भोगे हुए यथार्थ को ही अपनी लेखनी के माध्यम से व्यक्त किया है, यही कारण है कि इनके द्वारा लिखे काव्य में स्वाभाविकता दिखाई पड़ती है।

ताज बीबी का जन्म सम्वत् 1700 के आसपास हुआ था। इनका जन्म तो मुस्लिम परिवार में हुआ था लेकिन कृष्ण भक्ति में इतनी लीन हुईं कि इनकी तुलना मीराबाई से की जाने लगी। "कृष्ण भक्ति में मतवाली हुई, मुस्लिम परिवार में जन्मी, ताज ने मीराबाई की तरह बहुत ऊँचा पद प्राप्त किया है। वह कृष्ण की रूप माधुरी पर ऐसा रीझी कि अपने जन्म-जात धर्म को कृष्ण के ऊपर न्यौछावर कर दिया। वह तो एक तरह से मीरा से भी आगे बढ़ गयी। .... ताज ने तत्कालीन शासकों वर्चस्वी मुस्लिम धर्म-समाज, कलमा-कुरान आदि तथा अपने मुगलानी धर्म की आन-बान को कृष्ण पर कुर्बान कर के हिन्दुआनी बनना स्वीकार किया।"[5] कृष्ण के प्रति अपनी एकनिष्ठ भक्ति के कारण ताज का मान-सम्मान काफ़ी बढ़ गया था। आज भी इनके पदों को बड़े आदर भाव के साथ गाया जाता है। यह पद इनकी एकनिष्ठ भक्ति का ही प्रतीक है –

"कोऊ जन सेवै शाह, राजा राव ठाकुर को। कोऊ जन सेवै भैरो, भूप काज सार है॥

कोऊ जन सेवै देवी, चंडिका प्रचंड ही करें। कोऊ जन सेवै ताज गनपति सिरभार है॥

कोऊ जन सेवै प्रेत, भूत भवसागर को, कोऊ जन सेवै जग, कहूँ वार–वार है॥

काहू के ईस विधि, संकर को नेम बड़ो। मेरे तो आधार एक, नन्द के कुमार है।"[6]

सहजोबाई (1725 से 1805) ने प्रेम को ही संसार का सार माना है। इनका जन्म राजस्थान के डेहरा नामक गाँव में हुआ था। ये आजीवन कुँवारी रहीं। कहा जाता है कि उनके पिता हरिप्रसाद ने 11-12 वर्ष की उम्र में ही सहजो का विवाह तय कर दिया था। बारात आ चुकी थी। सहजोबाई को आशीर्वाद देने तत्कालीन सुप्रसिद्ध सन्त चरणदास आये थे, सहजो को देखते ही उन्होंने कहा–

"सहजो तनिक सुहाग पर, कहां गुंदाए शीस। मरना है रहना नहीं, जाना बिस्वे बीस।"[7]

यह सुनते ही सहजोबाई ने कहा कि अब मैं विवाह न कर प्रभु भक्ति में अपना जीवन अर्पित करूँगी। इसी दौरान कुछ लोगों ने आकर सूचित किया कि जिस घोड़ी पर दूल्हा बैठा था वह पटाखों की आवाजों से डरकर भागते हुए एक वृक्ष से टकरा गयी और दूल्हे की वहीं मौत हो गयी। इसके पश्चात सहजोबाई के माता-पिता अपने सभी पुत्रों एवं सहजोबाई के साथ चरणदास जी के शिष्य बन गये। सहजोबाई ने गुरु को ईश्वर से भी अधिक मान्यता दी है। वे लिखती हैं–

"राम तजूँ गुरु न बिसारूँ। गुरु को सम हरि को न निहारूँ॥
हरि ने जन्म दियो जग माहीं। गुरु ने आवागमन छुटाहीं॥
हरि ने पाँच चोर दियो साथा। गुरु ने लई छुड़ाय अनाथा।
हरि ने कुटुंब जाल में गेरी। गुरु ने काटी ममता बेरी॥
हरि ने रोग भोग उरझायौ, गुरु जोगी कर सबै छुटायौ॥"[8]

गुरु के प्रति इनकी अटूट भक्ति थी। इनका यह मानना था कि गुरु कृपा के बगैर ब्रह्म की प्राप्ति नहीं हो सकती। गुरु के चरणों में ही समस्त तीर्थ है :

"सब तीरथ गुरु के चरन, परबी होत अखंड। सहजो चरनोदक लिये, पाप रहत नहिं कोय॥"[9]

गुरु की कृपा से ही ज्ञान की प्राप्ति और मानव जीवन के तमाम भ्रमों का निवारण सम्भव है। गुरु के चरणों में शरण लेने पर मनुष्य सभी पापों से मुक्त हो जाता है। इनका यह भी मानना है कि गुरु ईश्वर से भी अधिक दयालु होते हैं। जो व्यक्ति गुरु की आज्ञा का पालन करता है उसे सहज ही ज्ञान और भक्ति की प्राप्ति हो जाती है। वे कहती हैं कि ईश्वर जीव को जन्म देने के बाद उसे तमाम सांसारिक मोह-माया के बन्धनों में बाँध देते हैं। इन तमाम बन्धनों से केवल गुरु ही मुक्ति दिला सकते हैं।

सहजोबाई का यह मानना है कि गुरु चाहे जितना अच्छा क्यों न हो यदि शिष्य में समर्पण भाव नहीं है तो गुरु उसका कुछ भी भला नहीं कर सकेगा। गुरु का ज्ञान शिष्य को तभी प्राप्त हो सकता है जब शिष्य में भी उसे प्राप्त करने की पात्रता हो। वे लिखती हैं –

"सिष माटी सिष पाथरा, सिष लकड़ी सम जोय। सहजो गुरु पारस लगे, कैसे कंचन होय ॥"[10]

सहजोबाई ने इस तथ्य को रेखांकित किया है कि अपने सद्गुरु को सदैव याद

रखना चाहिए। उनका यह मानना है कि जिस व्यक्ति का हृदय विशाल हो वही विनयी, क्षमाशील और दैन्य भाव सम्पन्न हो सकता है। इस सन्दर्भ में प्रताप सिंह चौहान का मत प्रासंगिक जान पड़ता है– "सहजो के साधु विषयक वर्णन में प्रायः उन्हीं बातों का चेतावनीपूर्ण उल्लेख प्राप्त होता है, जो मुख्यतया अहंमूलक हैं। उदाहरण के लिए पाँचों इन्द्रियों को अबाध छोड़ देने से मन एकाग्र करना कितना असम्भव कार्य है, इससे सभी भलीभाँति परिचित हैं। और वाद-विवाद के द्वारा प्रायः किसी वास्तविक निष्कर्ष पर नहीं पहुँचा जा सकता, वरन इससे अत्यन्त क्षुद्र अहं की उत्पत्ति होती है जो मानव को पथ भ्रष्ट करके तत्त्व-च्युत कर देती है साथ ही अपने पक्ष के समर्थन के कारण इन वादों के द्वारा कलह की भी सम्भावना है, जो मानव मन को विकल करके उसे द्वैत में अधिष्ठित कर देती है, जिसके कारण वह ईर्ष्या-द्वेष आदि निम्न कोटि के भावों से भर जाता है। सन्त सहजो की दृष्टि निश्चय ही वाद-विवाद के इन सभी विग्रहों की ओर गयी है।"[11] सहजोबाई इस संसार को मिथ्या और नश्वर मानती हैं। मनुष्य जीवन भर परिश्रम कर अपने और अपने परिवार के लिए सुख के साधन जुटाने में लगा रहता है लेकिन एक दिन उसे सबकुछ यहीं छोड़कर जाना पड़ता है। जिनके लिए मनुष्य धन जुटाता रहता है, वही लोग शरीर से प्राण के निकलते ही अन्तिम संस्कार हेतु उसे ले जाने लगते हैं। मनुष्य का जीवन अत्यन्त क्षणभंगुर है, फिर भी वह तमाम सांसारिक मोह-माया एवं वासनाओं में उलझा रहता है। सहजोबाई कहती हैं कि मनुष्य को अपना जीवन हरि भजन में लगाना चाहिए। उनका मानना है कि जिसका हृदय निर्मल होगा वह हरि भजन के माध्यम से अपने हृदय में ही परमात्मा को अनुभव करते हुए उसका दर्शन प्राप्त कर सकता है। अतः उपर्युक्त वर्णित तथ्यों के आधार पर यह स्पष्ट है कि महिला सन्त परम्परा में अपनी सकारात्मक उपस्थिति के माध्यम से सहजोबाई ने समाज और साहित्य को एक नयी दिशा प्रदान करने में महत्त्वपूर्ण भूमिका का निर्वहन किया है।

सन्दर्भ :

1. वंशी, डॉ. बलदेव, भारतीय नारी सन्त परम्परा, पूज्य प्रकाशन, दिल्ली, संस्करण 2012, पृ. 75
2. मिश्र, शिवकुमार, भक्ति आन्दोलन और भक्ति काव्य, लोकभारती प्रकाशन, इलाहाबाद, पृ. 255-256
3. वंशी, डॉ. बलदेव, भारतीय नारी सन्त परम्परा, पृ. 82 -83

4. वही, पृ. 84
5. वही, पृ. 90
6. वही, पृ. 92
7. वही, पृ. 97
8. सहजोबाई की बानी, एडिटर; सन्तबानी पुस्तक–माला, बेलवेडियर स्टीम प्रिंटिंग वर्क्स, इलाहाबाद, संस्करण 1913, पृ. 3-4
9. सहजोबाई की बानी, एडिटर ; सन्तबानी पुस्तक-माला, बेलवेडियर स्टीम प्रिंटिंग वर्क्स, इलाहाबाद, संस्करण 1913, पृ. 5
10. सहजोबाई की बानी, एडिटर ; सन्तबानी पुस्तक-माला, बेलवेडियर स्टीम प्रिंटिंग वर्क्स, इलाहाबाद, संस्करण 1913, पृ.13
11. चौहान, प्रताप सिंह, सन्त मत में साधना का स्वरूप, प्रत्यूष प्रकाशन, कानपुर, पृ. 133

चरणदासी सम्प्रदाय के स्त्री भक्त कवयित्रियों की काव्य संवेदना

डॉ. प्रतिभा प्रसाद[*]

सन्त चरणदास जी का समय 1703 से 1782 ई. के बीच माना जाता है। यह समय धर्म, राजनीति, सदाचार आदि की दृष्टि से पतन का काल था। दिल्ली की गद्दी पर आसीन होने के लिए औरंगजेब के बेटों के बीच खूनी संघर्ष चल रहा था। नियमों, मान्यताओं और मर्यादाओं की होली जलती दिखाई पड़ी। व्यक्तिगत आचरण तथा सामाजिक मर्यादा की बुनियादें चरमरा गयी थीं। प्रेम, त्याग और सेवा की बात तो दूर रही, सत्य, न्याय और आपसी सहानुभूति भी शायद ही कहीं देखने को मिलती है। उन्होंने चरणदासी सम्प्रदाय का प्रवर्तन किया।

मध्यकाल के 'निर्गुण भक्तिधारा' के सन्त कवियों में मीराबाई के बाद सबसे अधिक प्रसिद्ध नाम सहजोबाई और दयाबाई का है, जिनमें सहजोबाई का सम्बन्ध चरणदासी सम्प्रदाय से है। सन्त चरणदास जी के लगभग पाँच हजार शिष्यों में सहजोबाई और दयाबाई भी शामिल हैं। उनके नाम से भी गद्दियाँ चलीं। जहाँ एक ओर सहजोबाई और दयाबाई की प्रसिद्धि में चरणदासी सम्प्रदाय का महत्त्वपूर्ण योगदान रहा, वहीं दूसरी ओर सहजोबाई और दयाबाई ने भी चरणदासी सम्प्रदाय के विकास में अपनी महत्त्वपूर्ण भूमिका निभायी। अन्य सन्तों की तरह ही इन्होंने अपनी आध्यात्मिक उपलब्धि का श्रेय अपने सतगुरु चरणदास जी को ही दिया।

सहजोबाई की जन्म तिथि को लेकर अनेकानेक मत हैं। कुछ लोग 1800 में इनका जन्म मानते हैं, किन्तु सहजोबाई के शिष्य उनकी गद्दी के वर्तमान महन्त घनश्यामदास जी ने सन् 2000 में सहजोबाई के ग्रन्थ 'सहजप्रकाश' का प्रकाशन

एसोसिएट प्रोफेसर, हिन्दी विभाग, कुल्टी कॉलेज, कुल्टी, पश्चिम बर्दवान (प.बं.)

किया तथा माना कि उनका जन्म 2 अगस्त सन् 1725 को दिल्ली के परीक्षितपुर में हुआ था। डॉ. श्यामसुन्दर दास भी इसी तिथि को प्रामाणिक मानते हैं। कुछ विद्वानों का मत है कि सहजोबाई का जन्म राजस्थान के डेहरा नामक गाँव में हुआ था। चरणदास की भाँति सहजोबाई भी ढूसर (भार्गव) कुल की थीं। उन्होंने अपनी बानी में पिता का नाम श्री हरि प्रसाद लिखा है – "हरि प्रसाद की सुता, नाम है सहजोबाई।"[1] उनकी माता श्रीमती अनूपी देवी थी। ऐसा मानना है कि 11-12 वर्ष की आयु में जब सहजोबाई का विवाह होने को था, तब उनके ममेरे भाई सन्त चरणदास जी कन्या को आशीर्वाद देते हुए यह कहते हैं –

"चलना है रहना नहीं, चलना बिस्वाबीस।
सहिजो तनिक सुहाग पर, कहां गुंधावे सीस।"[2]

अर्थात् जब संसार में सदा के लिए रहना ही नहीं है, तो चन्द दिनों के लिए सिर के बाल सँवारकर श्रृंगार करने से क्या लाभ है? सहजोबाई के हृदय पर इन शब्दों का गहरा प्रभाव पड़ा और सतगुरु के वचन उसके हृदय में तीर की भाँति चुभ गये। मन में सोये परमार्थिक संस्कार जागृत हुए। उन्होंने गहने उतारकर फेंक दिये और विवाह से इनकार कर दिया और स्पष्ट शब्दों में कहा कि मैं परमेश्वर की भक्ति करूँगी। उनकी बातें सुनकर सभी सगे-सम्बन्धी हैरान हो गये, दूसरी ओर दूल्हे की मृत्यु का समाचार सुनकर सहजो के माता-पिता ने सन्त चरणदास के वचनों से प्रभावित होकर अपने चारों पुत्र और पुत्रियों को उनका शिष्य बना दिया। सहजोबाई भक्तिरस में सराबोर होकर सत्य, शील, दया, क्षमा, गुरुभक्ति, प्रेम, लगन, योग, वैराग्य आदि असाधारण गुणों से सुशोभित हो गयी। उनके हृदय में भक्ति की पराकाष्ठा थी। वे कहती हैं–

"जग की व्याधि मिटाय के, लावे हरिगुरु रंग।
बानी जाकी सोहनी, सुनत जु उठे उमंग।।"[3]

सहजोबाई की बानी में अत्यन्त माधुर्य और आकर्षण था जिसे सुनकर लोग अपने दु:ख भूल जाते और उनके हृदय में प्रभु के प्रत्यक्ष रूप सतगुरु के प्रति प्रेम की उमंग उठने लगती। सहजोबाई में अपने गुरु के प्रति अपार भक्ति भाव था। उनके विचार में गुरु की भक्ति से बढ़कर कोई और भक्ति नहीं हो सकती थी। वे सतगुरु के चरणों में समर्पित थीं। उनके विषय में कहा जाता है कि –

"चरणदास की शिष्य दृढ़, सहजो बाई जान।
ताकी जो गुरु भक्ति पर, जोगजीत कुर्बान।"[4]

गुरु की भक्ति में लीन सहजोबाई उनकी शरण प्राप्त करके गुरुभक्ति में तल्लीन हो जाती है। गुरुभक्ति और गुरु के उपदेश का पालन उनके जीवन का आधार था। वे गुरु भक्ति में लीन होकर कई-कई दिनों तक समाधि में लीन रहती हैं। सतगुरु की कृपा से प्रेम, विश्वास, लगन और उत्साह के साथ पाँच वर्ष तक निरन्तर अभ्यास से सहजोबाई को पूर्णता की प्राप्ति हो जाती है। सहजोबाई को अष्टांग योग और नवधा भक्ति में पूर्णता प्राप्त हो गयी थी। ये सहज समाधि की अवस्था प्राप्त कर त्रिलोकदर्शी हो चुकी थीं। गुरु द्वारा दिये गये ज्ञान के प्रकाश से उनका जीवन आलोकित हो उठा। वे स्वयं कहती हैं –

"सहजो गुरु दीपक दियौ, नैना भये अनन्त

आदि अन्त मध एक ही, सूझि पड़ै भगवन्त।"[5]

सन्त चरणदास जी सहजोबाई की भक्ति से काफ़ी प्रसन्न थे। जिसके कारण उन्होंने अपने जीवनकाल में ही कुछ अन्य शिष्यों की तरह सहजोबाई को भी सन्तमत के प्रचार के लिए अनेक स्थानों पर भेजा। उनके प्रयास से देश के सैकड़ों स्थान पर चरणदासी सम्प्रदाय के केन्द्र स्थापित हुए। चरणदास की आज्ञा से उनके जीवनकाल में ही उनकी गद्दी स्थापित हो गयी थी। इनकी गद्दी आज भी चल रही है। 'सहजप्रकाश' नामक ग्रन्थ की रचना सहजोबाई ने 18 वर्ष की उम्र में की। इसमें उन्होंने प्रभु के नाम, सतगुरु के स्वरूप पर प्रकाश डाला है। सहजोबाई की बानी विचारपूर्ण गहरी और भावपूर्ण होते हुए भी बहुत विशाल नहीं है। इनकी बानी उपदेशात्मक है। इसमें भाषा की सरलता, भावों की गहराई और अलौकिक रस है। इनमें उपदेश नीरस या उकताने वाले प्रतीत होते हैं। इनके दोहों में ज्ञान और उससे प्राप्त होने वाले आनन्द का आश्चर्यजनक मिश्रण है।

अन्य सन्त-महात्माओं की बानी की तरह सहजोबाई की बानी का मुख्य उद्देश्य भी जीव के अन्दर प्रभु के प्रति प्रेम और दृढ़ विश्वास उत्पन्न करना तथा भक्ति द्वारा प्रभु से मिलाप की प्रेरणा देना है। सहजोबाई ने उस सर्वगुण सम्पन्न का यशोगान किया है। गुरु को उन्होंने सच्चिदानन्द कहकर उनका गुणगान किया है। गुरु अनन्त, अगोचर, चैतन्य और आनन्ददाता है। प्रभु की महिमा अपरम्पार है; वे निर्भय, अमर, अविनाशी भी हैं। इस प्रसंग में सहजोबाई कहती हैं –

"नया पुराना होय ना, घुन नहिं लागै जासु।
सहजो मारा ना मरै, भय नहिं ब्यापै तासु।।

किरै घटै छीजै नहीं, ताहि न भिजवै नीर,

ना काहू के आसरे, ना काहू के सीर।"[6]

सहजोबाई परमात्मा को अलख-अगम मानती हैं। उनका मानना है कि प्रभु का भेद कोई नहीं पा सकता। वेदों में भी उन्हें 'नेत' कहा गया है। ब्रह्मा प्रभु के रहस्य को जानने की कोशिश करते हैं, परन्तु उनका भेद नहीं पा सके। शिव जी उनकी थाह नहीं लगा सके। शेषनाग, माँ सरस्वती, इन्द्र, गणेश, वामेदेव आदि भी प्रभु के रहस्य को न जान पाये। वे कहती हैं –

"हरि कौ कोई न जानत भेद

सबके बड़े सोई पचि हारे, नेत नेत कहि वेद।"[7]

सहजोबाई ने प्रभु को निराकार, निर्गुण, अनामी माना है, वे मानती हैं कि प्रभु सगुण और निर्गुण दोनों रूपों में विद्यमान हैं। वे कहती हैं कि –

निर्गुन सूँ सगुँन भये, भक्त उधारनहाए।

सहजो की दंडौत है, ता कूँ बारम्बार।"[8]

अर्थात् वे निर्गुण निराकार प्रभु जो अपने भक्तों के उद्धार के लिए सगुण रूप धारण करके संसार में प्रकट होता है, उसे बारम्बार प्रणाम है।

इसके अतिरिक्त हाजिर-नाजिर रूप में प्रभु का गुणगान किया है। परमात्मा का कोई रूप, कोई विशेष नाम नहीं है। वह तीनों गुणों और पाँचों तत्त्वों से परे हैं। वे मानती हैं कि प्रभु प्रत्येक जीव के भीतर गुप्त रूप में विराजमान हैं। मनुष्य अपने ही अन्दर ईश्वर को खोजकर उनसे मिलाप कर सकता है। वे दूध और पानी के समान एकाकार होते हैं। इसके इस अभेद रूप को बताने वाले गुरु हैं, गुरु के ज्ञान के बिना परमात्मा को खोज पाना नामुमकिन है।

सहजोबाई जीवन को प्रेरणा देती है कि ईश्वर मन इन्द्रियों के स्तर अलख, अगम, अगोचर है परन्तु आत्मा के स्तर पर उसके दर्शन कर पाना असम्भव है। वे कहती हैं -

"तेरी गति सब में जानी हो,

बिधि निषेध करि देखा तो कूँ लिया पिछानी हो।"[9]

सहजोबाई मनुष्य जन्म की विशेषता और महत्त्व बताते हुए कहती हैं कि मनुष्य जन्म बहुत ही दुर्लभ है क्योंकि चौरासी के चक्र की लम्बी, दुःखदायी भटकन के बाद ही मनुष्य जन्म मिलता है। वे कहती हैं –

"यह अवसर दुर्लभ मिलै अचरज मंनुषा देह।
लाभ यही सहजो कहै, हरि सुमिरन करि लेह।"[10]

सहजोबाई ने मनुष्य के नश्वर शरीर का बोध कराते हुए अपने जन्म को सार्थक बनाने की बात की है। वे मानती हैं कि मनुष्य विवेकशील प्राणी है। अतः मनुष्य को अपने कल्याण की बात को गहराई से विचार करना चाहिए। साथ ही उन्होंने इस बात पर भी विचार किया है कि यह संसार सच्चा और स्थायी होने का भ्रम उत्पन्न करता है परन्तु वास्तव में झूठा और क्षणभंगुर है।

आलम में जागत नहीं, सुपने सोवत लोग।
सहजो सुपने होत हैं, रोग भोग और जोग।"[11]

सहजोबाई इस बात पर दृढ़ विश्वास करती हैं कि सृष्टि के सभी प्राणियों को कर्मफल के अधीन रहना होता है। कुछ कर्मों का फल तत्काल मिल जाता है, तो कुछ का अगले जन्म तक फल भुगतना होता है। पूर्व जन्म के कर्मों का फल इस जन्म में भोगने को प्रारब्ध कहा जाता है। सहजो जी उपदेश देती हैं कि मृत्युलोक से देवलोक तक कर्म और कर्मफल का नियम कार्य करता है। उनका मानना है कि जब तक मनुष्य सांसारिक उपकर्मों में बँधा रहेगा, तब तक उसे आत्मिक शान्ति प्राप्त नहीं होगी। प्रभु भक्ति में लीन होकर ही जीव की दुःख-सुख को सहने की शक्ति बढ़ जाती है। वह धीरे-धीरे इन सीमाओं से बहुत ऊपर उठ जाता है। इसके लिए उसे गुरु का आश्रय ग्रहण करना पड़ता है। गुरु उपदेश के कारण वह माया के जाल से छुटकारा पा जाता है। हरि के साथ उसका मिलाप हो जाता है। गुरु के नाम, प्रेम, नम्रता, विनती प्रार्थना के साथ ही नवधा भक्ति का अनुसरण कर प्राणी इस जन्म-मरण के चक्र से छुटकारा पा सकता है। यही कारण है कि उनके विषय में कहा गया है - "सहजोबाई ने अपनी वाणी की सहजता, सरलता और स्पष्टता के बल पर जनमानस को प्रभावित करने में पूर्ण सफलता प्राप्त की है। यहाँ न तो भाषा की कृत्रिमता है और न ही शास्त्रीयता की भरमार। उनकी मिश्रित भाषा ने ब्रज, राजस्थानी, हरियाणवी, पंजाबी और दिल्ली के आस-पास बोली जाने वाली खड़ी बोली का अस्तित्व यह सिद्ध करता है कि उनकी भाषा जनभाषा, जीवनभाषा और युग भाषा की मनभावन त्रिवेणी है।"[12]

सहजोबाई की भाँति ही चरणदासी सम्प्रदाय की एक भक्त कवयित्री दयाबाई ने भी अपने गुरु का आश्रय ग्रहण कर भक्ति के आलोक को चहुँदिश फैलाने का काम किया। दयाबाई भी मेवात के डेहरा गाँव की निवासी थीं। दयाबाई बचपन

से ही भक्ति और शान्ति का साकार रूप थीं। उनकी रुचि सांसारिक वस्तुओं की ओर नहीं थी। वे सहजोबाई की माता अनूपीदेवी के सम्पर्क में आकर चरणदास को गुरु के रूप में पाना चाहती थीं। आगे चलकर दयाबाई ने गुरु का सान्निध्य पाकर प्रसिद्ध भक्त के रूप में अपना महत्त्व उजागर किया है। दयाबाई की बानी दो भागों में 'दयाबोध' और 'विनय मालिका' के रूप में प्रचलित हुई। वे कहती हैं कि इसके लिए भी गुरु की महिमा का महत्त्वपूर्ण स्थान है –

"चरणदास की कृपा तें मन में उपज्यो चेत।
दयाबोध बरनन कियो परमारथ के हेत।।"[13]

दयाबाई के उपदेशों में परमात्मा, सतगुरु, नाम प्रेम की महिमा का वर्णन प्रमुख है। इसके अलावा संसार की वास्तविकता, कर्म और कर्मफल के सिद्धान्त आदि का भी संक्षिप्त, परन्तु भावपूर्ण वर्णन मिलता है। इनकी बानी बहुत सरल, सरस और भावपूर्ण है। दयाबाई के हृदय की गहराई से प्रकट होनेवाले निर्मल भाव पाठक और श्रोता के मन पर गहरा प्रभाव डालते हैं। जोगजीत जी ने आगे चलकर दयाबाई की बानी को संग्रहित किया। वे कहते हैं कि उनकी बानी अमृत भरे मीठे वचन है। ये वचन गूढ़ पारमार्थिक भावों से ओतप्रोत हैं। इनमें सभी धर्मोपदेशों का सार समाया हुआ है।

दयाबाई की बानी का आधा हिस्सा प्रभु की स्तुति पर आधारित है। उन्होंने 'विनयमालिका' में परमात्मा के सौ से भी अधिक नाम दिये हैं और प्रभु को सर्वशक्तिमान, सर्वज्ञ, सर्वव्यापक, सृष्टिकर्ता, अपरम्पार, रक्षक, प्रतिपालक, आनन्दमयी, अलख, अभेद, अजन्मा, अचेतन, अखण्ड, पूजनीय, अद्वैत, अखण्ड और अविनाशी माना है।

ईश्वर सर्वव्यापक हैं, दयालु हैं। वे जीव के अनगिनत पापों का नाश करके उसे आवागमन के चक्कर से मुक्त करवाते हैं। दयाबाई निर्बल, अज्ञानी जीवों की ओर से ईश्वर से प्रार्थना करती हैं कि –

"चौरासी चरखान को दुख सहो नहीं जाय
दायादास तातें लई, सरन तिहारी आय।"[14]

मनुष्यों में ही नहीं, बल्कि पेड़-पौधों, पशु-पक्षियों, कीट-पतंगों में भी उसी का अंश विद्यमान दिखाई देता है। वह राम घट-घट में दिखाई देता है। वे परमात्मा को निर्मल और अविनाशी मानते हैं। वह माया से पूरी तरह मुक्त है। वह ज्ञान स्वरूप है। उसका रूप अनुपम है। वह प्रभु को दयालु मानती हैं और उनकी दयादृष्टि सब पर

समान रूप से पड़ती है। उनके बल पर इस भयंकर भवसागर को पार कर पाने का सामर्थ्य हम में नहीं है। तुम अपने चरण कमलों का सहारा देकर दया के जहाज पर चढ़ाकर कर्मों के बन्धन से हमारा छुटकारा करा दो। प्रभु आप अनाथों के नाथ हैं और बेसहारों के सहारा हैं। निर्बल के सहारे तथा जीवों के रक्षक हैं। वे कहती हैं –

नर देही दीन्हीं जबै, कीन्हो कोटि करार

भक्ति कबूली आदि में, जग में भयो लबार।"[15]

ईश्वर पापियों का उद्धार करने वाले हैं। आप मुझे भी पापी मानकर मुझे पापमुक्त करें। जीव विनती करता है कि हे अन्तर्यामी प्रभु आप तो पतितों के उद्धारक हैं। आपकी मैं शरण में हूँ। चाहे तो आप मेरा उद्धार करें या मुझे छोड़ दें :

"लाख चूक सुत से परे, सो कछु तजि नहीं देह।

पोष चुचुक ले गोद में, दिन दिन दूनो नेह।।"[16]

अर्थात् आप माता की भाँति अपने बालक को गोद में लेकर लाड़-प्यार करें।

इसी प्रकार प्रभु के दया भाव का बखान करती हुई वह कहती हैं कि आप पहले ही बड़े-बड़े पापियों, अपराधियों तथा पतितों का उद्धार कर चुके हैं तो मेरे लिए देरी क्यों कर रहे हैं?

"बिप्र सुदामा बापुरो, कियो छिनक में भूप।

कंचन महल रतन जड़े, बिस्नुपुरी के रूप।"[17]

ऐसे ढेरो-ढेरों दृष्टान्त कवयित्री ने अपने पदों में व्यक्त किये हैं। हाथी को मगरमच्छ से छुड़ाना, प्रह्लाद की रक्षा करना, गोवर्धन पर्वत को उठाकर ब्रजवासियों की रक्षा करना आदि उदाहरण मिल जाते हैं। गौतम ऋषि की पत्नी को शाप से मुक्त कराना, मीराबाई की प्रभु भक्ति ने ही उनके विष के प्याले को अमृत बना दिया अर्थात् दयाबाई स्वयं भी प्रभु के सामर्थ्य पर विश्वास रखती थीं और हम सभी प्राणियों को भी प्रभु पर असीम विश्वास तथा सामर्थ्य पर अडिग आस्था रखने की बात कहती हैं। प्रभु पतित से पतित व्यक्ति का उद्धार कर देते हैं। अत: जीवों को हर प्रकार की कठिनाई में प्रभु पर दृढ़ आशा और विश्वास रखना चाहिए।

इस प्रकार दयाबाई भक्ति भाव से परमात्मा के आगे सच्ची प्रार्थना करती हैं। प्रभु भक्ति ही भक्त के दीन भाव को प्रकट करती है। जब भक्त की प्रार्थना स्वीकार होती है तो प्रभु उसे सतगुरु से मिला देते हैं। सतगुरु ही उस भवसागर से पार ले जाने में भक्त की सहायता करते हैं। भवसागर से पार होने के लिए साधुओं की संगति

भी आवश्यक है। अतः साधु के रूप में गुरु की प्राप्ति से जीव का उद्धार होता है। दयाबाई कहती हैं कि "पूर्ण साधु प्रभु का ही साकार रूप होता है। वह अपने मन के सब भ्रम और संशय त्यागकर पूर्ण ज्ञानी हो जाता है। जीवों के संशय और भ्रम मिटाकर उनका कल्याण करता है। वह प्रभु के नाम का अमृत पीकर अमरपद प्राप्त कर लेता है।"[18]

निष्कर्षतः कहा जा सकता है कि निर्गुण भक्त कवयित्रियों में सहजोबाई और दयाबाई सन्त कवि चरणदास की शिष्या के रूप में अपना महत्त्वपूर्ण स्थान रखती हैं। दोनों ही कवयित्रियों ने अपने गुरु के ज्ञान के आलोक द्वारा निर्गुण ब्रह्म की आराधना की। दोनों ही कवयित्रियों ने उस परमसत्ता के प्रति अपनी आस्था रखते हुए गुरु ज्ञान तथा परमार्थ का साक्षात्कार करने का बीड़ा उठाया। उन्होंने न सिर्फ अपने गुरु से ज्ञान ग्रहण किया बल्कि परमात्मा के सान्निध्य में जाकर अपने को विकार मुक्त किया। अहं तथा स्व की भावना को त्यागकर आगे बढ़ते हुए उन्होंने संसार को ज्ञान का आलोक दिखाया। जीव को आत्मा के साक्षात्कार से मिलने वाले अनहद आनन्द से भी परिचित करवाया। दोनों ने चरणदासी सम्प्रदाय को नयी दिशा प्रदान की। सन्त कवयित्रियों के इस अजस्र ज्ञान का प्रकाश आज भी मानव समाज को संस्कारित बना रहा है। उनकी भाषा राजस्थानी मिश्रित हिन्दी थी। अपने ज्ञान की स्पष्टता तथा संवेदना के कारण आज दोनों ही कवयित्रियाँ भक्तिकाल की निर्गुण धारा के चरणदासी सम्प्रदाय की प्रभावशाली कवयित्रियों के रूप में जानी जाती हैं। भक्त के रूप में उनकी काव्य संवेदना अत्यन्त ही उपयोगी सिद्ध हुई है।

सन्दर्भ

1. स्वामी, चरणदास, सहजोबाई की बानी (जीवन चरित सहित सहज प्रकाश), वेल्विडियर प्रिंटिंग वर्क्स, इलाहाबाद, 1977, पृ. 40
2. अज्ञात, सन्त संग्रह भाग-1, सहजोबाई के दोहे, सं., प्रकाशन–राधास्वामी ट्रस्ट, 1933 पृ. 77
3. श्रीजोगजीत जी – श्रीलाला सागर, (श्री चरणदास जी महाराज का जीवन चरित्र), सं वि.सं1819, प्रकाशन–श्रीचरणदासीय साहित्य प्रकाशक ट्रस्ट राज., पृ. 227
4. वही, पृ. 227
5. बाईसहजो की बानी (जीवनचरित्र सहित सहजप्रकाश), प्रकाशन–बेल्विडियर प्रिंटिंग वर्क्स, इलाहाबाद, संस्करण-सन् 1977, पृ. 09
6. वही, पृ. 36-37

7. वही, पृ. 60
8. वही, पृ. 10
9. वही, पृ. 15
10. वही, पृ. 37
11. वही, पृ. 10
12. लाल उषा, भारतीय साहित्य के निर्माता सहजोबाई, सं.-2012, प्रकाशन–साहित्य अकादेमी, दिल्ली, पृ.–75
13. बाईदया, दयाबाई की बानी (जीवनी) सं.1980, प्रकाशन–बेल्विडियर प्रिंटिंग वर्क्स, प्रयाग-2, पृ. 14
14. वही, पृ. 15
15. वही, पृ. 207
16. वही, पृ. 12
17. वही, पृ. 19-20
18. शंगारी, डॉ. टी. आर, सहजोबाई और दयाबाई (प्रभु प्रेम का रूप), राधास्वामी सत्संग व्यास, सं.-2013, पृ. 234

ब्रजदासी रानी बांकावती : भक्ति एवं स्त्री अस्मिता का युगीन सन्दर्भ

डॉ. नवनीत आचार्य

ब्रजदासी रानी बांकावती का व्यापक रचनाकर्म कृष्ण भक्ति की अविरल परम्परा का महत्त्वपूर्ण अंश है। कृष्ण भक्ति दर्शन के अपने खास मायने तलाशती हुई इनकी काव्य यात्रा चिन्तन एवं निजत्व के बहुतेरे कोण उभारती है। कृष्ण काव्य परम्परा में ब्रजदासी रानी बांकावती जी का नाम अति महत्त्वपूर्ण है। तथ्यों से ज्ञात होता है कि इनका जन्म वि. सं. 1760 के लगभग हुआ था।[1] बांकावती जी जयपुर राज्य के लिवाण प्रदेश के राजा आनन्दराम कछवाहा की सुपुत्री थीं।[2] बाल्यकाल में इन्हें ब्रजकुंवरिबाई के नाम से सम्बोधित किया जाता था। विद्वानों के मतानुसार वैष्णवी दीक्षा के उपरान्त कदाचित इनका नाम 'ब्रजदासी' पड़ा हो। किशनगढ़ नरेश महाराज राजसिंह की द्वितीय रानी बांकावती जी को साहित्य सृजन एवं भक्तिपरक संस्कार अपने पितृकुल से प्राप्त हुआ था। गहन साहित्यिक अभिरुचि से सम्पन्न बांकावती जी कृष्णभक्ति में गहनतापूर्वक अनुरक्त होने के कारण कृष्ण भक्ति काव्य की परवर्ती परम्परा के प्रणयन की दिशा में अग्रसर हुईं। भागवत परम्परा का गहनतापूर्वक अध्ययन करते हुए कवयित्री ने भक्ति संवेदना की नवीनतम एवं व्यवस्थित रूपरेखा रची। इनकी विशेषता इस बात में भी है कि इन्होंने प्रशस्त शास्त्र परम्परा के व्यापक अध्ययन की समुचित पेशकश करते हुए उन्हें अधिकाधिक लोकायामी एवं मौलिक निजानुभूतियों से समृद्ध किया। इसके साथ ही इन्होंने रचनाधर्मिता के क्षेत्र में सृजन से अनुवाद तक बहुविध आयामों को समेटते हुए अपने सर्जन कर्म का प्रसार किया।

असिस्टेंट प्रोफेसर, हिन्दी विभाग, नेताजी सुभाष आश्रम महाविद्यालय, सुईसा, पुरुलिया-723212, पश्चिम बँगाल

बांकावती जी ने भक्ति को मूलभूत एवं सर्वोत्कृष्ट उपासना पद्धति के रूप में चिह्नांकित करते हुए भक्ति संवेदना को प्रचलित सभी उपासना पद्धतियों के बरक्स महत्त्वपूर्ण एवं सुगम माना है। कवियित्री ने बहुत ही बेबाकी से यह उद्घोष किया है कि जो ब्रह्म योगियों-ज्ञानियों को भी दुर्लभ है वह भक्तों को सहज सुलभ है। इस प्रकार भक्ति को हर हाल में वरेण्य मानते हुए आपने स्पष्ट किया है :

सुक सौं ग्यांनी जननि कौं मिलत नहीं भगवान॥

भक्तन कौ मिलि जात हैं सहेजैहि बेगि निदान॥ [3]

बांकावती जी के काव्य में कृष्णभक्ति का प्राधान्य है। इस सिलसिले में उल्लेखनीय है कि भक्ति के सन्दर्भ में श्रीकृष्ण लोकप्रिय चरित्र रहे हैं। डॉ. प्रभुदयाल मीतल ने इसी कारण 'कृष्ण' शब्द का अर्थ "जीव की सर्व समर्थता और सर्वानन्द की परमोत्कृष्ट स्थिति करानेवाला सर्वोपरि देव तत्त्व" [4] माना है। इस प्रक्रिया में भक्ति संवेदना की व्यापक अवधारणा को अपने चिन्तन द्वारा अनुभूत सत्यों के आलोक में पनपी उनकी मनोभावना निश्चय ही भक्ति के मायने तलाशती हमारी आधुनिक चेतना एवं अकादमिक समझ हेतु नये डाइमेंशंस खोलती है। कृष्णा शर्मा ने कृष्ण भक्ति के चैतन्य सम्प्रदाय की मान्यता को उद्घाटित करते हुए भक्ति को 'पंचम पुरुषार्थ' के रूप में प्रतिपादित करके वैष्णव परम्परा को पृथक 'धर्म' मानने की अपनी खास कवायद रेखांकित की है।[5] ब्रजदासी की यह अवधारणा आचार्य रामचन्द्र शुक्ल के इस उद्गार कि "भक्ति केवल ज्ञाता या द्रष्टा रूप में ईश्वर की भावना लेकर सन्तुष्ट नहीं हो सकती। वह ज्ञानपक्ष और ज्ञेय पक्ष दोनों को लेकर चलती है"[6] द्वारा अपनी सम्पूर्ण अर्थवत्ता ग्रहण करती है। इसी कारण विश्वनाथ त्रिपाठी ने भी भक्ति में धर्म को 'साधना का नहीं, भावना का विषय'[7] माना। कृष्ण भक्ति की पारम्परिक संकल्पना में भी भक्ति को परम पुरुषार्थ मानते हुए उसे कल्याण का सहजतम मार्ग माना जाता रहा है।[8] कवयित्री ब्रजदासी ने अपनी रचनाओं में भक्ति की इस व्यापक संकल्पना को स्थान-स्थान पर परिभाषित करते हुए अपनी स्वानुभूतियों से परिपुष्ट किया। दर्शन, सिद्धान्त, एवं लोकानुभवों के सुन्दर समायोजन द्वारा इनकी भक्ति अपनी खास अर्थवत्ता ग्रहण करती है। सुमन राजे भक्ति की इसी लोकचेतना की ओर संकेत करती हैं : *भक्ति, मध्यकालीन बोध का सर्वमान्य मूल्य है जिसमें मनुष्य अपने सम्पूर्ण सम्बन्धों के साथ विलीन हो जाता है।* [9]

इनकी रचनाओं में माधुर्य भाव, वैराग्य बोध, सत्संग महात्म्य, लोक व्यवहार आदि भी प्रमुखतया उभरे हैं। अपने ग्रन्थों— *ब्रजदासी भागवत, विवाह विलास*

(ब्याह विहार), सालवजुद्ध, आशीष संग्रह व *गीता पद्यानुवाद* के माध्यम से कवयित्री ने भक्ति संवेदना से जुड़े अपने विविध भाव बोध एवं अन्तर्मन की भावानुभूतियों को अभिव्यक्त किया है।

उल्लेखनीय है कि भक्ति परम्परा के विस्तार एवं सिद्धान्त निर्माण क्रम में श्रीमद्भागवत ग्रन्थ का महत्त्वपूर्ण अवदान रहा है। 16वीं शती के पश्चात प्रसिद्ध भागवत महापुराण के भाषानुवाद का सिलसिलेवार क्रम परम्परा में दृष्टिगोचर होता है।[10] बांकावती जी ने श्रीमदभागवत की मन्थन परम्परा का विस्तार करते हुए बेहद रचनात्मक एवं सृजनशील भावबोध से युक्त होकर कृष्णलीला वर्णन की परम्परा को और गतिमान किया। भक्ति के प्राथमिक प्रतिपादन के सन्दर्भ में भागवत पुराण की महत्त्वपूर्ण भूमिका रही है। आचार्य रामचन्द्र शुक्ल इसी ओर यह रेखांकित करते हैं कि *भागवत में भक्ति को सबसे ऊपर प्रधानता देकर उसका अलग क्षेत्र तैयार किया गया।* [11] मैनेजर पाण्डेय ने भी श्रीमद्भागवत पुराण को *'कृष्णकथा का स्रोत' एवं सम्पूर्ण मध्यकालीन कृष्ण-भक्ति साहित्य का प्रधान उपजीव्य* [12] माना। इस रूप में महारानी बांकावती कृत 'ब्रजदासी भागवत' भक्ति परम्परा के विस्तृत रेखांकन की दिशा में बेहद मानीखेज़ है। ब्रजदासी भागवत में 2600 छन्दों में सम्पूर्ण श्रीमद्भागवत ग्रन्थ का यथातथ्य भाषानुवाद किया गया है। उक्त ग्रन्थ का समापन विक्रम संवत 1812, आश्विन शुक्ल 12 को हुआ।[13]

'ब्रजदासी भागवत' व 'गीता पद्यानुवाद' नामक विशाल ग्रन्थ क्रमश: भागवत पुराण एवं भगवद् गीता के भावानुवाद व तुलनात्मक अध्ययन प्रक्रिया द्वारा उनकी प्रखर मेधा एवं भाषिक दक्षता स्पष्ट करते हैं। इसके छन्दशास्त्र, प्रचलित साहित्यिक शैलियों एवं व्याकरणादि के योग से निर्मित चिन्तन ने रचनाकर्म की अनन्त बुलन्दियों को स्पर्श किया। इनके यहाँ गूढ़तम तत्त्वों का सहज प्रकाशन भाषिक उत्कृष्टता के साथ दृष्टिगोचर होता है। राजस्थानी एवं ब्रजभाषा के योग से निर्मित इनकी काव्यभाषा में एक अपूर्व आकर्षण एवं खास अनुभूतिजन्य वैभव है।

ध्यातव्य है कि डॉ. सुमन राजे ने इस ग्रन्थ के सन्दर्भ में दो टूक कह डाला कि "*... इनका ग्रन्थ ब्रजदास भागवत बताया जाता है, जो प्राप्त नहीं है।*"[14] परन्तु, यहाँ यह खास उल्लेखनीय है कि इस ग्रन्थ की मूल हस्तलिखित प्रति (ग्रन्थांक 3802) जयपुर के सिटी पैलेस (चन्द्रमहल पोथीखाना) में संरक्षित है। वहीं मुझे इसके अवलोकन एवं अध्ययन का सौभाग्य प्राप्त हुआ। इस ग्रन्थ की

रचना पाँच खण्डों में राजस्थानी मिश्रित ब्रजभाषा में दोहा-चौपायी छन्द में हुई है। उक्त ग्रन्थ की शैली प्रबन्धात्मक है। उक्त ग्रन्थ में अनूदित वर्णन क्रम मौलिक काव्य रचना का सा आस्वाद प्रदान करता है। ध्यातव्य है कि इस रूप में उक्त ग्रन्थ की तुलना तेलुगु के प्रसिद्ध भक्त कवि 'बम्मेर पोतना' कृत 'श्रीमदांध्रभागवत' से की जा सकती है, जिसकी दक्षिण में भागवत भक्ति के विस्तार क्रम में महत्त्वपूर्ण भूमिका रही है।[15]

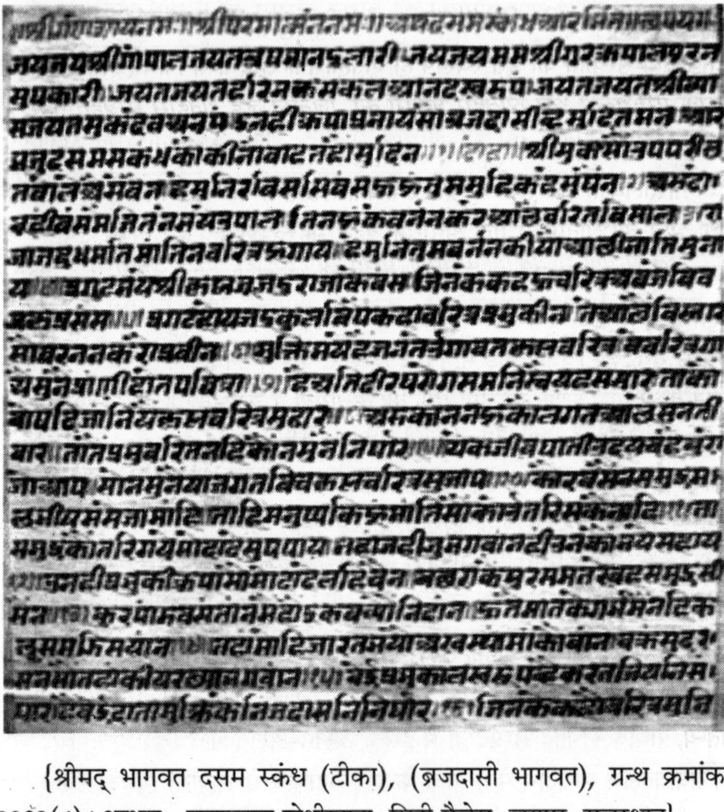

{श्रीमद् भागवत दसम स्कंध (टीका), (ब्रजदासी भागवत), ग्रन्थ क्रमांक-3802(4)। आभार : चन्द्रमहल पोथीखाना, सिटी पैलेस, जयपुर, राजस्थान}

उल्लेखनीय है कि कृष्णभक्ति परम्परा की सम्पूर्ण कवायद लीला वर्णन एवं भगवदगुणानुवाद पर ही अवस्थित थी। भागवत भक्ति की इस परम्परा के अंगीकार एवं विस्तार के सम्बन्ध में अपनी मंशा एवं मूलोद्देश्य उजागर करते हुए कवयित्री की उद्घोषणा है—

ज्यौं पवित्र प्राणिन करत गंगाजल निर्धार॥
जैसें ही हरि की कथा करत पवित्र सुठाय॥ [16]

ब्रजदासी बांकावती जी की रचनाओं में भक्ति संवेदना भारतीय संस्कृति के जीवन्त एवं मर्मस्पर्शी साक्ष्य प्रस्तुत करती है। इनकी रचनाओं में उत्सवधर्मा भारतीय संस्कृति भक्ति के व्यापक कलेवर में विभिन्न रूपाकारों में प्रतिपादित हुई है। प्रो. श्यामाचरण दुबे ने सांस्कृतिक परम्परा के मूलभाव को स्पष्ट करते हुए उल्लेख किया है कि, संस्कृति की संज्ञा मानव के सीखे हुए व्यवहार-प्रकारों को दी जाती है। वैसे तो संस्कृति का पूरा स्वरूप ही ऐतिहासिक सन्दर्भों से निर्मित होता है, *किन्तु उसके ऐसे मूल्यों और व्यवहार प्रकारों को, जिनकी जड़ें इतिहास में बहुत गहरी हैं, परम्परा कहा जाता है।* [17]

ग़ौरतलब है कि स्त्री केन्द्रित उपासना पद्धतियों के पल्लवन और विकास में राधा भाव का प्रतिपादन एवं आराधन बेहद महत्त्वपूर्ण रहा है। अपने उपास्य श्री कृष्ण के साथ ब्रजदासी ने उनकी आह्लादनी शक्ति के रूप में श्री राधा का भी बहुविध चित्रण किया है। यहाँ स्त्री हृदय में अनुभूत लीला परिकर की अधिष्ठात्री के रूप में राधा का चित्रण कई मायने में विशिष्ट एवं नवीन है। भक्त को कृष्णोन्मुख करने वाली परम शक्ति स्वरूपा राधा को कवयित्री ने कृष्ण की स्वामिनी, आराधिका व प्रेयसी की नानारूपात्मक भाव छवियों सहित वर्णित किया है। आचार्य विष्णुकान्त शास्त्री ने राधा के स्वरूप का रेखांकन करते हुए स्पष्ट किया है कि *श्री राधा एक ओर जहाँ प्रभु को प्रतिदान के द्वारा परमानन्द प्रदान करती हैं, उन्हें रसमय बनाती हैं वहीं दूसरी ओर जीव को कृष्णोन्मुख कर प्रेमभक्ति से ओतप्रोत कर देती हैं।... यह सभी कृष्णभक्तों की सामान्य प्रार्थना है 'जय जय श्री राधे' के निनाद की अनुगूँज से सहज ही कृष्ण की अनुकूलता आकर्षित हो उठती है।* [18] राधा के प्रति यह विशिष्ट भावानुभूति कृष्ण भक्तों के विविध सम्प्रदायों में विविध भाँति लोकप्रिय हुईं। वल्लभ, चैतन्य, राधावल्लभादि सम्प्रदायों में इसके अलग-अलग भाव चित्र दृष्टिगोचर होते हैं। राधावल्लभ सम्प्रदाय में तो राधा के प्रति महाभाव से आपूरित साधक उन्हें कृष्ण तत्त्व से भी अग्रिम स्थान में प्रतिष्ठापित करने लगे। निंबार्क सम्प्रदाय भी राधा के इस परम रसमय भाव से अछूता न था। जिसकी छाप संस्कार रूप में ब्रजदासी के भावबोध व सृजन-चिन्तन पर पड़नी स्वाभाविक ही थी। ध्यातव्य है कि कृष्ण भक्ति के सन्दर्भ में यहाँ राधा भाव का प्राधान्य सखी, सहचरी, प्रेयसी, नायिका, स्वामिनी, दूती आदि स्त्री रूपों की अगणित भूमिकाओं का सृजन करता है। इनमें सहभागिता

के सन्दर्भ में स्त्री स्वर मुखरता पूर्वक केन्द्रीय स्थान प्राप्त करता है। ब्रजदासी ने बड़े ही व्यापक स्तर पर लीला सन्दर्भ में स्त्रीत्व की इन नाना अनुभूतियों और भूमिकाओं का मौलिक रेखांकन भी किया है। जिससे भक्ति की वैभवपूर्ण अभिव्यक्ति द्वारा फूटे स्त्री स्वर अपना मौलिक एवं अनुपम विधान स्वयं रचते हैं। प्रेम की पराकाष्ठा में स्वयं श्री कृष्ण जिस राधा शक्ति की आराधना में लिप्त दिखते हैं, साधक भक्तों का आकर्षण राधा रूपी उसी परम तत्त्व की ओर सहज ही में बढ़ने लगा। ध्यातव्य है कि स्त्रीत्व की खास निर्मिति के सन्दर्भ में ये बिन्दु भी चिन्तनीय है। ब्रजदासी की रचनाओं में राधा कहीं कृष्णलीला की अधिष्ठात्री के रूप में, कहीं लीलाविनोद की मुख्य संचारिका के रूप में, कहीं लीलापरिकर में परम सहभागिनी के रूप में तो कही-कहीं परम ईश्वर स्वरूपा ही वर्णित हैं। इन्हीं विशिष्ट भावनाओं से प्रफुल्लित होकर कवयित्री कृष्ण-जन्म बधाई की परम्परा के बरक्स श्रीराधा के जन्मोल्लास का भी भावमय चित्र उकेरती हैं—

रंग बरसै बरसानें हे आज।।
कुंवरि जनम दिन सरस बधाई रसिक कुंवर
पाहुणा आया मिलण प्यारी घण काज।।
इण दिन रै म्हे वारणैं जी जावां।।
सरस बधाई सुहाई सुहाई।।[19]

इसी क्रम में कवयित्री ने कृष्णलीला के अन्तर्गत भी राधा के प्रति परम अनुराग एवं उनकी केन्द्रीय आश्रय ग्राह्यता द्वारा कृष्ण भक्ति संवेदना को एक खास दिशा प्रदान की है जिनके आराधन से कृष्ण स्वयं मुदित हैं।

बांकावती जी की कविता उपासना और उपास्य के एकीकृत रूप में स्त्री केन्द्रित आराधना एवं आश्रय का विशिष्ट रेखांकन है :

गवर चरम अभिराम परम आनन्द निवासं।
जुक्त चिन्ह चौबीस मिटावन भव दुख वासं।।
जिन चर्ननि कौ ध्यान धरत सिव विष्णु चतुर्भुज।।
सेवन नित प्रति करत भक्त जन मानि महासुख।।
करि करे दसन कहै मुदित नंद सुबन गिरवरधरन।।
सो पद पंकज श्री राधिका जिन कै ब्रजदासी सरन।।[20]

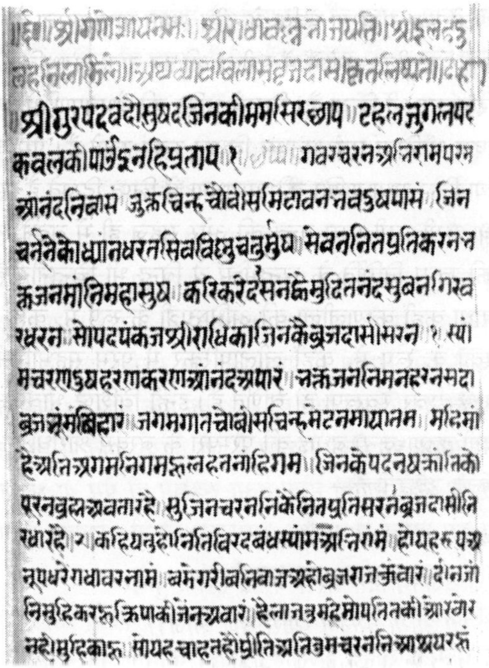
॥६॥ श्रीगणेशायनमः ॥ श्रीराधावल्लभोजयति ॥ श्रीइलदु
लहलिलालिख्यते ॥ अथब्याहविलासब्रजदासीकृतलिष्यते ॥ दोहा
श्रीगुरपदवंदोसुषदजिनकीममसिरछाप ॥ टहलजुगलपर
कवलकीपाईनदिप्रताप ॥१॥ छप्पय ॥ गवरचरनअभिरामपरम
आनंदनिवासं जुकचिन्हचोवोसमिटावनत्रवदुषपासं ॥ जिन
चननैकोध्यानधरनसिवविधुचतुर्मुष सेवननितप्रतिकरनभ
क्तजनमांनिमहासुष ॥ करिकरेंदसनक्कैमुदितनंदसुवनागरव
रधरन ॥ सोपदपंकजश्रीराधिकाजिनकेब्रजदासीसरन ॥१॥ स्यां
मचरणदुषदरणाकरणआनंदअपारं ॥ भक्तजननिमनहरनमदा
ब्रजजनमविहारं ॥ जगमगातचोवोसचिन्हमटनमायानम ॥ महिमां
हेअतिआगमनिगमकूलनदनतांहिगम ॥ जिनकेपदनषकांतिको
परनब्रह्मअवतारहे ॥ सुजिनचरननिकेनितप्रतिसरनंब्रजदासीनि
रधारहे ॥२॥ कहियनुदेनिनविरदबंधस्यांमअभिरांमं ॥ होयहरूपआ
नूपधरेगधावरनामं ॥ वंकेगरीवनिवाजश्रीरोब्रजराजकुंवारं ॥ देनजो
निसुदिकरुक्रिपाकीजेनअवारं ॥ हेलालजुमंदमोपतितकीआरगार
नदोसुदिकारू ॥ सोयदचाहनदोप्रीतिअतिवमचरननिआश्रयरहुं

{विवाह विलास (ब्याहलीला), ग्रन्थ क्रमांक-3765, रचना संवत- वि सं. 1827, पृ. सं. 1। आभार : चन्द्रमहल पोथीखाना, सिटी पैलेस, जयपुर, राजस्थान।}

उल्लेखनीय है कि बांकावती जी की भक्ति संवेदना भारतीय गुरु परम्परा से सिंचित होते हुए व्यापक बनी। कवयित्री ने विवाह पश्चात गुरु श्री ब्रजनाथ भट्ट जी से व्यवस्थित तौर पर विविध शास्त्रों का मुकम्मल अध्ययन किया।[21] उन्होंने श्री वृन्दावन देवजू (निंबार्काचार्य–सलेमाबाद) से अपनी वैष्णवी दीक्षा ग्रहण की। ध्यातव्य है कि कवयित्री ने इनसे ही श्रीमद्भागवत ग्रन्थ का सुचारु पठन-पाठन एवं विस्तृत ज्ञानार्जन किया।[22] अपने ग्रन्थ 'ब्रजदासी भागवत' में कवयित्री ने अपने पूज्य गुरुदेव का पुण्य स्मरण कुछ इस प्रकार किया है—

जय जय श्री गोपाल जयत ब्रषभानदुलारी।
जय जय मम श्री गुरु कृपाल पूरन सुखकारी॥
जयत जयत हरि भक्त सकल आनन्द स्वरूपं।
जयत जयत श्री ब्यास जयत सुकदेव अनूपं॥

इन्हीं क्रपा प्रभाव सौं ब्रजदासी व्है मुदित मन।
आरम्भ जु दसम सकंध कौ कीनौ चाहत हौ सुदिन॥[23]

गुरु उपदेश द्वारा सिंचित होकर साधिका ने भागवत परम्परा का बहुमुखी संवर्धन करते हुए भक्ति की महान परम्परा की पराकाष्ठा को प्राप्त किया। जिसका उल्लेख कवयित्री ने यत्र-तत्र अपनी रचनाओं में किया है।

बांकावती जी की भक्ति संवेदना का प्रमुख घटक है प्रेमानुभूति। इनके यहाँ प्रेम का रंग सबसे गहरा, चटक एवं प्रगाढ़ है। लोकप्रिय मनोभावों से ओतप्रोत होकर यह और अधिक हृदयग्राही एवं लोकरंजनकारी हो उठा है। ध्यातव्य है कि आचार्य रामचन्द्र शुक्ल ने इसी सन्दर्भ में प्रेमाभक्ति का स्वरूपोद्घाटन करते हुए उल्लेख किया है कि *भक्ति रागात्मिका वृत्ति है, हृदय का एक भाव है। प्रेम-भाव उसी स्वरूप और उसी गुण समूह पर टिक सकता है जो हृदय जगत में हमें आकर्षित करता है। इसी जगत के बीच भाषित होता हुआ स्वरूप ही प्रेम या भक्ति का आलम्बन हो सकता है। इस जगत से सर्वथा असम्बद्ध किसी अव्यक्त सत्ता से प्रेम करना मनोविज्ञान के अनुसार सर्वथा असम्भव है।*[24]

इनकी कविताओं में प्रेम का आत्मिक प्रसार मन की निर्मल, निश्छल अनुभूतियों के आधार पर सूक्ष्मता सहित हुआ है। इनकी कविता का स्वभाव मूलत: प्रेम है। अपने हृदयस्थ मनोभावों द्वारा साधक भक्त के प्रेमालम्बन की विविधवर्णी भाव दशाओं के बीच एक सुदृढ़ भावभूमि का साक्षात्कार इनके काव्य की निजी विशेषता है। इसी सन्दर्भ में आचार्य रामचन्द्र शुक्ल द्वारा प्रेमाभक्ति को *सान्निध्य और सम्पर्क की प्रबल प्रवृत्ति जगानेवाली दशा*[25] मानने का ज़िक्र यहाँ समीचीन लगता है। आचार्य हजारीप्रसाद द्विवेदी के मतानुसार *भगवान में जितने सम्बन्ध की कल्पना हो सकती है उसमें कान्ताभाव का प्रेम ही श्रेष्ठ माना गया है।*[26] रामधारी सिंह दिनकर ने भी ईश्वर के प्रति प्रेयसी की इसी प्रबल भावना को रेखांकित करते हुए उल्लेख किया है कि *भारतीय परम्परा में प्रेम की प्रथम अभिव्यक्ति नारी ही करती आयी थी फारसी की तरह नर नहीं।*[27]

लोक मानस से इनकी गहन संसक्ति व लोक हृदय की गहरी परख ही इनके यहाँ भक्ति के खास सन्दर्भों का निर्माण करती है। इनकी भक्ति खास दुनियावी फ़लक के बीच पनपती है। लोक मनोभावों के ताने-बाने से आपूरित इनकी काव्य चेतना लोक जीवन में गहरे उतरकर भक्ति को व्यापक कैनवस में प्रतिपादित करती है।

बांकावती जी के काव्य में विभिन्न भारतीय लोकाचार, रस्म-ओ-रिवाज, लोक-

प्रथाएँ व लोक-व्यवहार को समाहित किये हुए भक्ति अपने विराट कैनवस में प्रस्फुटित एवं विकसित हुई है। इनके सहज समावेश द्वारा इनकी कविताओं में लोकोन्मुखता एवं भक्ति के समावेशी चरित्र के स्पष्ट दर्शन होते हैं। इनसे कवयित्री का गहन लोकानुभव भी सहज ही में अभिव्यक्त होता है। उल्लेखनीय है कि लोक की इस व्यापक पक्षधरता एवं समायोजन के कारण ही इनका काव्य भक्ति साहित्य में लोक की महद पक्षधरता का महत्त्वपूर्ण साक्ष्य भी है।

ब्रजदासी बांकावती जी ने अपने काव्य में तत्कालीन राजस्थानी समाज की ऐसी अगणित लोक प्रथाओं के सजीव चित्र साकार किये हैं। मध्यकाल में चली आती हुई कृष्णभक्ति की माधुर्य भाव परम्परा की अविरल कड़ी के रूप में कवयित्री ने माधुर्य भावबोध के द्वारा अपनी संवेदना को चरमोत्कर्ष प्रदान किया।

कवयित्री की रचनाओं में बहुविध वैवाहिक रस्मों सहित बहुरँगी विहार लीलाओं का मनोहारी चित्रण दृष्टिगोचर होता है। ध्यातव्य है कि ब्रजभाषा व राजस्थानी की सुन्दर योजना से आपने विविध छन्दों में वैवाहिक रस्मों एवं लोक प्रथाओं के चित्रण द्वारा भारतीय समाज की मूल अन्तःवृत्तियों का उद्‌घाटन किया है। जो सामुदायिक जीवन में उत्साह-उल्लास एवं उमंग का सृजन कर जीवन को सरसता एवं जीवन्तता से आपूरित करने की एक सशक्त परम्परा है।

इनके द्वारा रचित 'विवाह विलास' में विवाह के अवसर पर सम्पन्न होने वाली ऐसी अगणित प्रथाओं का सिलसिलेवार वर्णन हुआ है। विवाहादि सामाजिक संस्कारों के अवसर पर वर-वधू पक्ष की ओर से परस्पर गारी (गाली) बरसाने की मधुर प्रथा भारतीय लोक में प्रचलित रही है। इस सन्दर्भ में समधिनों द्वारा सम्पादित इस रिवाज को बांकाबती जी ने इस प्रकार अभिव्यक्त किया है :

॥ अथ गारी॥

होजी वाकी सुरंग चूनरी अजब बनी॥
समधनि प्यारी आवेंजावें लाल चूडा चमकावें॥
समधनि प्यारी आवेंजावें हसि हसि नेंन नचावें।
समधनि प्यारी आवेंजावें घूंघट में मुसक्यावें॥
समधनि प्यारी आवेंजावें समधी साथ रिझावें।
.... समधनि प्यारी आवेंजावें चोट कटाछि चलावें॥
समधनि प्यारी आवेंजावें रसीया ललिचि लुभावें॥[28]

'विवाह विलास' ग्रन्थ में बांकावती जी ने ऐसे चित्रांकन किये हैं जिसमें उनकी भक्ति संवेदना वृषभानु द्वारा दूल्हे कृष्ण का स्वागत करती हुई बेहद व्यंजक एवं अपने व्यापक स्वरूप में अभिव्यक्त हुई है। इस क्रम में 'साम्हेला' नामक वैवाहिक रस्म का चित्रांकन करते हुए कवयित्री ने दर्शाया है कि वर एवं वधू पक्ष बेहद तल्लीनता से इसकी तैयारियों में जुटा है। उल्लेखनीय है कि 'साम्हेला' राजस्थानी विवाह संस्कार का एक महत्त्वपूर्ण अंग है। डॉ. रामप्रसाद दाधीच ने इस सम्बन्ध में प्रकाश डालते हुए उल्लेख किया है कि *वरयात्रा के समय नाना प्रकार के टोने-टोटके व अनुष्ठान किये जाते हैं। वर को घोड़ी पर बैठाते हैं—घोड़ी की बाग वर का बहनोई या भाणेज थामता है। वर की माँ वर की आँखों में काजल लगाती है, अपने स्तन से दूध पिलाने की क्रिया करती है। यह सब प्रतीकात्मक आचार है। सज-धज कर गाजे-बाजे के साथ बारात वधू के द्वार पर पहुँचती है। वहाँ बारात का भावभीना स्वागत होता है जिसे सामेला कहते हैं। फिर वर द्वारा वधू के द्वार पर तोरण व कलश-वन्दना होती है—स्त्रियाँ वर की आरती उतारती हैं।*[29] गौरतलब है कि एक स्थान पर बांकावती जी ने इस प्रथा का सांगोपांग वर्णन किया है। आपने दर्शाया है कि सभी महिलाएँ विवाह भवन के शिखर पर चढ़कर दूल्हे बने हुए श्रीकृष्ण को आकर निहारती हैं। कहना न होगा कि श्रीकृष्ण की इस रूप छटा के दर्शन सुख से वे सभी अपने हृदय में धन्यानुभव करती हैं। यथा :

दूलह को श्री भांनजू करवायो सिंगार।
अदभुत छवि लखि लखि करत तन मन धन नोछार॥
सरस सुगंध लगाय कैं सुमन माल पहिराय।
मुदित होय श्री भांन लिए स्यांमहि उर लपटाय॥
साम्हेला के लैन की करि रस रीत अपार।
हिल मिल सब समधी सजन लहत भये सुख सार॥[30]

ब्रजदासी बांकावती जी ने अपनी भक्ति संवेदना के पल्लवन क्रम में प्रचलित त्योहारों एवं पर्वोत्सवों का भी सूक्ष्म चित्रांकन किया है। रानी ब्रजदासी के भक्तिपरक पदों में छोटे-बड़े लोकप्रिय पर्वोत्सवों, संस्कारों आदि का सांगोपांग चित्रण हुआ है। कुल मिलाकार लोक जीवन के साथ इनकी गहन संसक्ति के कारण ही इनके वर्णन भक्ति के व्यापक मनोभाव को अधिकाधिक व्यंजक एवं प्रगाढ़ बनाते हैं। ध्यातव्य है कि कृषि कर्म, ऋतु परिवर्तन, प्रकृति पूजा, देव पूजा, पशु व वीर पूजा से इनका गहरा सम्बन्ध रहा है। कवयित्री द्वारा अंगीकृत उपासना पद्धति के वर्णन क्रम में

ही ऐसे चित्र अभिव्यक्त हुए हैं। ऐसे वर्णनों में लोकरुचि एवं तदजन्य संस्कारों पर भी गहरा प्रकाश तो पड़ता ही है साथ ही ये सब प्रिय मिलन के प्रतीक स्वरूप भी नानाविध रूपों में व्यक्त हुए हैं। अपनी रचनाओं में पर्वोत्सवों के इस आत्मिक संयोजन द्वारा ब्रजदासी ने उत्सवधर्मा भारतीय संस्कृति की बारीकियों के विविधवर्णी चलचित्र रचे हैं। यह उत्सवधर्मिता ऋतु क्रम आधृत भी होने से प्रकृति एवं वातावरण से जुड़े आन्तरिक मनोभाव उपास्य से एकात्म की अनूठी भावदशा की पहल है। इन पदों में जन्माष्टमी, राधाष्टमी, रक्षाबन्धन, श्रावणी तीज, होली, दिवाली, आदि पर्वोत्सवों की रंगारंग झाँकियों का सजीव रेखांकन हुआ है। बांकावती जी के इन वर्णनों के सम्बन्ध में डॉ. उषा कँवर राठौड़ ने उल्लेख किया है कि *कवयित्री ने तीज त्योहारों का चित्रण लोक-गीतों की शैली में किया है।*[31] इस क्रम में होली एवं झूलनोत्सव के वर्णनों में कवयित्री का मन खास रमा है। होली के वर्णन क्रम में तो जैसे वे समस्त लीला परिकर के साथ एकदम हाज़िर-नाज़िर हैं। वसन्त-फाग का वर्णन उन्होंने ब्रज के लोकप्रिय सांस्कृतिक विधान की तर्ज पर ही किया है। उल्लेखनीय है कि विक्रम संवत के आरम्भ से आठवीं शताब्दी तक होली पर्व के बहुविध उल्लेख मिलते हैं। होली के रंगोत्सव की यह परम्परागत धूम वात्स्यायन के कामसूत्र, हर्ष कृत रत्नावली, भवभूति कृत मालती माधव आदि ग्रन्थों में भी बहुविध अंकित है।[32] हरबंस मुखिया ने भी 'आइन-ए-अकबरी' के हवाले होली की लोकप्रिय जन-परम्परा का उल्लेख किया है।[33] यहाँ कवयित्री द्वारा रचित एक पद में 'होली' के लोकप्रिय उत्सव का मनोहरी चित्रण प्रस्तुत है जिसमें लोक हृदय के उत्साह, उल्लास एवं जीवन्तता देखते ही बनती है। यहाँ राधा-कृष्ण के फाग खेल में परस्पर मची खींचतान, नोंकझोंक व हर्षोल्लास का चित्र हृदयस्पर्शी है:

॥ राग पूरबी ॥
(संध्या का गायवाकी होली)
रंग हो हो हो हो होरी री।
यह धूंध गुलालन मां होरी नील पीत गठ जोरी
पीय गहत दूरत हें प्यारी री पड़ी लाज नेह झकझोरी री।
मुर मुसक्याँ वन सों प्रीया करत चित्त की चोरी री॥
मान-ल्योहे स्याँम को फगवा में दोरी रिसांन निठोरी री॥
ब्रजदासी वारी वारी री जोती जोती ब्रखभांन किसोरी री।[34]

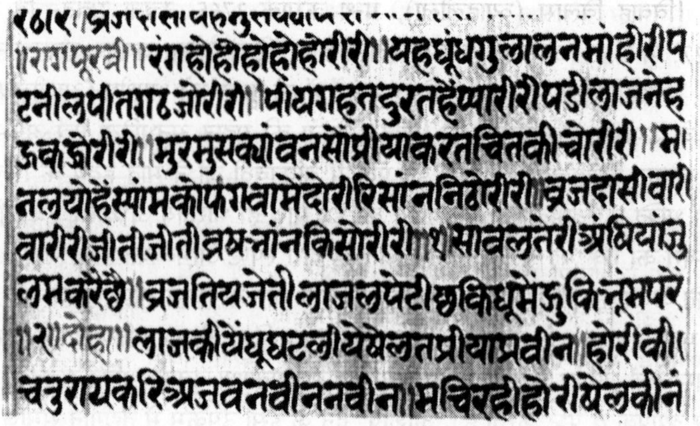

{विवाह विलास (ब्याहलीला), ग्रन्थ क्रमांक-3765, रचना संवत- वि सं. 1827, पृ. सं. 1। आभार : चन्द्रमहल पोथीखाना, सिटी पैलेस, जयपुर, राजस्थान।}

इस सन्दर्भ में उल्लेखनीय है कि इनके ग्रन्थों में सामाजिक समरसता एवं सांस्कृतिक अस्मिता बेहद संजीदगी से चित्रित है। जिसमें लोकपर्वों, उत्सवादि की रंगारंग झाँकियाँ नानाविध रूप रंगों में अभिव्यक्त हुई हैं। इन वर्णनों से कवयित्री की सांस्कृतिक समझ भी उजागर हुई है। मिसाल के तौर पर यहाँ ऐसा एक और वर्णन प्रस्तुत है जिसमें राधाकृष्ण के फाग (होली) खेल के अन्तर्गत डोल (झूला) झूलने का अत्यन्त ही मनोहारी चित्रण दृष्टिगोचर होता है। यहाँ नवीन लता-पता-पुष्प आदि से रचित डोल में विराजमान राधाकृष्ण की युगल छवि अति दर्शनीय है :

॥ राग-नायकी ॥

"फाग डोल झूलत पिय प्यारी रंग भरी होरी की धूम।

उड़ि गुलाल बहु रंग-रंग की धुंध मची छाये नम भूम॥

रचना अजब हिंडोरे सुहानी नव पल्लव पोहोपन की झूम।

ब्रजमंजरि कहें नित्य नवेली मन मानी मन वार रही लूम॥"[35]

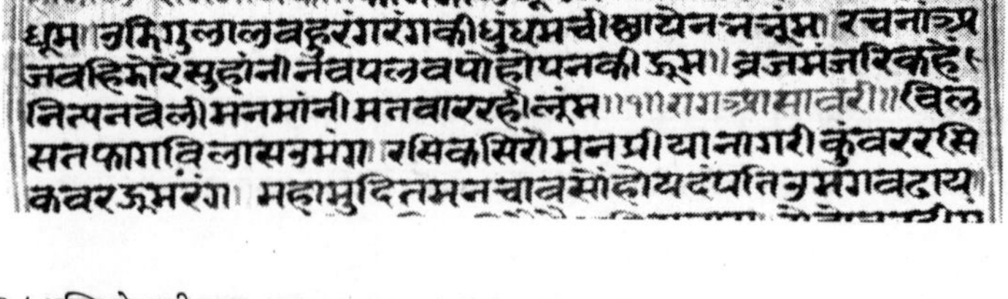

{विवाह विलास (ब्याहलीला), ग्रन्थ क्रमांक-3765, रचना संवत- वि सं. 1827, पृ. सं. 1। आभार : चन्द्रमहल पोथीखाना, सिटी पैलेस, जयपुर, राजस्थान।}

'आशीष संग्रह' ग्रन्थ में विभिन्न प्रसंगों में श्री कृष्ण को आशीष (आशीर्वचन) देने के उपक्रम में कवयित्री की भक्ति संवेदना की महान अनुभूतियों एवं अनुभवों का जीवन्त साक्षात्कार होता है। इन पदों में बांकावती जी ने मातृ हृदय के सिंचन द्वारा भक्ति की अभूतपूर्व अभिव्यक्ति की है। साथ ही भारतीय अध्यात्म एवं भक्ति परम्परा का एक महत्त्वपूर्ण पक्ष भी इन पदों द्वारा स्पष्ट अभिव्यक्त होता है। जिससे भक्ति के अधिकाधिक तौर पर लोकोन्मुखी होते जाने के चिह्न साफ़ जाहिर होते हैं। इन पदों में उपास्य के प्रति तीव्र भावानुभूति एवं हार्दिक नैकट्य प्रतिपादित है। इसमें उपास्य की दीर्घायु की अटल कामना एवं मंगलाकांक्षा उनकी भक्ति संवेदना को और व्यापक व पुष्ट करती है। 'आशीष' देने के इसी उपक्रम में तद्युगीन समाज के अलग-अलग छायाचित्र भी जीवन्त होते हैं। यथा :

हों गंधी दरबार कौ, ल्यायौ नज़र सुगंध।
चल बेल जी दहेज कौ, सदा मनोरथ बन्ध॥
पाय नेग आनन्द लहि, देहु उमंग आसीस।
स्याम बना राधे बनी, अटल अनेक बरीस॥ [36]

मध्ययुगीन भक्ति साहित्य में कई कृष्ण भक्त कवियों द्वारा रचित ऐसे विभिन्न पद उक्त परम्परा के जीवन्त साक्ष्य हैं। बांकावती जी की कविताओं में भी इसी परम्परा का संजीदगी से चित्रांकन हुआ है।

इस प्रकार इन्होंने कृष्ण-कथा को लोकप्रिय आधार प्रदान करते हुए भक्ति संवेदना को सीधे लोक जीवन के धरालत पर अवस्थित किया। इनके यहाँ भक्ति के लोकरंजनकारी चित्र स्त्री साधना की समानान्तर दुनिया को बेहद गहराई से अभिव्यक्त करते हैं। विभिन्न भावबोध से युक्त इनके पदों में प्रेम के स्थायी भाव की अनुगूँज स्पष्ट ध्वनित होती है। इन्होंने मार्मिक प्रसंगों की योजना द्वारा परम्परा प्रथित भक्तिपरक मनोभावों की नवीन व्याख्या विविध प्रसंगों के माध्यम से प्रस्तुत की है। बांकावती जी के काव्य में अन्तर्मन की सूक्ष्मतम अनुभूतियाँ उपासना एवं कविता में एकमेक होकर जीवन्त है। इनके यहाँ लोक एवं शास्त्र सम्मत विभिन्न हृदयोद्गार सहज ही अभिव्यक्त हुए हैं। इनके काव्य का स्वरूप निर्माण मूलत: हार्दिक स्वच्छन्द प्रेमानुभूतियों के आधार पर हुआ है। स्वाभाविक हृदयोद्गारों के आधार पर निर्मित इनका रचना संसार परम्परागत शास्त्रों के अनुवाद एवं विवेचनादि द्वारा अग्रसर हुआ, जो भक्ति के सन्दर्भ में स्त्री स्वरों की अपनी खास पहचान भी है।

सन्दर्भ

1. सिन्हा, डॉ. सावित्री, मध्यकालीन भक्त कवयित्रियाँ, आत्माराम एण्ड संस, दिल्ली, 1953, पृ.169
2. देवी प्रसाद, मुंशी, महिला मृदुवाणी, काशी नागरी प्रचारिणी सभा, काशी, 1905, पृ. 59
3. बांकावती, ब्रजदासी रानी, ब्रजदासी भागवत (मूल हस्तलिखित प्रति), ग्रथांक 3802 (4), चन्द्रमहल पोथीखाना, सिटी पैलेस, जयपुर, राजस्थान, में संरक्षित, पृ. 15
4. मीतल, डॉ. प्रभुदयाल, ब्रज का सांस्कृतिक इतिहास, साहित्य संस्थान, मथुरा (उ.प्र.), 2001, पृ.90
5. Sharma, Krishna, Bhakti and the Bhakti Movement: A New perspective : A study in the history of ideas, Munshiram Manoharlal Publishers, Delhi, 1987, pp.15
6. शुक्ल, आचार्य रामचन्द्र, तुलसीदास, प्रकाशन संस्थान, नयी दिल्ली, 2007, पृ. 16
7. त्रिपाठी, विश्वनाथ, हिन्दी साहित्य का सरल इतिहास, ओरिएंट लाँगमैन, नयी दिल्ली, प्रथम संस्करण, 2007, पृ.11
8. द्विवेदी, पं. गदाधरदास शास्त्री, सम्प्रदाय प्रदीप, वैष्णव मित्र मंडल सार्वजनिक न्यास, इन्दौर, वि. सं. 2070, पृ. 13
9. राजे, सुमन, हिन्दी साहित्य का आधा इतिहास, भारतीय ज्ञानपीठ, नयी दिल्ली, 2019, पृ. 122
10. Jones, Lindsay (Editor InChief), Goddess Worship Iconoclasm, Encyclopedia of Religion (2nd Edition), Macmillan Reference, USA, Vol-6, 2005, pp.3984
11. शुक्ल, आचार्य रामचन्द्र, सूरदास, प्रकाशन संस्थान, नयी दिल्ली, प्रथम संस्करण, 2004, पृ. 24
12. पाण्डेय, मैनेजर, भक्ति आन्दोलन और सूरदास का काव्य, वाणी प्रकाशन, नयी दिल्ली, चतुर्थ संस्करण, 2003, पृ. 73
13. पाठक, डॉ. विष्णु चन्द्र, राजस्थान के राजघरानेन की ब्रजभाषा कवयित्रीन को व्यक्तित्व अरू कृतित्व, ब्रज शतदल, पृ. 03
14. राजे सुमन, हिन्दी साहित्य का आधा इतिहास, पृ. 164
15. रामनाथन, डॉ. के., हिन्दी और तेलुगु वैष्णव भक्ति साहित्य : तुलनात्मक अध्ययन, विनोद पुस्तक मन्दिर, आगरा, 1968, पृ.48
16. बांकावती, ब्रजदासी रानी, ब्रजदासी भागवत, पृ. 01
17. सिन्हा, विद्या, भारतीय लोक साहित्य परम्परा और परिदृश्य, प्रकाशन विभाग, भारत सरकार, 2011, पृ. 03
18. शास्त्री, विष्णुकान्त, भक्ति और शरणागति, लोकभारती प्रकाशन, इलाहाबाद, 2010, पृ. 144

19. बांकावती, ब्रजदासी रानी, विवाह विलास, हस्तलिखित प्रति, ग्रन्थांक – 3765, वि. सं. 1827, चन्द्रमहल पोथाखाना, सिटी पैलेस, जयपुर, में संरक्षित, पृ. 113
20. वही, पृ. 146
21. पाठक, डॉ. विष्णु चन्द्र, राजस्थान के राजघरानेन की ब्रजभाषा कवयित्रीन को व्यक्तित्व अरु कृतित्व, पृ.3
22. वही, पृ.3
23. बांकावती, ब्रजदासी रानी, ब्रजदासी भागवत, पृ. 1
24. शुक्ल, आचार्य रामचन्द्र, तुलसीदास, पृ.16
25. शुक्ल, आचार्य रामचन्द्र, सूरदास, पृ. 103
26. द्विवेदी, आचार्य हजारीप्रसाद, मध्यकालीन धर्म साधना, साहित्य भवन प्रा. लि., इलाहाबाद, 2003, पृ. 86
27. दिनकर, रामधारी सिंह, संस्कृति के चार अध्याय, लोकभारती प्रकाशन, प्रयागराज, 2018, पृ. 322
28. बांकावती, ब्रजदासी रानी, ब्याह विहार (विवाह विलास), पृ. 81
29. दाधीच, डॉ. रामप्रसाद, राजस्थानी भाषा-साहित्य-संस्कृति, राजस्थानी ग्रन्थागार, जोधपुर, 1986, पृ.85-86
30. बांकावती, ब्रजदासी रानी, ब्याह विहार (विवाह विलास), पृ. 38
31. राठौड़, डॉ. उषा कंवर, मध्यकालीन कवयित्रियों की काव्य साधना, महाराज मानसिंह पुस्तक प्रकाश शोध केन्द्र, जोधपुर, 2000, पृ. 131
32. उद्धृत, रूवाला, गोपालदास, होरी, श्री पुष्टिकला साहित्य प्रकाशन भड़ुच, 2015, पृ. 246-247
33. Mukhia, Harbans, The Mughals of India, Blackwell Publishing, Australlia, 2004, pp.170
34. बांकावती, ब्रजदासी रानी, ब्याह विहार (विवाह विलास), पृ. 132
35. वही, पृ.136
36. राठौड़, डॉ. उषा कंवर, मध्यकालीन कवयित्रियों की काव्य साधना, पृ. 128

मध्यकाल और सन्त कवयित्रियाँ

डॉ. अभिलाष कुमार गोंड

हिन्दी साहित्य के इतिहास के अन्तर्गत जब हम मध्यकाल की चर्चा करते हैं तो बहुत सी उलझी परतें खुलती हुई प्रतीत होती है। जिसे लेकर आदिकालीन प्राचीन साहित्य की भाँति भले ही अप्रामाणिकता का सवाल न खड़ा किया गया हो परन्तु बहुत से ऐसे उलझे प्रश्न मध्यकाल में भी मौजूद थे जिसपर चर्चा किये बगैर पूर्व मध्यकाल (भक्तिकाल) को समूलता में नहीं समझा जा सकता। मध्यकाल का विभाजन करते हुए जब आचार्य रामचन्द्र शुक्ल ने पूर्व मध्यकाल को भक्तिकाल कहा तो उन्होंने उस युग की सभी परिस्थितियों को ध्यान में रखकर ही ऐसा कहा होगा। क्योंकि देश की जो परिस्थितियाँ मध्यकाल तक स्पष्ट रूप से दिखाई दे रही थीं उससे निकलकर उत्तर मध्यकाल तक की यात्रा के बीच बहुत से ऐसे प्रश्न और घटनाएँ थीं जिससे टकराते हुए ही भक्तिकाल को मुकम्मल तरीके से समझकर उस युग की सटीक और सारगर्भित व्याख्या की जा सकती थी। किसी भी काल को लेकर इतिहासकारों और आलोचकों के मध्य मतभेद आम बात है। ऐसा इसलिए भी है कि किसी भी युग अथवा साहित्यिक कृतियों की व्याख्या एक सीमित परिधि में बँधकर और एक मत के आधार पर कर देना जितना साहित्य की प्रमाणिकता को लेकर सोचने को बाध्य करता है उससे कहीं अधिक कुछ ऐसे प्रश्नों को भी खड़ा कर देता है जो अब तक साहित्य आलोचना की परिधि से बाहर के विषय थे। यही कारण था कि भक्ति युगीन साहित्य बहुत बार आत्मतत्त्व की अभिव्यंजना को साथ लेकर युगीन परिस्थितियों से अपना अभीष्ट सम्बन्ध कायम करते हुए आगे बढ़ता है। इसके बावजूद भी यदि मध्यकाल पर विस्तार से चर्चा करें तो कुछ घटनाओं की

सहायक प्रोफेसर, महात्मा गांधी अन्तरराष्ट्रीय हिन्दी विश्वविद्यालय, वर्धा, क्षेत्रीय केन्द्र, कोलकाता

परिधि में घूमते हुए हम बहुत से बिन्दुओं को या तो अनायास ही कम महत्त्वपूर्ण मानकर छोड़ते हुए आगे बढ़ जाते हैं या उसके आंशिक महत्त्व की व्याख्या तक ही सीमित हो जाते हैं। परन्तु, सतर्कता और गम्भीरता से विचार करने के उपरान्त बहुत सी ऐसी परतें भी खुलती चली जाती हैं जिसे भक्ति आन्दोलन के साथ जोड़कर देखा जाना चाहिए। ऐसा इसलिए कि बहुत से ऐसे प्रश्न भक्तिकाल के सन्दर्भ में मौजूद हैं जिन पर चर्चा होनी चाहिए परन्तु ऐसे विषय या तो चर्चा से बाहर हैं या उस पर इतनी सीमित चर्चा हुई है कि उसके महत्त्व और योगदान को सीमित परिधि में देखकर छोड़ दिया गया है। बावजूद इसके भी भक्तिकाल की अपनी विशद ज्ञान परम्परा है जिसे समझते हुए ही भक्ति आन्दोलन के आरम्भ के साथ चले आते अनगिनत पन्थों की साधना पद्धति को समझा जा सकंता है ऐसा इसलिए क्योंकि "मध्ययुग ने धर्म-दर्शन के साथ विचारधारा के अन्य रूपों, दर्शन, राजनीति, विधिशास्त्र को जोड़ दिया और उन्हें धर्म दर्शन की उपशाखाएँ बना दिया। इस तरह उसने हर सामाजिक और राजनीतिक आन्दोलन को धार्मिक जामा पहनने के लिए विवश किया। आम जनता की भावनाओं को धर्म का चारा देकर और सब चीजों से अलग रखा गया। इसलिए कोई भी प्रभावशाली आन्दोलन आरम्भ करने के लिए अपने हितों को धार्मिक जामे में पेश करना आवश्यक था।"[1] यही कारण था कि जनता की व्यापक भागीदारी ने भक्ति आन्दोलन को व्यापक जन आन्दोलन का रूप प्रदान कर दिया, भक्ति के आवरण में होने के बावजूद भी यह आन्दोलन सामन्ती व्यवस्था के शोषण से त्रस्त हो चुकी जनता का भी आन्दोलन बनकर उभरा तथा शोषित जनता के क्रोध को इस आन्दोलन ने भड़काने का कार्य किया। जिसका मुखौटा भले ही भक्ति का था परन्तु उसके पीछे की मंशा सामन्ती शोषण के ख़िलाफ़ शोषित जनता का आक्रोश था जो भक्ति के आवरण के साथ आरम्भ हुआ। आचार्य शुक्ल जब अपने हिन्दी साहित्य के इतिहास में भक्ति की उत्पत्ति का कारण समझाते हुए उसे राजनीतिक उलटफेर से जोड़कर देखते हुए उसे हिन्दुओं की पराजित मानसिकता से जोड़ देते हैं तो बहुत से ऐसे प्रश्न भी अपने उत्तरवर्ती आलोचकों के लिए छोड़ जाते हैं जिस पर विभिन्न तरीके से आज भी चर्चा जारी है। क्योंकि आचार्य शुक्ल का भक्ति सम्बन्धी विचार भले ही पूर्णतः सत्य प्रतीत न हो परन्तु भक्ति का द्रविड़ प्रदेश में उपजना तथा रामानन्द द्वारा उसे उत्तर भारत में लाया जाना पूर्णतः सत्य घटना थी जिसके द्वारा दक्षिण के तमाम सन्त जिसमें तुकाराम, नामदेव, ज्ञानदेव आदि भक्तों ने भक्ति का व्यापक प्रचार-प्रसार करते हुए अपनी सामाजिक स्थिति को भी कविताओं के साथ मूर्त किया।

हिन्दी साहित्य के इतिहास में भले ही पूर्व मध्यकाल को भक्ति भावना के उदय का काल स्वीकार किया गया हो परन्तु भक्तिकाल को जागरण काल के रूप में जिस तरह इतिहासकारों और आलोचकों ने देखा वह सर्वथा उसकी प्रवृत्ति के अनुकूल ही था। एक राष्ट्र के रूप में भारत की पहचान को हम भले ही आधुनिक अमली जामा पहनाकर देखने के आदी हों परन्तु उसकी व्यापक शुरुआत भक्ति आन्दोलन के साथ ही हो चुकी थी। भक्ति का जो स्रोता दक्षिण से होता हुआ उत्तर भारत की ओर बढ़ चुका था वह धीरे-धीरे अपनी साधना पद्धति के माध्यम से जनता को प्रभावित भी कर रहा था। परन्तु इसे ज़ोर देकर नहीं कहा जा सकता कि इसका त्वरित प्रभाव पड़ा और उत्तर भारतीय स्त्रियाँ भी दक्षिण की स्त्री भक्तों की भाँति भक्ति रस में डूबकर निर्गुण भक्ति के माध्यम से भक्ति के विकल्प तलाशने लगीं। कुछ दार्शनिकों ने यह स्वीकार किया है कि स्त्री मुक्ति आन्दोलन का आरम्भ विदेशियों के नारीवादी आन्दोलन के साथ या उसके पश्चात ही आरम्भ हुआ। परन्तु इसका अर्थ यह भी नहीं लगाया जाना चाहिए कि भारत के सन्दर्भ में पाश्चात्य विचारकों के मत ही सर्वमान्य होंगे और उनके मतों के आधार पर ही भक्तिकालीन सन्त कवियों और कवयित्रियों पर विचार किया जा सकता है।

भक्ति के सन्दर्भ में प्रचलित धारणा है कि सर्वप्रथम दक्षिण के आलवार तथा नायनार सन्तों द्वारा ही भक्ति भावना का प्रसार किया गया। इस आन्दोलन को चैतन्य महाप्रभु से लेकर जयदेव जैसे कवियों ने आगे बढ़ाते हुए सभी को अपनी ओर आकृष्ट किया। जिसका परिणाम यह हुआ कि भारत का भक्ति आन्दोलन अपने उद्देश्य की पूर्ति हेतु समाज के सभी वर्गों को आगे लाने के प्रयास के साथ बढ़ता दिखाई देने लगा। इसके साथ ही कुछ ऐसे प्रश्न भी थे जिन पर विचार किये बगैर भक्ति आन्दोलन को ठीक-ठीक समझना काफ़ी मुश्किल होगा। भक्ति आन्दोलन में कवयित्रियों का योगदान एक ऐसा ही विषय है जिसपर विभिन्न कोणों से चर्चा होनी चाहिए थी परन्तु उसपर विशेष ध्यान न देकर भक्त कवियों तक ही कविता घूमती और सिमटकर रह गयी है। यह कहना अनुचित न होगा कि भक्तिकालीन साहित्य में जो स्त्री गूँज हो सकती थी या यूँ कहें कि होनी चाहिए थी उस पर इतिहासकार के साथ आलोचक भी मौन रहे क्योंकि नाम गिनाते हुए आगे बढ़ जाना आलोचना नहीं होती जिस पर हिन्दी जगत में एक चुप्पी दिखाई दे जाती है। यही कारण था कि हिन्दी साहित्य के इतिहास के साथ भक्तियुगीन आलोचना भी सन्त कवयित्रियों के महत्त्व को स्वीकार करते हुए उन्हें साहित्य में निश्चित स्थान नहीं दिला पायी।

हिन्दी के अनेक प्राचीन ग्रन्थों में भी कवयित्रियों को निश्चित स्थान प्राप्त नहीं हुआ उदाहरण स्वरूप शिवसिंह सरोज और मिश्रबन्धु विनोद जैसे प्राचीन ग्रन्थों को भी देखा जा सकता है जिसमें कवयित्रियों का सूक्ष्म परिचय प्रस्तुत करते हुए ही दोनों आगे बढ़ जाते हैं। इस कारण को तलाशने की आवश्यकता आज और भी अधिक बढ़ जाती है और साथ ही यह प्रश्न भी उठ खड़ा होता है कि क्या भक्त कवयित्रियों ने मात्र भक्ति के ही पद लिखे? उनकी कविता क्या सामन्ती जकड़न के ख़िलाफ़ खड़ी नहीं होती? क्या दक्षिण और उत्तर की परिस्थिति में भिन्नता का कारण सामन्ती भावना ही थी जो उनकी कविता को प्रभावित न कर रही थी? ऐसे बहुत से प्रश्न हैं जिनपर विचार करने के उपरान्त ही भक्तिकाल में स्त्री कवयित्रियों के योगदान पर चर्चा की जा सकती है।

इस दौर में बहुत सी ऐसी कवयित्रियाँ हुई जिन्होंने अपने कार्यों और लेखनी के माध्यम से कभी अपनी भक्ति भावना का प्रसार किया तो कभी भारतीय सामन्तवाद के बीच स्त्री जीवन के यथार्थ को अपनी कविताओं के माध्यम से प्रदर्शित किया। मध्यकाल की यह युगान्तकारी घटना ही भक्ति आन्दोलन के उद्‌भव तथा व्यापक प्रसार का कारण भी थी। डॉ. चौथीराम यादव के मत पर विचार करने के उपरान्त चीज़ें और भी अधिक पारदर्शी हो जाती हैं। जब सगुण और निर्गुण परम्परा को प्रश्नात्मक तेवर के साथ समझाते हुए वे लिखते हैं "निर्गुण भक्ति का क्रान्तिकारी तेवर सगुण भक्ति के अन्तिम पड़ाव पर एकदम से समझौतापरस्त वर्णवादी कैसे हो गया? इस सन्दर्भ में हमें यह न भूलना चाहिए कि निर्गुण और सगुण दो परस्पर विरोधी विचारधाराएँ हैं; एक वर्णाश्रम धर्म की विरोधी है तो दूसरी उसकी समर्थक, एक शास्त्र-निरपेक्ष है तो दूसरी शास्त्र-सापेक्ष। सूरदास, कबीर-रैदास की शास्त्र-निरपेक्ष विचारधारा के जितने निकट हैं, उतने तुलसीदास की शास्त्र सापेक्ष विचारधारा के नहीं। अत: भक्ति आन्दोलन के लोकवादी सामाजिक-सांस्कृतिक आधार की उपेक्षा कर, केवल निर्गुण-सगुण की दार्शनिक शब्दावली के आधार पर उनके वैचारिक मतभेद को नहीं समझा जा सकता। हिन्दी का निर्गुण भक्ति साहित्य जितना लोकतान्त्रिक है, उसकी आरम्भिक आलोचना उतनी ही अलोकतान्त्रिक है। यदि ऐसा न होता तो लोकचेतना से उद्‌भूत भक्ति साहित्य के मूल्यांकन में दार्शनिक आधार को ही प्रमुख आधार न मान लिया जाता।"[2] चौथीराम जी का यह कथन भक्तिकालीन साहित्य के लोकधर्मी होने की वकालत करते हुए उसके स्वरूप को दार्शनिक, सामाजिक और सांस्कृतिक पृष्ठभूमि के साथ समझाने का सूत्र सुझाता है

जो न केवल भक्तिकाल को सीमित परिधि से निकालने का प्रयास था बल्कि युगीन ज्वलन्त विषयों को एक बने, बनाये फ्रेम से बाहर करके देखने का भी प्रयास था।

बारहवीं शताब्दी का यह आन्दोलन पूरी शक्ति के साथ धार्मिक-सांस्कृतिक आन्दोलन के रूप में उभरा जिसका परिणाम यह हुआ कि इस युग की कविता भी सामाजिक व सांस्कृतिक पहलुओं को उद्घाटित करते हुए पूर्व से चली आ रही काव्य मान्यताओं में परिवर्तन की हिमायती बनकर उभरी। कविता का यह परिवर्तन अकारण नहीं था बल्कि परिस्थितिजन्य था। किसी युग के अन्तर्विरोधों तथा उनके पीछे की राजनीतिक, आर्थिक और सामाजिक शक्तियों को न पहचानते हुए तथा उसे सीमित करके देखने से न तो कविता का विकास हो सकता है और न ही उसके साथ न्याय ही किया जा सकता है। यही कारण है कि आज जब हम भक्तिकालीन कविता को देखते हैं तो उसके प्रत्येक क्रियाकलापों के मूल में समाज के प्रति एकजुटता के साथ धर्म को शामिल करते हुए ही देखते हैं। फिर चाहे आण्डाल, अक्क महादेवी, दयाबाई, सहजोबाई और मीराबाई ही क्यों न हों सभी के यहाँ एक कठोर समाज के साथ अति मधुर भक्ति भावना भी थी जो उनकी कविताओं में झंकृत होती है। जिसे इस युग की समूची कवयित्रियों ने प्रमुखता के साथ अपने पदों के रूप में पिरोकर प्रस्तुत किया था। दयाबाई लिखती हैं–

देह धरो संसार में, तेरो कहि सब कोय
हांसी होय तो तेरी ही, मेरी कहू न होय।
बड़े बड़े पापी अधम, तारन लगी न बार
पूँजी लगे न कछु अंद की, हे प्रभु हमरी बाय।।[3]

दयाबाई ने गुरु को श्रेष्ठ और गुरुवाणी को अमृत तुल्य स्वीकार करते हुए अपने पदों में गुरु महिमा का खूब बखान किया है। उनका मानना था कि गुरु ब्रह्म का प्रतिरूप है जिसका आदर बराबर करना चाहिए। यही कारण है कि जो लोग उन्हें नर रूप में देखते हैं, उन्हें कवयित्री मूर्ख प्राणी के रूप में सम्बोधित करते हुए उनके जीवन को पशु तुल्य स्वीकार करती है। उनके सभी पद सतगुरु के इर्द-गिर्द ही घूमते हुए गुरु के महत्त्व को उद्घाटित करते हैं :

सतगुरु ब्रह्मस्वरूप हैं, मनुष भाव मत जान
देह भाव भानै 'दया' ते हैं पसू समान।[4]

सतगुरु को सन्त कवियों ने बहुत बार सीधे-सीधे ईश्वर सम्बोधित करने के

बजाय ब्रह्मस्वरूप बताकर उसकी महत्ता को उजागर किया था। ईश्वर से साक्षात्कार करने का मार्ग सतगुरु ही सुझाता है इसलिए वह ब्रह्मस्वरूप है। दयाबाई ने भी गुरु के इसी महत्त्व को उजागर करते हुए अपने 'साध को अंग' नामक शीर्षक दोहों के माध्यम से सत्संगति का महत्त्व प्रतिपादित करते हुए उसे साधना में महत्त्वपूर्ण स्थान प्रदान किया। उन्होंने स्वीकार किया कि जीव अपने कर्मों से ही संसार रूपी भवसागर में विचरण करता है परन्तु उसे मुक्ति नहीं मिलती। वह जानकारी के अभाव में सदा निर्गुण निराकार ईश्वर से कोसों दूर रहता हुआ अज्ञान के अन्धकार के बीच भटकता है। वह कबीर के उस मृग की भाँति कस्तूरी की तलाश में जंगल जंगल घूमता है परन्तु उसे अज्ञानतावश कहीं मुक्ति का मार्ग नहीं सूझता। ठीक यही दशा मनुष्यों की भी होती है। इसलिए उन्होंने स्वीकार किया है कि साधक को आदर्श जीवन जीने हेतु सत्संग का मार्ग तलाशना होगा और गुरु की शरण में जाना होगा तभी उसके जीवन रूपी जहाज़ को आनन्द रूपी किनारा मिल सकता है अन्यथा नहीं। क्योंकि बगैर मानसिक शुद्धि की प्रक्रिया के मनुष्य सहजता से जीवन यापन करते हुए सतसंगति में नहीं लगा रह सकता :

जगत सनेही जीवन है राम सनेही साध
तनम न धन तजि हरि भजै जिनका मता अगाध
साध साध सब कोउ कहे दुरलभ साधू सेव।
जग संगति है साधु की तब पावै सब मेव।।[5]

सहजोबाई के काव्य की कविताओं में उच्च कोटि की साहित्यिक क्षमता भले न दिखाई देती हो जो उस युग के कवियों में मौजूद थी बावजूद इसके सन्तों के समान विरक्ति, गुरूपूजा तथा निर्गुण उपासना का गुण प्रचुरता में दिखाई देता है जो उनकी कविता को निर्गुण सन्त परम्परा की विकसित परिपाटी में लाकर खड़ा कर देता है। उनकी कविताओं में कहीं-कहीं उक्ति वैचित्र्य का आनन्द सजहता से मिल जाता है जो उनकी कविता को दूसरों से थोड़ा अलग करता है। सन्तों ने प्रायः आत्मा को ब्रह्म के रूप में स्वीकार करते हुए संसार को पृथक स्वीकार किया है जिसके कारण उन्होंने सांसारिक जीवन को वियोग-जीवन मानते हुए कभी प्रेम के पीर की मर्मस्पर्शी व्यंजना प्रस्तुत की तो कभी आत्मा परमात्मा के रहस्य को समझाते हुए दार्शनिक कोणों से उसके महत्त्वपूर्ण बिन्दुओं को बारीकी से परिभाषित किया। यही कारण था कि उनकी कविता समाज रूपी भवसागर से पार जाकर भक्ति को मूर्ताकार रूप देते हुए कभी संसार रूपी भवसागर से पार जाने की सलाह देती है तो कभी उससे

निकलने का मार्ग सुझाती प्रतीत होती है। दोनों ही रूपों में कविता सन्त कवयित्रियों के सामाजिक संघर्ष की वकालत करते हुए आगे बढ़ती है। यही कारण था कि इस युग की बहुत सन्त कवयित्रियों ने पितृसत्तात्मक समाज व्यवस्था से सीधे टक्कर न लेकर उसे भक्ति के साथ जोड़कर प्रस्तुत किया। सामाजिक प्रतिबन्धों के बावजूद भी भक्त कवयित्रियों ने राम का नाम जोड़कर माया, मोह से मुक्ति की बातें कीं जो उनके लिए किसी भी रूप में सरल न था। इस सम्बन्ध में सहजोबाई लिखती हैं कि –

सहजो कारज जगत के गुरु बिन पूरे नाहिं।
हरि तो गुरु बिन क्यों मिलें, समझ देख मन माहिं ॥
परमेसर सूँ गुरु बड़े, गावत बेद पुरान।
सहजो हरि के मुक्ति है, गुरु के घर भगवान ॥
अष्टदस, औ चार षट, पढ़ि पढ़ि अर्थ कराहिं।
भेद न पाव गुरु बिना, सहजो सब भरमाहिं ॥
सकल बिकल सब छोड़कर, गुरु चरनन चित लाव।
सहजो निचे हरि जपो बहुरि न ऐसो दाव ॥
दीपक लै गुरु-ज्ञान को, जगत अँधेरे माहिं।
काम, क्रोध, मद, मोह में सहजो उरभै नाहिं।।[6]

भक्ति कालीन निर्गुण सन्त परम्परा में गुरु के महत्त्व को कबीरदास, दादू दयाल, रविदास ने प्रमुखता से उजागर किया परन्तु बहुत कम लोग यह जानते हैं कि निर्गुण सन्त परम्परा में सन्त कवयित्रियों ने भी अपना महत्त्वपूर्ण योगदान दिया था, जिसका एक लम्बा इतिहास है। यह कहना कदापि गलत न होगा कि सन्त परम्परा की कवयित्रियों ने समाज में मौजूद सभी तरह के कलुषित विचारों, दुष्ट भावनाओं और आडम्बरों के ख़िलाफ़ अपना मोर्चा खोला था। जिसके परिणामस्वरूप उनके पद या दोहे मात्र भक्ति तक सीमित न होकर सामाजिक विसंगतियों को भी उद्घाटित करने में समर्थ दिखाई देते हैं। ऐसे बहुत से उदाहरण मौजूद हैं जिसपर विचार करते हुए स्त्री सन्त कवयित्रियों के साहित्यिक योगदान पर विचार किया जा सकता है। सहजोबाई लिखती हैं –

सहजो गुरु ऐसा मिलै, जैसे धोबी होय।
दे दै साबुन ज्ञान का, मलमल डारै धोय ॥
सहजो गुरु ऐसा मिले, मेटे मन-सन्देह।
नीच-ऊँच देखे नहीं, सब पर बरसे मेह ॥

सहजो गुरु ऐसा मिले, जैसे सूरज धूप।
सब जीवन कूँ चाँदना, कहा रंक कह भूप ॥
सहजो गुरु ऐसा मिलै, समदृष्टी निरलोभ।
सिष कूँ प्रेम-समुद्र में, करदे मोबाकोब ॥
सहजो गुरु बहुतक फिरें, ज्ञान ध्यान सुधि नाहिं।
तार सकें नहिं एक कूँ, गहैं बहुत की बाहिं ॥[7]

भक्ति की यह पराकाष्ठा गोपाल देवी, राज देवी, रमा देवी, चन्द्रकला बाई के साथ मीराबाई तक देखी जा सकती है। यही कारण था कि इन सन्त और भक्त कवयित्रियों के पद मात्र भक्ति और विरह के पद से अधिक समाज की जकड़न को उद्घाटित करने के पद भी थे जिसे भक्ति के विभिन्न सोपानों के माध्यम से मीरा ने भी अपनी कविताओं में मूर्त करते हुए कभी एकनिष्ठ प्रेम का अद्वितीय उदाहरण प्रस्तुत किया तो कभी 'हरि बिन कूण गति मेरी' जैसे पदों के माध्यम से अपने आराध्य के प्रति प्रेम को प्रदर्शित भी किया।

हरि बिन कूण गति मेरी।
तुम मेरे प्रतिकूल कहिए मैं रावरी चेरी॥
आदि अन्त निज नाँव तेरो हीया में फेरी।
बेरी-बेरी पुकारि कहूँ प्रभु आरति है तेरी॥
यौ संसार विकार सागर-बीच में घेरी।
नाव फाटी प्रभु पालि बाँधो बूड़त है बेरी॥
विरहणि पिव की बाट जोवै राखि ल्यौ नेरी।
दासि मीरा राम रटन है मैं सरण हूँ तेरी॥[8]

यह अकारण नहीं था कि मीरा का समूचा रचनाकर्म भक्ति आन्दोलन के प्रभाव से ही खड़ा हुआ। क्योंकि एक उच्चकुलीन वर्ग की मीरा मध्यकालीन राजतन्त्र के ख़िलाफ़ खुला विद्रोह करते हुए अपने अधिकारों की माँग जिस तरह से कर रही थी वह सीधे-सीधे राजसत्ता और सामन्ती पितृसत्ता का विरोध था। बावजूद इसके भी यदि मीरा के समूचे रचनाकर्म का अवलोकन करें तो उनके पदों में जीवन का दर्द बोलता हुआ प्रतीत होता है जिसके साथ उनकी यातना भी बोलती है, यह वही यातना थी जो सामन्ती व्यवस्था की बेड़ियों को तोड़ने पर स्त्रियों को भोगनी पड़ती थी। यही कारण था कि नारी जीवन के अनकहे दर्द को मीराबाई ने अपने पदों में मूर्त करते हुए मध्यकालीन समाज और पितृसत्ता की निरंकुशता को प्रश्न के दायरे

में ही सीमित कर दिया है। मीरा को भी विकट यातनाएँ झेलनी पड़ीं, किन्तु, अपनी धुन की पक्की होने के कारण ही मीरा विपत्तियों की अवहेलना करते हुए आगे बढ़ती रहीं जैसा प्रसिद्ध सूफ़ी कवयित्री राबिया के पदों में भी बहुत विस्तार से देखा जा सकता है। मीरा ने अपने पदों में सामन्ती पितृसत्ता का खण्डन मात्र नहीं किया, बल्कि अपने जीवन-व्यवहार में भी इसकी निरंकुशता पर सवाल करती रहीं। यही कारण था कि मीरा की सामाजिक और नैतिक मान्यताओं की अपनी सीमा होने के बावजूद भी अपने पदों के माध्यम से उसका अतिक्रमण कर जाती हैं। ऐसे में एक भक्त के रूप में मीरा मानव समाज के साथ खड़े होते हुए सबके प्रति परिवर्तन की माँग चाहती हैं। इतिहास गवाह है कि जब किसी स्त्री ने सामाजिक रूढ़ियों के ख़िलाफ़ सच की मशाल उठायी है तो दुनिया ने उसे डराते हुए कभी लोकलाज की बेड़ियों में जकड़ने का प्रयास किया है तो कभी समाज से बहिष्कृत कर देने की बात से उसके धैर्य की परीक्षा ली है फिर चाहे सन्त दयाबाई हों या मीराबाई, सबके यहाँ वही सामाजिक अंकुश और बन्धन मौजूद है। समाज के इसी बन्धन को मीरा तोड़ती हुई पग घूँघरू बाँध नाचती हैं और पितृसत्ता के सामाजिक नियमों की अवहेलना करते हुए लिखती हैं :

पग घूँघरू बाँध मीरा नाची रे।
मैं तो मेरे नारायण की आपहि हो गयी दासी रे।
लोग कहै मीरा भई बावरी न्यात कहै कुलनासी रे॥
विष का प्याला राणाजी भेज्या पीवत मीरा हाँसी रे।
'मीरा' के प्रभु गिरिधर नागर सहज मिले अविनासी रे॥[9]

मध्यकाल के स्त्री-लेखन का एक बड़ा हिस्सा राजघरानों से जुड़ी कवयित्रियों के इर्द-गिर्द घूमता है। ये वही कवयित्रियाँ हैं जिनकी समूची कविताई भक्ति भाव या भक्ति-संवेदना से संचालित होते हुए ही आगे बढ़ती है। सन्त कवयित्रियों में से बहुत सी सामान्य परिवार से आती हैं जिसके कारण उनकी कविताएँ भी भक्ति तक सीमित दिखती हैं जिसके कारण निरंकुश समाज का क्रूर चेहरा उनके पदों में कम परिलक्षित होता है। परन्तु जिन कवयित्रियों का सम्बन्ध राजघरानों से था उनकी कविता पितृसत्तात्मक सामाजिक क़ैदगाह को बड़ी ही जवाबदेही के साथ पेश करती है। इन्हीं कवयित्रियों की अधिकांश रचना कृष्ण भक्तिपरक और रामभक्ति काव्यधारा से जुड़ी दिखाई देती हैं। इस सम्बन्ध में बहुत से आलोचकों के भिन्न भिन्न मत मौजूद हैं परन्तु सुनीता गुप्ता का मत यहाँ उल्लेखनीय जान पड़ता है जब वे कहती हैं "मध्यकाल की स्त्री रचनाकारों ने कृष्ण को राम से अधिक अपने निकट

पाया। इस पर उस स्त्री लोकमानस का प्रभाव माना जा सकता है, जो राम को अग्नि परीक्षा और सीता वनवास के लिए क्षमा नहीं कर पाया। इसके विपरीत कृष्ण के चरित्र ने स्त्रियों को अधिक आकृष्ट किया। कृष्ण के व्यक्तित्व में स्त्री ने अपने को सुरक्षित पाया। वे अत्याचारियों का दमन करने वाले हैं।"[10]

सन्त कवयित्रियों की परम्परा से आगे बढ़ते हुए जब हम शेख रंगरेज़िन तक पहुँचते हैं तो कविता के माध्यम से और भी ऐसे प्रश्न खड़े हो जाते हैं जो कविता से बाहर के विषय थे। भले ही शेख कपड़े रंगकर जीवन-यापन करती थीं परन्तु शेख की कविता में शृंगार रस की प्रधानता के साथ परकीया प्रेम एवं विरहानुभूति को अपने काव्य में महत्त्वपूर्ण स्थान दिया। यही कारण है कि उनकी कविताओं में मांसलता अथवा शारीरिक प्रेम प्रबलतम रूप में दिखाई दे जाता है।

निष्कर्ष रूप में हम यह पाते हैं कि भले ही स्त्री सन्त कवयित्रियों की कविताएँ भक्ति तक सीमित दिखती हों परन्तु उनकी कविताएँ पितृसत्तात्मक समाज की निरंकुशता के साथ जन-पीड़ा को व्यक्त करते हुए आगे बढ़ रही थीं। उनकी कविताओं में सामाजिक जकड़न के पद भले ही कम देखने को मिलेंगे परन्तु उनकी कविताएँ जीवन मूल्यों की तलाश का प्रयत्न करते हुए बहुत बार आदमी-आदमी को विभाजित करने वाली दीवारों को ध्वस्त करते हुए धर्म, जाति, सम्प्रदाय के नाम पर टुकड़े-टुकड़े हुई मानवीय शक्ति को संयोजित करते हुई आगे बढ़ती हैं।

सन्दर्भ

1. सहगल, डॉ. मनोहर, हिन्दी साहित्य का भक्तिकालीन काव्य, हरियाणा साहित्य अकादमी, पंचकूला, 2007, पृ. 6
2. यादव, चौथीराम, लोकधर्मी साहित्य की दूसरी धारा, अनामिका पब्लिशर्स एंड डिस्टीब्यूटर्स प्रा. लिमिटेड, दरियागंज, नयी दिल्ली, 2013, पृ. 17
3. 'निर्मल' ज्योति प्रसाद मिश्र, स्त्री कवि कौमुदी, गाँधी हिन्दी पुस्तक भण्डार, प्रयाग, 1931, पृ. 62
4. वही, पृ. 63
5. वही, पृ. 102
6. वही, पृ. 104
7. वही, पृ. 110-111
8. वही, पृ. 13
9. चतुर्वेदी, परशुराम, मीराबाई पदावली, राजकमल प्रकाशन, नयी दिल्ली, 2007, पृ. 107

(ख) स्त्री भाव और भक्त कवि

नन्ददास के काव्य में स्त्री और प्रेम

प्रो. बजरंग बिहारी तिवारी

पूर्व मध्यकालीन कवियों में नन्ददास का व्यक्तित्व कई कारणों से दिलचस्प ठहरता है। दिलचस्पी की एक वजह यह कि उन्हें उस वक्त के दो बड़े कवियों ने प्रबोधन देने की कोशिश की। ज़ाहिर है इन कवियों को नन्ददास की सम्भावनाओं का अंदाज था पर साथ ही उनके 'भटकाव' का भी। वे नन्ददास को 'उचित सलाह' देकर अपने मनमाफ़िक कवि बनाना चाहते थे। नन्ददास को अपने साँचे में ढालने की पहली कोशिश गोस्वामी तुलसीदास ने की। अग्रज होने के नाते वे इसे अपना अधिकार मानते थे। उन्होंने नन्ददास को पत्र लिखा। नन्ददास पर कोई असर नहीं हुआ। तुलसीदास बाद में ख़ुद काशी से चलकर गोकुल पहुँचे। अनुज ने फिर भी 'व्यभिचार-मार्ग' छोड़ कर 'मर्यादामार्ग' में जाना स्वीकार नहीं किया। तुलसी को निराश होना पड़ा।[1] नन्ददास पुष्टिमार्ग में ही बने रहे। इस युग के कवियों में नन्ददास की स्त्री-दृष्टि सबसे अलग है। जड़िया कवि नन्ददास की 'जेंडर' संवेदना अपनी विशिष्ट पहचान रखती है। स्त्री दुख की सटीक पहचान नन्ददास को है। बेमेल विवाह की समस्या उनके रूपमंजरी प्रबन्ध काव्य में उठी है। वे अपनी काव्य-नायिका किंवा वास्तविक स्त्री को 'मीत' कहकर सम्बोधित करते हैं। स्त्री-पुरुष समता प्रदर्शित करने वाला यह सम्बोधन परवर्ती साहित्य में भी दुर्लभ है।

जो बात नन्ददास को अन्य भक्त कवियों से अलग करती है वह है उनका प्रेम। साही ने जायसी के बारे में अनुमान लगाया था कि अपने जवानी के दिनों में 'मुहमद कवि' इश्क के चक्कर में पड़े थे। ऐसे अनुमान दूसरे कवियों के सन्दर्भ में लगाये जा सकते हैं, लगाये भी गये हैं। लेकिन, नन्ददास का जीवन अनुमान की कोई गुंजाइश

प्रोफेसर, देशबन्धु कॉलेज, दिल्ली विश्वविद्यालय, दिल्ली

नहीं छोड़ता। प्रेम नन्ददास के जीवन का संचालक तत्त्व है। प्रेम उनकी रचनात्मक सक्रियता का प्रमुख स्रोत है और इस प्रेम से ही उनके जीवन का अन्त भी जुड़ा हुआ है। 'दो सौ बावन वैष्णव की वार्ता' के अनुसार रूपमंजरी नन्ददास की प्रेमिका थी। इस वार्ता से रूपमंजरी के जीवन के बारे में विस्तृत जानकारी नहीं मिलती। इतना लिखा गया है कि रूपमंजरी बादशाह अकबर की 'लौंडी' थी। अपनी इस सेविका के रूप-सौन्दर्य पर अकबर आसक्त थे। रूपमंजरी ने अकबर को अपने नजदीक आने से मना कर रखा था, "वो कहेती हती जो मेरो स्पर्श करोगे तो प्राण छोड़ देऊंगी।"[2] अकबर सिर्फ़ देखकर अपनी रूप लिप्सा शान्त कर लिया करते थे। वार्ताकार ने लिखा है कि नन्ददास का रूपमंजरी से रोज मिलना होता था। अकबर को सम्भवत: इसकी जानकारी रही होगी। एक दिन किसी ने अकबर के सामने नन्ददास रचित पद गाया। पद की आखिरी पंक्ति थी "नन्ददास गावें तहां निपट निकट।"[3] 'निपट निकट' शब्द-युग्म ने बादशाह को एक सूत्र दे दिया। बादशाह ने इसके कवि से मिलने की इच्छा ज़ाहिर की। वार्ता के अनुसार राजा बीरबल ने नन्ददास तक यह ख़बर पहुँचायी। अभागे कवि को यक़ीन हो गया कि उसकी ज़िन्दगी के चन्द घण्टे ही शेष हैं। रूपमंजरी भी इस दुर्योग से वाक़िफ़ थी। मौत के एक दिन पहले रूपमंजरी नन्ददास से मिलने गोकुल आयी। दोनों ने साथ-साथ भोजन किया, उसी एकान्त में रात गुज़ारी। रूपमंजरी ने कहा, "जो अब इहां तें कहूँ न जानो होय तो आछो है।... यह श्री गिरिराज प्रभुन की कृपाते स्थल प्राप्त भयो है। तातें अब में काहू देस में न जाऊँ तो आछौ है, और अब सदा तुम्हारो संग होय तो आछो।" "तब नन्ददास ने वासों कहयो जो एसे ही होइगो।"[4] हलाँकि दोनों जानते थे कि उनकी कामना किस रूप में पूरी होने वाली है। पहले से तय समय अनुसार नन्ददास अगले दिन बादशाह से मिले। बादशाह ने उनसे 'निपट निकट' का आशय पूछा। नन्ददास ने कहा इसका मतलब आपकी 'लौंडी' बता देगी। अकबर ने नन्ददास को बीरबल की निगरानी में छोड़ा और शाही डेरे पर आकर रूपमंजरी से यह सवाल किया। वार्ताकार का कहना है कि जवाब देने से पहले रूपमंजरी के प्राण निकल गये। इधर नन्ददास ने भी अपनी देह छोड़ दी। वार्ता ग्रन्थों में नन्ददास और रूपमंजरी की वार्ताओं में पाठान्तर मिलते हैं। लेकिन, मूल कथा सभी पाठों में समान है।

रूपमंजरी-नन्ददास की प्रेमकथा ईसाई परम्परा के प्रेमी युगल हेलोइस-एबलर्ड की याद दिलाती है। ये दोनों अपने वक़्त (बारहवीं सदी) के मशहूर पादरी थे। अपनी किशोर अवस्था में ही हेलोइस अद्‌भुत रूप और वैदुष्य के लिए मशहूर हो चली थी।

हेलोइस के संरक्षक चाचा फलबर्ट ने एबलर्ड के बहुप्रशंसित सदाचरण और ज्ञान पर यक़ीन करते हुए उन्हें अपनी भतीजी का शिक्षक बनाया। दोनों में गाढ़ी प्रीति हो गयी। इस दौरान दोनों के बीच जो पत्र-व्यवहार हुआ उसे प्रेमपत्रों के इतिहास में अनमोल धरोहर माना जाता है। जब एबलर्ड ने हेलोइस के सामने विवाह प्रस्ताव रखा तो एक पत्र में विवाह संस्था पर सवालिया निशान लगाते हुए हेलोइस ने लिखा, 'विवाह से एक तो तुम्हारा (एबलर्ड का) जीवन दुष्प्रभावित होगा, दूसरे, हर लिहाज से विवाह प्रेम को भ्रष्ट ही करेगा, मुक्ति देने की जगह बन्धन में जकड़ेगा। उसने आगे कहा, अगर पत्नी पवित्रतर और अधिक सशक्त नाम है तो मुझे कहीं ज़्यादा मधुर नाम प्रेमिका का लगता है, या फिर अगर तुममें सुनने का साहस हो तो रखैल या वेश्या का। एबलर्ड से प्रेम को अपने जीवन की सर्वोच्च उपलब्धि बताते हुए उसने लिखा, "अगर संसार का शासक ऑगस्टस मुझे विवाह की गरिमा के योग्य पाता और मुझे हमेशा के लिए संसार की शासिका बनाना चाहता तब भी साम्राज्ञी बनने की अपेक्षा तुम्हारी वेश्या बनना ज़्यादा प्यारा और सार्थक लगता।"[5] रूपमंजरी के सामने यह विकल्प तो था ही कि वह बादशाह के मनोनुकूल रहे और राजसी सुख भोगे लेकिन उसने परिणाम जानते हुए भी प्रेम का मार्ग पकड़ा। प्रेम करने के अपराध में हेलोइस के संरक्षक ने पादरी एबलर्ड को बधिया करवा दिया था जबकि नन्ददास को अपने जीवन से हाथ धोना पड़ा।

नन्ददास के व्यक्तित्व का एक उल्लेखनीय पक्ष यह भी है कि वे विभिन्न सम्प्रदायों के बीच आवाजाही करते दिखाई देते हैं। अन्य कवियों के बारे में यह बात नहीं कही जा सकती। उन्होंने अपने एक पद में स्पष्ट घोषणा की, 'नन्ददास के ये दोउ ठाकुर दसरथसुत औ नन्दकिसोर।' वैसे तो सूर आदि कवियों ने भी राम के ऊपर पद रचे हैं लेकिन राम को कृष्ण के बराबर कभी नहीं रखा। राम पूर्णावतार नहीं, अंशावतार हैं इसलिए वे 'ठाकुर' नहीं हो सकते। उधर तुलसीदास राम को सर्वोच्च मानकर ही किसी अन्य देवता का स्मरण करते हैं। अपने इष्ट के प्रति अनन्यता इस युग की विशेषता है। 'रूपमंजरी' में उन्होंने सूफ़ी प्रेमाख्यानकों की परम्परा का निर्वाह किया है। यहाँ वे अपने आराध्य के रूप में 'परम ज्योति' का स्मरण करते हैं।

वल्लभ सम्प्रदाय के लिए नन्ददास ने पदावली, 'गोवर्धनलीला', 'सिद्धान्त पंचाध्यायी' और निर्गुण पर सगुण की विजय दिखाने के लिए 'भ्रमरगीत' लिखा। साथ ही 'विरहमंजरी', 'रूपमंजरी' आदि रचनाएँ भी कीं। उन्होंने 'विरह मंजरी' के

अलावा नायिका भेद का परिचय देने के लिए 'रसमंजरी' तथा भाषा के कवियों को संस्कृत शब्द-सम्पदा का ज्ञान कराने के लिए 'अनेकार्थ मंजरी', 'नाममंजरी' की रचना की।

प्राध्यापकों और छात्रों के बीच नन्ददास अपनी जिन कृतियों के कारण जाने जाते हैं वे साम्प्रदायिक सिद्धान्तों के अनुसार लिखी गयी रचनाएँ है। 'रासपंचाध्यायी' और 'भ्रमरगीत' ये दोनों ही नन्ददास की महत्त्वपूर्ण कृतियाँ हैं। पर यह विचारणीय है कि उनकी रचनात्मकता के दूसरे आयामों की उपेक्षा क्यों हुई? नन्ददास को बँधी-बँधाई लीक से हटकर काम करने का जो श्रेय मिलना चाहिए था वह क्यों नहीं मिला? रीतिकाव्य धारा के प्रस्तावकों में उनकी चर्चा नहीं होती। यह भी नहीं याद किया जाता कि पुष्टिमार्ग में होने के बावजूद उन्होंने उसकी परिधि का सर्जनात्मक अतिक्रमण किया। उनका जीवन प्राय: अज्ञात है जबकि सम्बन्धित सूचनाएँ और साक्ष्य उपलब्ध हैं। अपनी स्वतन्त्र वृत्ति के कारण उन्हें अग्रज तुलसीदास का क्रोध झेलना पड़ा। सूरदास की सिफारिश पर उन्हें कुछ वर्षों के लिए पुष्टि सम्प्रदाय से बाहर रखा गया। ब्राह्मणों के दबाव में उनकी रचना नष्ट कर दी गयी। परिणाम जानते हुए भी उन्होंने बादशाह की सेविका से प्रेम किया। इस प्रेम की कीमत उन्होंने जान देकर चुकायी...। ये ऐसी जानकारियाँ हैं जो सगुण भक्ति धारा में कवि और कविता की स्थिति पर हमें पुनर्विचार के लिए प्रेरित कर सकती हैं।

नन्ददास की रचनाशीलता की एक उपलब्धि 'रूपमंजरी' है। इसका शिल्प-विधान प्रबन्ध-काव्य जैसा है। इस प्रबन्ध-काव्य की कथा बहुत छोटी है किन्तु अपनी नवीनता के कारण ध्यान आकृष्ट करती है। कृष्णभक्त कवियों में प्रबन्ध-काव्य लिखने का चलन नहीं रहा। नन्ददास ने इस परिपाटी को तोड़ने की कोशिश की। इसके लिए उन्हें दूसरी काव्यधारा से जुड़ना पड़ा। अपनी पहली अर्धाली में उन्होंने कहा–[6]

परम प्रेम पद्धति इक आही। नन्द जथामति बरनत ताही।।

'प्रेमकथा कहने की एक पद्धति पहले से मौजूद है, मैं उसी परम्परा के भीतर वर्णन कर रहा हूँ।'

प्रेमकथा को प्रबन्ध में रखकर वर्णन करने की परम्परा न सन्तों की है, न कृष्णभक्तों की। रामकाव्य में प्रेमकथा रचे जाने का ख़्याल ही मुश्किल है। फिर शेष रह जाती है सूफ़ी प्रेमाख्यानकों की परम्परा। नन्ददास अपने को इसी परम्परा में रख रहे हैं। दूसरे अन्त: साक्ष्यों से इसकी पुष्टि की जा सकती है। 'रूपमंजरी' का मंगलाचरण प्रेममय ईश वन्दना से होता है–

प्रथमहिं प्रनऊं प्रेममय, परम जोति जो आहि।
रूपउ पावन रूपनिधि, नित्य कहत कवि ताहि।।

सगुण भक्तिधारा में परमात्मा को ज्योति के रूप में याद किया जाता। यह सूफ़ी परम्परा से लिया गया अभिधान है। मंझन 'मधुमालती' में ईश्वर की स्तुति करते हुए कहते हैं :[7]

त्रिभुवन पूरि अपूरि कै एक जोति सभ ठाउं।
जोतिहिं अनबन मूरति मूरति अनबन नाउं।।

सूफ़ी परम्परा की 'जोति' ही नन्ददास के यहाँ अवतरित है। मंझन से ही दूसरा उदाहरण लें। मंझन परम तत्त्व को मोक्ष प्रदायक शक्ति के रूप में नहीं देखते। उनके अनुसार विधाता (परलोक सुधारने वाला नहीं) प्रेम प्रदान करने वाला, प्रीति सुख देने वाला है – *प्रेम प्रीति सुख निधि के दाता। दुइ जग एकोंकरि विधाता।।* नन्ददास इस विधाता को प्रथमतया प्रेममय ही देखते हैं– 'प्रथमहिं प्रनऊं प्रेममय।' रूप पर दोनों जगह बल है क्योंकि 'रूपनिधि' ही प्रेम प्रदायक हो सकता है। जाहिर है नन्ददास द्वारा संकेतित 'परम प्रेम पद्धति' सूफ़ी प्रेम पद्धति है, लेकिन वह इसके अलावा भी है।

'रूपमंजरी' के दूसरे कड़वक में नन्ददास लिखते हैं कि प्रभु चरण-कमल तक पहुँचने के लिए कवियों ने अनेक मार्ग बताये हैं उनमें यह एक सूक्ष्म मार्ग है। जो इस मार्ग पर चलना चाहता है, मैं उस पर बलिहारी हूँ :

पैबे को प्रभु के पंकज-पग। कबिन अनेक प्रकार कहे मग।।
तिन मैं इह इक सूखिम रहै। हौं तिहि बलि जो इहि चलि चहै।

सवाल यह कि 'सूक्ष्म मग' से नन्ददास का अभिप्राय क्या है? उन्होंने ऊपर जिस 'परम प्रेम पद्धति' का हवाला दिया अगर वह सूफ़ी प्रेम पद्धति है तब उसकी लोकप्रियता देखते हुए उसे सूक्ष्म मार्ग नहीं कहा जा सकता। राम काव्य और कृष्ण काव्य भी 'सूखिम' नहीं है। फिर नन्ददास के इस पद का क्या आशय लिया जाये?

डॉ. भगवती प्रसाद सिंह ने दर्शाया है कि रामभक्ति में रसिक सम्प्रदाय की धारा सूक्ष्म रूप में ही सही पर बहुत दिनों से चली आ रही थी। इस धारा को पहली बार व्यवस्थित किया कृष्णदास पयहारी के शिष्य अग्रदास ने। उन्होंने कहा कि जो साधना अब तक 'रहस्य' बनी हुई थी उसे रसिकजनों के कल्याणार्थ संसार के सामने रख रहा हूँ :

श्री गुरु-सन्त-अनुग्रह ते स गोपुरवासी।
रसिक जनन हित करन रहसि यह ताहि प्रकासी।।

भगवती प्रसाद सिंह ने तमाम उदाहरण देकर सिद्ध करना चाहा है कि गोस्वामी तुलसीदास एक ज़माने में रसिक सम्प्रदाय के प्रभाव में थे और उस प्रभाव की छाप उनके काव्य-जगत में स्पष्त: देखी जा सकती है।[8] नन्ददास तुलसी के अनुज होने के कारण अगर रसिक सम्प्रदाय के (कुछ दिनों के लिए ही सही) साधक रहे हों तो आश्चर्य नहीं होना चाहिए। नन्ददास की प्रवृत्ति वैसे भी इस सम्प्रदाय के अनुकूल ही है। अपनी रसिकता के लिए नन्ददास ख्यात हैं। नन्ददास का सम्बोध्य 'रसिक' है। 'रूपमंजरी' में रसिक शब्द की बहुत बार आवृत्ति होती है। उनकी शर्त है कि रसिक ही उनके काव्य का भोक्ता, पाठक हो सकता है :

पुनि कवि अपने मन में गुनै। मो कवित्त कोउ निरस न सुनै।।

रसिक सम्प्रदाय में साधकों के दो रूप होते हैं– सांसारिक रूप, साधक रूप। इसी के मुताबिक उनके दो नाम भी हो जाते हैं– व्यावहारिक नाम और साधनापरक या 'महली' नाम। अग्रदास व्यावहारिक नाम है अग्र अलि 'महली' नाम[9]। इसी प्रकार नाभाअली, कृष्णअली, प्रेमसखी आदि 'महली' नाम हैं। सीता के माध्यम से ये साधक राम की अन्तरंगता हासिल करते हैं। ऐसी अवस्था में ये पुरुष नहीं रहते सीता की सखी या अली हो जाते हैं। 'रूपमंजरी' में नन्ददास स्त्री रूप में मौजूद हैं। वहाँ उनका 'महली' नाम इन्दुमती है। इन्दुमती रूपमंजरी की सखी है और रूपमंजरी रसिक श्रेष्ठ कृष्ण की प्रियतमा।

रूपमंजरी तिय कौ हियो। गिरिधर अपनौ आलय कियो।।
इन्दुमती तहं अति अनुरागी। ताही में प्रभु पूजन लागी।।
जहं जहं जो कछु उत्तम पावै। सो सब आनि के ताहि चढ़ावै।।
इह विधि कुंवरि रूपमंजरी। सुन्दर गिरिधर पिय अनुसारी।।
इन्दुमती ताकी सहचरी। सो पुनि तिहि संगति निस्तरी।। [10]

आशय यह है कि रामभक्ति के रसिक सम्प्रदाय की साधनात्मक प्रयुक्ति को नन्ददास ने कृष्ण काव्य परम्परा में उतार दिया है। तत्त्वज्ञान के लिए जरूरी स्थिति का बयान करते हुए नन्ददास ने लिखा :

रस परसे बिनु तत्व न जाने। अलि बिनु कंवलहिं को पहिचानै।।

'अलि' भौंरा तो है ही वह अग्रअली का भी संकेतक हो सकता है। नन्ददास और अग्रदास समकालीन थे। रसिक सम्प्रदाय के प्रवर्तक और प्रचारक होने के नाते

उन्हें यह सम्मान दिया जाना उचित ही प्रतीक होता है।

'रूपमंजरी' की कथा नन्ददास के अपने अनुभव और कल्पना के योग से निर्मित हुई है। जिस समस्या को नन्ददास ने प्रबन्ध काव्य में उठाया है वह अन्य प्रेम काव्यों की तुलना में यथार्थ के ज़्यादा करीब है। रूपमंजरी अनमेल विवाह की शिकार है। निर्भयपुर के राजा की बेटी रूपमंजरी रूप की आगार है, मानो समुद्र की दूसरी बेटी है। वह राजभवन में विराजती है इसलिए वहाँ रात में दीपक जलाने की आवश्यकता नहीं रह गयी है। ऐसी रूपमंजरी जब ब्याहने के योग्य हुई तो माता-पिता ने ब्राह्मण को बुलाकर उसके योग्य वर तलाशने को कहा। ब्राह्मण महालोभी था उसने षड्यंत्र करके एक अयोग्य राजकुमार से रूपमंजरी की शादी करवा दी :

लोभी द्विज कुबुद्धि अस कीनी। क्रूर कुरूप कुंवर कहुं दीनी।।

प्रेम की अस्वीकृति और बिचौलिये की मदद से विवाह–यह हमारे सामन्ती समाज की परम्परा रही है। इस 'परम्परा' ने कितने जीवन नष्ट किये होंगे इसका हिसाब नहीं लगाया जा सकता। अनमेल विवाह का शिकार पुरुष तो कुछ उपाय कर भी लेता है, स्त्री सचमुच भगवान भरोसे जिन्दा रह पाती है। एक बन्द समाज में स्त्री की नियति इससे बेहतर नहीं होती। उपयुक्त साथी की लालसा में उनका पूरा जीवन निकल जाता है। धर्मकीर्ति का एक श्लोक आनन्दवर्धन ने अपने ग्रन्थ 'ध्वन्यालोक' में उद्धृत किया है। यह श्लोक इसी समस्या पर आधारित है :

लावण्यद्रविण व्ययो न गणित: क्लेशो महान स्वीकृत:

स्वच्छन्दस्य सुखं जनस्य बरातश्चिन्तानलो दीगित:।

एषाऽपि स्वयमेव तुल्य रमणाभावाद् वराकी हता

कोऽर्थ श्चेतसि वेधसा विनिहितस्तन्व्यास्तनुं तन्वता।।

(इसके शरीर निर्माण में विधाता ने) लावण्य सम्पत्ति के व्यय की चिन्ता भी नहीं की (स्वयं) महान कष्ट उठाया, स्वच्छन्द और सुखपूर्वक बैठे हुए (सम्बन्धी) लोगों के लिए चिन्ताग्नि प्रदीप्त कर दिया और अनुरूप वर के अभाव में यह बिचारी भी मारी गयी। मालूम नहीं, विधाता ने इस सुन्दरी के शरीर की रचना करने में कौन सा लाभ सोचा था।[11]

अयोग्य 'वर' के साथ विवाह के बाद रूपमंजरी के सौन्दर्य को निष्फल जाता देख सखी इन्दुमती परेशान है। वह विधाता को कोसती है। ऐसा कोई उपाय करना चाहती है जिससे वह रूपराशि व्यर्थ न हो जाये :

सखि अस अदभुत रूप निहारै। मोसति मन कोसति करतारै।

कहत कि कछु इक करउं उपायी।। जौइह रूप अफल नहिं जाई।।

कथा में यहाँ से यथार्थ लोक की जगह स्वप्न लोक का अवतरण होता है। इन्दुमती सोचती है कि रूपमंजरी के लायक एक पुरुष है–कृष्ण। वह कृष्ण से अनुनय विनय करती है। गिरिधर इन्दुमती की प्रार्थना सुनते हैं। वे रूपमंजरी से सपने में मिल जाते हैं–

इक निसि सखि संग राजकुमारी। पौढ़ी हुती कनक चितसारी।।
सपुन मांझ इक सुन्दर नायक। पायो कुंवरि आपुनी लाइक।।
तन मन मिलि तासों अनुरागी। अधर-सधर खण्डन में जागी।।

इन्दुमती अपनी सखी से स्वप्न की हर बात सुनना चाहती है। रूपमंजरी को प्रेम का पहली बार बोध हुआ, वह मदहोशी के आलम में है। स्वप्न उसे थोड़ा-थोड़ा याद आता है। वह स्वप्न-नायक का पूरा हुलिया बताती है। इन्दुमती का अनुमान विश्वास में बदल जाता है। रूपमंजरी सचमुच बड़ी भाग्यशालिनी है :

कवन पुन्य या तिय कै माई। नन्द-सुवन पिय सौं मिलि आयी।।

वास्तविक जीवन में मनोवांछित साथी / पति न पाने की सम्भावना स्त्रियों को एक समानान्तर स्वप्न लोक रचने और उसमें जीने को बाध्य करती रही है। अवधी लोकगीत की अध्येता डॉ. विद्या बिन्दु सिंह के शोध-ग्रन्थ में निराशा के घटाटोप में फँसी युवती की उक्त भावदशा को उकेरता एक गीत है। इस लोकगीत की व्याख्या करती हुई डॉ. सिंह लिखती हैं, 'मृत्यु के कगार पर खड़ी एक कन्या के लिए उसके पिता और भाई वर तथा दहेज जुटाने जाते हैं। वह भाभी से कहती है कि मेरा शृंगार कर दो, मुझे लेने डोली लेकर कहार आ गये हैं :

रचि रचि कई द्या सिंगार

मोरी भउजी आये दुअरवा कहांर।

भाभी कहती है कि अभी तो तुम कुँवारी हो, डोली कहार कहाँ से आयेंगे। तुम्हें लाड़-प्यार से हमने पाला है, धूप सर्दी में कुम्हलाने से बचाया है। वह यह जानकर कि मेरे लिए पिता सूर्य सा तेजस्वी वर ढूँढ़ने, माता किरणों का हार लेने और भाई रत्न-संग्रह करने गये हैं, कह उठती है :

बाबा न पइहैं सुरूज वर भउजी

न माई किरिनिया कै हार

भैया न पइहैं रतन धन भउजी

न होइहैं बियहवा हमार

वह सबको वापस बुलाने के लिए कहती है क्योंकि वह अब कुमारी नहीं रही। कृष्ण के रहते यदि राधा कुमारी रही तो ब्रज जल जायेगा–

कान्हा के रहते बिरिज़ जरि जैहें

राधा जे रहिहैं कुंवारि

लोकगीतों के रचनाकाल का निर्धारण सामान्यतया कठिन होता है। हो सकता है यह गीत नन्ददास के पहले से प्रचलित रहा हो और हमारे कवि को इसकी जानकारी रही हो। या फिर, यह गीत परवर्ती हो और इसकी रचना के उत्प्रेरकों में 'रूपमंजरी' भी हो। ये दोनों अनुमान गलत हो सकते हैं। फिर भी इतना कहा जा सकता है कि नन्ददास लोकमन के एक पहलू से गहरे जुड़े थे और उसकी सर्जनात्मक अभिव्यक्ति कर रहे थे।

मनमीत से स्वप्न में पहली मुलाकात रूपमंजरी को विह्वल किये हुए है। वह स्वप्न-नायक के बारे में विस्तार से बतानी चाहती है, उनके रूप-सौन्दर्य को सखी के सामने प्रस्तुत करना चाहती है मगर ऐसा नहीं कर पाती– *'रूप को रस जाने ये नैना। तिनहिं नहिंन विधि दीने बैना'*– रूप माधुरी का पान आँखों ने किया है, वही बता सकती हैं लेकिन विधाता ने उन्हें वाणी दी नहीं। फिर, आँखों को ही कितना मालूम है।

अरु वह रूप अनुपम जेतौ। नैनहि गह्यो गयो नहि तेतौ।।

ज्यों सुन्दर धन स्वाति कौ माई। चातक चंचुपुटी न समाई।।

इसके बावजूद सखी के आग्रह पर वह कोशिश करती है। उस रूप रस का वर्णन करते-करते वह उसी में डूबने लगती है। उससे आगे नहीं कहा जा रहा। अगर स्मृति ने साथ दिया तो कल आगे बता सकेगी :

ताके रूप अनूप रस बौरी हों मेरी आलि।

आज तनक सुधि परन दै सबै कहौंगी कालि।।

नन्ददास के अभिप्रेत रसिक इसे प्रेम की स्वाभाविक भावदशा कहेंगे और कवि कौशल की तारीफ़ करेंगे।

स्वप्न से पहले रूपमंजरी अज्ञात यौवना थी। स्वप्न ने उसे पूरी तरह बदल दिया है। परिवर्तन की इस प्रक्रिया को नन्ददास अनूठे रूपक में बाँधते हैं–

तिय-हिय-दर्पन तन-रूई, रही हुती पुट पागि
प्रीतम-तरनि-किरनि परसि, लागि परी तिहि आगि।।

रूपमंजरी प्रेमाग्नि में तप रही है। वह प्रिय से प्रकट मिलना चाहती है। सपने में मिलना अब उसे अपर्याप्त लगता है। अपने अप्रत्याशित नायक से प्रत्यक्ष मिलन की वह तमाम तरह की कोशिशें करती है। सभी चेष्टाएँ विफल रहती हैं। उसे विरह-व्यथा घेर लेती है। शास्त्रीय शब्दावली में इसे विरह की पहली अवस्था पूर्वराग कहेंगे। प्रबन्ध काव्य का सबसे बड़ा हिस्सा पूर्वराग ने ही घेरा है। विरह की ज्वाला में दहकती हुई रूपमंजरी किसी दूसरे के सामने जोर से साँस नहीं लेती, मुँह मूँदकर ही उत्तर देती है। रूपमंजरी की वियोगानुभूति का वर्णन करते हुए नन्ददास ऊहा पद्धति का प्रयोग करते हैं। विरह दग्ध नायिका कमल छूने से डरती है, कहीं ऐसा न हो कि फूल झुलस जाये। बिहारी ने तमाम दोहे इसी ऊहा पद्धति पर रचे हैं। नन्ददास को रीतियुग के प्रस्तावकों में शामिल करना अगर वाजिब लगता है तो उसके कई कारणों में से एक कारण यह भी है। रूपमंजरी के (पूर्वराग) वियोग को नन्ददास ने षड्ऋतु वर्णन में समेटा है। वियोग वर्णन के लिए परंपरया बारहमासा प्रयुक्त होता है। संयोग को षड्ऋतुवर्णन में रखा जाता है। बारहमासा और षड्ऋतु वर्णनों में कवि अपने प्रकृति सम्बन्धी व्यापक ज्ञान, सूक्ष्म निरीक्षण और तत् सम्बन्धी काव्य-परम्परा में पैठ का प्रमाण देते हैं। नन्ददास का मन प्रकृति-चित्रण में रमा है। रूपमंजरी, विरह मंजरी, रुक्मिणी मंगल आदि में वे प्रकृति सम्बन्धी सूक्ष्म ज्ञान का परिचय देते हैं। कवि और कविता को जाँचने का आचार्य शुक्ल का प्रसिद्ध प्रतिमान 'लोकमंगल की साधना' है। लोकमंगल का एक पक्ष यह है कि कवि-विशेष ने प्रकृति-चित्रण में कितनी रुचि ली है। इस कोण से देखें तो नन्ददास भी—बहुत सीमित अर्थों में ही सही—लोकमंगल के कवि ठहरते हैं। रूपमंजरी का वियोग वर्णन पावस ऋतु में शुरू होता है। वर्षा ऋतु आनन्द देने के बजाय अत्यन्त दुखदायी हो गयी है। आकाश में घुमड़ते हुए बादल भयानक लगते हैं। उनकी गर्जना सुनकर वह इन्दुमती के अंक में छिप जाती है। डरी होने के बाद बावजूद रूपमंजरी बादलों को देखने का मोह छोड़ नहीं पाती। घन उसे अपने प्रियतम-घनश्याम का आभास देते हैं :

घन मैं तनक जो पिय-उनहारी। तिहि लालच देखै बरनारी।।
बगनि की माला नैन बिसाला। मानत पिय-उर पंकज माला।।
दामिनि दमक देखि दृग नावै। पिय पट पीत छोड़ सुधि आवै।।

शरद ऋतु की पूर्णिमा उसे दुश्मन लगती है। वह सोचती है कि प्रियतम को अभी नहीं आना चाहिए क्योंकि इन दिनों चन्द्रमा आग बरसा रहा है। वह अपनी सखी से पूछती है कि राहु चन्द्र को निगलने के बाद मुक्त क्यों कर देता है? सखी बताती है कि अमृत पीने के बाद राहु को तुम्हारे कन्त ने दो टुकड़ों में बाँट दिया था। इस राहु के पास मुख तो है लेकिन उदर नहीं इसलिए वह चन्द्रमा को पचा नहीं पाता। रूपमंजरी कहती है कि ज़रा (शरीर के टुकड़ों को जोड़ने में निपुण राक्षसी, जरासंध को जोड़ने वाली) आकर राहु की देह के दोनों खण्डों को जोड़ क्यों नहीं देती :

सखि कह राहु अमृत जब पियो। तेरे कन्त खण्ड बिनि कियो।।
उदर नहिन जामैं इह पचै। निकसि-निकसि बिरही जन तचै।।
कुंवरि कहै दुहु खण्डनि माई। जरा आनि किनि लेहि जुराई।।

एक-एक कर सभी ऋतुएँ रूपमंजरी को दुख देने आती हैं। इन्दुमती के आश्वासन के सहारे रूपमंजरी जीवित है। ग्रीष्म ऋतु में उसके दुख का पारावार नहीं। वह जल से निकली हुई मछली की तरह तड़प रही है। उसकी तड़प इन्दुमती के लिए असहनीय है। वह नागर नगधर से प्रार्थना करती है। अन्तत: विरह विदग्धा को कुँवर एक बार पुन: सपने में आकर मिलते हैं। यह रूपमंजरी की प्रेम-साधना की परिणति है। नन्ददास अपने पाठकों को सूफ़ी प्रेमाख्यानकों की परम्परा में ले जाते हैं। नायक-नायिका के प्रथम समागम का दृश्य उपस्थित होता है :

प्रथम समागम लज्यति तिया। अंचल पवन सिरावति दिया।।
दीप न बुझहि बिहंसि बरबाला। लपटि गयी पिय उरसि रसाला।।
भोजन भूख मिलत मैं लहे। ऐ परि इन सरि परत न कहै।।
प्रेम पुलक अन्तर तिहि काला। सो अन्तर सहि सकत न बाला।।
चित बिबधान सहति नहिं सोई। रूपमंजरी अस रस भोई।।

इस आख्यान में सब कुछ सपने में घटित होता है। नन्ददास फिर भी कहते हैं कि यह उपाख्यान झूठा नहीं है– 'इह उपखान सांच है भाई'। दूसरे स्रोतों से ज्ञात है कि रूपमंजरी उनके अपने जीवन की वास्तविकता है। इस उपाख्यान में उनका अनुभव मिला हुआ है– 'अब हौं बरनि सुनाऊँ ताही। जो कुछ मो-उर-अन्तर आही।।' अन्यत्र वे लिखते है कि इस काव्य-प्रसंग में मैं जो कुछ कहूँगा उसे प्रभु तुम अपना करके मानना—मेरा निजी अनुभव तुमसे जुड़कर दिव्यता हासिल करेगा :

इहि प्रसंग हौं जु कछु बखानौं। प्रभु तुम अपनौ जस कै मानौ।।

प्रबन्ध काव्य के अन्तिम दोनों दोहों में नन्ददास सन्देह की कोई गुंजाइश नहीं छोड़ते। वे बताते हैं कि यह 'रंगीलाप्रेम' ही है जिसके माध्यम से प्रभु तक पहुँचा जा सकता है :

जदपि अगम तें, अगम अति, निगम कहत है जाहि।
तदपि रंगीले प्रेम तें, निपट निकट प्रभु आहि।।

'निपट निकट' नन्ददास के जीवन और काव्य का बीज-शब्द है। नन्ददास का मानना है कि निरा-प्रेम शाब्दिक अनुभूति हो सकता है पर 'रंगीला प्रेम' की अनुभूति 'कथनी' से नहीं हो सकती। इसे जानना है तो कथनी और करनी का भेद मिटाना पड़ेगा। भौतिक अनुभव के बिना शाब्दिक अनुभूति अधूरी है। प्रेम रटने भर से प्रेम का ज्ञान नहीं होता। प्रेम-दीपक शब्दचर्चा से प्रज्ज्वलित करना असम्भव है :

कथनी नाहिंन पाइये, पाइये करनी सोय।
बातन दीपग नां बरै, बारे दीपग होय।।

याद करें पण्डितवाद पर कबीर ने एक आक्रमण इसी लहजे में किया था।[12] नन्ददास के आस-पास ऐसे लोग रहे होंगे जो अपने व्यक्तिगत जीवन में बिल्कुल नीरस या घृणा अथवा वासना के पुतले होंगे लेकिन कविता में कुछ और ही कह रहे होंगे। नन्ददास के व्यंग्य का लक्ष्य पाखण्डी समुदाय है। जिस तरह तुलसी या कबीर अपने सम्बोध्य के प्रति सावधान हैं उसी तरह नन्ददास भी। 'रूपमंजरी' के प्रारम्भ में वे तय करते हैं कि यह कहानी उनके लिए नहीं है जिन पर कवि द्वारा प्रयुक्त शब्दों का कोई असर नहीं होता :

जो हिय अच्छर-रस नहिं भिदै। सो हिय अर्जुन-बानन छिदै।।
कवि तौ तेइ पाहन सम मानै। नहिंन पखान पखान बखाने।।

स्त्री जाति के प्रति नन्ददास का दृष्टिकोण उन्हें मध्यकाल के बाकी भक्तों, कवियों से अलग करता है। नन्ददास रूपमंजरी (या उसका जो भी वास्तविक नाम रहा हो) को मित्र कहकर सम्बोधित करते हैं– 'परम रसिक इक मीत मोहिं तिन आज्ञा दीनी', 'एक मीत मो सों अस गुन्यों', 'परम विचित्र मित्र एक रहै'। नन्ददास के समय में स्त्रियों के लिए जो सम्बोधन है–कामिनि, ठगिनी, वल्लभा, स्वामिनी... उनमें मित्र कहीं नहीं शामिल है। स्त्री मित्र भी हो सकती है यह बात अगर आज के समाज को पूरी तरह स्वीकार नहीं है तो उस समय की कल्पना की जा सकती है।

मित्रता दो समान लोगों के बीच होती है और एक सामन्ती समाज में स्त्री को बराबरी का दर्जा दे पाना आसान बात नहीं है। नन्ददास बहुपठित, जागरूक तथा संवेदनशील कवि हैं। वे अपने समय के कवियों से बुरी तरह चिढ़े लगते हैं। ये कवि स्त्री के बिना कविता रच नहीं पाते पर साथ ही स्त्री को मनुष्य का दर्ज़ा भी नहीं देते। इस तरह के कवि अपनी कविता को रसपूर्ण भले ही कहते हों पर वे स्वयं नीरस होते हैं। यह नीरसता पाखण्डजन्य है। ऐसे नीरस कवियों को लक्ष्य करते हुए नन्ददास 'रूपमंजरी' में लिखते हैं :

नीरस कवि जे रसहिं न जानैं। ब्याल-बाल सम बाल बखानैं।।

स्त्री को सांपिनि कहने वाले कवियों में तुलसी तो हैं ही, सन्त परम्परा के पुरोधा कबीर भी हैं। उक्त अर्धाली को ध्यान से पढ़ें तो पायेंगे कि स्त्री को नागिन बताने वाले कवियों को नन्ददास कवि मानने से ही इंकार कर रहे हैं। मध्यकाल में स्त्री के प्रति सम्मान का यह दुर्लभ साक्ष्य है। अपने जीवन की घटना को आदर्श बताते हुए तुलसीदास ने लिखा था :

पुरुष त्यागि सकि नारिहि सो विरक्त मति धीर।
न तु कामी विषयाबस विमुख जो पद रघुबीर।[13]

तुलसीदास की इस मान्यता का नन्ददास ने किस तरह प्रतिवाद किया उसे 'रूपमंजरी' की विवेचना में हमने देखा है। नन्ददास स्त्री का साथ ही नहीं करते, ख़ुद स्त्री हो जाते हैं। यही नहीं, वे इसे अपने लिए मुक्ति का मार्ग घोषित करते हैं।[14]

मध्यकाल में परकीया भाव इतना महत्त्वपूर्ण क्यों हो जाता है?– इस सवाल पर हमारी आलोचना-परम्परा में व्यवस्थित विचार नहीं किया गया है। चैतन्य सम्प्रदाय में परकीया भक्ति को केन्द्रीयता हासिल हुई। वहाँ इसे उज्ज्वल रस से जोड़ दिया गया। वल्लभ सम्प्रदाय में भक्ति के दो भेद माने गये– शीतला भक्ति और उष्णा भक्ति। उष्णा भक्ति को सम्प्रदाय के अनुकूल भक्ति कहा गया। उष्णा भक्ति परकीया भाव की भक्ति है। कृष्ण भक्ति के दूसरे सम्प्रदायों में भी जार भाव की भक्ति को महत्त्व मिला। पूरे रीति काल में परकीया भाव की प्रधानता से हम परिचित ही हैं। परकीया-महिमा के ऐतिहासिक कारणों की छानबीन होनी चाहिए।

आचार्य हजारीप्रसाद द्विवेदी ने मध्यकाल पर विचार करते हुए लिखा कि इस्लाम के आने के बाद परम्परागत भारतीय समाज और भी संकुचित हो गया। जातिगत कट्टरता बढ़ गयी। बहुत-सी जातियाँ हाशिये पर फेंक दी गयीं' । द्विवेदी जी का यह

निष्कर्ष विवाह-संस्था पर भी लागू किया जा सकता है। धार्मिक सामाजिक कट्टरता का असर विवाह के स्वरूप पर भी पड़ा। विवाह की उम्र तो घटी ही इससे सम्बन्धित दूसरे सामाजिक बन्धन और कठोर कर दिये गये। विवाह संस्था पर सामूहिक निगरानी बढ़ गयी। विवाह के बाद जिन दो व्यक्तियों को साथ रहना है उनकी रुचि-अरुचि अर्थहीन हो गयी। विवाह संस्था के इतिहास में यह सम्भवत: सर्वाधिक बेमेल विवाहों का समय रहा। इस वक्त मध्यस्थों की भूमिका बहुत महत्त्वपूर्ण हो गयी। विवाह कराने वाले बिचौलिये ही सारा जिम्मा सँभालने लगे। अनमेल विवाह के शिकार लोगों की संख्या खूब बढ़ी। विवाह-विच्छेद की गुंजाइश लगभग खत्म हो गयी इसलिए ऐसे लोग विवाह के बाद की ज़िन्दगी अतृप्ति, तनाव और तन्हाई में काटने को बाध्य हो गये। इस घुटन से मुक्ति की कोशिश में परकीयात्व को बल मिला। प्रेमपूर्ण क्षणों की सम्भावना यहीं दिखी। तमाम उपहासों और तिरस्कारों के बावजूद परकीया का गौरव-गान हुआ। लेकिन, स्वकीया-परकीया का विभाजन तथा परकीया को प्रतिष्ठा देने का काम पुरुषों ने अपने तईं किया था। अगर 'पर-पुरुष' के पास जाने वाली परकीया है तो ऐसा करने वाले पुरुष को क्या कहेंगे? इस मुद्दे पर विचार करते हुए मुकुंद लाठ लिखते हैं, 'पुरुष-तन्त्र समाज में संस्कृति के अगुवा पुरुष ही रहते हैं, चाहे आदर्श लज्ज़ते गुनाह का ही क्यों न हो। ऊपर के छन्द में साहसकर्मा पुरुष ही है, स्त्री को तो डर से सुबकती हुई, 'वाष्प कलुषा' कहा गया है। बिल्हण के काव्य में भी परकीया भाव का मृत्युंजय शौर्य नायक का ही गुण है। नायिका तो सहमी हुई पश्चाताप से पथरायी हुई सी ही है। परकीया-भाव वहाँ पुरुषोचित साहस का पुरुषार्थ है। स्त्री तो साहस की पात्र है, उसके प्रति साहस किया जाता है। वह साहस नहीं करती ; बल्कि उसके मन में ग्लानि की कुण्ठा-सी ही जगती रहती है। पुरुष-तन्त्र समाज में यह स्वाभाविक ही था।

पर यह चित्र अधूरा है। स्त्री उतनी दीन-दलित नहीं थी जितना आपातदृष्टि से अनुमान हो सकता है। परकीया भाव का ही एक स्त्रीरूप या स्त्रीपक्ष भी संस्कृत साहित्य में उभरकर आता है। इसी को मैंने ऊपर परकीया भाव का नाम दिया है। ... यहाँ झगड़ा केवल नामकरण का नहीं है, भाव के स्वतन्त्र स्वरूप को पहचानने का भी है। यह स्त्री का भाव है, पुरुष का नहीं।'[15] किंचित अचरजभरा किन्तु सच है कि अपने वक़्त के तमाम कवियों के बीच नन्ददास स्त्री की स्वतन्त्र भाव-सत्ता को पहचानते हैं। उन्हें पता है कि परकीया भाव पुरुष-पक्ष से कहा जाता है। वे स्त्रीपक्ष की तलाश करते हैं। स्त्री अपने भाव को क्या नाम देगी, नन्ददास इसकी खोज करते हैं। इस नाम की खोज 'रूपमंजरी' में की गयी है। बेमेल विवाह की

शिकार रूपमंजरी अपना जीवन कैसे गुजारे इसकी चिन्ता उसकी सखी इन्दुमती करती है। यहाँ परकीया का स्थानापन्न प्रस्तावित है– उपपति। यह एक स्त्री द्वारा प्रयुक्त नाम है। इन्दुमती उपपति को रस कहती है और इसे रसों की सूची में सबसे ऊपर रखती है :

रसनि में जो उपपति इस आही। रस की अवधि कहत कविताही।।
सो रस जौ या कुंवरिहिं होई। तौ हौं निरखि जिऊँ सुखसोई।।

अगर परकीया प्रतिष्ठा के क़ाबिल है तो उपपति भी सम्मानजनक है, अगर परकीया में स्त्री की अवमानना छिपी है तो उपपति में पुरुष की। नन्ददास जानते हैं कि पुरुष समाज उपपति नाम को स्वीकार नहीं करेगा, इस पर कई तरह के लांछन लगायेगा। वे गोपियों के माध्यम से इस प्रश्न का सामना करते हैं। 'भाषा दशम स्कंध' में गोपियों का पक्ष है :

जो कहो उपपति रस नहिं स्वच्छ।
सब कोउ निंदत अरु अति तुच्छ।।
तहां कहति है ब्रजभामिनी।
लहलहाति जनु नवदामिनी।।
तुम्हरी ये कलगी तजि पिय।
त्रिभुवन मांझ कवन अस तिय।।
सुनतहिं आरज पथ नहिं तजै।
सुन्दर नन्द सुवन नहिं भजै।।

सगुण भक्ति धारा का, समूचे भक्ति आन्दोलन के सन्दर्भ में जब भी व्यवस्थित पुनर्मूल्यांकन होगा तब नन्ददास का वैशिष्ट्य नये सिरे से रेखांकित करने की ज़रूरत समझी जायेगी। यह सही है कि नन्ददास का काव्य-संसार कबीर-सूर-तुलसी की तुलना में बहुत विस्तीर्ण नहीं है, उनकी सामाजिक चिन्ताएँ भी अपेक्षाकृत बहुआयामी नहीं हैं, उन्होंने 'मानव जीवन का कोना-कोना झाँक' आने का उद्यम भी नहीं किया है, लेकिन नन्ददास के खाते में जितना दर्ज हो सका उतना ही उन्हें मूल्यवान कवि साबित करने के लिए पर्याप्त है। हम चाहे साहित्य को साहित्य के ही नज़रिये से देखने के आग्रही हों या साहित्य को जाँचने के लिए ऐतिहासिक-सांस्कृतिक (साहित्येतर!) प्रतिमानों के प्रयोग के हिमायती–दोनों ही उपक्रमों में नन्ददास अनिवार्य सन्दर्भ बनते हैं। शब्दशक्ति में नन्ददास की अकूत आस्था, स्वयं को कवि रूप में ही पहचाने जाने का आग्रह, संस्कृत पर वर्ण विशेष की इज़ारेदारी

तोड़ने के लिए 'नाममाला', 'अनेकार्थ मंजरी', 'भाषा भागवत' की रचना, काव्य जगत में स्त्री-पक्ष को अपने ढंग से प्रस्तुत करने का प्रयास–कुल मिलाकर हिन्दी की साहित्य-परम्परा में नन्ददास की उपस्थिति गौरवपूर्ण कही जा सकती है।

सन्दर्भ

1. शास्त्री, कंठमणि (सं.), 'प्राचीन वार्ता रहस्य' द्वितीय-भाग, नन्ददास की वार्ता, विद्या विभाग कांकरोली, राजस्थान, प्रकाशन सम्वत् 2009, पृ. 467-568 देखें 'पूर्वग्रह 111' में प्रकाशित मेरा लेख 'नन्ददास की कविताई'।
2. गो., श्री व्रजभूषणलालजी महाराज, दो सौ बावन वैष्णव की वार्ता, खण्ड-तीन (तीन जन्म की लीला भावना वाली), श्री द्वारकादासजी परीख (संपा), गो. श्री हरिरायजी महाप्रभु प्रणीत, वैष्णव मित्र मण्डल सार्वजनिक न्यास, इन्दौर, 2001, पृ. 269
3. वही, पृ. 317
4. वही, पृ. 317
5. 'दि मेडियवल आइडिया ऑफ़ मैरिज', क्रिस्टोफर ब्रुक, ऑक्सफोर्ड यूनि. प्रेस, 1989, भूमिका भाग से
6. ब्रजरत्नदास सं., 'नन्ददास ग्रन्थावली' नागरी प्रचारिणी सभा, काशी, दूसरा संस्करण सम्वत् 2014, 'रूपमंजरी' के सभी उदाहरण इसी ग्रन्थावली से लिये गये हैं।
7. गुप्त, डॉ. माताप्रसाद सं., 'मधुमालती' मंझन, मित्र प्रकाशन प्रा. लि., इलाहाबाद, संस्करण सन् 1969, पृ. 4
8. सिंह, डॉ. भगवती प्रसाद, 'राम भक्ति में रसिक सम्प्रदाय' अवध साहित्य मन्दिर, बलरामपुर, गोंडा, सम्वत् 2014, पृ. 103-110
9. वही, पृ. 8
10. 'ध्वन्यालोक', अध्याय तीन, कारिका संख्या 41 की वृत्ति में उद्धृत, ज्ञानमंडल, वाराणसी, 1998, पृ. 304; इस श्लोक के अद्भुत काव्यानुवाद के लिए देखें राधावल्लभ त्रिपाठी का लेख 'बहुवचन' 4, पृ. 125
11. सिंह, डॉ. विद्या बिन्दु, 'अवधी लोकगीत : समीक्षात्मक अध्ययन', परिमल प्रकाशन, इलाहाबाद, 1983, पृ. 88
12. *पंडित बाद बदंते झूठा।*
    राम कहे दुनिया गति पावै खांड कहे मुख मीठा।।
    पावक कहे पांव जो दाझे जल कहि तृषा बुझाई
    भोजन कहे भूख जो भाजै तो सब कोऊ तरि जाई।।
13. 'मानस', उत्तर काण्ड, दोहा संख्या 115 (क) गीता प्रेस, गोरखपुर
14. *इन्दुमती मतिमंद पै, अवर नहिन निबहंति।*
    नागर नगधर कुँवर पग इहि मग छुट्यो चहंति। 'रूपमंजरी' दोहा संख्या-22
15. लाठ, मुकुन्द, 'स्वीकरण', नेशनल पब्लिशिंग हाउस, नयी दिल्ली, 1919, अनुकथन, पृ. 153-54

सूर की स्त्री सम्बन्धी अवधारणा

डॉ. प्रमोद कुमार प्रसाद

नारी के स्थान निर्धारण को लेकर मध्यकालीन सन्तों एवं कवियों की दृष्टि में बड़ी भिन्नता मिलती है। मध्यकालीन कवियों के दर्शन में नारी कभी भोग्या, कामिनी, माया की प्रतिमूर्ति रही तो कभी आदर्श रूप। परन्तु सूक्ष्म आकलन से चौंकानेवाला एक तथ्य यह भी उजागर होता है कि महाकवि सूर को छोड़कर अन्य कवियों की नारी विषयक सोच में एक अनजानी साम्यता है और वह यह कि लगभग सभी ने नारी को 'पुरुष' से निचले दर्जे पर रखा है। इस कटु सत्य को तत्कालीन सामाजिक प्रभाव कहकर या परम्परा की दुहाई देकर कवियों को उनके दायित्व से मुक्त नहीं किया जा सकता क्योंकि सामाजिक प्रभावों के बीच भी कवि की अपनी मौलिक और स्पष्ट अवधारणा हुआ करती है जो देशकाल के प्रभाव से मुक्त होती है। सूर की दृष्टि उस मौलिकता से दीपा है। सूर के इस दृष्टि औदात्य को परखने के लिए उनके समकालीन कवियों की दृष्टि का विवेचन यहाँ आवश्यक है।

मैथिली कवि विद्यापति ने नारी को संयोग-वियोग से अलग करके देखने की चेष्टा लगभग नहीं की है। उनकी नायिका मिलन के लिए आतुर और विरह में प्राणान्तक दुःख झेलने के अलावा कुछ नहीं कर पाती है– *कुल कामिनी छलौं, कुलटा भए, गैली तिनकर वचन लोभाई। अपने कर हम मूँड मुडाएल, कानु से प्रेम बढ़ाई।*[1] यहाँ नारी की जो छवि बनती है वह वासना की पूर्ति का पर्याय है।

सन्त कबीर ने नारी को ज्ञान के मार्ग की बड़ी बाधा बताया है। कबीर स्त्री की परछाईं तक से बचने की सलाह देते हैं "नारी की झाँई परत अन्धा होत भुजंग। कहे कबीरा तिन की कौन गति, जो नित नारी संग।"[2] एक तरफ़ कबीर ने स्पष्ट रूप

एसोसिएट प्रोफेसर, हिन्दी विभाग, विद्यासागर विश्वविद्यालय, मिदनापुर, पश्चिम बँगाल

से नारी के महत्त्व को नकारा है वहीं दूसरी ओर निर्गुण की आराधना करते हुए वे स्वयं को नारी रूप में ही कल्पित करते हैं, *दुलहनी गावहु मंगलचार, हम घरि आये हो राजाराम भरतार।*[3] महाकवि तुलसीदास भी अपनी पत्नी रत्नावली की प्रेरणा से ही रामचरितमानस जैसे महाग्रन्थ को लिखने में सफल हुए फिर भी उन्होंने नारी को कमतर माना है।

किन्तु सूरदास इन सबसे निराले हैं। सूर को हम जन्मान्ध कहें या दुर्घटनावश हुए नेत्रहीन पर यह सच है कि लौकिक आँखों के बिना भी उन्होंने नारी को जिस रूप में देखा है वह पूर्णतः मानवीय और विशिष्ट है। सूर ने न तो नारी को देव-पद पर चढ़ाया और न ही पद-रज में ढकेला है। पूरे 'सूरसागर' में कहीं भी उनकी नारी (नायिकाएँ) कृष्ण से राई रत्ती भी कम नहीं आँकी गयी हैं। सूर ने उसे कृष्ण (पुरुष) के समकक्ष स्थान दिया है जो उनकी वैचारिक उदारता का परिणाम है। युगीन परिस्थितियों की दृष्टि से देखें तो लगभग वही सामाजिक स्थितियाँ सूर के समय भी थीं जो कबीर और तुलसीदास के युग की थीं। ये दोनों महाकवि नारी को 'दासी' के दासत्व से मुक्त नहीं करा सके पर सूर के लिए 'नारी' दासी नहीं, सखी है। एक अन्तरंगता है जिससे अपने मन की बात कहकर पुरुष अधिक मुक्त होता है उसे अपने हर क्रियाकलाप में सम्मिलित कर आनन्द का अनुभव करता है। ब्रज के हर पर्व में गोपिकाओं की सहभागिता बराबरी की है –

हरि सँग खेलति हैं सब फाग।
सखी, कुमकुम केसरि, भुरकतिं बन्दन धूरि।
सोभित है तनु सांझ-समै-घन, आये हैं मनु पूरि।
दसहूँ दिसा भयौ परिपूरन, सूर प्रसंग प्रमोद।
सूर विमान कौतूहल भूले, निरखत स्याम बिनोद।[4]

सूर की मानवीयता यह है कि वे नारी पर न तो किसी प्रकार का लांछन लगाते हैं न ही उसे दुःख का मूल मानते हैं। उनकी नारी, रंगमहल या रनिवास की दीवारों में क़ैद स्त्री नहीं है। नारी के प्रति सूर के मन में किसी प्रकार का सन्देह नहीं है। ब्रज की गोपिकाएँ मध्य रात्रि में भी कृष्ण की मुरली सुनकर वन को दौड़ जाती हैं। वहाँ किसी प्रकार की मलिनता नहीं है। उनकी पवित्रता के प्रति सूर आश्वस्त हैं। घर-गृहस्थी का सारा भार सम्हालते हुए भी गोपिकाओं का कला और सात्विक प्रेम के प्रति आकर्षण, एक विलक्षण अनुभूति है जिसे मात्र 'सूर' अनुभूत कर सकते हैं। सूर की गोपियाँ छटपटाने के लिए विवश नहीं हैं। वे स्वतन्त्र निर्णय लेने में

समर्थ हैं। सूर की नारी वह नहीं है जिसे गाय की भाँति किसी भी खूँटे से बाँध दिया जाय। ये वह सशक्त नारी है जो अपने स्वतन्त्र विचारों, भावनाओं, आकांक्षाओं एवं स्वप्नों के समक्ष किसी भी प्रकार के थोपे गये विचार स्वीकार नहीं करती। उसकी अपनी 'आस्था' है, अपने तर्क हैं। जिनके सामने कोई नहीं टिक पाता है। उद्धव का पाण्डित्य उन्हें आतंकित नहीं करता बल्कि वे ही उद्धव की कोरी विद्वता का उपहास करती है। गोपियों के सटीक तर्क से उद्धव खड़े हो जाते हैं। वे अपने व्यंग्य बाणों से उद्धव को घायल कर देती हैं– गोपियों की प्रत्युत्पन्नमति उद्धव को अवाक कर देती है। सिवाय पछतावे के उद्धव के हिस्से में कुछ शेष नहीं रह जाता–*उधो मन साधि रहे। योग कहि पछितात मन-मन, बहुरि कछु न कहे।*[5]

सूर की गोपिकाएँ परिस्थितियों से समझौता नहीं करतीं। कृष्ण के मथुरा गमन के पश्चात उत्पन्न विरह की स्थिति, व्याकुलता वस्तुतः समझौता नहीं वरन् उनके आत्मनियन्त्रण की परीक्षा की घड़ी है जो गोपियों ने स्वयं निर्मित की है। अन्यथा मथुरा से ब्रज के बीच की दूरी मात्र तीन कोस की है जिसे गोपिकाएँ चाहतीं तो सहज लाँघ सकती थीं पर वे अपने इस निर्णय पर अटक जाती हैं कि इस निरावलम्ब दशा में भी वे दूसरे किसी का आश्रय नहीं चाहती–अन्त तक कृष्ण की ही बनकर रहेंगी, चाहे जो हो जाये।.... गोपिकाओं की प्रेम साधना बहुत बड़ी है। वह निष्ठा अभिनन्दनीय है, जो एक की होकर दूसरे का मुँह नहीं देखती; वह व्रत वन्द्य है जो मृत्यु को सामान्य करके अमर बनाता है।[6] वस्तुतः सूर की गोपियों का प्रेम अत्यन्त गूढ़ है। कायिक आकर्षण उन्हें प्रेमपथ से डिगा नहीं पाता। उनका आत्मविश्वास दृढ़ है। सूर की नारी अपनी सहज स्वाभाविक बुद्धि से निर्गुण के उलझे जाल को सुलझाने की सामर्थ्य रखती है। गोपियाँ संयोग में सदृश्य कृष्ण तथा वियोग में अदृश्य कृष्ण की उपासिका हैं। उनकी विशुद्ध भक्ति में साकार निराकार की कोई उलझन नहीं है।

ब्रज की नारी, ब्रज की संस्कृति का अभिन्न हिस्सा है। ब्रज में होने वाले हर तीज-त्योहार में उसकी भागीदारी महत्त्वपूर्ण है। जन्मोत्सव, अन्नप्राशन, गोवर्धन पूजा, रासलीला, फागपर्व, वसन्तोत्सव आदि सभी में गोपिकाएँ बढ़-चढ़ कर हिस्सा लेती हैं और सबसे बड़ी बात यह है कि कृष्ण भी अपनी बाल्यावस्था से लेकर युवावस्था तक के विकास में इन्हीं गोपियों का आश्रय लिये दिखलाई देते हैं।

गोकुलनाथ विराजत डोल।
संग लिए वृषभानु नन्दिनी, पहिरे नाल निचोल।
कंचन खचित लालमनि मोती, हीरा जटिल अमोल।

झुलवहिं जुर मिलै ब्रज सुन्दर, हरषित करति कलोल।[7]

सूरदास के यहाँ स्त्री उन्मुक्त भाव से विचरण करती है। वह स्वतन्त्र है। घर को तोड़कर बाहर निकलने की आकांक्षा का जैसा सहज, स्वाभाविक और मार्मिक चित्रण सूरदास के यहाँ है, वह अन्यत्र दुर्लभ है।[8] घर का यह तोड़ना असामाजिक नहीं सामाजिक नियमों की अमानवीयता, असामाजिकता को तोड़ना है।[9] इस प्रकार सूरदास के काव्य में स्त्री समाज के बन्धनों को तोड़ प्रिय के साथ उन्मुक्त भाव से विचरण करती है।

सूरदास ने जहाँ स्त्री के सखी, प्रेमिका रूप का चित्रण किया है वहीं मातृरूप का भी अभूतपूर्ण चित्र उतारा है। सूरदास के सम्बन्ध में ऐसा कहा जाता है कि उन्होंने वात्सल्य भाव का चित्रण बन्द आँखों से जैसा किया, वैसा अन्यत्र दुर्लभ है और यह सत्य भी है। माता यशोदा सरल, सहज स्वभाव वाली वात्सल्यमयी प्रेमरूपी भावुक माता हैं। वह अपने बाल-गोपाल की छवि को निहार कर आनन्दित होती हैं तथा उसकी सभी बाल सुलभ चेष्टाओं को देखकर अपने भाग्य की सराहना करती हैं।

सूरदास जहाँ माता यशोदा के मातृ हृदय के वात्सल्य प्रेम को छूने में समर्थ हुए हैं वहीं बालक कृष्ण के वियोग में माता यशोदा के करुणा-विगलित हृदय का मर्मस्पर्शी चित्रण भी करते हैं। कृष्ण के मथुरा-गमन की सूचना मिलते ही यशोदा दरवाजे पर बार-बार जाती हैं और लोगों से आग्रह करती हैं कि बाल-गोपाल को जाने से रोकें। कृष्ण के मथुरा चले जाने के बाद माता यशोदा दिन-रात उन्हें याद करके रोती हैं। व्याकुल हृदय यशोदा पति नन्द के ब्रज में कृष्ण के बिना वापस लौट आने को देखकर शोक से भर जाती हैं और नन्द को धिक्कारती हुई कहती हैं –

उलटि पग कैसे दीन्हों नन्द
छाँड़े कहाँ उभै सुत मोहन, धिक जीवन 'मतिमंद'।
कै तुम धन-जोबन-मदमाते, कै तुम छूटे बन्द।
सुफलक-सुत बैरी भयौ हमकौ, लै गयौ आनन्द-कंद।[10]

माता यशोदा के व्याकुल व सन्तप्त हृदय की यह चरम सीमा है, जिसे सूर ने अपनी बन्द आँखों से चित्रित किया है।

इस प्रकार सूरदास के काव्य में स्त्री स्वतन्त्र है। डॉ. विश्वनाथ प्रसाद त्रिपाठी के अनुसार जिस युग में सूरदास ने अपनी रचना की उसमें नारी पराधीन थी लेकिन लीला वर्णन के माध्यम से सूर ने उस स्थिति का स्वप्न देखा जिसमें नारी बन्धनों को तोड़कर कुण्ठारहित तौर पर अपने प्रिय के साथ विचर सकती है। रास, महारास

का केवल धार्मिक आध्यात्मिक महत्त्व ही नहीं, उसका सामाजिक महत्त्व भी है।[11] स्पष्ट है कि सूरदास के यहाँ स्त्री पराधीन नहीं है, उन्मुक्त है। सूर ने अपनी व्यापक विचारणा से नारी को पूर्ण मानव का दर्जा देने और उसे पुरुष के समक्ष स्थापित करने की पहल की है।

सन्दर्भ

1. सिंह, डॉ. शिवप्रसाद, विद्यापति, लोकभारती प्रकाशन, इलाहाबाद, 2011, पृ.-276
2. कबीर, साखी संग्रह, वेलवेडियर प्रेस, प्रयाग, 1926, पृ. 175
3. दास डॉ. श्यामसुन्दर (सं.), कबीर ग्रन्थावली, लोकभारती प्रकाशन, इलाहाबाद, 2014, पृ. 117
4. वर्मा, धीरेन्द्र (सं.), सूरसागर सार सटीक, लोकभारती प्रकाशन, इलाहाबाद, 2019, पृ. 209
5. वही, पृ. 308
6. वाजपेयी, नन्ददुलारे, महाकवि सूर, राजकमल प्रकाशन, नयी दिल्ली, 2018, पृ.166
7. वर्मा, धीरेन्द्र (सं.), सूरसागर सार सटीक, पृ. 210
8. त्रिपाठी, विश्वनाथ, मीरा का काव्य, वाणी प्रकाशन, नयी दिल्ली, 2019, पृ. 49
9. वही, पृ. 49
10. वर्मा, धीरेन्द्र (सं.), सूरसागर सार सटीक, पृ. 228
11. त्रिपाठी, विश्वनाथ, मीरा का काव्य, वाणी प्रकाशन, नयी दिल्ली, 2019, पृ. 49

जायसी की पद्मावती की छवि : एक अध्ययन

डॉ. छाया चौबे

मध्यकाल में एकमात्र 'जायसी' ही ऐसे कवि हैं जिन्होंने समाज में स्त्री की स्थिति को विचारधारा, इतिहास तथा मानवीय अनुभूति के मिश्रण से महाकाव्य का रूप दे दिया। 'फैक्ट' और 'फिक्शन' के बेजोड़ कवि जायसी ने सूफ़ी प्रभाव के साथ स्त्री की वास्तविक स्थिति से भी टकराहट की।

जायसी के सौन्दर्य वर्णन में सर्वत्र असीम प्रेम की दिव्यानुभूति होती है। दुनिया के बहुत बड़े शक्तिशाली धर्म इस्लाम से निकला 'सूफीमत' ख़ुदा के नूर में स्त्री की छवि देखता है जहाँ स्त्री स्वयं परमात्मा है और जिसका दर्पण यह सारा सुन्दर जगत है जिसके कण-कण में उस असीम की सत्ता है। सूफीमत में एकेश्वरवाद के दैवीय स्वरूप को प्रकाशपुंज माना गया है जो स्वयं प्रतिभासित होता है और जिसे उसकी आँखों से ही देखा जा सकता है :

'When My beloved appears
with what eye do I see him
with his eye, not with mine,
for none sees Him except Himself."[1]

किन्तु यहाँ 'स्त्री' पुरुष की कोई सम्पत्ति नहीं जो उसे यूँ ही मिल जाये। इस अलौकिक क्षेत्र में उसे पाने के लिए प्रेम की बहुत कड़ी परीक्षा देनी होती है यहाँ प्रेम की बाधाओं की परीक्षा हमारे भारतीय साहित्य में मौजूद सीता, राधा या मीरा नहीं बल्कि रांझा, मजनूं, फरहाद और लोरिक, मनोहर, रतनसेन जैसे पुरुषपात्र देते हैं। उस ख़ुदा को पाने के बाद इस सूफियाना इश्क में इसी प्रकार सब कुछ प्रेममय हो जाता है–

असिस्टेंट प्रोफेसर, एम.वी.कॉलेज, बक्सर (बिहार)

''हुस्न भी हो हिज़ाब में/इश्क भी हो हिज़ाब में

या ख़ुद आशकार हो/या मुझे आशकार कर।।" (बाले जिबरील)[2] किन्तु वह स्त्री हो यह कोई निश्चित ढाँचा नहीं। डॉ. नरेश सूफ़ी दरगाहों में साधकों की इसी ऐच्छिक स्वतन्त्रता की बात करते हुए स्पष्ट लिखते हैं– ***"सूफियों की खानकाहों-दरगाहों में प्रेमी और प्रेमिका का व्यक्तिगत सम्बन्ध जोड़ने का कोई प्रयास कभी नहीं किया गया। इन स्थलों पर साधकों को केवल उस अवस्था के लिए तैयार किया जाता है जहाँ पहुँचकर वे व्यक्तिगत ढंग से अपने प्रभु से मनचाहा प्रेम कर सकें।"***[3] परन्तु साधना में स्त्री को अधिक उपयुक्त माना गया है। निजामुद्दीन औलिया ने भी सूफ़ी साधना में साधना के लिए पुरुष की अपेक्षा स्त्री को एक आदर्शपरक स्वरूप माना- "A women from indraprasta named fatma. she had been such a model of chastity and virtue that shaykh al islam farid ad-din-may god sanctify his lofty secret-used to say repeatedly of her; 'That woman is a man whom the creator has sent to earth in the bodily form of a woman.[4] इन सिद्धान्तों या दर्शनों के समानान्तर काव्य की धारा भी प्रवाहित हो रही थी जिसमें पद्मावत का महत्त्वपूर्ण स्थान है। पद्मावत में सूफ़ी काव्य का निर्वाह अन्ततः नहीं हो पाता। पद्मावत में नारी चरित्रों की सशक्त भूमिका देखने को मिलती है। स्त्री के हर रूप की झाँकी पद्मावत में मौजूद है। सिंहल के श्रृंगार-हाट में वीणा लिये रसिकों को मुग्ध करने वाली वेश्याएँ हैं जो कीर्तिलता के हाट की याद दिलाती हैं तो कुमुदनी तथा कुटनी, स्त्री के मक्कार रूप की प्रतिनिधि हैं। वहीं पद्मावती, पार्वती, लक्ष्मी आदि स्त्री-पात्र दिव्यरूप में अलौकिक पात्र हैं, तथा नागमती, धाय, बादल की माता, रत्नसेन की माता तथा अनेक सखियाँ साधारण या सहज चरित्र से लबरेज़ होकर भी अनेक अर्थों की छटा व्यंजित करती हैं।

'पद्मावती' नाम भारतीय साहित्य में बहुत परिचित है, संस्कृत के कई काव्यों की नायिका का नाम पद्मावती है। हिन्दी में इस नाम के साथ मलिक मुहम्मद जायसी के प्रसिद्ध काव्य का योग है।[5] रम्या श्रीनिवासन के शब्दों में - "A beautiful heroine named padmavati was a staple figure in such romance narratives from at least the second century, across hindu, buddhist, and jain traditions." [6]

जायसी ने गाढ़े प्रेम की इस निराली दासता को रक्त की लेई से रचकर पद्मावती को अमर कर दिया–

मुहम्मद यहि कवि जोरि सुनावा। सुना सो प्रेम पीर गा पावा।

जोरी लाइ रक्त कै लेई। गाढ़ी प्रीति नैन जल भेई।

× × × × ×

कहां सुरूप पदुमावती रानी। कोइ न रहा जग रही कहानी।''[7]

सातों द्वीपों में विशिष्ट और अलौकिक सिंहलद्वीप के राजा गन्धर्व सेन और रानी चम्पावती के यहाँ पद्मावती का जन्म हुआ। उसकी अलौकिक शोभा का प्रभाव दिगन्त और सर्वव्यापी था–

जानहु सुरुज किरिन हुति काढ़ी। सुरूज करा घाटि वह बाढ़ी।

भा निसि मांह दिन क परगासू। सब उजिआर भएउ कबिलासू।।

पाँच वर्ष के बाद ही वह वेद-पुराण पढ़ने लगी–

पाँच बरिस मंह भई सो बारी।

दीन्ह पुरान पढ़े बैसारी।।'[8]

क्रमशः पद्मावती सयानी होती गयी। राजा गन्धर्व सेन ने उसे सात खण्ड वाले धवलगृह में रहने का स्थान दिया। जहाँ उसके पास हास-परिहास के लिए सखियाँ भी थीं और ज्ञान चर्चा के लिए हीरामन नामक एक गुणी तोता था।[9] मध्ययुग में 'स्त्री' महल की चारदीवारी, सामन्ती-शासन, उच्चकुल की बन्दिश में जन्म से बाँध दी जाती। जिसकी बेड़ियों की मानसिक जकड़न को लाँघने का दुस्साहस 'मीरा' जैसी महान साधिका ही कर सकी। इन राजघरानों में शिक्षा से लेकर सखियाँ तक महल में ही उपलब्ध करा दी जाती थीं जहाँ राजकन्या उन दायरों के भीतर ही अपना संसार निर्मित कर लेती है। मानसरोदक खण्ड में जायसी ने पद्मावती के रूप में सम्बन्ध में विशद प्रकाश डाला है–

कहा मानसर चाहा सो पायी। पारस रूप इहा लगि आयी।

भा निरमर तेन्ह पायन परसें। पावा रूप रूप से दर से।

भलै समीर बास तन आयी। भा सीतल गै तपनि बुझाई।

न जनौं कौनु पौन ले आवा। पुन्नि दसा भै पाप गंवावा।[10]

यही नहीं, उसके सौन्दर्य की पुनीत पावन ज्योति का शिवमय प्रभाव देखिए -

नैन जो देखे कंवल भए, निरमल नीर सरीर।

हँसत जो देखे हंस भए, दस जोति नग हीर।।[11]

जायसी के काव्य में निरूपित परमसत्ता का रूप जामी के परमात्मा में भी इसी प्रकार मौजूद है– ***"तुम परमसत्ता हो और सब कुछ मरीचिका मात्र है, क्योंकि***

तुम्हारी दृष्टि में सभी वस्तुएँ एक हैं। सम्पूर्ण सृष्टि को मुग्ध करने वाला तुम्हारा सौन्दर्य अपनी पूर्णता को प्रकाशित करने के लिए हजारों दर्पणों में प्रतिभासित होता है, लेकिन वह सौन्दर्य एक ही है।"[12] जायसी पद्मावती की ज्योत से ही सारे संसार के सुन्दर होने की कल्पना करते हैं–

"रवि ससि नखत दिन्ही ओहि जोती। रतन पदारथ मानिक मोती।"[13]

'पद्मावती' जायसी की विचारधारा और समाज में नारी की स्थिति, दोनों के बीच की गहरी फाँक को भी उजागर करती है। पद्मावती का लोकपक्ष जायसी के काव्य को उत्कृष्ट बनाता है तो अध्यात्म, परलोक पक्ष को अलौकिक करता है, साथ ही दोनों की टकराहट भी पद्मावती में मौजूद है।

'पद्मावत' में पद्मावती के अनेक रूप, उसकी बदलती छवियाँ, इतिहास, कल्पना और अध्यात्म तीनों को गूँथती चलती हैं। मध्ययुग का 'लीलाभाव' वाला रूप पद्मावती के लोक और परलोक दोनों को साधता है। विजयदेव नारायण साही पद्मावती को पूरी संस्कृति का स्वप्न मानते हुए कहते हैं– ***"पद्मावती कवि का निजी स्वप्न नहीं है, जैसा रोमांटिक और छायावादी कवियों के साथ होता था - पद्मावती एक पूरी संस्कृति का स्वप्न है इसलिए यह स्वप्नमयता उसकी पूरी काया के साथ एकात्म हो जाती है, काया को तिरोहित नहीं करती। उसके सौन्दर्य की अपार्थिवता के साथ उसकी यह अपार्थिवता अक्षुण्ण रहती है।"***[14]

पद्मावती का रूप-सौन्दर्य वर्णन अलौकिक है, जहाँ पूरी परम्परा को समेटा गया है। जायसी के सौन्दर्य वर्णन के प्रतिमानों में तीन आधार मिलते हैं पहला-जंगल से उपजे प्रतिमान जो संस्कृत परम्परा में मौजूद है। दूसरा - धातुपरक वर्णन जिसमें नारी को वस्तु मानकर मोती, सीप, हीरा आदि उपमान आये हैं और तीसरा अस्त्र-शस्त्र मूलक जो शक्ति तथा वर्चस्व के सूचक उपमान में कटार, भालें आदि उपमानों के रूप में वर्णित है।

जायसी के 'पद्मावत' में तीनों आधारों के उपमानों का परिस्थितिनुकूल वर्णन मौजूद है। पद्मावती का सौन्दर्य-वर्णन 'शिख-नख' की परम्परागत प्रणाली में किया गया है जिसके विषय में आचार्य शुक्ल ने लिखा है–***"रूप-सौन्दर्य ही सारी आख्यायिका का आधार है। अतः पद्मावती के रूप का बहुत ही विस्तृत वर्णन तोते के मुँह से जायसी ने कराया है। यह वर्णन यद्यपि परम्पराभुक्त ही है, अधिकतर परम्परा से चले आते हुए उपमानों के आधार पर ही है।"***[15]

'पद्मावत' में दो स्थलों पर हुए शिख-नख वर्णन का प्रभाव विपरीत पड़ता है। जहाँ राजा रत्नसेन इस वर्णन को सुनकर सम्राट के आधिपत्य भाव को भूलकर जोगी बनकर निकल जाता है। उसे पद्मावती के रूप श्रवण से दिव्य प्रेम की अनुभूति होती है वहीं राघव चेतन इस रूप श्रवण के पश्चात् संसार की दुर्लभ वस्तु के रूप में पद्मावती का संग्रह सोलह सौ रानियों के क्रम में करना चाहता है। शिख-नख वर्णन के प्रभावगत भिन्नता के परिमाणस्वरूप एक ने साधक का मार्ग चुना और योगी बना तो दूसरे ने योद्धा का मार्ग चुनकर आक्रमण किया। यद्यपि लोभ का भाव दोनों के मन में उपजा किन्तु पद्मावती की प्राप्ति का साधनामूलक मार्ग रत्नसेन के प्रेम का परिष्कार कराता है, जहाँ उसे परमात्मा की प्राप्ति और अलाउद्दीन के युद्ध का मार्ग चुनने से उसे एक मुट्ठी राख की प्राप्ति होती है। डॉ. श्याममनोहर पाण्डेय ने भी इसी दृष्टिकोण की बात कही जिसका प्रस्फुटन मनुष्य की मूलचेतना से होता है– ***"मुख्य प्रश्न दृष्टिकोण का है। कोई व्यक्ति प्रस्तर मूर्ति में ईश्वर की झांकी देखता है। यदि कोई साधक प्रस्तर मूर्ति के स्थल पर अपनी प्रेयसी में ही ईश्वर की विराट सत्ता का दर्शन करता है तो इसकी साधना किसी प्रकार हीन नहीं है। ...पद्मावती रतनसेन के लिए सामान्य नारी नहीं है, वह उसमें विराट सत्ता के दर्शन करता है। वह उसके रक्त की बूँद-बूँद में रमी हुई है। रोम-रोम में वही बसी हुई है। हाड़-हाड़ में उसका शब्द है, नस-नस में उसकी ही ध्वनि है।"***[16]

रत्नसेन ने पद्मावती में ईश्वर के रूप का दर्शन किया जिसके प्रेम में वह भिखारी बना। यहाँ कह सकते हैं कि 'आत्मदान का साहस' और 'प्रेम की एकनिष्ठता' ही साध्य की प्राप्ति की कसौटी बना, जहाँ अलाउद्दीन को असफलता मिली।

प्रेम की उस तड़प का नाम है 'पद्मावती', जिसकी झलक रत्नसेन के हृदय में मिलती है। यह 'प्रेम' पूरी परम्परा से संवाद करता है जो आदिकाल से सूत्र बटोकर मध्यकाल में अन्य दर्शनों तथा धाराओं पर भी अपनी छाप छोड़ता है। पद्मावत के बाद रामचरितमानस में सीता को पाने के लिए राम की कठोर साधना वही मंजिल तय करती दिखाई देती है जो रत्नसेन के प्रेम में दिखती है। कृष्णकाव्य परम्परा में तो इस सूफियाना इश्क की पूरी झलक मिलती है जहाँ अनेक गोपियाँ कृष्ण के प्रेमालम्बन में स्वयं को न्योछावर कर देती हैं। जगत में 'राधा-कृष्ण' ही अमर प्रेम की निराली, अनोखी दास्तान रचते हैं। रीतिकाल में राधा-कृष्ण प्रेम के उस आदर्श रूप का विरोध मिलता है किन्तु नायक-नायिकाओं के प्रेम में विरह की उन्हीं ऊहात्मक तीव्रताओं का प्रयोग मिलता है तथा वेश्याओं को उपभोग का मानदण्ड स्वीकारा गया है। आगे

इसी क्रम में आधुनिक काल में प्रेम की वही धारा काव्य रूप में निरन्तर प्रवाहित है। कामायनी में इड़ा के होते हुए भी श्रद्धा और मनु उस परम्परा को पुनः जीवन्त कर देते हैं जो नागमती के बरक्स पद्मावती और रत्नसेन के प्रेम में दिखती है।

जायसी के 'पद्मावत' में पद्मावती के बरक्स 'नागमती' का शक्तिशाली चरित्र भी अपनी अलग कहानी बयाँ करता है। यदि नागमती इस कथा में नहीं होती तो क्या पद्मावत महाकाव्य बन पाता? पद्मावती का अलौकिक जगतव्यापी शिख-नख वर्णन, नागमती के वियोग वर्णन के आगे धूमिल जान पड़ता है।

अन्त में बादल की पत्नी का चरित्र बेहद प्रभावशाली तथा इतिहास में अमर रहने वाला है। बादल की पत्नी का महज सती होना या गर्वोक्तिपूर्ण वचन कहना मात्र ही उसे इस स्तर पर खड़ा नहीं करता बल्कि वे परिस्थितियाँ महत्त्वपूर्ण हैं जहाँ मन:स्थिति को आकस्मिक आघात पहुँचता है। पद्मावती भी सती होती है तथा सभी हरम की रानियाँ भी। किन्तु दु:ख को झेलने के कारण वे सभी उस मन:स्थिति में प्रवेश कर चुकी हैं। पद्मावती राजपूत स्त्री है वह इस सत्य को जानती है कि रत्नसेन को वीरगति प्राप्त हो सकती है किन्तु बादल की पत्नी तुरन्त नवोढ़ा रूप में उसने सिन्दूर सजाकर, शृंगार करके नये घर में प्रवेश किया। उसका पति युद्ध को जाने के लिए तत्पर है जहाँ वह उर्मिला की तरह लक्ष्मण की प्रतीक्षा भी नहीं कर सकती कि उसका पति चौदह वर्ष बाद आयेगा भी या नहीं।

आचार्य शुक्ल द्वारा 'पद्मावत' की प्रेम पद्धति को एकान्तिक तथा लोकशून्य बताया गया किन्तु पद्मावती के जन्म से अन्त तक का जीवन-संग्राम, जीवन के अनेक पड़ावों की जटिल तथा सुखमय झाँकी शायद ही किसी पक्ष की अवहेलना कर सकी। झूला झूलते, स्नान करते, शृंगार करते, विदा होते समय, राजमहल में सौत के साथ, पति की संकट से रक्षा, गोरा बादल को वीरतापूर्ण उपदेश तथा एक क्षत्राणी की भाँति रत्नसेन को मुक्त करना तथा अनेक अवसरों पर छले जाना आदि अनेक घटनाएँ पद्मावती के लौकिक तथा अलौकिक दोनों रूपों से जुड़े होने के कारण विस्तृत फलक पर इतिहास तथा उस मध्ययुगीन समाज दोनों को जीवन्त कर देती है जिसका अन्त अध्यात्म की बुनावट को बेजोड़ कर सब कुछ को खुफ्तगानेखाक कर देता हैं जहाँ सिर्फ एक अन्तिम सत्य बचता है - 'प्रेम'।

''कोइ न रहा जग रही कहानी।''[17] वाली मल्टीडायमेंशनल छवि पद्मावती के अनेक पहलू ग्रहण करने वाले के आस्वाद पर निर्भर है।

सन्दर्भ

1. Renold, A. Nicholson, The Mystic of Islam,P. Routledge and Kegan Pal, London & Boston, First Pub., 1914, PP.165-66
2. दिनकर, रामधारी सिंह, संस्कृति के चार अध्याय, लोकभारती प्रकाशन, इलाहबाद, 2013, पृ.259
   यह भी कैसी स्थिति है कि सौन्दर्य भी पर्दे में छिपा हुआ है और प्रेम भी आवरण के नीचे है। या तो ख़ुद तू पर्दे से बाहर आ जा, या फिर मेरे ही ऊपर का आवरण हटा दे।
3. दिनकर, रामधारी सिंह, संस्कृति के चार अध्याय, पृ.259
4. नरेश, डॉ., सूफीमत और हिन्दी काव्य, वाणी प्रकाशन, 2007, पृ.52
5. Sreenivasan Ramya, THE MANY LIVES OF A RAJPUT QUEEN : HEROIC PASTS IN INDIA, C. 1500-1900, University of Washington Press, 2007, PP.52
6. द्विवेदी, हजारीप्रसाद द्विवेदी, ग्रन्थावली, भाग-3, राजकमल प्रकाशन, दिल्ली, 2007, पृ.406
7. गुप्त, माताप्रसाद, पद्मावत, हिन्दुस्तानी एकेडमी, इलाहाबाद, 1942, पृ. 567
8. वही, पृ.104 पद-5
9. साही, डॉ.सदानन्द, पद्मावत के दो खण्डः,अभिव्यक्ति प्रकाशन, 2002, पृ.13
10. गुप्त, माताप्रसाद, पद्मावत, साहित्य भवन प्राइवेट लिमिटेड, इलाहाबाद, पृ. 65
11. वही, पृ. 65
12. तिवारी, डॉ. भालचन्द्र, सूफीकाव्य में नारी, हिन्दी प्रकाशन संस्थान, लखनऊ, पृ.24
13. गुप्त, माताप्रसाद, पद्मावत, पृ.150, पद 10
14. साही, विजयदेवनारायण, जायसी, हिन्दुस्तानी एकेडेमी, इलहाबाद 1973, पृ.103
15. शुक्ल, आचार्य रामचन्द्र, जायसी ग्रन्थावली, पृ.67
16. पाण्डेय, श्याममनोहर, मध्ययुगीन प्रेमाख्यान, लोकभारती प्रकाशन, इलाहाबाद, 1982, पृ.235
17. गुप्त, माताप्रसाद, पद्मावत, हिन्दुस्तानी एकेडमी, इलाहाबाद, संस्करण 1942, पृ.567

सूरदास का भ्रमरगीत और गोपियों की अनन्य कृष्णभक्ति

डॉ. पोर्शिया सरकार

सूरदास ने अपने सूरसागर में जिस भ्रमरगीत की सृष्टि की है उसका वर्णन श्रीमद्‌भागवत के दशम् स्कन्ध के 46वें एवं 47वें अध्याय में किया गया है। श्रीमद्‌भागवत के भ्रमरगीत के पद जहाँ वर्णनात्मक हैं वहीं सूरदास का भ्रमरगीत गीतात्मक है। सूरदास का भ्रमरगीत सदा श्रीमद्‌भागवत का ऋणी है। फिर भी उन्होंने अपनी नवीन और मौलिक उद्‌भावनाओं द्वारा अपने भ्रमरगीत को अमर कर दिया है। निर्गुण पर सगुण की विजय, ज्ञान पर भक्ति की विजय का ऐसा सुन्दर निदर्शन बहुत दुर्लभ है। विप्रलम्भ शृंगार का ऐसा सुन्दर वर्णन विश्व साहित्य में अद्वितीय है।

लगभग पाँच हजार वर्ष पूर्व ब्रजभूमि में परमब्रह्म स्वयं भगवान श्रीकृष्ण का अवतार हुआ। ब्रजभूमि के कण-कण में मैया यशोदा और बाबा नन्द के नन्दन की विश्वमोहिनी लीला का प्रसार होने लगा। ब्रज का कोना-कोना कृष्णमय हो गया। वहाँ की चेतन वस्तुओं के साथ-साथ जड़ तथा निर्जीव वस्तुओं का भी हृदय प्रभु के नाम से स्पन्दित होने लगा। वहीं उनकी त्रिभुवनमोहिनी रूप माधुरी के प्रति एक मत यह भी है कि "कृष्ण शब्द 'कृ' धातु से बना है, जिसका अभिप्राय : है आकर्षण करना, सींचना। अर्थात जो भक्तों के पापों को सींच कर उन्हें अपने में लीन कर समाप्त कर दे, वही सर्वोपरि देवत्व श्रीकृष्ण है।"[1]

समग्र ब्रज कृष्ण की एक झलक पाने के लिए लालायित रहता। वहाँ की ग्वाल बालाएँ ही नहीं पेड़-पौधे, पशु-पक्षी जीव-जन्तु आदि भी प्रभु के दर्शन मात्र से ही भाव विभोर हो जाते। ब्रज में जन्म लेना सैकड़ों युगों की तपस्या का फल माना

सहायक प्राध्यापिका, हिन्दी विभाग, निस्तारिणी कॉलेज, पुरुलिया (प.बं.)

जाने लगा। वास्तव में कृष्णचन्द्र ही त्रेता के दशरथनन्दन प्रभु रामचन्द्र हैं। सीता माता और प्रभु राम के विवाह उपरान्त सैकड़ों ब्रज एवं रमणियाँ प्रभु के रूप को देखकर विमुग्ध होकर उन्हें अपने पति के रूप में मन ही मन इच्छा करने लगती है। प्रभु राम उन्हें वरदान देते हैं– "मा शोकं कुरुत स्त्रियैः। द्वापरान्ते करिष्यामि भवतीनां मनोरथम्।।"[2] अर्थात देवियों शोक मत करो द्वापर के अन्त में तुम्हारा मनोरथ पूर्ण होगा। न जाने ऐसे ही कितने मुनि, ऋषि साधु एवं सन्तों को भी भीषण तपस्या के फलस्वरूप यही 'तथास्तु' का वरदान प्राप्त हुआ। ये गोपियाँ भगवान कृष्ण के मनमोहन रूप को देखते-देखते ख़ुद भी बड़ी होने लगीं। उनके सम्पूर्ण जीवन और अस्तित्व को कृष्ण के बिना कल्पना करना असम्भव सा प्रतीत होने लगा था। उल्लेख भी मिलता है कि– "प्रेम उद्भुत होता है क्योंकि प्रेम शाश्वत सत्य है, चिरंतन तथ्य है प्रेम आत्मा का अपरिहार्य धर्म है, उसका न आदि है न अन्त।[3] कृष्ण के रूप लावण्य के साथ उनकी बाँसुरी की मोहिनी अमृतधारा में ये समस्त ग्वालबालाएँ बहने लगीं। कृष्ण को मथुरा जाकर कंस का वध करने के बाद वहाँ के राजकाज में व्यस्त होकर दोबारा ब्रज में लौटने का अवसर नहीं मिलता है। इधर समस्त गोपियों के लिए कृष्ण के प्रति उनका अप्रतिम प्रेम गहन पीड़ा और वेदना में परिवर्तित होने लगा। ये ग्वालबालाएँ मानो अपना सर्वस्व खो जाने जैसा महसूस करने लगी। न खाने का न पहनने का होश रहा। जो कुछ भी करती उनमें कृष्ण का सलोना मुख झलकने लगता था। भगवान की बाँसुरी की धुन उन्हें बेचैन कर देने लगी थी। इन भक्तिमती ब्रज स्त्रियों ने लोक, वेद, कुल, कानि से परे अपने गहन प्रेमानुभवों को पल्लवित किया। भक्ति की इस परम रसानुभूति हेतु वे निर्धारित तमाम सामाजिक मानदण्डों की श्रृंखला को तोड़ डालती हैं। आचार्य रामचन्द्र शुक्ल का कथन यहाँ बेहद उल्लेखनीय है कि प्रियतम के रूप में भगवान की भावना को 'माधुर्य भाव' और उनके प्रति प्रेमानुभूति को 'मधुर रस' कहते हैं। स्त्री पुरुष का प्रेम सबसे प्रबल और अन्तर्व्यापक होता है और उसमें आलम्बन के साथ सबसे अधिक गूढ़ और घनिष्ठ समागम की लालसा होती है, इससे इस 'माधुर्य भाव' का समावेश कई देशों की भक्ति पद्धति में किया गया है।[4] लोक और वेद के ऊपर प्रेम की प्रतिष्ठा कृष्णोपासक भक्तों की 'प्रेम लक्षणा भक्ति' का सिद्धान्त हुआ। गोपियों का एकान्त प्रेम इसी रूप में देखा गया है। उसकी कहीं किसी ओर सीमा नहीं रखी गयी है। वह लोक और वेद दोनों की मर्यादाओं से परे है। श्रीकृष्ण के मधुर स्वरूप का आकर्षण ही उसका एकमात्र कारण और उस स्वरूप के अधिक से अधिक

सान्निध्य का अभिलाष उसका लक्षण है। गोपियों का प्रेम दाम्पत्य प्रेम के रूप में होने के कारण अभिलषित सान्निध्य भी स्त्री पुरुष समागम के रूप में, आलिंगन के रूप में वर्णन किया गया। उन्हें न अपनी सुधि थी और न ही अपने परिवार की। पूरी की पूरी ब्रजभूमि चैतन्य शून्य हो गयी थी। इस बात की ख़बर तो भगवान श्रीकृष्ण को होनी ही थी क्योंकि उन परमात्मा के लिए सैकड़ों आत्माएँ बेतरह तड़पने लगी थीं। उस प्रेम की पीड़ा, तड़प और लगन को कृष्ण भी अपने हृदय में उसी उत्कंठा से महसूस कर रहे थे। क्योंकि प्रेम कभी भी एकतरफ़ा नहीं होता है। तब मथुराधीश को एक उपाय सूझा। इसके लिए उन्होंने अपने एक परम मित्र, सखा और प्रकाण्ड ज्ञानी उद्धव का चयन किया। जिनमें शास्त्र-ज्ञान की दक्षता इतनी अधिक है कि अगर वे गोपियों को समझाएँ तो वे प्रभु कृष्ण के सगुण रूप को छोड़कर उनके निर्गुण रूप को अपनाकर प्रेम की पीड़ा से अपने को मुक्त करने में सक्षम होंगी। इस कारण उद्धव कृष्ण का सन्देश लेकर मथुरा से ब्रज की ओर प्रस्थान करते हैं। इसी तत्त्व को उद्घाटित करते हुए मैनेजर पाण्डेय का यह उद्‌गार है कि "ब्रज की कमनीय रसमयी लीलाओं की चरम परिणति के पश्चात श्रीकृष्ण मथुरा गमन करते हैं, जहाँ उनका ऐश्वर्यमय रूप प्रकट हुआ है। ब्रज से मथुरा को उनका प्रयाण इच्छा से कर्म की ओर, सौन्दर्य से शक्ति की ओर, माधुर्य से ओज की ओर, भोग से साधना की ओर गतिशील होने का दिव्य आयोजन है।...मथुरा में बाह्य संघर्षों के कम होने पर कृष्ण के अन्तर में ब्रज की मधुर लीला की स्मृति जाग्रत होती है और कृष्ण अपने सखा उद्धव को ब्रज भेजते हैं। इसके बाद भागवत में गोपी-उद्धव संवाद में भ्रमरगीत का आयोजन है, जिसका मध्यकालीन कृष्ण-भक्ति साहित्य पर विशेष प्रभाव पड़ा।[5] उद्धव के ब्रज पहुँचने की देर ही थी कि मथुरा की ओर टकटकी लगाये रहने वाली गोपिकाएँ उनका रूप और वेशभूषा देखकर उन्हें एक क्षण के लिए कृष्ण मान बैठती हैं। वहाँ अचानक एक भौंरा इधर उधर मँडराता हुआ एक गोपी के पैर को चरण कमल समझकर बैठ जाता है। उसे देख उन गोपियों को एक युक्ति सूझती है। वे भौंरे की आड़ में वे सारी खरी-खोटी बातें जो वे कृष्ण और उद्धव को सुनाना चाहती थी भ्रमर को लक्ष्य करके सुना डालती हैं। अन्त में कृष्ण के प्रति गोपियों के अनन्य प्रेम और भक्ति को देखकर उद्धव का सारा ज्ञान-गर्व चला जाता है और वे भी उनकी प्रेम भावना में तल्लीन होकर मथुरा लौट जाते हैं।

हिन्दी के कितने ही कवियों ने अपने-अपने ढंग से ऐसे ही भ्रमरगीतों का निर्माण किया। परन्तु, सूर प्रणीत भ्रमरगीत अपने आप में अनोखा है। यह विप्रलम्भ शृंगार

का एक अद्वितीय निदर्शन माना जाता है। निश्छल प्रेम की पराकाष्ठा क्या होती है इसे इस काव्य में भली-भाँति देखा जा सकता है। प्रेम का सच्चा और सर्वोच्च उत्कर्ष भी यहाँ देखा जा सकता है। आचार्य हजारीप्रसाद द्विवेदी ने भी यह स्पष्ट किया है कि "भगवान में जितने सम्बन्ध की कल्पना हो सकती है कान्ता भाव का प्रेम ही श्रेष्ठ माना गया है। वैष्णव भक्तों ने इस सम्बन्ध को इतने सरस ढंग से व्यक्त किया है कि भारतीय साहित्य अनन्य-साधारण अलौकिक रस का समुद्र बन गया है।"[6]

कृष्ण का मथुरा चले जाना और कभी न लौटना इन गोपियों के जीवन को पूरी तरह से अर्थहीन बना देता है। वे सोती-जागती, उठती-बैठती कृष्ण-कृष्ण पुकारती रहतीं। और उनकी आँखों से अविरल अश्रु धारा प्रवाहित होती रहती। सपने में भी उन्हें चैन नहीं मिलता है। वे रातभर सिर्फ कृष्ण की याद में ही तड़पती रहती हैं। एक जगह वे उद्धव से कहती हैं–

हमको सपनेउ में सोच
जा दिन ते बिछुरे नन्द-नन्दन ता दिन ते यह पोच
मनु गोपाल आये मेरे गृह हाँसि करि भुजा गही।
कहा करौ बैरिन भई निंदिया निमिष न और रही।[7]

उद्धव के ब्रज आगमन पर गोपियाँ उद्धव के पास एकत्रित हो कृष्ण के बारे में पूछती हैं और कहती हैं कि बिना कृष्ण के प्रेम भरे शब्द सुने, उन्हें एक-एक क्षण एक-एक युग के समान लम्बा बीतता लगता है। यहाँ नारी मन के सूक्ष्म अन्तःजगत के सगुण सनेही प्रियतम की भावात्मक अभिव्यक्ति अत्यन्त हृदयग्राही है। निष्कपट सीधे-साधे प्रेम भाव से ओत-प्रोत स्वरूपाशक्ति की प्रगाढ़ता सगुण स्वरूप की खास पक्षधरता को उद्घाटित करती है। इन स्त्री भक्तों का उक्ति-वैलक्ष्य भक्ति के स्त्री भावनापन्न खास दर्शन को गढ़ता है। सगुण-निर्गुण के इस सम्पूर्ण रहस्य की ओर आचार्य रामचन्द्र शुक्ल ने रेखांकित करते हुए स्पष्ट किया है "हमारे यहाँ का भक्ति मार्ग ब्रह्म का उभयात्मक स्वरूप लेकर चला था। उसे सगुण भक्तिमार्ग कहने का अभिप्राय यह है कि वह प्रेम का वास्तविक संचार, हृदय का समुचित रमण, ब्रह्म के उतने ही स्वरूप के भीतर मानता है जितना व्यक्त अतः सगुण है। प्रेम का संचार वहीं तक हो ही सकता है।...'निर्गुण' और 'अव्यक्त' को लेकर कभी कोई भक्ति मार्ग भारतीय आर्य धर्म के भीतर नहीं चला।"[8] जब उद्धव उन्हें निर्गुण ब्रह्म की उपासना के लिए कहते हैं तब उनका मन व्याकुलता से भर जाता है। वे कृष्ण से दूरी को तो सह सकती थीं परन्तु कृष्ण के सलोने रूप को तजकर किसी और रूप का सुमिरण

करना उन्हें गहन पीड़ा से भर देता है–

अँखिया हरि दर्शन की भूखी।
कैसे रहे रूप रस राँची ये बतियाँ सुनि सूखी।[9]

गोपियों के लिए कृष्ण का उनसे दूर जाना उनके जीवन में गहन पीड़ा और आतुरता का समावेश कर देता है। विरह वेदना से व्यथित होकर वे मर जाना ही अच्छा समझती हैं -

अब या तनहि राखि का कीजै
सुन री सखि श्यामसुन्दर बिन बांटि विषय विष पीजै।[10]

कृष्ण से बिछुड़न का रंग उन्हें चारों तरफ़ दिखाई पड़ने लगता है प्रकृति के नाना रूपों में उन्हें कृष्ण के विरह से उत्पन्न नीरसता और खालीपन के दर्शन होने लगते हैं। नदियों और पहाड़ों को देखकर भी उन्हें कृष्ण की याद आने लगती है। मधुवन का हरा रंग भी उन्हें व्याकुलता से भरने लगता है। एक स्थान पर वे कहती हैं–

मधुबन तुम क्यों रहत हरे
बिरह वियोग श्याम सुन्दर के ठाढ़े क्यों न जरे।।[11]

इस तरह एक स्थान पर वे कृष्ण के प्रति अपने दृढ़ प्रेम का वर्णन करती हुई उद्धव से कहती हैं कि हमारे लिए तो कृष्ण हारिल पक्षी की लकड़ी के समान बन गये हैं। अर्थात जिस प्रकार यह पक्षी, हमेशा ही अपने पंजों में लकड़ी पकड़े रहता है, उसी प्रकार हम भी निरन्तर मन, कर्म और वचन से हमारे नन्दनन्दन को कसकर पकड़े हुए है -

हमारे हरि हारिल की लकरी।
मन-वच-क्रम नन्दन सों, उर यह दृढ़ करि पकरी।
जागत, सोवत, सपने सौंतुख कान्ह कान्ह जकरी।
सुनतहि जोग लगत ऐसौ अलि! ज्यों करूई ककरी।।[12]

जब उद्धव निर्गुण निराकार ब्रह्म को स्वीकार करने की बात करते हैं तो वे कहती हैं कि हे उद्धव! मन तो केवल एक होता है, दस-बीस नहीं होते हैं। हमारा मन तो एक ही था जो कृष्ण के साथ ही मथुरा चला गया। अब हमारे पास मन नाम की कोई वस्तु ही नहीं है।

ऊधौ! मन नाहीं दस बीस।
एक हुतो सो गयो हरि के संग, को अराधै तुब ईस?[13]

उद्धव जब उन्हें कृष्ण के भेजे गये सन्देश के द्वारा योग सीखने की बात करते हैं तो गोपियों का मन व्यथा से व्याकुल हो चीखने लगता है। उनका मन उनके कृष्ण की मात्र एक झलक पाने के लिए ही मानो अभी तक जीवित है। विरह की अग्नि से उनकी छाती पूरी तरह से धधक रही है। उनका मानना है कि इसकी जलन कृष्ण-मिलन के पश्चात ही कम हो सकती है–

ऊधौ! कहा करैं लै पाती?

जौ लगि नाहिं गोपालहिं देखति, बिरह दहति मेरी छाती। [14]

प्रेम का ऐसा सहज और निःस्वार्थ रूप शायद ही कहीं देखा जा सकता है। जहाँ एक ही कृष्ण से सैकड़ों गोपियाँ प्रेम करती हैं। जो एक साथ ही अपने कृष्ण के प्रेम में आबद्ध हैं परन्तु आपस में एक दूसरे के प्रति ईर्ष्या या द्वेष नहीं है। वे एक ही साथ अपने प्रेम की गहनानुभूति को अभिव्यक्त करती हैं। उन्हें मात्र कृष्ण से प्रेम है बस वे इतना ही जानती हैं। बाकी वस्तुओं से उनका कोई लेना देना नहीं है। ध्यातव्य है कि इस प्रेम के लिए उन्होंने अपना सब कुछ त्याग दिया है। परिवार, समाज एवं कुल मर्यादाओं तक की सीमा को उन्होंने स्वीकार नहीं किया। इस सन्दर्भ में यहाँ श्री नन्दकिशोर आचार्य का यह कथन उल्लेखनीय है कि "मानवीय चेतना के नये आयामों के उद्घाटन के साथ देखने के नये ढंग की नयी संरचनाओं का रूपायन लाजिमि है।"[15] प्रेम का ऐसा उत्कर्ष सम्पूर्ण जगत में विरल है। इस संसार में जहाँ हर कार्य किसी न किसी स्वार्थ के लिए किया जाता है। वहाँ गोपियाँ कृष्ण की मात्र एक झलक पाने के लिए अपना सर्वस्व त्यागने से भी पीछे नहीं हटती हैं। इसमें विशेष बात यह है कि इतने कष्ट सहने के बावजूद भी उन्हें यह कभी भी स्वीकार नहीं है कि उनके हृदय से उनका कृष्णप्रेम और यह विरह पृथक हो जायें। वे अपने सुख से अधिक अपने प्रिय के सुख की कामना करती हैं। गोपियों का प्रेम बड़ा विचित्र है जहाँ वे दुनिया भर में यह ढिंढोरा पीटती रहती हैं कि प्रेम करके किसी को भी सुख नसीब नहीं हुआ! फिर भी वे प्रेम के बन्धन को छुड़ाकर मुक्ति पाना नहीं चाहती है। वृन्दावन में जन्म लेना और गोपियों का पावन शरीर प्राप्त करना उनके लिए गर्व का विषय माना जाने लगा। शायद इसी कारण उन सहज, ग्रामीण ब्रज बालाओं के प्रति उद्धव के उद्गार थे कि "अहो ! यदि मैं भी वृन्दावन में गोपियों की चरण रज की सेवन करनेवाली लता-औषधि और झाड़ियों में से कुछ हो जाऊँ तो भी धन्य हो जाऊँ। धन्य हैं ये गोपियाँ जिन्होंने अपने स्वजनों को और आर्य धर्म को भी त्याग कर श्रुतियों द्वारा अनुसंधेय भगवत् प्राप्ति के मार्ग का अनुसरण किया है।"[16]

उपनिषद काल से ही भारतीय दर्शन में ज्ञान और भक्ति का संघर्ष देखने को मिलता है। परन्तु, प्रेम का ऐसा सहज सरल रूप कि जिसके आगे तत्त्व ज्ञान की बातें भी अर्थहीन लगने लगती हैं। इसे इस भ्रमरगीत में गोपियों के संवादों में देखा जा सकता है। आचार्य रामचन्द्र शुक्ल ने 'भ्रमरगीत' की प्रस्तावना में लिखा है–"जिस प्रकार बंग देश में कृष्णभक्त चैतन्य थे, उसी प्रकार उत्तर भारत में श्री वल्लभाचार्य जी ने परम भाव की उस आनन्द विधायिनी कला का दर्शन कराकर, जिसे प्रेम कहते हैं, जीवन में सरसता का संचार किया। दिव्य-प्रेम की संगीत की धारा में इस लोक का सुखद पक्ष निखर आया और जमती हुई उदासी या खिन्नता बह गयी।''[17]

निष्कर्षतः कहा जा सकता है कि सूर कृत भ्रमरगीत में स्त्री के नज़रिये से भक्ति का एक नवीन एवं खास पर्सपेक्टिव उजागर होता है। स्त्री भावापन्न उपासना पद्धति के मद्‌देनज़र प्रेम का अपना एक विशिष्ट विज़न ही इस उद्धव गोपी संवाद की मूल अन्तर्वस्तु है। इसी के सहारे यहाँ भक्ति का खास चरित्र अपनी समग्रता के साथ उद्‌घाटित होता है। भारतीय भक्ति एवं तत् सम्बद्ध दर्शन की विशिष्ट निर्मिति में भ्रमरगीत के इस महा आख्यान की भूमिका उल्लेखनीय रही है। स्त्री हृदय के सहजतम उद्‌गार भक्ति की समानान्तर संस्कृति के निर्माण में परम सहायक रहे। ये 'वाग्वैदग्ध्यपूर्ण' मनोभाव एवं परस्पर कथोपकथन प्रेम, भक्ति व दर्शन के गहनतम भाव जगत की सूक्ष्मतम दुनिया से रूबरू ही नहीं कराते अपितु उनकी निर्मिति एक स्त्री के नज़रिये से करते हैं। जिस नज़रिये से ये साधिकाएँ अपने प्रेम के स्वच्छन्दवरण का डेमोक्रेटिव उद्‌घोष अपनी तरह से, अपने खास अन्दाज़ में करती हैं। ये मिले जुले स्वर परम्परा प्रथित भारतीय भक्ति पद्धति के क्षेत्र में अपना सानी नहीं रखते। उक्त भ्रमरगीत का वैशिष्ट्य इस दृष्टि से भी खास है कि स्त्रीजनों ने अपनी उपासना पद्धति का शास्त्र स्वयं अपने भावानुकूल रचा। स्त्री स्वातन्त्र्य एवं विकास की तमाम पक्षधरताओं के बरक्स सूर कृत भ्रमरगीत अपनी खास रचना प्रक्रिया एवं सैद्धान्तिकी की दृष्टि से भी भक्ति के इन स्त्री स्वरों की खास भूमिका है।

सन्दर्भ :

1. मीतल, प्रभुदयाल, ब्रज का सांस्कृतिक इतिहास, साहित्य संस्थान, मथुरा, 2001, पृ. 90
2. krishnakosh:org https//hindi. Webdunia.com
3. श्रीवास्तव, डॉ. उर्मिला, ईशावस्योपनिषद, साहित्य भण्डार, इलाहाबाद, 2010, पृ. 66
4. शुक्ल, आचार्य रामचन्द्र, सूरदास, प्रकाशन संस्थान, नयी दिल्ली, 2004, पृ. 49

5. पाण्डेय, मैनेजर, भक्ति आन्दोलन और सूरदास का काव्य, वाणी प्रकाशन, नयी दिल्ली, 2003, पृ. 75
6. द्विवेदी, आचार्य हजारीप्रसाद, मध्यकालीन धर्म साधना, साहित्य भवन प्राइवेट लिमिटेड, इलाहाबाद, 2003, पृ. 86
7. शर्मा, राजनाथ (सं.), भ्रमरगीत सार, विनोद पुस्तक मन्दिर, आगरा, चतुर्थ संस्करण, सं. 1776, आगरा, पृ. 370
8. शुक्ल, आचार्य रामचन्द्र, सूरदास, प्रकाशन संस्थान, नयी दिल्ली, 2004, पृ. 30
9. शर्मा, राजनाथ (सं.), भ्रमरगीत, पृ. 67
10. वही, पृ. 384
11. https//hi.krishnakosh.org
12. शर्मा, राजनाथ (सं.), भ्रमरगीत, पृ. 78
13. वही, पृ. 272
14. वही, पृ.227
15. आचार्य, नन्दकिशोर, सर्जक का मन, वाग्देवी प्रकाशन, बीकानेर, 1989, पृ. 23
16. द्विवेदी, आचार्य हजारीप्रसाद, मध्यकालीन धर्म साधना, साहित्य भवन प्राइवेट लिमिटेड, इलाहाबाद, 2003, पृ.78
17. शुक्ल, आचार्य रामचन्द्र (संपा.), भ्रमरगीत सार, वाणी प्रकाशन, नयी दिल्ली, 2013, पृ. 15

भक्त कवियों का स्त्री विषयक दृष्टिकोण

(कबीर, जायसी और तुलसी के सन्दर्भ में)

डॉ. रमेश कुमार राज

सम्पूर्ण भक्ति साहित्य में भक्ति, सगुण-निर्गुण आदि विवादों से इतर जो सबसे सुन्दर प्रसंग है, वह है प्रेम प्रसंग। चाहे निर्गुणियों के आत्मा-परमात्मा का मिलन हो या फिर सगुणियों के सिया-राम के पुष्प वाटिका का पहला नेत्रोन्मीलन, जानकी वियोग में वन-वन भटकते राम के हृदय की तड़प, राधे-कृष्ण की नोक-झोंक और उद्धव-गोपियों के संयोग-वियोग की तार्किक मनोरम छटा, सभी जगह प्रेम ही प्रेम है। प्रत्येक कवि के पास एक धड़कता हुआ दिल है जिसमें अपनी काव्य नायिका के प्रति अगाध श्रद्धा और निर्मल-निष्कलंक प्रेम है। लेकिन कहीं-कहीं इन प्रेमोन्मत कवियों ने अति उत्साह और अतिशय भावुकता में आकर अपनी सीमाओं का अतिक्रमण भी किया है। भक्ति सम्बन्धी कठोर नियमों और मर्यादाओं के प्रति विशेष आग्रह ने इन्हें स्त्रियों के प्रति निष्ठुर बनाया है जिसकी आलोचना हिन्दी साहित्य में लगातार होती रही है, हो रही है और आगे भी होगी।

आलोचना का धर्म रचनाओं की ग्रन्थियों को खोलना है, रचना के बहाने रचनाकार पर अनावश्यक टिप्पणी करना नहीं। क्योंकि प्रतिरोध का स्वर जब प्रतिशोध में बदल जाता है तो विचार मर जाता है। शोषण, दमन और हिंसा का विरोध करते-करते व्यक्ति स्वयं भी उसका हिस्सा बन जाता है। 'मानस' के प्रति कुछ लोगों का यही स्वभाव है। साहित्य पढ़ने का उद्देश्य ज्ञान का परिष्कार करना है और उसी परिष्कृत ज्ञान से साहित्यिक कमियों को भी परिष्कृत करना है। उसका विरोध किया जा सकता है लेकिन उसे नष्ट कर देने या मिटा देने की बात करना हिंसा का परिचायक है।

असिस्टेंट प्रोफेसर, हंसराज महाविद्यालय, दिल्ली विश्वविद्यालय, दिल्ली-110007

मध्यकाल के प्रमुख कवियों का स्त्री विषयक दृष्टिकोण विविधायामी रहा है। कबीर, जायसी, सूर, तुलसी सभी ने स्त्रियों के प्रति अपनी भावदृष्टि नाना रूप रंगों में प्रतिपादित की है। किन्तु स्त्री निन्दा की सबसे अधिक कीमत सिर्फ तुलसीदास ने चुकायी है। इसके कई कारण हैं। पहला– तुलसी उस समाज से आते हैं जिन्होंने प्रारम्भ से ही दलितों और स्त्रियों को कमतर आँका है। दूसरा– 'मानस' को हिन्दू समाज साहित्य न मानकर धार्मिक ग्रन्थ मानता है। धार्मिक ग्रन्थ माने जाने के कारण उसमें निहित हिन्दुत्व की बातों को सत्य मानकर वह दलितों और स्त्रियों पर उसका प्रयोग भी करता रहता है। तीसरी और सबसे महत्त्वपूर्ण बात लोकतान्त्रिक चुनाव का आधार जाति का होना है। जातिगत ध्रुवीकरण के कारण तुलसीदास की आलोचना बढ़ी है जिसका माध्यम बनती है 'ढोल गँवार सूद्र पसु नारी' पंक्ति, जिसमें शूद्र और नारी दोनों को दण्डित करने की बात है। साहित्यिक बिरादरी में इसकी खूब आलोचना हुई है। क्या वाकई तुलसीदास स्त्री विरोधी हैं? इस स्त्री विरोध के कारण क्या उनके साहित्य का बहिष्कार कर देना चाहिए?

तुलसीदास पर बात करते हुए इस बात की अनदेखी की जाती है कि 'मानस' मुक्तक न होकर महाकाव्य है। महाकाव्य में चरित्रों की बहुलता होती है। उसके अधिकांश भाव पात्रों के भाव होते हैं, कवि उसे सिर्फ भाषा प्रदान करते हैं। समाज में बहुत-से अन्तर्विरोध होते हैं जिसका चित्रण कवि अपने किसी न किसी पात्रों के ज़रिये करता है। कवि पात्रों की बौद्धिक समझ, उसके समाज, संस्कार और आचार-व्यवहार आदि का उसी के स्वभाव के अनुसार वर्णन करता है। अनपढ़ व्यक्ति अनपढ़ों की तरह बात करेगा, दम्भी व्यक्ति की भाषा में अहं का भाव होगा और सामन्तों की मानसिकता कमजोर वर्गों के प्रति दूषित होगी। कवि का काम उस चरित्र को उसी रूप में ढालना है जिस रूप में वे समाज में पाये जाते हैं। समाज में ऐसे बहुत लोग हैं, जो दलितों और स्त्रियों के प्रति अच्छे विचार नहीं रखते, उनका शोषण और दमन करते हैं। लेखक उन समस्याओं को किसी न किसी पात्र के ज़रिये ही प्रस्तुत करता है। आलोचना का काम यह देखना है कि रचनाकार की सहानुभूति किसके साथ है। यदि वह शोषक अथवा उत्पीड़क के साथ है तो उसकी आलोचना होनी चाहिए। ऐसा न हो तो उसका समाजशास्त्रीय अध्ययन किया जाना चाहिए।

'मानस' में एक तरफ़ आदर्श परिवार है तो दूसरी तरफ़ इन्द्र, बालि, समुद्र और रावण जैसे दम्भी, सामन्ती और स्त्री व सत्ता लोलुप समाज भी हैं। रघुकुल का कोई भी सदस्य इन्द्र, रावण, बालि या समुद्र की तरह आचरण नहीं करता है। वानर

समाज अपने स्वभाव के अनुसार आचरण करता है। समुद्र जिस सामन्ती समाज का प्रतिनिधित्व करता है उसके लिए दलित और स्त्री दण्ड के अधिकारी ही होंगे। सामन्ती समाज में दलित और स्त्रियों की हैसियत यही थी। समुद्र का विचार उसी सामन्ती समाज के विचार का द्योतक है। कवि ने समुद्र से यह बात कहलवाकर उस समाज की कुत्सित मानसिकता को एक्सपोज़ ही किया है। आलोचना की यह भूल है कि 'ढोल गँवार' से ठीक पहले के पद की चर्चा वह नहीं करती। जबकि इस विवाद का हल उसमें है। समुद्र ने स्पष्ट कहा है– "हे नाथ! आकाश, वायु, अग्नि, जल और पृथ्वी–इन सभी की करनी स्वभाव से ही जड़ है।" जैसे–

सभय सिंधु गहि प्रभु पद केरे। छमहु नाथ सब अवगुन मेरे॥

गगन समीर अनल जल धरनी। इन्ह कइ नाथ सहज जड़ करनी॥ [1]

अब जिसका स्वभाव जड़ हो, उससे उदारता और शिष्टाचार की बात करना बुत से द्रव्य माँगने जैसा ही है। 'मानस' में ऐसे कई उदाहरण हैं। रावण द्वारा **'अवगुण आठ सदा उर रहहिं'** कहना इसी श्रेणी में आता है। 'मानस' का प्रत्येक पात्र कवि की भाषा नहीं बोल सकता।

ढोल गँवार शूद्र पशु नारी की खूब आलोचना हुई। डॉ. बच्चन सिंह ने लिखा– "तुलसी की मूल विचारधारा वर्णाश्रम धर्म की पोषिका है जो इस देश की सामन्ती व्यवस्था के अनुकूल है।..... नारी के सम्बन्ध में उनका दृष्टिकोण सामन्तवाद का पोषक ही ठहरता है।"[2] मानस की जिस 'पराधीन सपनेहु सुख नाही' पंक्ति के डॉ. रामविलास शर्मा कायल हैं उसके बारे में डॉ. बच्चन सिंह का कहना है- "यह विदाजन्य क्लेश है, कोई सार्वभौम सिद्धान्त नहीं।"[3] जबकि तुलसीदास आदर्श स्त्रियों की प्रशंसा करते हैं। भाई की पत्नी, बहन, पुत्री और पत्नी सभी को समान मानते हैं और इन पर कुदृष्टि डालने वाले के वध को उचित ठहराते हैं। उनके राम अहिल्या का उद्धार करते हैं, शबरी के जूठे बेर खाते हैं। जिस माता ने उन्हें वनवास दिया, उन्हें एक भी अपशब्द नहीं कहते हैं। कवि के आदर्श चरित्र के लिए यही आचरण अपेक्षित था। लेकिन भरत कैकेयी को बहुत भला-बुरा कहते हैं। उनके आचरण पर दुःखी हैं। आत्मग्लानि से आवेश में कहते हैं–

जौ पे कुरुचि रही अति तोहीं। जनमत काहे न मारेसि मोहीं॥

बर मागत मन भइ नहिं पीरा। गरि न जीह मुँह परेउ न कीरा॥ [4]

भरत माता को पहचानने से इनकार कर देते हैं। स्याही से मुँह पोतकर ओट में

बैठ जाने को कहते हैं। परन्तु इससे उनके व्यक्तित्व पर दाग नहीं लगता। वे जितना उग्र होते हैं, उनका चरित्र उतना ही उज्ज्वल होता है। शत्रुघ्न का मंथरा को लात मारना भी नहीं खटकता है। क्योंकि पाठकों और दर्शकों को पता है कि किसका चरित्र उत्तम है और किसका मध्यम। वे बुरे चरित्रों के साथ इसी तरह का न्याय चाहते हैं। कवि उसी न्याय की प्रतिष्ठा करते हैं। वे लिंग के आधार पर नहीं, गुण-दोष के आधार पर चरित्र का मूल्यांकन करते हैं। तुलसी सम्भवत: हिन्दी के पहले कवि हैं जिन्होंने स्त्री एवं पुरुष पात्रों के गुण-दोष का समानान्तर वर्णन, विवेचन प्रस्तुत किया है। यही कारण है कि उनके यहाँ एक तरफ़ स्त्रियों की प्रशंसा है तो दूसरी तरफ़ उनकी निन्दा है। वे कलयुग का वर्णन कर रहे थे। त्रेता या द्वापर युग का नहीं। स्त्री जननी है। परन्तु इसी से उसके सारे दोष दूर नहीं हो जाते। यौनिकता के आधार पर न्याय-अन्याय की बात करना ठीक नहीं है। केवल मातृत्व प्रकृति के कारण स्त्रियों को सभी दोषों से मुक्त नहीं किया जा सकता। न सभी पुरुष महान हैं और न ही सभी स्त्रियाँ। इसलिए आचरण भ्रष्ट अमर्यादित स्त्री-पुरुषों की समान रूप से निन्दा अपेक्षित है। इसी आचरण के कारण कृष्ण पूतना का, विष्णु होलिका का और स्वयं राम ताड़का का वध करते हैं। पूतना, होलिका और ताड़का सभी स्त्रियाँ हैं, लेकिन मारी गयीं। इनका वध किया जाना पाठकों और दर्शकों को बुरा नहीं लगा। शिवकुमार मिश्र कहते हैं, "गोस्वामी जी में यदि नारी की निन्दा है तो नारी चरित्रों का उज्ज्वल आख्यान भी; उनके यहाँ नारी अपने सभी रूपों में– माँ, भगिनी, बेटी, पत्नी, प्रेमिका– हमसे मुखातिब होती है और हमें संवेदनात्मक स्तर पर अपने से जोड़ती भी है।"[5] विश्वनाथ त्रिपाठी लिखते हैं– "मध्यकालीन हिन्दी साहित्य में शायद ही दूसरा कवि हो जो नारी-स्वभाव, नारी-मनोविज्ञान से इतना परिचित हो, जो बालिका, किशोरी, प्रौढ़, वृद्धा, सरल, चुगुलखोर, पतिव्रता, कामुक स्त्रियों की चेष्टाओं, भंगिमाओं, मुहावरों से इतना परिचित हो। बड़े-बड़े रीतिकालीन कवियों को बाबा बरसों नारी-मनोविज्ञान सिखा सकते थे।"[6]

कवि कालबद्ध होता है। समय का दबाव उस पर रहता है। उसका मूल्यांकन उसी कालावधि की जटिलताओं के अनुसार किया जाना चाहिए। बदलती हुई चेतना के अनुरूप उसका अध्ययन उचित नहीं है। मुगल शासन स्थापित हो चुका था। देश पर मुगलों का शासन था तो समाज में सामन्तों व श्रेष्ठ जातियों का। सामन्तों के लिए स्त्री भोग्या और दलित सेवक थे। एक का मनमाना भोग किया जाता था तो दूसरा पशु से बदतर जीवन जीने को विवश था। 'मानस' में दोनों

उदाहरण मौजूद हैं। *'बालकाण्ड'* के ***नारिधरमु पति देउ न दूजा*** [7] से लेकर अरण्यकाण्ड के अनसूया संवाद ***पति प्रतिकूल जनम जहँ जाई। बिधवा होइ पाइ तरुनाई*** [8] तक ऐसे कई उदाहरण हैं जो सामन्ती अहं को पुष्ट करते हैं। इन पदों के आधार पर कोई तुलसी को सामन्तवाद का पोषक कहना चाहे तो कह सकता है। असल बात यह है कि कवि अपने समय की समस्याओं को समेट रहे थे और उनके समय का समाज ऐसा ही था। वे जो देख रहे थे, वही लिख रहे थे। अपनी सोच के अनुसार समाज का निर्माण नहीं कर रहे थे बल्कि समाज की गति को रचनात्मक रूप प्रदान कर रहे थे। उनके इस चित्रण से उस दौर की स्त्रियों की वास्तविक स्थिति का पता चलता है। उन पर यह आरोप जरूर लगाया जा सकता है कि उन्होंने उस सामन्ती व्यवस्था को चुनौती देने का काम नहीं किया। 'मानस' में एक भी स्त्री ऐसी नहीं है जो पुरुष सत्ता को चुनौती देती हो, उसके बनाये नियमों के विरुद्ध आचरण करती हो और स्वतन्त्र निर्णय लेकर अपनी ठोस उपस्थिति दर्ज कराती हो। कैकेयी ने ऐसा करने का प्रयास जरूर किया था किन्तु राम के प्रति अत्यधिक मोह ने उल्टे उन्हें ही दोषी ठहरा दिया।

कबीरदास भक्तिकाल के प्रमुख कवियों में इकलौते ऐसे कवि हैं जिन्होंने आजीवन दाम्पत्य जीवन का निर्वाह किया है। इसलिए पति-पत्नी की नोकझोंक से सम्बन्धित जीवनानुभव उन्हें है। तुलसीदास ने तो एक ही फटकार में पत्नी का त्याग कर दिया था। वैसी न जाने कितनी फटकारें कबीर ने सहन की होंगी। वे नारी के प्रति अनुदार जरूर हैं परन्तु उसके रूप, यौवन का भूगोल, व्याकरण नहीं बताते।

"नारी नासाबे तिनि सुख, जा नर पासे होई। भगति, मुकति निज ज्ञान में, पैसि न सकई कोई॥" [9] कहीं इसी भावावेश की पंक्ति तो नहीं है? 'कामिनी काली नागिन, तीनों लोक मँझार','नारी निरखि ना देखिये, निरखि ना कीजिये दौर','कामिनी सुन्दर सर्पिनी, जो छेरै तिहि खाये','नारी कुंड नरक का बिरला थंभे बाग', 'नागिन के तो दोये फन, नारी के फन बीस', कलि मंह कनक कामिनी, ये दौ बार फंद','पर नारी पैनी छुरी, मति कौई करो प्रसंग' आदि अनेक उदाहरण उनके यहाँ हैं। लेकिन सिर्फ इन्हीं पंक्तियों के आधार पर उनका मूल्यांकन नहीं किया जा सकता वरना इससे बहुत-से उज्ज्वल पक्ष दब जायेंगे। कबीर ने एक तरफ़ स्त्रियों की निन्दा की है तो दूसरी तरफ़ उन्हें महिमान्वित भी किया है।

कबीरदास के यहाँ मुख्यतः तीन तरह की स्त्रियाँ दिखाई देती हैं। एक माया के रूप में, जो 'महा ठगिनी' है। इसी कारण कबीर इसे साधना का शत्रु मानते हैं।

दूसरी वह जो पतिव्रता है, रतन की खान है। 'पतिबरता मैली भली, काली कुचिल कुरूप', 'नारी निन्दा ना करो, नारी रतन की खान' आदि इसके उदाहरण हैं। तीसरी और सबसे महत्त्वपूर्ण स्त्री स्वयं कबीर का स्त्री रूप है। वे जब भी स्त्री रूप में अपने आराध्य निर्गुण राम के समक्ष प्रस्तुत होते हैं तो वह रूप देखते ही बनता है। कबीर का यह स्त्री रूप स्त्रियों से अधिक प्राकृतिक लगता है। 'हरि मेरा पीव, मैं हरि की बहुरिया', 'दुलहिन गावहु मंगलाचार/हम घर आये हो राजा राम भरतार', 'चली मैं खोज में पिय की', 'तलफै बिन बालम मोर जिया', 'प्रियतम को पतिया लिखूँ', 'अब तोहिं ज़ान न दैहूँ राम पियारे', 'दुलहिल तोहि पिय के घर जाना', 'मोरे साहब की ऊँची अटरिया, चढ़त में जियरा काँपे' जैसी पंक्तियाँ उन्हें अलग मुकाम पर पहुँचा देती हैं। यदि तराजू के एक पलड़े पर स्त्री निन्दा और दूसरे पलड़े पर स्त्री समर्थन के पद हैं तो उसका चरमोत्कर्ष उसकी मूठ में है। परन्तु जो हाथ में है उसी की अनदेखी बराबर की जाती रही है। कबीर का स्त्री विषयक उदात्त चिन्तन उसी मूठ में है। कबीर का यह रूप बाकी दोनों रूपों से भिन्न और उत्तम है। कबीर की भक्ति विषयक उदात्तता इसी में है। स्वयं को अपने आराध्य की स्त्री के रूप में प्रस्तुत कर आत्मा-परमात्मा के मिलन का जो संयोग कबीरदास ने दिखाया है वह सम्पूर्ण भक्ति साहित्य में अद्वितीय है।

साधनात्मक रहस्यवाद के अन्तर्गत कबीरदास स्त्री-पुरुष के ज़रिये जिस प्रकार से परमात्मा के आगे शरणागत होने की बात बार-बार करते हैं, जिस पतिव्रता भाव से ईश्वर के प्रति ख़ुद को समर्पित करते हैं उस समर्पण भाव के आधार पर उन्हें भी सामन्ती विचार का पोषण करने वाला कवि ठहराया जा सकता है। पूर्व के दोनों वर्णनों में उनका यह व्यक्तित्व तो दिखाई देता ही है। यहाँ भी स्त्री का पुरुष की सत्ता से पृथक मूल्यांकन नहीं है। आध्यात्मिक रहस्यवाद के दृष्टिकोण से भक्तिभाव में विभोर कबीर जरूर अच्छे लगते हैं लेकिन स्त्री का पतिव्रता रूप उन पर सवाल खड़ा करता है। यहाँ इस बात पर जरूर विचार किया जाना चाहिए कि क्या वाकई कबीर स्वयं को पतिव्रता स्त्री के रूप में परमात्मा के सामने प्रस्तुत करना चाहते हैं या फिर यह बता रहे हैं कि स्त्री को पतिव्रता ही होना चाहिए? यदि पतिव्रता भाव से समर्पण करने वाली स्त्री ही उनके स्त्री विषयक चिन्तन का आदर्श रूप है तो निःसन्देह यह सामन्ती सोच का परिचायक है। आचार्य हजारीप्रसाद द्विवेदी ने तो कहा है कि "कबीरदास भक्त और पवित्रता को एक कोटि में रखते थे। दोनों का धर्म कठोर है, दोनों की वृत्ती कोमल है, दोनों के सामने प्रलोभन का दुस्तर जंजाल

है, दोनों ही कांचन-पदधर्मी हैं– बाहर से मृदु, भीतर से कठोर; बाहर से कोमल, भीतर से परुष। सबकी सेवा में व्यस्त, पर एक की आराधिका पतिव्रता ही भक्त के साथ तुलनीय हो सकती है।"[10] प्रो. अनिल राय भी लिखते हैं– "कबीर आदि सन्त कवियों ने नारी की स्थिति पर प्रकाश डाला है। ये सन्त प्राय: नारी के कामिनी और भोग्या रूप की निन्दा करते हैं। उनके लिए पतिव्रता का महत्त्व था। वे उनकी साधना की आदर्श थीं।"[11] यदि पतिव्रता होना ही भक्ति का मूलाधार है तो कबीर निश्चित रूप से पति को परमेश्वर साबित कर रहे थे। गोस्वामी तुलसीदास ने तो किया है। पार्वती की माँ द्वारा '**नारिधरमु पति देउ न दूजा**'[12] कहना और सती अनसूया द्वारा सीता को दिये गये उपदेश इसी कोटि में आते हैं।

समय के दबाव से रचनाएँ प्रभावित होती हैं। सामन्ती समाज में, जिसमें कवि की जीविका का मूलाधार ही सामन्तों से मिलने वाला धन या संरक्षण था, ऐसी स्थिति में उसके ख़िलाफ़ लिखना सुरक्षित नहीं था। स्वतन्त्रता प्राप्ति के इतने वर्षों बाद सत्ता से संरक्षण प्राप्त कवि-लेखक उसके ख़िलाफ़ लिखने-बोलने की हिमाकत नहीं करते तो उस समय की जटिलताओं को समझा जा सकता है। तुलसीदास ने भले मुगलिया संरक्षण को स्वीकार न किया हो परन्तु उनकी चिन्ता शुद्ध रूप से हिन्दू सामन्ती व्यवस्था के अनुकूल है। मुगलों ने तो विधवाओं को पुनर्विवाह का अधिकार दिया था। सती प्रथा जैसी कुप्रथा का विरोध किया था। "धार्मिक दृष्टि से वे बेहद उदार थे। उन्होंने 'दीन इलाही' की स्थापना की।.... उन्होंने हिन्दू समाज में कई सुधार किये। जज़िया कर समाप्त कर दिया गया, गोवध बन्द कर दिया गया, सती प्रथा गैर कानूनी घोषित कर दी गयी तथा विधवा विवाह क़ानूनी हो गया।"[13] तत्कालीन सामन्ती समाज में स्त्रियों की स्थिति पर बात करते हुए प्रो. अनिल राय ने लिखा है– "मध्यकाल का समाज सामन्ती ढाँचे पर निर्मित होने के कारण, जिसमें नारी का उपयोग सम्पत्ति के रूप में होता है, व्यापक परिप्रेक्ष्य में नारी का कोई स्थान नहीं था।"[14]

कबीरदास के बारे में यह कहा जाता है कि उन्होंने स्त्री के सिर्फ उसी रूप का विरोध किया है जो मायिक है, अपनी माया से भक्ति, मुक्ति और ज्ञान में बाधा उत्पन्न करता है। लेकिन यह कौन तय करता है कि कौन-सी स्त्री भली है और कौन-सी स्त्री माया? जाहिर-सी बात है कि इसके निर्णय का ठेका पुरुषों के हाथ में था। उसे लगता था कि स्त्रियों के सम्पर्क से उसकी साधना भंग होगी। अपनी ऐंद्रिय कमजोरी को छिपाने के लिए उसने स्त्री को ही माया, कुलटा, कामिनी, काली नागिन, डाकिनी

और पिशाचिनी कहना शुरू कर दिया। स्वयं कबीर ने 'माया को अंग' में माया को पापिनी, विश्वासघातिनी, वेश्या, मोहिनी, जीवन-धन हारिणी, सभी को फँसाने वाली आदि कई उपनाम दिये हैं। परशुराम चतुर्वेदी लिखते हैं: "माया को उन्होंने एक परम सुन्दरी तथा विश्वमोहिनी नारी के रूप में चित्रित किया है जिसका स्वभाव ही ठगना है और फँसाना है। कबीर साहब ने उस माया का वर्णन करते हुए बतलाया है कि उस ठगिनी का त्याग करने की कोई लाख चेष्टा करे, वह पिण्ड नहीं छोड़ती। उसे बार-बार पकड़ती है। वह जल, थल तथा आकाश सर्वत्र एक समान व्याप्त है।"[15] प्रो. अनिल राय कहते हैं कि कबीर के लिए पतिव्रता स्त्री का ही महत्त्व था। "कबीर आदि सन्त कवियों ने तत्कालीन समाज में नारी की स्थिति पर प्रकाश डाला है। ये सन्त प्राय: नारी के कामिनी और भोग्य रूप की निन्दा करते हैं। उनके लिए पतिव्रता का महत्त्व था।"[16] प्रो. राय को इस बात की भी चिन्ता है कि सन्तों के नारी विषयक चिन्तन को ठीक से नहीं समझा गया। "कम-से-कम सन्तों के नारी विषयक चिन्तन के प्रति यह धारणा ही बद्धमूल हो गयी थी कि उनका साहित्य समग्रता में नहीं देखा गया और न ही सन्दर्भ के सही परिप्रेक्ष्य में उसे विश्लेषित करने की कोशिश की गयी।"[17] वे कबीर की नारी निन्दा में लोक मंगल की भावना देखते हैं, यह हास्यास्पद है। "कबीर अगर नारी निन्दा करते हैं तो उसके मूल में लोक मंगल की ही भावना निहित है।"[18]

जायसी मूलत: प्रेम के कवि हैं। लेकिन प्रेम के लिए चुनी गयी उनकी कथा सामन्ती है। यह एक ऐसे नायक की कथा है जिसके लिए स्त्री भोग्या है। वह कामुक नायक है। इतना निष्ठुर है कि उसे स्त्री हृदय की तड़प और पीड़ा का कोई एहसास नहीं है। वरना सिर्फ रूप और गुण की प्रशंसा सुनकर ही वह नागमती को छोड़कर पद्मावती के पीछे नहीं भागता। ऐसा कौन है जिसे 'नागमती वियोग खण्ड' पढ़ने के बाद नागमती के रोने पर रोना नहीं आयेगा? जिस कथा की बुनियाद ही हिन्दू सामन्ती व्यवस्था पर टिकी हो, उसमें स्त्री की यही परिणति हो सकती थी।

'पद्मावती' के लिए सिर्फ रत्नसेन ही नहीं बौराये हुए हैं। अलाउद्दीन खिलजी और देवपाल भी उसे प्राप्त करने के लिए संघर्षत हैं। इसलिए कहा जा सकता है कि 'पद्मावत' प्रेमाख्यानक होने के साथ-साथ कामाख्यानक भी है। काम वासना से वशीभूत होकर ही रत्नसेन उसे प्राप्त करता है और इसी कुण्ठा से ग्रसित होकर खिलजी और देवपाल दोनों उसे पाना चाहते हैं। त्रासदी देखिए कि खिलजी को छोड़कर बाकी सभी इस काम ज्वाला में भस्म हो जाते हैं। न रानियाँ बचती हैं न रत्नसेन और देवपाल। मुस्लिम शासकों के साथ ही हिन्दू सामन्तों की दूषित

मानसिकता इसके लिए बराबर जिम्मेदार है। "विलासप्रिय प्रमदा प्रेमी मुसलमान शासकों के अनुकरण पर हिन्दू राजाओं और सामन्तों के अन्त:पुरों में भी सुरा और सुन्दरियों का बाहुल्य दीख पड़ने लगा। स्त्री केवल विलास की सामग्री रह गयी और स्त्री शिक्षा की पूरी उपेक्षा हुई।"[19]

जायसी ने पद्मावती के चरित्र का चित्रण इस तरह से किया है कि लगता ही नहीं है कि रत्नसेन पद्मावती के लिए बौड़म बने हुए हैं। उन्होंने रत्नसेन की कामकुण्ठा की रक्षा कर पद्मावती को ही रत्नसेन के प्रति आसक्त दिखाया है। जिस रानी को प्राप्त करने के लिए नायक को एड़ी-चोटी का ज़ोर लगाना पड़ा वह नायक के चरणों पर पड़ी हुई पायी जाती है। समुद्र पुत्री लक्ष्मी के सहयोग से जब पद्मावती रत्नसेन से मिलती है तो उसके चरणों पर गिर पड़ती है और आँसुओं से उसका पाँव धोती है–

पाँय परी धनि पीउ के, नैनन्ह सौं रज मेट।

अचरज भएउ सबन्ह कहँ, भई ससि कँवलहि भेंट॥[20]

'परसि पायं राजा के रानी'[21], *'जौ लहि जोबन तौ लहि पीऊ'*[22] *'जोबन उदधि गम्भीर'*[23] जैसे अनेक उदाहरण जायसी प्रस्तुत करते हैं। उन्हें भी पतिव्रता स्त्री ही विशेष प्रिय है।

जायसी की नज़रों से कोई भी स्त्री नहीं बच पायी है। वेश्या, दासी, जादूगरनी आदि सब पर उनकी दृष्टि है। स्त्री के वेश्या रूप का चित्रण करते हुए वे लिखते हैं–

दुसर पुरुष न रस तुइ पावा। तिन्ह जाना जिन्ह लीन्ह परावा॥

एक चुल्लू रस भरै न हीया। जौ लहि नहिं फिर दूसर पीया॥[24]

कुमुदिनी पद्मावती को भटकाने के लिए यह कहती है। वह चाहती है कि पद्मावती रत्नसेन के साथ-साथ देवपाल की भी इच्छा पूर्ण करे। वह पद्मावती के पास भेजी ही इसीलिए गयी थी। चरित काव्य होने के कारण जायसी ने कुमुदिनी का स्वाभाविक चित्रण ही किया है। वेश्यावृत्ति समाज की कटु सच्चाई है। यह धन्धा आज भी बदस्तूर जारी है। स्त्रियाँ इस धन्धे में क्यों आयीं? स्वेच्छा से आयीं या धकेल दी गयीं? इन सभी बातों पर बहस हो सकती है। लेकिन शारीरिक प्यास बुझाने के लिए वह धन्धा नहीं करती है। पेट की आग बुझाने के लिए करती है।

मुझे भोग से काम नहीं है लिखने वाले जायसी के कई पात्र घोर कामान्ध हैं। स्वयं रत्नसेन बारी-बारी से नागमती और पद्मावती का भोग करता है। जब वह

नागमती के पास जाता है तो नाराज होकर नागमती उसे उलाहना देती है। जब पद्मावती के पास पहुँचता है तो वह ताना मारती है। दिनभर काम के बाद जब रत्नसेन नागमती के पास गये तो उसने मुँह फेर लिया। आँख तक नहीं मिलायी। कहती है– तू जब किसी और से प्रेम करने लगा है तो मेरा परिहास करने क्यों आया है? तेरे लिए यह हँसी-खेल है पर मेरे लिए तो रुदन ही रुदन है–

सब दिन राजा दान दवाँवा। भै निसि नागमती पहँ आवा॥
नागमती मुख फेरि बईठी। सौ न करै पुरूख सौ दीठी॥
काह हँसी तूँ मोसौं, कियेउ और सौ नेहु।
तोहि मुख चमकै बीजुरी, मोहि मुख बरसै मेहु॥[25]

नागमती के साथ रात बिताने के बाद जब रत्नसेन पद्मावती के पास पहुँचे तो वह रोती हुई गिर पड़ी। रत्नसेन के धीर बँधाने पर भी वह धीरज नहीं धरती। जैसे उसकी जान ही निकल गयी हो। किसी तरह ख़ुद को सँभालती हुई वह कहती है– वहीं जाओ, जहाँ तुमने रात बितायी है–

रहै न राखे होइ निसाँसी। तहँवहि जाहि जहाँ निसि वासी॥[26]

उपरोक्त उदाहरण से स्पष्ट है कि नायक के जीवन में काम का कितना महत्त्व है। 'पद्मावत' काम भाव से सर्वथा मुक्त नहीं है।

'पद्मावत' के कुछ प्रसंग बहुत स्वाभाविक बन पड़े हैं। जैसे 'नागमती वियोग खण्ड' और 'मान सरोदक खण्ड'। नागमती की उद्विग्नता बनावटी नहीं लगती है और न ही 'मानसरोदक खण्ड' के स्त्रियों की भावी चिन्ता या वाक् चातुर्य। पद्मावती संग सहेलियों का वार्तालाप जायसी के गहरे जीवनानुभाव का परिणाम है। स्त्रियों की भावी चिन्ताओं का इतना सूक्ष्म निरीक्षण तत्कालीन साहित्य में विरल है। ***ए रानी! मनु देखि बिचारी। एहि नैहर रहना दिन चारी*** [27] उसका सुन्दर उदाहरण है। इसका भावनात्मक रहस्यवाद के अन्तर्गत भी मूल्यांकन किया जा सकता है। क्योंकि इसके भाव जितने लौकिक हैं उतने ही अलौकिक। कबीर लोक को नैहर और परलोक को ससुराल कहते हैं। जायसी भी वही कह रहे हैं। कबीर के यहाँ जो साधनात्मक रहस्यवाद है, जायसी के यहाँ वही भावनात्मक रहस्यवाद है।

निष्कर्ष के रूप में यह कहा जा सकता है कि कबीर, तुलसी, जायसी आदि कवियों ने स्त्रियों की सर्वथा उपेक्षा ही नहीं की है बल्कि उनकी मान-मर्यादा की रक्षा भी की है। आदर्श स्त्री को जो आदर तुलसीदास ने दिया है उसकी अनदेखी नहीं की

जा सकती। 'बन्दउँ कौसल्या दिसि प्राची' इस कोटि की उनकी उत्कृष्ट पंक्ति मानी जाती है। उनकी दृष्टि में जो अमर्यादित कृत्य है उसी की उन्होंने निन्दा की है। कबीर ने भी स्त्री के उसी रूप की निन्दा की है जो मोहिनी-माया है। जायसी प्रेम में डूबे होने के कारण सीमा लाँघ गये। कुल मिलाकर बात यह है कि तुलसीदास ने गुण-दोष के आधार पर स्त्रियों का मूल्यांकन किया है तो कबीर ने मोह-माया के आधार पर। जायसी यौवन-यौन के फेर में ज़्यादा उलझे दिखाई पड़ते हैं।

सन्दर्भ :

1. पोद्दार, हनुमानप्रसाद (टीकाकार), रामचरितमानस, गीताप्रेस, गोरखपुर, सं. 2068, 240वां पुनर्मुद्रण, पृ. 751
2. सिंह, डॉ. बच्चन, हिन्दी साहित्य का दूसरा इतिहास, राधाकृष्ण प्रकाशन, दिल्ली, 2016, पृ. 143
3. वही, पृ. 143
4. पोद्दार, हनुमानप्रसाद, (टीकाकार), रामचरितमानस, पृ. 461-462
5. तिवारी, अजय (सं), तुलसी : एक पुनर्मूल्यांकन, आधार प्रकाशन, पंचकूला, हरियाणा, 2006, पृ. 281
6. त्रिपाठी, विश्वनाथ, लोकवादी तुलसीदास, राधाकृष्ण प्रकाशन, दिल्ली, 2018, पृ. 153
7. पोद्दार, हनुमानप्रसाद, (टीकाकार), रामचरितमानस, पृ. 100
8. वही, पृ. 610
9. दास, श्यामसुन्दर, कबीर ग्रन्थावली, प्रकाशन संस्थान, नयी दिल्ली,2008, पृ. 93
10. द्विवेदी, हजारीप्रसाद, कबीर, छब्बीसवाँ संस्करण, राजकमल प्रकाशन, नयी दिल्ली 2019, पृ. 129
11. राय, अनिल, निर्गुण काव्य में नारी, सार्थक प्रकाशन, नयी दिल्ली, 2011, पृ. 39
12. पोद्दार, हनुमानप्रसाद, (टीकाकार), रामचरितमानस, पृ. 100
13. मेघ, रमेश कुंतल, तुलसी : आधुनिक वातायन से, भारतीय ज्ञानपीठ प्रकाशन, कलकत्ता,1967, पृ. 79
14. राय, प्रो. अनिल, निर्गुण काव्य में नारी, सार्थक प्रकाशन, 2011, पृ. 11
15. चतुर्वेदी, परशुराम, कबीर साहित्य की परख, भारती भण्डार लीडर प्रेस, इलाहाबाद,1972, पृ. 204
16. राय, प्रो. अनिल, निर्गुण काव्य में नारी, पृ. 39
17. वही, पृ. 39
18. राय, प्रो. अनिल, स्त्री के हक में कबीर, हंस प्रकाशन, नयी दिल्ली, 2020, पृ. 79
19. उद्धृत, त्रिपाठी, डॉ. अंबिकेश, जायसी की साहित्यसृष्टि एवं लोकदृष्टि, दुर्गा पब्लिकेशन्स, दिल्ली, 2014, पृ. 323

20. वही, पृ. 324
21. वही, पृ. 327
22. वही, पृ. 329
23. वही, पृ. 330
24. वही, पृ. 325
25. वही, पृ. 345
26. वही, पृ. 346
27. वही, पृ. 323

(ग) मध्यकालीन भक्त कवयित्रियाँ : हाशिये के स्वर

भक्ति, मुस्लिम-कवयित्रियाँ और किंवदन्तियाँ

प्रो. रमण सिन्हा

सत्रहवीं शताब्दी के उत्तर भारत में ताज बीबी (1643) और शेख रंगरेज़िन (1655) जैसी मुस्लिम स्त्रियों का हिन्दू भक्त होना आम बात नहीं थी लेकिन इनके जीवन के बारे में हमारे पास बहुत कम ऐतिहासिक जानकारी होने के बावजूद उनके बारे में किंवदन्तियाँ और सम्प्रदाय केन्द्रित लेखन उनकी पहचान मुस्लिम और भक्त के रूप में करता रहा है और यदि हम उनके काव्य को भी आधार बनायें तो क्या इनकी इस पहचान की पुष्टि और किसी निर्णय पर पहुँचने में हमें सहायता मिल सकती है?

पुष्टिमार्ग के सन्त चरित लेखन (हेजियोग्राफ़ी) स्पष्ट रूप से ताज को अकबर (1542-1605) और गोसाईं विट्ठलनाथ (1516-1588) के समकालीन के रूप में इंगित करते रहे हैं, लेकिन साहित्यिक इतिहासकारों ने उन्हें आमतौर पर सत्रहवीं शताब्दी में रखा है। ताज का पहला उल्लेख हिन्दी साहित्यिक इतिहास लेखन में शिवसिंह सरोज (1877) में मिलता है, जहाँ उनका जन्म वर्ष 1595 ई. माना गया है,[1] लेकिन किशोरीलाल गुप्त के अनुसार यह उनका जन्म वर्ष नहीं बल्कि लेखन काल है,[2] और मिश्रबन्धु विनोद (1913) ने उन्हें सेनापति-काल (1624-1649) के एक प्रमुख कवि के रूप में वर्णित किया।[3] बाद में सत्रहवीं शताब्दी में उनकी उपस्थिति को आम तौर पर स्वीकार किया जाने लगा क्योंकि एक कविता में उन्होंने अपने जिन पूर्वज कवियों को याद किया है, वे सभी सत्रहवीं शती के पूर्व के हैं, जैसे सूर, तुलसी, रैदास, नानक, मलूक, धन्ना, नामदेव, दादू, कबीर, मीरा आदि। वे लिखती हैं : *ध्रुव से प्रहलाद गज ग्राह से अहिल्या देखिस्योरी और गीध यौ विभीषण जिन तारे हैं पापी अजामिल सूर तुलसी रैदास कहूं / नानक मलूक 'ताज' हरि ही*

भारतीय भाषा केन्द्र, जवाहरलाल नेहरू विश्वविद्यालय, नई दिल्ली-110067

के प्यारे हैं / धनी नामदेव दादू सदना कसाई जानि, गनिका कबीर मीरा सैन उर धारे हैं। जगत को जीवन जहाँ बीच नाम सुन्यो राधा के वल्लभ कृष्ण वल्लभ हमारे हैं।।[4]

इस कविता में जो उल्लेखनीय है वह यह कि ताज ने स्वयं को अन्य प्रतिष्ठित कवियों और पौराणिक चरित्रों की संगति में रखकर देखा है और जिसमें कवियों और पौराणिक चरित्रों का अनुपात बराबर है– दस पौराणिक और दस ऐतिहासिक ; लेकिन क्या ऐसा सचेत रूप से किया गया है? आखिर इन दोनों की– ऐतिहासिक और पौराणिक चरित्रों की इस प्रस्तावित उपस्थिति का मकसद क्या हो सकता है? ये किनका प्रतिनिधित्व करते जान पड़ते हैं? सांस्कृतिक इतिहासकार राजेश्वरी सुन्दर राजन प्रतिनिधित्व के विचार को निजी और सार्वजनिक, यथार्थ और संस्कृति, वास्तविकता और कल्पना के मध्य एक चौराहे के रूप में देखती हैं, उनके अनुसार, "'प्रतिनिधित्व' की अवधारणा ऐसा लगता है कि ठीक इसलिए उपयोगी है क्योंकि यह दो दृष्टिकोणों के बीच एक मध्यस्थ की तरह कार्य कर सकता है, न तो 'यथार्थ' को अधिक तरजीह देते हुए मूलगामी (रैडिकल) और न ही 'संस्कृति' को वरीयता देते हुए अधिरचनात्मक (सुपरस्ट्रक्चरल), वास्तविक की श्रेणी का यहाँ न तो इनकार है और न ही प्रतिनिधित्व के लिए इसे किसी पूर्व निश्चित आधिभौतिक आधार के रूप में परमावश्यक ठहराने का प्रयत्न।"[5]

मीराबाई के बाद मध्ययुगीन उत्तर-भारत की सर्वाधिक प्रसिद्ध और सबसे प्रतिभाशाली कवयित्री ताज बीबी[6] के बारे में दो तरह की किंवदन्तियाँ हैं– एक जो पुष्टिमार्गी मण्डलियों में प्रचलित है, जहाँ वह मुग़ल सम्राट अकबर (1542-1605) की पत्नी हैं और दूसरी किंवदन्ती मुख्य रूप से जो भावनगर, गुजरात के ब्रजभाषा कवि गोविन्द गिला भाई (1848-1926) द्वारा सामने आयी और प्रसिद्ध हुई। उन्होंने ज्योति प्रसाद मिश्र 'निर्मल', (स्त्री कविता कौमुदी के प्रसिद्ध सम्पादक) को दिनांक 11.12.1925 के एक पत्र में सूचित किया कि, "करौली गाँव में ताज नाम की एक मुस्लिम महिला रहती थी, जो बिना नागा हर दिन स्नान करने के बाद दर्शन के लिए मन्दिर जाती थी; उसके बाद ही वह भोजन करती थी। एक दिन, उन्हें वैष्णवों द्वारा दर्शन की अनुमति नहीं दी गयी क्योंकि उन्हें विधर्मी मान लिया गया था। लेकिन उस दिन उसने मन्दिर परिसर नहीं छोड़ा और वहीं पूरे समय कृष्ण का नाम जपती रही। ठाकुर जी स्वयं भोजन की थाली हाथ में लिये प्रकट हुए और बोले, "आज तुमने थोड़ा सा भी प्रसाद नहीं खाया, अब ले लो..." सुबह जब वैष्णव लोग वहाँ पहुँचे तो उन्होंने सारा वृत्तान्त उन्हें सुना दिया... सब उनके पाँवों पर गिर पड़े और

फिर प्रतिदिन ताज के दर्शन कर लेने के बाद ही प्रसाद ग्रहण करने लगे। तो अब यह प्रथा हो गयी कि ठाकुरजी के दर्शन के लिए पहले ताज प्रवेश करे फिर अन्य वैष्णव पीछे-पीछे आयें। यह सब मैं जब करौली गया, कई वैष्णवों से सुना था। मैंने उनकी कई कविताएँ भी सुनी हैं जिसमें मैंने कई की नकल भी की थी। मेरे निजी पुस्तकालय में ताज की दो सौ कविताएँ मेरे हाथ की लिखी हुई हैं।"[7]

कुछ किंवदन्तियाँ वैष्णव सन्तचरितलेखन से सम्बन्धित हैं, विशेष रूप से 'भावसिंधु' और 'श्री गोवर्धन नाथ जी की प्राकट्य वार्ता' में ताज से सम्बन्धित किंवदन्तियों का विशेष सन्दर्भ है। 'भावसिन्धु' में ताज बीबी की वार्ता नामक एक भाग है[8], जहाँ उन्हें सम्राट अकबर की पत्नियों में से एक के रूप में चित्रित किया गया है। कहानी के अनुसार एक दिन अकबर ने मथुरा में महान आचार्य वल्लभाचार्य (1479-1531) के प्रेरक पुत्र गोसाईं विट्ठलनाथ (1516-1588) से मिलने के बाद अपने चित्रकारों द्वारा उनकी एक पेंटिंग बनवाकर अपने महल में स्थापित किया।[9] अब सुबह उठकर कुछ भी करने से पहले उस पेंटिंग को पूरी श्रद्धा से दर्शन करना सम्राट का दैनिक काम हो गया। बाद में ताज ने इसे अपने कमरे में यह सोचकर स्थानान्तरित करा दिया कि इसी बहाने शहंशाह रोज उसके कमरे में आयेंगे, परिणामतः वह स्वयं गुसाईं जी की भक्त हो गयीं। उसकी दो घनिष्ठ सहेलियाँ–बीरबल की बेटी शोभावती और राय वृन्दावन दास की बेटी गोसाईं विट्ठलनाथ की भक्त थीं। ताज इस बात से बहुत चिन्तित रहती थी कि कहीं अकबर अपनी दूसरी पत्नियों के जादू में उसकी उपेक्षा न करने लगें। इसलिए एक दिन उसने शोभावती को गोसाईं जी के पास इसका उपाय पूछने के लिए भेजा कि पति को वश में कैसे किया जायें। गोसाईं जी ने एक दोहा रचकर शोभावती को देते हुए कहा कि ताज इसे सोने में जड़वाकर गले में धारण कर लें। जब यह ख़बर उन रानियों तक पहुँची तो उन्होंने अकबर को झाँसा दिया कि ताज ने उन पर काला जादू कर दिया है और इसका मन्त्र वह ताबीज में हमेशा अपने गले में पहने रहती हैं। रानियों ने सम्राट की सम्भावित दुर्घटना के बारे में अपनी आशंका और चिन्ता व्यक्त की। अकबर ने इसके बारे में पूछताछ की और इसमें सच्चाई पायी– ताज के गले में सोने का लॉकेट लटक रहा था। जब खोला गया तो उसमें एक काग़ज़ का टुकड़ा मिला, जिस पर यह दोहा लिखा था : "कामन, टामन, टोटका, ये सब डारौ धोय। पिया कहै सो कीजिए, आपहिं ते बस होय।।"[10] *जब अकबर को पता चला कि यह दोहा गोसाईं विट्ठलनाथ द्वारा भेजा गया था, उन्होंने ताज से कहा कि वह*

जो चाहे मुझसे माँग सकती है। ताज ने गोसाईं जी से दीक्षा लेने की उनकी अनुमति चाही और वह बादशाह द्वारा तत्काल मंजूर कर ली गयी। दीक्षा के बाद वह पूरी तरह से भगवान कृष्ण के प्रति समर्पित हो गयी क्योंकि उन्होंने अपनी एक कविता में साहसपूर्वक घोषणा की है : "सुनो दिल जानी मेरे दिल की कहानी। तुम दस्त ही बिकानी बदनामी भी सहूँगी मैं। देव पूजा ठानी में निवाज हूँ भुलानी। तजे कलमा कुरआन साडे गुनन गहूँगी मैं।। स्यामला सलोना सिर ताज सिर कुल्ले दिये तेरे नेह दाग में निदाग हो दहूँगी मैं।। नन्द के कुमार कुर्बान तोडी सूरत पे। ताड़ नाल प्यारे हिन्दुआनी हो रहूँगी मैं।।"[11] यह कविता आज भी न केवल पुष्टिमार्गी हलकों में[12] बल्कि भारत के लोकप्रिय संगीत में भी कुछ हद तक लोकप्रिय है।[13]

ताज के अन्तिम दिनों के बारे में भी सन्तचरित लेखन-परम्परा में कुछ विवरण मिलते हैं। एक कथा के अनुसार उनके अन्तिम दिनों में उन्हें अपने दिल में अपने स्वामी से एक प्रकार का तीव्र महाविरह अनुभव हुआ। एक कविता में ऐसा लगता है कि उसने उसी समय की अपनी मनःस्थिति को ही चित्रित किया है : *"प्रीतम बसत पहाड़ पे हम यमुना के तीर। अबको मिलनो कठिन है पाँवन पड़ी जंजीर।। अगर आगरो मो रह्यो गिरि पर बसे मो नाथ तोरी जंजीर जोम सों और मैं प्रीतम के पास।।"*[14] उसकी गम्भीर स्थिति को महसूस करते हुए अकबर ख़ुद उसे गोवर्धन ले जाते हैं।[15] जैसे ही वे पहुँचते हैं, कथा के अनुसार उन्होंने वहाँ पाया कि कुम्भनदास और गोविन्दस्वामी धमार में ताज की ही एक रचना गा रहे हैं। ताज प्रेम में एकदम विह्वल और बेकाबू हो जाती हैं। राय वृन्दावन दास और बीरबल की बेटियों ने उन्हें पकड़ने की बहुत कोशिश की, लेकिन उनके हाथ सिर्फ ताज का भौतिक शरीर ही आया, आत्मा लीला में विलीन हो चुकी थी। अकबर ने टिप्पणी की कि वह चीज वहीं पहुँच गयी जहाँ की वह थी।[16]

गोस्वामी हरिराय के श्रीनाथ जी की प्राकट्य वार्ता में इस प्रकरण का थोड़ा भिन्न वर्णन है जहाँ भगवान श्रीनाथ जी (सातवर्षीय भगवान कृष्ण) अली खान पठान की बेटी और सम्राट अकबर की पत्नी ताज के साथ आगरा में शतरंज खेलते हैं, तो यह जानकर श्री गोसाईं जी की आज्ञा से मन्दिर में शतरंज का भी प्रचलन आरम्भ किया गया। एक दिन जब सम्राट अपनी सभी बेगमों के साथ श्री गिरिराज जी के यहाँ डेरा डाले हुए थे तो श्रीजी के दर्शन के लिए ताज गयी जहाँ उन्हें व्यक्तिगत रूप में देखकर उन्होंने अपने भौतिक शरीर को त्यागकर अपने आध्यात्मिक आत्म को उनके अस्तित्व में विलीन कर दिया। यह देखकर सभी विस्मित रह गये और अकबर

का सामना करने से बहुत डरने लगे लेकिन श्रीनाथजी की कृपा से अकबर ने केवल इतना कहा कि 'चिन्ता मत करो, वह चीज वहीं पहुँच गयी है जहाँ की थी।'[17]

ताज के सम्बन्ध में पुष्टिमार्गी हलकों में अक्सर एक और किंवदन्ती प्रचलित है कि श्रीनाथजी हर रात उनके पास आते थे और देर रात तक उनके साथ चौपड़ और शतरंज खेलते थे। एक बार जब श्री विट्ठलनाथजी ने मंगला दर्शन के लिए मन्दिर के द्वार खोले तो उन्होंने श्रीनाथजी को एक सूंथन और पटका में, जो एक मुस्लिम पोशाक है और जिसे उन्होंने कभी भी स्वरूप के लिए नहीं रचा था, पहने हुए लेटे पाया। पूछने पर श्रीनाथजी ने बताया कि, यह मुझे ताज बीबी ने उपहार में दिया है और मुझे यह पोशाक पसन्द है। उस दिन से किंवदन्ती है कि श्री ठाकुरजी ने एक जरी सून्थन और पटका पहनना शुरू कर दिया।

ऐतिहासिक रूप से ताज की जीवन-कथा को किसी निश्चित तरीके से इंगित करना मुश्किल है, क्योंकि किंवदन्तियाँ, इतिहास की तरह सटीक कालक्रम और कार्य-कारण का पालन नहीं करती हैं। ताज की पहचान शाहजहाँ (1592 - 1666) की पत्नी मुमताज महल से भी की जाती रही है, जो 'ताज' तखल्लुस से कविता लिखती थीं।[18] जहाँ तक ताज के जन्म स्थान की बात है तो इसके तीन दावेदार हैं– करौली (राजस्थान), पंजाब और पूर्वी भारत। करौली का वर्णन गोविन्द गिला भाई ने स्वयं करौली के वैष्णवों के मुख से सुनकर दर्ज किया था। गोस्वामी गोकुलनाथ (1551-1640) ने अपनी पुस्तक *भावसिन्धु* में ताज को पंजाबी कहा है,[19] अगर उनकी रचनाओं में पंजाबी शब्दों के प्रयोग को देखें तो यह बात जायज भी लगती है जैसा कि मिश्रबन्धुओं और सावित्री सिन्हा ने भी माना है।[20] गंगा प्रसाद सिंह 'विशारद' ने 'हिन्दी के मुसलमान कवि' में ताज की कुछ काव्य-पंक्तियों को उद्धृत करते हुए यह प्रमाणित किया है कि ताज का सम्बन्ध पूरब से था, वे काव्य-पंक्तियाँ थीं : *"पूरब ले जनम कमाई जिन खूब करी /पाय तन दीन 'ताज' सुनी बेद बानी है।"*[21] यहाँ पूरबले जनम में पेंच है जैसा कि किशोरीलाल गुप्त ने संकेत किया है कि यह पूरबले जनम नहीं बल्कि पूरबले जन्म यानी पूर्व जन्म से तात्पर्य है, ताज यहाँ बेद बानी सुन पाने के अपने सौभाग्य का कारण पूर्व जनम की कमाई को मान रही हैं।[22]

इसी तरह उपनिवेश-पूर्व काल की एक और महत्त्वपूर्ण कवयित्री शेख की कथा भी उतनी ही विवादग्रस्त और धुन्ध से लिपटी हुई है। लोकप्रिय किंवदन्तियों के अनुसार, शेख एक रंगरेज़न थी और एक दिन जब वह एक पगड़ी रँगने जा रही

थी तो उसने पाया कि उसमें एक गाँठ है जिसमें एक कागज का टुकड़ा बँधा हुआ है–*उत्सुकता से उसने गाँठ खोल कर देखा तो पाया कि एक कागज का टुकड़ा है जिस पर कुछ लिखा हुआ है– उसने उसे पढ़ना आरम्भ किया : कनक छरी-सी कामिनी काहे ते कटि छीन। उसने सोचा कि यह समस्या-पूर्ति की प्रकृति का काव्य है, इसलिए उसने इस प्रस्तावित समस्या की पूर्ति करते हुए लिखा : कटि को कंचन काटि विधि कुचन मध्य धरि दीन*[23] और उस पगड़ी को रँगने के बाद उसने ठीक उसी जगह पर उस कागज में अपनी पंक्तियाँ जोड़कर गाँठ बाँध दी। ग्राहक, जो एक नवोदित ब्राह्मण कवि था, को जब उसकी रँगी हुई पगड़ी मिली, तो उसने पाया कि उसमें एक गाँठ है, उसने उसे खोला और आश्चर्यजनक रूप से पाया कि उसकी अधूरी पंक्तियाँ एकदम पूरी हो गयी हैं– वह दौड़ा-दौड़ा उस अज्ञात कवि के बारे में जानने के लिए रंगरेज के पास जा पहुँचा और जब उसे कवयित्री के बारे में पता चला तो बस उसने तत्काल उसे विवाह के लिए प्रस्ताव दे डाला फिर उससे शादी करने के लिए तुरन्त इस्लाम भी कबूल कर लिया।[24] तत्पश्चात वे जीवन भर संयुक्त उद्यम से कविता लेखन के साथ खुशी-खुशी रहने लगे। उन्हें जहान नाम का एक पुत्र भी प्राप्त हुआ था जिनके साथ भी एक किंवदन्ती जुड़ी हुई है। कहा जाता है कि एक बार औरंगजेब के पुत्र शाहजादा मुअज्जम ने मज़ाक में शेख से पूछा, "क्या आलम की बीबी आप ही हैं? शेख ने हँसकर तुरन्त जवाब दिया था, "हाँ हुजूर! 'जहान' की माँ मैं ही हूँ।"[25] यह किंवदन्ती एक लेखक की, विशेष रूप से मध्ययुगीन काल की एक स्त्री लेखक की असामान्य प्रत्युत्पन्न, हास्य बोध और प्रतिभा को चिह्नित करती है।

शेख रंगरेज़िन का उल्लेख पहली बार 'शिवसिंह सरोज' (1877) में किया गया था, जहाँ उनके लेखन की अवधि 1583 से 1623 ईस्वी मानी गयी थी और यह भी उल्लेख किया गया था कि पूर्व में उनकी कविताओं को 'कालिदास हजारा' (1718) में भी संकलित किया गया था।[26] एक विशेष कविता का हवाला देते हुए आलम के बारे में उन्होंने इसमें यह साबित करने की कोशिश की कि वह मुगल बादशाह औरंगज़ेब (1618-1707) के पुत्र राजकुमार मुअज्जम शाह (1643-1712) की समकालीन थीं, लेकिन बाद में आलोचकों ने संकेत किया कि आलम शब्द का इस्तेमाल उपरोक्त कविता में केवल दुनिया के अर्थ में हुआ है और यह किसी कवि की 'छाप' नहीं है।[27] फिर यह कविता कवि के किसी अन्य संग्रह में भी नहीं पायी

जाती है। आलम और शेख के संयुक्त काव्य उपक्रम आलम-केलि की पाण्डुलिपि जब 1903 ई. में बनारस के महाराजा के सरस्वती भण्डार में पायी गयी तो इसमें लेखन (लिपिकाल) की तिथि के रूप में संवत 1753 (1696 ई) का उल्लेख था। इन सभी तथ्यों से सुराग लेते हुए, लाला भगवान दीन ने 1922 में इसके प्रकाशन के लिए सम्पादन करते हुए इसकी रचना का काल 1683-1723 ईस्वी के बीच स्थापित किया। उन्होंने उनकी कविताओं में प्रयुक्त सर्वनाम और क्रिया रूपों को देखकर यह भी अनुमान लगाया कि शेख पंजाब की निवासी रही होंगी।[28] यद्यपि परशुराम चतुर्वेदी जैसे आलोचक इनका निवास स्थान जौनपुर जिले में कहीं मानते हैं, परन्तु इस निष्कर्ष के आधार का कोई प्रमाण नहीं देते।[29]

प्रश्न यह है कि किंवदन्तियों और सन्तचरित-लेखन में चित्रित ताज और शेख के जीवन-वृत्तान्तों को कैसे पढ़ा जाये? यदि हम ग्रिम बन्धुओं की तरह किंवदन्ती (लिजेंड) को ऐतिहासिक लोक-कथा– *फोकटेल हिस्टोरिकली ग्राउंडेड*-मानें[30] तो क्या हमारी मध्यकालीन कवयित्रियों की ये लोक कथाएँ ऐतिहासिक से अधिक काव्यात्मक नहीं हैं? इस सन्दर्भ में नॉर्बर्ट क्रैफ़ के अध्ययन से पता चलता है कि, "परीकथाएँ (फेयरिटेल) अधिक काव्यात्मक होती हैं जबकि किंवदन्तियाँ अधिक ऐतिहासिक; परीकथाएं अपने सहज प्रस्फुटन और उत्तेजना में जीवन पाती हैं, जबकि इसके विपरीत किंवदन्ती में रंगों की विविधता कम होती है; यद्यपि इस की कुछ विशेषता भी है जैसे यह उन्हीं चीजों पर ध्यान केन्द्रित करती है जिसे हम जानते हैं और अच्छी तरह जानते हैं जैसे इतिहास से जुड़ी कोई जगह या व्यक्ति। इस स्थानीय जुड़ाव के कारण ही ऐसा माना जाता है कि परीकथाओं की तरह किंवदन्तियाँ सर्वस्थानीय नहीं हो सकतीं।"[31] ऐतिहासिक रूप से सत्रहवीं शताब्दी का भारत जहाँ तक राजनीतिक स्थिरता, आर्थिक समृद्धि या धार्मिक गतिविधियों का सम्बन्ध है, कम अशान्त और अधिक व्यवस्थित है। इतिहासकार ने ठीक ही कहा है कि, "सत्रहवीं शताब्दी की शुरुआत में, अकबर द्वारा निर्धारित धर्म के प्रति उदारवादी दृष्टिकोण उत्तर भारत के अधिकांश हिस्सों में प्रचलित था, लेकिन जैसे-जैसे सदी आगे बढ़ती गयी, रूढ़िवाद की भावना बढ़ती गयी। जिसके साथ-साथ आर्थिक समृद्धि ने भारत के सभी क्षेत्रों के शासकों को अपनी धार्मिक भावनाओं की घोषणा करने के लिए भव्य मन्दिरों, मस्जि़दों और मठों के निर्माण के लिए प्रेरित किया।[32] साहित्यिक क्षेत्र में भक्ति और शृंगार (कामोत्तेजक) काव्य के दो

मुख्य विषय थे और उनका रूप और स्वरूप इस तथ्य से निर्धारित होता था कि वह दरबार में प्रस्तुत किया जायेगा या मन्दिर में। ताज के मामले में किंवदन्ती और इनकी कविता दोनों भक्ति के लिए उसके आकर्षण को प्रकट करते हैं, जबकि शेख की कविता भगवान कृष्ण के प्रति उनकी भक्ति पर तो जोर देती है लेकिन किंवदन्तियाँ इस बारे में प्राय: चुप हैं– उन्हें ताज की तरह सन्त नहीं माना जाता है।

सत्रहवीं शताब्दी का हिन्दी जगत मुख्य रूप से रीति प्रधान है लेकिन ताज और शेख की अधिकांश कविताएँ उनकी व्यक्तिगत अभिव्यक्ति शैली की गवाही देती हैं। उन्होंने कवित्त-सवैया छन्द चुना और 'पद शैली' में नहीं लिखा, जो कृष्ण-विषयों के लिए बहुत परिचित और परीक्षित छन्द है।[33] ये भी अपने समय के अन्य कवियों की भाँति कविताओं में अपना नाम (छाप) प्रथम पुरुष में या तृतीय पुरुष में डालकर कवि की सत्ता पर जोर देना नहीं भूलतीं। उदाहरण के लिए, शेख की यह कविता देखें : *"जब ते गुपाल मधुवन को सिधारे माई/मधुवन भयो मधु दानव विषम सों।* ***सेख कहै*** *सारिका सिखण्डी खण्डरीच सुक/मिली के कलेस कीन्हौ कालिंदी कदम सों। देह करि करठा करेजो लीन्हों चाहति है/काग भई कोईल कगाई करे हम सों।"* [34] या फिर ताज की यह स्वामित्वपूर्ण घोषणा : *"छैल जो छबीला, सब रंग में रंगीला, बड़े चित्त का आदिला, कहूं देवों से न्यारा है। माल गले सोहे, नाक पर्ल सेत सोहे, कान कन्या मन मोहे, मुकुट सिर धारा है।। दुष्ट जन मारे, सन्तजन निगरानी, 'ताज' चित्त में निहारे, प्रेम प्रीति करन वेरा है। नन्दजू की जिज्ञासाएं, जिन कंस को पछारा, वह वृन्दावनवारा, कृष्ण साहेब हमारा है।।"* [35]

ताज के विपरीत, शेख बिम्ब विधान में विश्वास नहीं करती हैं, वे अधिकांश समय अपनी भावनाओं को बिना किसी तामझाम के सीधे-सादे तरीके से व्यक्त करती हैं। अपने समय के अन्य कवियों की तरह वे कृत्रिम अलंकरण या औपचारिक काव्य शिल्प के प्रति शायद ही कोई झुकाव दिखाती हैं, बल्कि उनकी कविता एक सच्चे भक्त की सरल प्रामाणिक आवाज़ के रूप में सामने आती है, जैसे : *"पैडो सम सूधो बैडो कठिन किवार द्वार / द्वारपाल नहीं तहां सबल भागति है। 'सेख' भनि तहां मेरे त्रिभुवन राय हैं जू, दीनबन्धु स्वामी सुरपतिन को पति है।। वैरी को न बैरु बरियाई को न परबस हीने को हटक नाही छीने को सकति है। हाथी की हंकार पल पाछे पहुँचन पावै चीटी की चिघार पाहिले ही पहुँचति है।।"* [36] सरलता, न कि सामान्यता भक्ति कविता का उच्च बिन्दु है क्योंकि यह सहज ही हमारे अन्तरतम के

अस्तित्वगत विरोधाभासों को छूती है। अपनी एक कविता में वे कहती हैं : *"जब सुधि आवै तब तन बिनु सुधि होत/बनि सुधि आये मन होत पात पात है।। 'सेख' कहै सरद सहेट के वे गीत गुनि / बांसुरी की धुनि नटसाल गात गात है।।"* [37] सावित्री *सिन्हा की तरह यह नहीं माना जा सकता कि शेख मूलतः शृंगार की कवयित्री हैं।* [38]

ताज़ और शेख के काव्य में जो बात उल्लेखनीय है वह है हिन्दू पौराणिक कथाओं का उपयुक्त उपयोग– हिन्दू परम्परा के विशाल कोष से आयातित अल्प ज्ञात प्रसंगों को भी उल्लेखनीय प्रामाणिकता के साथ बरता गया है। भगवान शिव, देवी दुर्गा, भगवान कृष्ण और राधा, राम और सीता को समर्पित कविताएँ पौराणिक सन्दर्भों से भरी हुई हैं– कुछ प्रसिद्ध हैं लेकिन कुछ बहुत प्रसिद्ध नहीं हैं जैसे कृष्ण का भीष्म की मदद के लिए कुंदनपुर जाना[39] या गंगावतरण में शिव की भूमिका[40] जैसे प्रसंगों को भी प्रभावशाली विश्वसनीयता के साथ वर्णित किया गया है। यदि हम भारत में हिन्दू-मुस्लिम समुदायों के बीच वर्तमान समय की सांस्कृतिक अपरिचितता पर विचार करें तो यह परिघटना अत्यन्त आश्वस्तकारी और महत्त्वपूर्ण लगती है।

अगर हम इन कवयित्रियों की कविताओं और उनकी किंवदन्तियों को करीब से पढ़ने की कोशिश करें, तो ऐसा लग सकता है कि भक्ति कुछ हद तक पितृसत्ता की एक रूढ़िवादी सामाजिक व्यवस्था में उनके जीवन की दैनिक नीरसता से बचने का एक वैकल्पिक तरीका थी। ताज अपनी एक कविता में कहती हैं : "काहू को भरोसो वेद चारो जो पढ़े होत/काहू को भरोसो गंगा न्हाये सहस्त्र धार को/काहू को भरोसो सब देवन के पूजे 'ताज' काहू को भरोसो विधि शंकर उदार को।।/काहू को भरोसो मणि पाये मिले पारस को/काहू को भरोसो शूर बीरन के लार को तारन के तरन कृष्ण सुने जो जहान बीच / मोको तो भरोसो एक नन्द के कुमार को।।"[41] एक भिन्न और ऐतिहासिक रूप से प्रतिद्वन्द्वी धार्मिक परम्परा में पैदा हुए और पले-बढ़े किसी व्यक्ति द्वारा इस प्रकार के बिना शर्त विश्वास को अवज्ञा या प्रचलित अनुरूपता के प्रति अवज्ञा के रुख के रूप में परिभाषित करने के अलावा और क्या किया जा सकता है, विशेष कर जब वे खुलकर पहले ही घोषणा कर चुकी हैं कि, 'नन्द के कुमार कुर्बान तोडी सूरत पे/ताड़ नाल प्यारे हिन्दुआनी हो रहूँगी मैं।।' उपनिवेश-पूर्व भारत में हिन्दू-मुस्लिम सम्बन्धों के सन्दर्भ में इसे क्या कहा जा सकता है? क्या मुस्लिम भक्त कवयित्रियों की आवाज़ एक ऐसी आवाज़ नहीं है जो नारद भक्ति सूत्र के उस कथन के अनुरूप कि भक्ति अनिवार्य रूप से "व्यक्तिगत प्रेम" का उत्थान है[42] या इसके कुछ और भी अतिरिक्त अर्थ हो सकते हैं?

सन्दर्भ

1. यह पुस्तक कालिदास हजारा जैसे पिछली शताब्दियों के कुछ संकलनों पर आधारित थी जिसमें 1423 से 1718 ईस्वी की अवधि के बीच 212 कवियों (ताज और शेख सहित) की एक हजार रचनाएँ इसके संकलनकर्ता कालिदास त्रिवेदी के अनुसार संकलित की गयी थीं, देखें, सरोज सर्वेक्षण, किशोरीलाल गुप्ता, हिन्दुस्तानी एकेडेमी, इलाहाबाद, पहला संस्करण-1967, पृ. 65-66
2. देखें. वही, पृ. 335
3. मिश्रबन्धु विनोद, भाग 1, गंगा पुस्तक माला कार्यालय, लखनऊ, दूसरा संस्करण, 1927, पृ. 110
4. गंगा प्रसाद सिंह 'विशारद' (सं.), हिन्दी के मुस्लिम कवि, लाहिड़ी बुक डिपो, काशी, 1926, पृ. 163
5. करेन पेचिलिस प्रेंटिस, द एम्बोडिमेंट ऑफ़ भक्ति, ऑक्सफोर्ड यूनिवर्सिटी प्रेस, न्यूयॉर्क ऑक्सफोर्ड, 1999, पृ. 8
6. सावित्री सिन्हा, मध्यकालीन हिन्दी कवियित्रियाँ, आत्माराम एंड संस, दिल्ली, प्रथम संस्करण 1953, पृ.193
7. ज्योति प्रसाद मिश्र 'निर्मल' (सं.), स्त्री कविता कौमुदी, गाँधी हिन्दी पुस्तक भण्डार, प्रयाग, 1931, पृ. 21 पर उद्धृत
8. गोस्वामी गोकुलनाथ, भाव-सिन्धु, प्रकाशक : लल्लू भाई छगन लाल देसाई, अमदाबाद, दूसरा संस्करण 1936, पृ. 297-312
9. वही
10. वही, पृ. 297
11. महिला मृदुवाणी, पृ. 34
12. देखें, पूज्य सन्त श्री करुण दास जी महाराज द्वारा ताज बेगम की भक्तमाल कथा के तहत सुनो दिल जानी भजन। (https://www.youtube.com/watch?v=0-DEILfO3iM) यह भी देखें. ताज बेगम का लिखा हुआ भाव कृष्ण जी के लिए, कृष्णा स्वामी जी महाराज, (https:// www. youtube. com). com/ watch? v= bKzmYHfCWmo) 10.07.2018 को देखा गया
13. गीत : "सुनो दिल जानी", एल्बम : पिया के रंग रंग दीनी, गायन / संगीत : जे.एस. आर. मधुकर (https://www.youtube.com/watch?v=4ZZvy2VFaKg) 10.07.2018 को देखा गया
14. भाव सिन्धु, वही, पृ. 305
15. "जिस अवधि की हम समीक्षा कर रहे हैं, उसके कई आख्यानों में, अकबर एक शासक, संरक्षक, वर्गीकर्ता और निदर्शनात्मक सौन्दर्यवादी के रूप में अधिक और एक मुस्लिम के रूप में कम उभरता है।" जॉन स्ट्रेटन हॉली, थ्री भक्ति वॉइसेस, (मीराबाई, सूरदास, और कबीर इन देयर टाइम एंड आवर), ऑक्सफोर्ड यूनिवर्सिटी

प्रेस, ऑक्सफोर्ड, 2005, पृ. 193

16. भाव सिन्धु, वही
17. हरिराय गोस्वामी, श्रीनाथ जी की प्राकट्य वार्ता, श्रीनाथद्वारा, विद्या विभाग, 1919. पृ. 41
18. स्त्री काव्य कौमुदी, वही
19. भाव भण्डार, वही
20. देखें, मिश्रबन्धु, मिश्रबन्धु-विनोद, भाग दो, गंगा पुस्तक माला कार्यालय, लखनऊ; दूसरा संस्करण, पृ. 417; और सावित्री सिन्हा, वही, पृ. 192
21. गंगा प्रसाद सिंह 'विशारद' (संपा.), वही. पृ. 164
22. सरोज सर्वेक्षण, वही, पृ. 335
23. सुमन राजे, हिन्दी साहित्य का आधा इतिहास, भारतीय ज्ञानपीठ, दिल्ली, तृतीय संस्करण, 2006, पृ. 156 पर उद्धृत
24. 'मुंशिफ' देवी प्रसाद ने इस सन्दर्भ में समस्या-पूर्ति की एक दूसरी रचना का उल्लेख किया है, जो निम्नलिखित है : "प्रेम रंग पगे जगमगे जागे जामिनी के जोबन की जोति जागी उमगत हैं/मदन के माते मतवारे ऐसे घूम रहे हैं/झूमत हैं जुटि जुटिझपि उत हैं/ आलम सा नवल निकाई इन नन्नी की /पांखुरी पदुम पे भंवर थिरकत हैं" और शेख ने इसे इन पंक्तियों से पूरा किया: "चाहत हैं उदिबे कौन देखत मयंक मुख/जानत है रानी ताते ताहि में रहत हैं।।" इसी प्रकार पंडित नकछेदी तिवारी इस सन्दर्भ में एक अन्य कविता का उल्लेख करते हैं, जो निम्नवत है : घुमघट सागरिका है कारे कारे केश निशि खुटिला जराय जरे दीपक उजारी है / बाजत मधुर मृदुवाणी सो मृदंगधुनि नैन। नट नागर लकुट लटधारी है। आलम सुकवि कह रति विपरीत सम विन्दु अन्जुली पहुप भरि दारी है। अधर सुरंग भूमि नृपति अनंग आगे करें नृत्य बसर की मोती नृत्य करी है।।" गंगा प्रसाद सिंह 'विशारद', वही. पृ. 113 पर उद्धृत
25. देखें, लाला भगवानदीन (सं.), आलम केलि, प्रकाशक - उमाशंकर मेहता, राम घाट, काशी, प्रथम संस्करण, 1922, पृ. 5
26. गुप्ता, किशोरीलाल (संपा.), (1970) शिवसिंह सरोज, हिन्दी साहित्य सम्मेलन, इलाहाबाद पृ. 806
27. देखें, विश्वनाथ प्रसाद मिश्र, हिन्दी साहित्य का अतीत, वाणी प्रकाशन, दिल्ली, 2014, पृ.297-308
28. देखें, लाला भगवानदीन (सं.), पृ. 3-6
29. विद्यानिवास मिश्र (सं.) देखें। (2000): आलम ग्रन्थावली, दिल्ली : वाणी प्रकाशन, पृ. iii
30. ग्रिम-बन्धुओं की इस परिभाषा में तीन मुख्य कारक शामिल हैं : एक, कथावाचक (नैरेटर) के ऐतिहासिक समय-बोध के अनुरूप किवदन्ती होती है: (क) किंवदन्ती एक निश्चित ऐतिहासिक (वास्तविक या काल्पनिक) घटना से जुड़ी होती है, (ख) किंवदन्ती एक निश्चित व्यक्ति के साथ जुड़ी हुई होती है, जो ऐतिहासिक (वास्तविक

या काल्पनिक) चरित्र होता है: दो, किंवदन्ती कथावाचक के भूगोल की अवधारणा के अनुकूल होती है, अर्थात यह एक निश्चित स्थान विशेष से जुड़ी होती है : तीन, किंवदन्ती एक सच्ची कहानी है; यद्यपि यह अलौकिक घटनाओं से ताल्लुक रख सकती है लेकिन इसके संवाहक उस पर पूरा यकीन रखते हैं और वह कथावाचक और दर्शक, पाठक, श्रोता के वास्तविक संसार से सम्बन्धित मानी जाती है, (जबकि इसके विपरीत परीकथा का कथावाचक समुदाय इस पर यकीन नहीं करता यद्यपि इसमें भी अलौकिक घटनाओं का बोलबाला रहता है) देखें, द जर्नल ऑफ़ अमेरिकन फ़ोकलोर, वॉल्यूम-84, नंबर-331 (जनवरी-मार्च 19-71) में हेडा जेसन, कन्सर्निंग द हिस्टोरिकल एंड द 'लोकल' लिजेंड्स एंड देयर रिलेटिव्स, पृ. 134

31. नॉर्बर्ट क्रैफ़ (एडिटेड एंड ट्रांसलेटेड), बिनीथ द चेरी सैप्लिंग : लीजेंड्स फ्रॉम फ्रैंकोनिया, फोहम यूनिवर्सिटी, 1988, पृ. 7
32. कैथरीन बी. एशर, और, सिंथिया टैलबोट, इंडिया बिफोर यूरोप, कैम्ब्रिज यूनिवर्सिटी प्रेस, कैम्ब्रिज, 2008, पृ. 186
33. सावित्री सिन्हा ने ताज की त्रुटिहीन शैली और छन्द लय पर आश्चर्य व्यक्त किया क्योंकि उस समय ज़्यादातर रानियाँ ही कृष्ण काव्य लिखती थीं और उनके लिए छन्द का ज्ञान असम्भव नहीं था लेकिन ताज जैसे आम व्यक्ति के लिए असाधारण कहा जायेगा। सिन्हा, सावित्री, वही, पृ. 190
34. गंगा प्रसाद सिंह 'विशारद' (संपा.), वही, पृ. 119 पर उद्धृत
35. वही, पृ. 163
36. विद्यानिवास मिश्र (सं.), वही, पृ. 90
37. गंगा प्रसाद सिंह 'विशारद' (संपा), वही, पृ. 119
38. सावित्री सिन्हा, वही, पृ. 272
39. "कुन्दनपुर जाय के सहाय करी भीष्म की रूक्मिणी को लेकर रखी नहीं गयी खाप है।" ताज, गंगा प्रसाद सिंह 'विशारद' (संपा), वही, पृ.163
40. देखें सेख रंगरेजन की कविता गंगा वर्णन, शिव के प्रति, वही पृ.114
41. वही, पृ. 164-65
42. देखें, आर. राज सिंह, भक्ति एंड फिलॉसफी, लेक्सिंगटन बुक्स, लानहम, 2006, पृ. 83

मध्यकालीन भारतीय दलित सन्त कवयित्रियाँ

डॉ. प्रियंका सोनकर

भारत के मध्ययुगीन साहित्य चिन्तन पर पुरुषों का एकाधिकार रहा और स्त्री, जिसकी जगह केवल जनानखाना तक सीमित थी, जिसकी क़ैद में चिलमनों के पीछे से केवल ताक-झाँक कर सकती थी। परन्तु, पुरुषों की बैठकों में आने की अधिकारी नहीं थी। यही अहं प्रवृत्ति साहित्येतिहासकारों ने भी स्त्री-साहित्य-चिन्तन लेखन से जुड़ी प्रतिभाओं के प्रति दिखाई। हालाँकि महिला-लेखन की एक अविच्छिन्न धारा भारतीय भाषाओं में मिलती है। स्वतन्त्रता के पश्चात् सन् 1950 से भारतीय-साहित्येतिहास अध्येताओं की प्रवृत्ति में अन्तर तो दिखाई पड़ता है पर इससे पूर्व की भारतीय साहित्य, लेखिकाओं की खोज-खबर लेने की बात कम ही दिखाई देती है। साहित्येतिहास के पुनर्लेखन की यह बड़ी विशिष्टता है कि आज समुद्र में खोये इन अमूल्य मोतियों को महिला रूपी गोताखोरों ने खोजना शुरू कर दिया है।

मध्यकाल से पूर्व की कुछ दलित सन्त कवयित्रियाँ हैं जिनमें सन्त लल्लद्येद, जनाबाई, रामी चण्डीदास, सहजोबाई, दयाबाई इत्यादि नाम उल्लेखनीय हैं। इन्होंने मध्यकाल में जाति-प्रथा, धार्मिक कट्टरता, छुआछूत तथा सामाजिक रूढ़ियों और पितृसत्तावादी व्यवस्था पर प्रहार किया। चौदहवीं शताब्दी में कश्मीर में सन्त लल्लद्येद हुईं, जिन्हें कश्मीरी कविता का जनक भी कहा जाता है। कश्मीरी साहित्य का प्रारम्भ सन्त कवयित्री लल्लद्येद से होता है, परन्तु उनके समकालीन इतिहासकारों ने उनके और उनके साहित्य को नज़रअन्दाज किया। अठारहवीं शताब्दी के मध्य में इतिहासकारों ने लल्लद्येद के बारे में लिखा जिससे उनके द्वारा रचित सामग्री का पता चल पाता है। सर्वप्रथम फ्रांसीसी इतिहासकार ग्रियर्सन ने 1920 में पं. मुकन्दराम

सहायक प्राध्यापक, हिन्दी विभाग, काशी हिन्दू विश्वविद्यालय, वाराणसी

शास्त्री की सहायता से 'ललवाक्यानि' नाम से लल्लद्येद के वाखों का संग्रह किया था। कुछ स्त्री साहित्यकारों और आलोचकों ने लल्लद्येद को अपनी रचनाओं में जगह दी है। जिनमें से सुमन राजे और अनिता भारती के नाम प्रमुख हैं। सुमन राजे उनकी साम्यता सन्त कबीर से बताती हैं क्योंकि लल्लद्येद के पदों में निर्गुण भक्ति का पुट देखा जा सकता है। (द्वारा रचित 'कश्मीरी कवयित्रियाँ और उनका रचना संसार, भूमिका; 3') का हवाला देते हुए लिखती हैं कि– "लल्लद्येद पर भी गंगायमुनी छायाएँ पड़ी हैं। कबीर से इनकी अद्भुत समानता बार-बार दिखती है। भक्त कवयित्रियों में कोमल अनुभूतियाँ अधिक होती हैं लेकिन लल्लद्येद के सम्बन्ध में यह रेखांकित किया जाना चाहिए कि उनमें प्रखर सामाजिक सरोकार मौजूद हैं। 'दीन वटा दीवर वटा' में वे कहती हैं, देव भी पत्थर देवल भी पत्थर। रे पण्डित तू किसे पूजता है ? मन और प्राण को एकीकृत कर उसी में जीवन का सार है।' कबीर की तरह, वे भी अक्षर ज्ञान को निरर्थक मानती हैं। 'परान-परान ज्यव फोजिम' में उनका कथन है, पढ़ते-पढ़ते मेरी जीभ व तालु फट गये, सुमिरिनी फेरते उँगलियाँ घिस गयीं, पर मन की द्वैत अवस्था दूर न हुई।"[1] कबीर की ही तरह लल्लद्येद हिन्दू और मुसलमानों दोनों में सम्मानित हैं। लल्लद्येद की कविताओं में सूफियों का समर्पण और सादगी तथा शैवमत के त्रिकदर्शन का समन्वित रूप मिलता है। लल्लद्येद के जीवन के सम्बन्ध में विचारकों के विभिन्न मत हैं। कुछ विचारकों का मानना है कि वे ब्राह्मण कुल से थीं और कुछ विचारकों का कि वे निम्न जाति से थीं। सुमन राजे ने 'आधा इतिहास' में उन्हें पाम्पोर के निकट सिमरापुर गाँव में एक ब्राह्मण किसान के यहाँ से बताया है। उनका विवाह भी बचपन में उसी गाँव के सोन पण्डित नामक व्यक्ति के साथ हुआ था। बहुत से विचारकों का भी मानना है कि लल्लद्येद ब्राह्मण कुल की थीं। इसके विपरीत परशुराम चतुर्वेदी का मानना है कि- "लल्ला या लाल कश्मीर की रहने वाली एक ढेढवा मेहतर जाति की स्त्री थी जो सामाजिक दृष्टि से निम्न स्तर वाले परिवार की होकर भी बहुत उच्च विचार रखती थी। इनके विषय में प्रसिद्ध है कि यह शैव सम्प्रदाय का अनुसरण करने वाली एक भ्रमणशील भंगिन थी।"[2] लल्लद्येद का जीवन भी थेरियों के प्रारम्भिक जीवन की तरह कष्टकारी था। उनके सम्बन्ध में ऐसा बताया जाता है कि उनका पारिवारिक जीवन सुखी नहीं था, पति और सास दोनों उन्हें प्रताड़ित करते थे, जिसकी वजह से उन्होंने घर त्याग दिया। बचपन से ही उनका जीवन वैरागियों जैसा था। अपने गुरु सिद्धमोल से उन्हें अक्षर ज्ञान के साथ आध्यात्मिकता भी मिली थी।

उनको लेकर विवाद चाहे जो भी हो किन्तु उनके वाखों से यह ज्ञात होता है कि वह बहुत प्रगतिशील कवयित्री थीं, जिन्होंने जाति-प्रथा, धार्मिक कट्टरता, छुआछूत के ख़िलाफ़ बहुत ही स्पष्ट, सरल व सीधी भाषा में वाख (पद) लिखे हैं। उन्होंने मूर्ति-पूजा तथा स्वर्ग और नरक की अवधारणा को एक सिरे से खारिज किया। अपनी अस्मिता तथा अस्तित्व को वह पुरजोर शब्दों में बयां करती हैं–

हम ही थे, होंगे हम ही आगे भी
अविगत कालों से चले आ रहे हम ही
जीना मरना न होगा समाप्त प्राणी का
आना और जाना सूर्य का धर्म है यही[3]

सन्त लल्लद्येद का यह वाख दलित महिलाओं की उच्च जीवनी-शक्ति का द्योतक है। जिस अविगत काल की तरफ़ कवयित्री संकेत करती है उससे स्त्रियों की सत्ता और महत्त्व का पता चलता है। मध्यकालीन सन्त स्त्रियों में लल्लद्येद कबीर की ही तरह धर्माडम्बर और जातिगत भेदभावों पर कटाक्ष करती हैं। इस प्रकार वे मध्यकालीन स्त्री सन्त साहित्य में अपनी एक विशिष्ट छाप छोड़ती हैं।

मध्यकाल में मराठी भाषा की एक प्रख्यात दलित सन्त कवयित्री हुई जिनका नाम है– जनाबाई। यह सन्त नामदेव की दासी थीं। महान दलित सन्त कवयित्रियों के विषय में उल्लेख करते वक्त सुमन राजे ने अपने 'हिन्दी साहित्य का आधा इतिहास' में जनाबाई का भी उल्लेख किया है। वे कृष्णलाल शरसोदेजी के 'मराठी साहित्य का इतिहास' से हवाला देते हुए जनाबाई को दलित सन्त कवयित्री नहीं मानतीं। सुमन राजे के अनुसार– "जनाबाई का जन्म गोदावरी के किनारे बसे गंगाखेड़ नामक गाँव में एक गरीब परिवार में हुआ था। अनाथ हो जाने के बाद उन्होंने नामदेव के परिवार में आश्रय लिया। नामदेव का पालन-पोषण उन्होंने ही किया था। इसी परिवार में उन्हें भक्ति और काव्य के संस्कार मिले। उन्हें अक्षर ज्ञान नहीं था और वे जीवनभर अविवाहित रहीं। उनके अभंगों में नामदेव की आर्तता और ज्ञानेश्वर की योगानुभूति का सुन्दर संगम है। जनाबाई की काव्य-सरिता के एक तट पर भक्ति का माधुर्य दूसरे तट पर योग का गुंजन और दोनों तटों के बीच प्रासादिक प्रेम का प्रवाह है।"[4] उक्त वक्तव्य से जनाबाई के काव्य के महत्त्व का तो पता चलता है किन्तु कहीं भी यह नहीं पता चलता कि वे एक दलित सन्त कवयित्री हैं। हालाँकि इस वक्तव्य से पहले सुमन राजे ने नामदेव के परिवार, उनके वंश तथा उनके शिष्यों के विषय में विस्तार से बताया है किन्तु जनाबाई के विषय में बहुत कम। सुमन राजे लिखती हैं–

"नामदेव ज्ञानेश्वर के शिष्य थे और उन्होंने समाज और साहित्य पर एक व्यापक प्रभाव छोड़ा। उनका पूरा परिवार ही कवि था। उनके चार पुत्र जो कि सभी कवि थे–नारायण, बिठोवा, गोविन्द, महादेव। उनकी पत्नियाँ भी सभी कवयित्रियाँ थीं। माँ गोमाई और पत्नी राजाई भी कविता लिखती थीं। दासी जनाबाई भी कवि, नामदेव की बहन आऊबाई भी कवि थीं, यद्यपि उनकी अधिक रचनाएँ उपलब्ध नहीं हैं। संसार के साहित्येतिहास में यह बेजोड़ कुटुम्ब था।"[5] यहाँ नामदेव की वंश-परम्परा और उनके परिवार का जितने सधे ढंग से सुमन राजे ने वर्णन किया है उतना जनाबाई के विषय में नहीं किया है जबकि जनाबाई मध्यकाल की ऐसी मराठी भाषी दलित सन्त कवयित्री हैं जिन्होंने उस समय के भक्तिकाल की धारा के ख़िलाफ़ जाकर अलग तरह की भक्ति धारा को चलाया। ऐसी धारा जिसमें ईश्वर ईश्वर नहीं रह जाता वरन् वह एक साधारण मनुष्य बन जाता है। जनाबाई कहती हैं–

जनी फर्श बुहार रही है
और भगवान कूड़ा इकट्ठा कर रहे हैं
अपने सिर पर रखकर दूर ले जा रहे हैं
भक्ति से विजित
ईश्वर नीचा काम कर रहे हैं
जनी बिढोबा से कहती है
मैं तुम्हारा कर्ज कैसे उतारूंगी।[6]

यहाँ दलित सन्त कवयित्री ईश्वर को पारलौकिक सत्ता से लौकिक धरातल पर खींच लाती है। उनके यहाँ भगवान कोई असाधारण व्यक्ति नहीं महज एक साधारण मनुष्य है। अनिता भारती ने अपनी पुस्तक 'समकालीन नारीवाद और दलित स्त्री का प्रतिरोध' में उनके पद को बहुत ही सुन्दर ढंग से चित्रित किया है। क्या कारण है कि सुमन राजे के 'हिन्दी साहित्य का आधा इतिहास' में जनाबाई आधा पृष्ठ भी जगह नहीं घेर पायी हैं? सवर्ण महिला रचनाकारों की यह साज़िश है कि वे दलित स्त्री रचनाकारों को अपने साहित्य में जगह ही नहीं देती हैं। साथ ही जब वे जगह देती भी हैं तो उन पर ज़्यादा बात नहीं करना चाहती हैं। यह हम सुमन राजे के साहित्येतिहास में देख सकते हैं। इसके इतर दलित आलोचक अनिता भारती ने जनाबाई पर विस्तृत चर्चा करते हुए उनके काव्य और व्यक्तित्व के महत्त्व को बखूबी रेखांकित किया है।

जनाबाई ने मध्यकाल में सामाजिक रूढ़ियों, कुरीतियों तथा धार्मिक अन्धविश्वास, आडम्बरों के ख़िलाफ़ मुहिम छेड़ी। उन्हें एक ऐसी सन्त कवयित्री के रूप में देखा

जा सकता है जिन्होंने भक्ति को अधिकार के रूप में देखा। उनकी भक्ति उपकार, मोक्ष-स्वर्ग की अवधारणा से कोसों दूर थी। भक्ति के सन्दर्भ में जनाबाई की मान्यता थी कि यह उपकार या स्वर्ग पाने का माध्यम नहीं है। यदि ऐसा कोई सोचता है तो वह रूढ़िवादी और अज्ञानी कहलाएगा। उनके अनुसार ईश्वर की भक्ति पर किसी एक जाति या व्यक्ति का विशेष अधिकार नहीं है। मध्यकाल में जनाबाई ने स्त्रियों के ऊपर लादे गये तमाम शिकंजे और वर्जनाओं को दूर फेंक कर स्वतन्त्र जीवन जीने का मार्ग दिखाया। ईश्वर की भक्ति-आराधना के अधिकार के साथ-साथ वह समाज द्वारा बनायी गयी अभेद्य दीवार को तोड़कर पूरे अधिकार और साहस के साथ बिना किसी लोक-लाज के निर्भयतापूर्वक बाहर निकलना चाहती हैं। उनके अनुसार –

सारी शर्म छोड़ दो और बेच डालो ख़ुद को भरे बाजार
केवल तभी
तुम उम्मीद कर सकते हो
ईश्वर को पाने की
जाऊंगी भरे बाजार
हाथ में मंजीरा
और कन्धे पर वीणा लिये
मैं जाऊंगी भरे बाजार
कौन रोक सकता है मुझे
मेरी साड़ी का पल्लू गिरता है
तब भी मैं जाऊंगी भीड़ भरे बाजार
बेपरवाह, बिना सोचे, बिना विचारे।[7]

एक पूरे स्वतन्त्र व्यक्तित्व और प्रगतिशील विचार के साथ सामाजिक वर्जनाओं की चौहद्दियों को लाँघते हुए सन्त जनाबाई बाज़ार में प्रवेश करती हैं। दलित सन्त कवयित्रियाँ मन्दिर में प्रवेश की लड़ाई के साथ-साथ ईश्वर के उस छिपे रूप को पहचान गयी थीं जिसमें वह केवल सवर्णों को मन्दिर में प्रवेश का अधिकार देता है। जनाबाई के अतिरिक्त ज्ञानेश्वर की बहिन मुक्ताबाई, सन्त चोखामेला की पत्नी-राजाई, माँ–गोणाई, बहन–आडवाई तथा कन्या–लिबाई ने अपनी वाणी में जाति प्रथा, वर्ग-भेद आदि का विरोध कर सच्ची मानवता के आदर्श को लोकमानस के सम्मुख प्रस्तुत किया। मुक्ताबाई ने अभंगों के माध्यम से सद्विचारों का प्रचार किया। जनाबाई के भी लगभग तीन सौ अभंग छन्द मिलते हैं जिनमें माधुर्य भाव से उपास्य

को प्राप्त करने का सन्देश दिया गया है।

मराठी सन्त कवयित्रियों में प्रेमा बाई, बहिणाबाई, कान्होपात्रा, वेणाबाई, सखू बाई, बया बाई का नाम भी आता है। इन सभी सन्त कवयित्रियों ने समाज की उपेक्षा को झेला था। डॉ. पद्मजा घोरपड़े का कहना है कि इन सभी सन्त कवयित्रियों के काव्य में "भावना के विस्फोट, कारुण्य, वात्सल्य, दीन-जीवन से उद्धार की माँग का सुर मुखर हुआ है।"[8] इन सन्त कवयित्रियों की वाणी में आध्यात्मिक गूढ़ता जनभाव के साथ स्पष्ट की गयी है।

महाराष्ट्र के साथ-साथ गुजरात में भी जन-भक्ति आन्दोलन हमें एक नये रूप में मिलता है। गुजरात में जैन धर्ममत अधिक हावी था। यहाँ की भक्त कवयित्रियों में मीरा की गणना अधिक होती है। इस क्षेत्र में जैन साध्वी हेमश्री ने सोलहवीं शती में अपनी मान्यताओं से जनमानस को प्रभावित किया। जनमानस से जुड़ी सन्त परम्परा में यहाँ रमाबाई, गंगा बाई, जनी बाई, नानी बाई, रतन बाई का नाम आता है। गुजरात की गवरी बाई का सन्त परम्परा में विशेष योगदान है। गवरी बाई ने चित्त, शुद्धि, सत्संग, संयम, नाम जप के उपदेश को महत्ता देते हुए अपनी वाणी में पाखण्डों का विरोध किया है।

मध्यकालीन सन्त कवयित्रियों की तरह ही बंगाल के धोबी समाज की रामी चण्डीदास भी एक प्रसिद्ध दलित कवयित्री थीं। रामी चण्डीदास के सम्बन्ध में सुमन राजे लिखती हैं कि 'रामी राजकिनी महाकवि चण्डीदास की प्रिया कही जाती हैं, वे स्वयं भी कवि थीं।'[9] बंगाल के ही वैष्णव कवि चण्डीदास से रामी विवाह करना चाहती थीं। उस सामन्ती समाज में रूढ़िवादी और जातिगत भेदभाव कम न था। रामी विवाह मण्डप में न पहुँच सकें इसलिए समाज के लोगों ने उनके सामने अनेक रुकावटें और अड़चने डालीं ताकि उनका विवाह चण्डीदास से न हो सके किन्तु तमाम बाधाओं को पार करते हुए रामी वैष्णव कवि चण्डीदास से विवाह करने में सफ़ल हो जाती हैं। रामी समाज द्वारा हुए अत्याचार और दुर्व्यवहार तथा अपनी पीड़ा को बहुत ही मार्मिक ढंग से अभिव्यक्त करते हुए कहती हैं –

तूफ़ान को उन लोगों के सिर पर गिर जाने दो
जो अपने घरों में छिपे, अच्छे लोगों को कोसते हैं
मैं और ज़्यादा इस अन्याय की भूमि पर
नहीं रह सकती
मुझे वहाँ जाना है

जहाँ यातनाएँ न हों।[10]

इस धरती पर स्त्री और ऊपर से दलित स्त्री को जीने का अधिकार नहीं है। इसका आकलन हम वर्तमान समय में हो रही नृशंस घटनाओं से लगा सकते हैं। मध्यकालीन युग में दलित स्त्रियों पर अत्याचार अधिक हिंसक और उत्पीड़नकारी होते होंगे। इसकी जानकारी हमें रामी के पदों में अभिव्यक्त मार्मिक वेदना से मिलती है। उनकी चिन्ता यह थी कि कोई ऐसा देश हो जहाँ अन्याय न हो। वे ऐसे देश में जाना चाहती हैं जिनके शरीर में हृदय हो। इस भारत भूमि में तरह-तरह के अमानवीय लोग बसते हैं जिनके ऊपर रामी चण्डीदास का करुण हृदय चीत्कार कर उठता है और उन्हें धिक्कारते हुए कहता है–

अन्याय की इस भूमि पर
अब नहीं रहूँगी मैं
उस देश जाऊँगी मैं, जहाँ नहीं होंगे हृदयहीन धूर्त
जो दूसरों को नकटा कहने के लिए
काटते हैं
अपनी ही नाक
कोई डर नहीं रामी को
वह वफ़ादार है अपने ख़ुद के प्रति।[11]

सामाजिक विषमताओं का दंश रामी चण्डीदास ने बहुत ही गहरे स्तर पर झेला था जिसकी पीड़ा उनके गीतों में सुनाई देती है। उन्होंने अधिकतर अपनी बात 'राधा' के माध्यम से कही है किन्तु कभी-कभी कहीं पर वे अपनी ही आवाज़ में अभिव्यक्ति करती नज़र आती हैं। चण्डीदास सामाजिक भय से रामी को छोड़कर अपने ब्राह्मणवर्ग में वापस पलायन कर जाते हैं, तब रामी राधा का सहारा लेकर 'मादुर' गाती हैं :

कहाँ चले गये तुम मेरे प्रियतम
अपनी दासी को छोड़
तुम्हारा मुखड़ा न देख
मेरा हृदय फटता है
अब और नहीं सहा जाता मुझसे।[12]

दलित सन्त कवयित्री रामी चण्डीदास का दुर्भाग्य यह है कि उनके दुर्लभ पद आज उनके नाम से नहीं मिलते यदि कहीं मिल भी जाते हैं तो वह उनके पति वैष्णव कवि चण्डीदास के पदों में समाहित हैं।

जन-भक्ति आन्दोलन की इस यात्रा में हिन्दी भाषी सन्त कवयित्रियों का भी महत्त्वपूर्ण योगदान है। यह आन्दोलन सम्पूर्ण लोक शक्ति का आलोड़न करते हुए और सामाजिक विडम्बनाओं से उसे सावधान करते हुए मानवता का मार्ग प्रशस्त करता है। इस रूप में योग और ज्ञान से परिचित 'उमा' का नाम आता है जिन्होंने सतगुरु के महत्त्व को स्पष्ट करते हुए मानवीय चेतना को आगे बढ़ने का संकेत दिया। स्वामी रामानन्द के बारह शिष्यों में 'पद्मावती' नामक एक शिष्या भी थी जिनका उल्लेख 'रहस्यमयी' में मिलता है। सन्त कवयित्री पद्मावती ने कबीर, रैदास आदि की परम्परा में समाज सुधार के लिए भक्तिभाव को माध्यम बनाया।

हिन्दी साहित्य में भक्तिकाल की सन्त परम्परा में पुरुष सन्त ही नज़र आते हैं। महिला सन्त में केवल एक मीरा का ही नाम आता है वह भी सगुण काव्यधारा के अन्तर्गत। जबकि साहित्य के पुनर्लेखन के बाद, ऐसी बहुत सी महिला भक्त हैं जिनका मुख्यधारा के साहित्य में कहीं नाम नहीं मिलता। हाशिये के साहित्य लेखन ने ऐसी साधिकाओं को खँगालने का अभियान शुरू कर दिया है और उनका सही मूल्यांकन करने का प्रयास भी हो रहा है।

स्वामी रामानन्द के बाद उत्तरी भारत में सन्तमत के विविध सम्प्रदायों का विकास हुआ। प्रायः इन सभी में सन्त साधकों के साथ-साथ साधिकाओं ने भी मत-प्रचार व मानवीय संवेदना को पुष्ट करने के लिए समर्थ-वाणी द्वारा योगदान दिया है। कबीर पन्थ में 'कमाली' का नाम आता है। प्रसिद्ध है कि 'कमाली' ने 'सरायकी' (पंजाबी) में 'काफियों' की रचना की, जिसमें समाज को उचित दिशा में चलने का संकेत दिया गया है।

चरणदासी सम्प्रदाय में सहजोबाई और दयाबाई का नाम प्रसिद्ध है। सहजोबाई और दयाबाई दोनों के सतगुरु चरणदास थे। दोनों ने अपने गुरु के चलाये गये निर्गुण भक्तिधारा के विकास में अपनी महत्त्वपूर्ण भूमिका निभायी। सहजोबाई ने 18 वर्ष की उम्र में ही 'सहज प्रकाश' की रचना की। सहजोबाई ने दिल्ली क्षेत्र में सतगुरु के उपदेश को आगे बढ़ाने का कार्य किया, लेकिन दयाबाई का कार्यक्षेत्र उत्तर प्रदेश था। दयाबाई की बानी दो भागों में है–'दयाबोध' और 'विनय मालिका'। चरणदासी सम्प्रदाय में इन दोनों सन्त कवयित्रियों को विशेष स्थान प्राप्त है। सहजोबाई की

वाणी में जहाँ प्रेम-भावना प्रधान है वहीं दयाबाई की वाणी में वैराग्य भाव प्रधान है। सिख पन्थ की उदासी परम्परा में सन्त सुवचना दासी का उल्लेख भी मिलता है।

सन्त-साधना में बावरी साहिबा के उपदेशों में नारी हृदय की सहज सुकुमारता, शील, संकोच तथा सन्त जीवन के प्रति अटूट श्रद्धा का भाव मिलता है। इस परम्परा में आगे चलकर 'भुड़कुड़ा' सम्प्रदाय की अलग से स्थापना हुई। उत्तर प्रदेश के फैजाबाद जनपद में सांई-पन्थ/ सम्प्रदाय की स्थापना मानवता के कल्याण के लिए मोहनशाह द्वारा हुई। इनकी शिष्या विजनशाह ने नौली दमौली को अपनी साधना का क्षेत्र बनाया। उनके उपदेशों में मानव चेतना के उद्धार का संकेत मिलता है। इसी परम्परा में मीठेगाँव की धोबिन सचनाशाह का नाम भी आता है। इनकी वाणी में गुरु-निष्ठा के साथ-साथ सहज जीवन को पाखण्डों से मुक्त करने का सन्देश मिलता है।

राजस्थान के परची साहित्य में भी फूलांबाई और पुली बाई की परची मिलती है। 'इनकी वाणी से स्पष्ट होता है कि दोनों ने बड़ी स्पष्टवादिता से सांसारिक माया जन्य आडम्बरों से मुक्त हो सच्चे मानवीय भावों के माध्यम से कल्याण मार्ग पर चलने का संकेत दिया है।'[13]

भारत के प्रत्येक भाग की भाँति आन्ध्र प्रदेश में भी समय-समय पर दलित स्त्री सन्त हुईं हैं। यहाँ सन्त दोतुलम्मा बंजारा जाति की थीं। वह अपने पति की आज्ञा लेकर अवधूत बन गयीं। ऐसे रूप में उन्होंने समाज कल्याण के लिए जो ज्ञान बोध दिया वह मौखिक परम्परा में आज भी बंजारा समाज में प्रचलित है। महार जाति की लखम्मा श्रमिक परिवार की कन्या थीं। इन्होंने योग साधना करते हुए अपने गाँव में विपत्तियाँ आने पर सेवा द्वारा सामाजिक जीवन को सुस्थिर बनाया और समाज में सेवा के महत्त्व को स्थापित किया।

इस प्रकार मध्यकाल में और भी अनेक दलित सन्त कवयित्रियाँ हुई हैं जिनमें बहुत सी अपने नाम से नहीं जानी जाती हैं और वे इसी तरह अतीत में गुमशुदा हैं। आज हाशिये के साहित्य तथा दलित स्त्री विमर्श के अथक प्रयासों द्वारा ऐसी दलित सन्त कवयित्रियों को अतीत के गर्भ से खोजकर निकाला जा रहा है और जो बची रह गयी हैं उनके लिए प्रयास जारी है। मेहनतकश दलित लेखिकाएँ मध्यकाल की दलित स्त्री साहित्यकारों को काल के गर्त से ढूँढ़ने में प्रयासरत हैं। वह दिन दूर नहीं जब दलित स्त्री विमर्श का मध्यकाल का समृद्ध लेखन हिन्दी दलित साहित्य के ऐतिहासिक पटल पर छा जायेगा।

सन्दर्भ

1. राजे, सुमन, हिन्दी साहित्य का आधा इतिहास, भारतीय ज्ञानपीठ, नयी दिल्ली, तीसरा संस्करण, 2006, पृ. 216
2. भारती, अनीता, समकालीन नारीवाद और दलित स्त्री का प्रतिरोध, स्वराज प्रकाशन, नयी दिल्ली, 2013, पृ. 289
3. वही, पृ. 289
4. राजे, सुमन, हिन्दी साहित्य का आधा इतिहास, पृ. 92
5. वही, पृ. 213
6. भारती, अनीता, समकालीन नारीवाद और दलित स्त्री का प्रतिरोध, स्वराज प्रकाशन, नयी दिल्ली, 2013, पृ. 290
7. भारती, अनीता (सं.), तिवारी, बजरंग बिहारी, यथास्थिति से टकराते हुए : दलित स्त्री जीवन से जुड़ी कविताएँ, लोकमित्र प्रकाशन, 2013, पृ. 11
8. तनेजा, विनोद कुमार (सं.), भारतीय चिन्तन में अल्पचर्चित महिलाएँ, कश्फ़, विभोर प्रकाशन, अमृतसर, वर्ष सम्पूर्ण-11/पंजी-2, अंक-2, दिसम्बर-2012, मार्च-2013, पृ. 76
9. राजे, सुमन, हिन्दी साहित्य का आधा इतिहास, पृ. 22
10. भारती, अनीता, समकालीन नारीवाद और दलित स्त्री का प्रतिरोध, स्वराज प्रकाशन, नयी दिल्ली, 2013, पृ. 291
11. राजे, सुमन, हिन्दी साहित्य का आधा इतिहास, पृ. 220
12. वही, पृ. 220
13. तनेजा, विनोद, भारतीय सन्त परम्परा की साधिकाएं – कश्फ़, विभोर प्रकाशन, पृ. 79-78

(घ) भक्त कवयित्रियों का अखिल भारतीय तुलनात्मक सन्दर्भ

ओड़िआ भक्ति काव्य में स्त्री-चिन्तन ('लक्ष्मी पुराण' के विशेष सन्दर्भ में)

प्रो. दामोदर मिश्र

आधुनिक भारतीय आर्य भाषा के साहित्य का मध्यकाल लगभग पन्द्रहवीं शती से प्रारम्भ हो जाता है। सम्पूर्ण भारतवर्ष में उस समय राजतन्त्र का बोलबाला था। बौद्ध धर्म के पतन के बाद सारे भारतवर्ष में जिस धार्मिक सांस्कृतिक आन्दोलन का आविर्भाव हुआ था उसे आचार्य रामचन्द्र शुक्ल सरीखे विद्वान लोक जागरण के नाम से अभिहित करते हैं। यह वस्तुत: पूर्व मध्यकाल है जिसे भक्तिकाल कहा जाता है। ओड़िआ में व्यासकवि सारला दास के बाद यह युग आता है और इस युग के पाँच प्रमुख कवियों—बलरामदास, जगन्नाथदास, अनन्तदास, यशवन्तदास व अच्युतानन्ददास के कारण ओड़िआ भक्तिकाल 'पंचसखा' युग के रूप में प्रसिद्ध है। हिन्दी के भक्तिकालीन कवि कबीरदास, सूरदास, नन्ददास, तुलसीदास की तरह ये सारे 'दास' संज्ञाधारी थे और चिन्तन व सृजन के क्षेत्र में इनमें काफ़ी सामंजस्य रहे हैं। भाषाई भिन्नता के बावजूद।

भक्ति, धर्म या अध्यात्म केन्द्रित साहित्य में मूलत: ईश्वर, जीव (मनुष्य), जगत के सम्बन्धों का विश्लेषण है। दरअसल भक्त कवियों की आध्यात्मिक-यात्रा निकलती है ईश्वर (सगुण-निर्गुण) के लिए पर समाज को साथ लेकर। मध्यकाल तक आते-आते भारतीय समाज में वर्ण-व्यवस्था अपनी जड़ जमा चुकी थी। अर्थात भारतीय समाज विभिन्न जातियों-उपजातियों में विभाजित था। ओड़िशा भारत के पूर्व प्रान्त में समुद्र किनारे स्थित एक पिछड़ा प्रदेश है जहाँ अनुसूचित जाति और

प्रथम कुलपति, हिन्दी विश्वविद्यालय, हावड़ा, पश्चिम बँगाल

अनुसूचित जनजातियों की आबादी अधिक है। और जीविका कृषि निर्भर है। हिन्दी पट्टियों या अन्य मध्यकालीन प्रान्तों की तरह यहाँ भी जाति वैषम्य चरम पर था। हिन्दी के विशेषकर सन्त कवियों की तरह ओड़िआ के पंचसखा तथाकथित वर्ण-व्यवस्था के विरोधी थे। हिन्दी के कबीर कहते हैं– "जाति न पूछो साधु की पूछ लिजै ज्ञान"[1] वैसे ही ओड़िआ के अच्युतानन्ददास बोलते हैं–"पंच सखामाने ब्राह्मण नोहु, वैश्य क्षत्रिय अबा हेषु काहुँ।"[2] अर्थात हम पंचसखावाले ब्राह्मण नहीं हैं, वैश्य, क्षत्रिय भी नहीं।

विदित है कि जाति का सम्बन्ध कर्म यानी पेशे से था। पर आगे चलकर कुल जन्म से जुड़कर यह रूढ़ होने लगी और जातिगत वैषम्य की खाई और जटिल होती गयी। किन्तु प्राकृतिक आधार पर जीवों की (मनुष्य की भी) मूलत: दो जातियाँ हुईं, जैसे- 1) नर, 2) मादा यानी पुरुष और स्त्री। शून्यपुरुष के वर्णन के बहाने ओड़िआ कवि अच्युतानन्द दास स्त्री-पुरुष के भेद को मिटाते हुए लिखते हैं– "स्तिरी अँगटि सेहि जाया, पुरुष सेहिटि प्रमाण।"[3] अर्थात जो स्त्री के अंग हैं वे ही पुरुष हैं। जिसके रहस्य को विस्तार से समझने की आवश्यकता है।

पंचसखा के आराध्य हैं श्री जगन्नाथ जो पुरी नीलाचलवासी हैं, विश्व में बड़े ठाकुर देवता के रूप में पूजे जाते हैं। ओड़िआ भूमि पर कोई किसी भी धर्म का प्रचार करे पर उसमें श्रीजगन्नाथ को शामिल किये बिना वह निश्चित नहीं हो पाता। ये श्री जगन्नाथ हैं कौन? ओड़िआ के स्वनामधन्य ओड़िआ भक्ति साहित्य यानी पंचसखा साहित्य के मर्मज्ञ विद्वान पंडित चित्तरंजन दास उक्त रहस्य का उद्घाटन करते हुए लिखते हैं—"जगन्नाथ पहले बौद्ध तथा जैन हो चुके थे बाद में वैष्णव बनकर अवतार मालिकाओं में प्रवेश करने लगे। इसके बाद शिवजी को लेकर उनका भाई बनाकर बिठाया गया, सुभद्रा देवी को अर्थात् शाक्त धर्म को बहन बनाकर वैष्णव एवं शैव दोनों के बीच स्थापित किया गया, इसके बाद दक्षिण की ओर से दिग्विजयी संयासियों ने एक के बाद एक आकर उनको स्मार्त बनाया, राम बनाया, गणेश बनाया और अन्त में उत्तरी तरफ़ से जिस वैष्णव धर्म का आगमन हुआ उसने उनको सम्पूर्ण कृष्ण बना दिया।"[4]

1509 ई. में पुरी में श्री चैतन्य देव के आ जाने से गौड़ीय वैष्णव धारा को विकसित होने के लिए नयी ज़मीन मिल गयी। पंचसखा के पूर्व सारला युग में स्त्री-चिन्तन को जो यथार्थ भूमि प्राप्त हुई थी वह पंचसखा में आकर तत्त्व मंडित हुई। बलरामदास और अच्युतानन्ददास दोनों के विचारों से यह देह स्वर्ग, मर्त्य और

पाताल का समन्वित अधिष्ठान है। बलरामदास कृत 'ब्रह्माण्ड भूगोल' कृति के 'सप्तपंचाश' अध्याय में ये पंक्तियाँ द्रष्टव्य हैं—

स्वर्ग कमळु शिखाजायें। स्वर्ग बोलिण वेद कहे।।

कंठरु कटिजायें होइ। मर्त्य बोलिण वेद कहि।।

कटिरु पाद जायें पुण। पाताळ बलि हो अर्जुन।।[5]

अर्थात स्वर्ग कमल से शिखा तक वेद के अनुसार स्वर्ग है। कंठ से कटि तक मर्त्य और कटि से पाँवों तक पाताल है। यह पिण्ड– ब्रह्माण्ड तत्त्व है जिसे सन्त कबीर ने अपने ढंग से स्वीकारा है–

इस घट *अन्तर बाग बगीचे इसी में सिरजन हारा।*

इस घट अन्तर सात समुन्दर इसी में नौ लख तारा।

x x x

कहत कबीर सुनो भाइ साधो इसी में साईं हमारा।[6]

वेद, उपनिषद, ब्राह्मण, पुराण, भागवत आदि में चर्चित उक्ति 'एकोहिं बहु स्याम:' यानी ब्रह्म की यह इच्छा 'मैं एक हूँ, अनेक होना चाहता हूँ' के फलीभूत होने से पुरुष के साथ प्रकृति के विविध रूपों का संचार हुआ। पंचसखा इसी दर्शन के कायल हैं। अच्युतानन्द 'छयाळिशपटळ' में इसी शक्तितत्व का उल्लेख करते हैं—

आद्यरे स्वयं एक ब्रह्म थिला। तिहँरू प्रकृति जात होइला।

मुँ निराकार ब्रह्म शरी, अंगे पुरुष, अंगे नारी।

बामंग पटे स्तिरी रूप, डाहाण पुरूष स्वरूप।।[7]

अर्थात् आरम्भ में एक ब्रह्म था। उससे प्रकृति ने जन्म लिया। मैं निराकार ब्रह्म शरीर हूँ, मेरे अंग में नारी है और पुरुष भी। बायाँ पार्श्व नारी है तो दाहिना पुरुष है। अर्थात् सैद्धान्तिक स्तर पर दोनों में समानता की घोषणा है।

वैदिक तत्त्ववादिता, ब्राह्मणवादी कर्मकाण्ड, विधि-निषेध आदि के ख़िलाफ़ बौद्ध धर्म एक आन्दोलन के रूप में उठ खड़ा हुआ। आरम्भ से बहु वर्षों तक इसमें नारी का प्रवेश-निषेध था, किन्तु काफ़ी वाद-विवाद के बाद महाप्रजावती, आम्रपाली आदि को प्रवेश मिला। बौद्धधर्म के हीनयान, महायान फिर सहजयान, वज्रयान, तन्त्रयान, मन्त्रयान आदि के रूप में टुकड़े होते रहे और वाममार्गी गुप्त साधना तक की बातें इसमें सन्निविष्ट हुईं। कहने का आशय यह है कि पंचसखा भी गुप्तसाधना

से जुड़े हुए थे और हठयोगी भी थे। ओड़िआ साहित्य के इतिहासकार सुरेन्द्र महान्ति लिखते हैं - "जगन्नाथ दास की गुह्य साधना में नारी का भी स्थान था। मेघा और सुमेघा नामक दो दिव्याभरण भूषिता, अनुपम रूपवती नारी जगन्नाथ दास की गुह्य साधनासंगिनी थीं"[8]

आचार्य रामचन्द्र शुक्ल ने स्पष्ट कहा है कि भक्ति तत्त्वों में श्रद्धा के साथ प्रेम का भी योग रहता है। (देखिए, शुक्लजी द्वारा लिखित 'चिन्तामणि' में संकलित 'श्रद्धा-भक्ति' निबन्ध) हिन्दी के सूरदास की गोपियों की तरह ओड़िआ भागवतकार जगन्नाथ दास के 'दशमस्कंध' में श्रीकृष्ण के प्रति गोपियों के प्रेम का चित्रण अधिक लौकिक धरातल पर हुआ है। ओड़िआ के श्री जगन्नाथ मन्दिर में देवदासी प्रथा 12वीं शती से प्रचलित रही है। श्री जगन्नाथ का एक नाम है नीलमाधव। इन्हीं से देवदासियों का विवाह होता था। देवदासी भगवान को दिव्य-पति के रूप में ग्रहण करती थीं और जीवन भर कुँवारी रहती थीं। इस प्रथा का प्रमुख लक्ष्य धार्मिक था। ये संगीत और नृत्य-कर्म से जुड़ी रहती थीं।

श्री चैतन्यदेव प्रवर्तित गौड़ीय वैष्णव धर्म का भी मूलतत्त्व प्रेम है। श्री चैतन्यदेव की श्रद्धा भक्ति में दीक्षित ओड़िशा की प्रसिद्ध कवयित्री हैं माधवी दासी। राधाकृष्ण प्रेमाश्रयी 'ब्रजबुली' काव्य रचना में इन्होंने अपने काव्य-नैपुण्य का परिचय दिया है। 'नित्यानन्द संगति', 'राधामाधव विलसई', 'केमन शुणिला मन', 'परशिते राई तनु' आदि इनकी प्रचलित कविताएँ हैं। हिन्दी की मीराँ बाई जैसी प्रेम-तन्मयता व समर्पण की गहराई इनकी कविताओं की पूँजी है। यह भी विचार है कि आध्यात्मिक प्रेम की मंजिल लौकिक रास्ते पर चलकर प्राप्त होती है। अमूर्त की मूर्त संकल्पना असहज नहीं है। श्री चैतन्यदेव के एक परम भक्त हैं छोटा हरिदास। उनसे गहरा प्रेम था माधवी देवी का। अपने सत्साहस एवं सत्यवादिता के कारण निःसंकोच भाव से इसे स्वीकारा है माधवीजी ने। प्रेम और अध्यात्म में अनुराग और विराग का द्वन्द्वमय खेल अवश्य कौतूहलप्रद रहा है, विशेषकर भक्तिकाव्य में स्त्री की भूमिका के सन्दर्भ में।

पंचसखा सम्प्रदाय से अलग भक्तिकालीन ओड़िआ काव्य क्षेत्र में माधवी देवी की तरह और किसी खास कवयित्री का पता नहीं चल सका है किन्तु समकालीन अन्य कवियों में देवदुर्लभ दास, शिशुशंकर दास, माधव पट्टनायक, सालवेग, कवि चांददास तथा दाशरथी दास आदि उल्लेखनीय हैं जिनके काव्य में तत्त्वमूलक स्त्री-चिन्तन का समावेश है।

अब तक की चर्चा के आधार पर निष्कर्षतः यह कहा जा सकता है कि

ओड़िआ भक्तिकालीन कवि की दृष्टि स्त्रियों के प्रति सजग रही है और वह दृष्टि आध्यात्मिक मूल्य-सन्दर्भ को चिन्तन के केन्द्र में रखने पर भी उसके और कई रूप जैसे शृंगारपरक सखी, आदर्शवादी, रहस्यात्मक सामाजिक आदि देखने को मिलते हैं। आध्यात्मिक मूल्य-सन्दर्भ में यह बताया जा चुका है कि नारी पुरुष की गुह्य-साधनासंगिनी या देवदासी की भूमिका में रही है। अथवा स्वतन्त्र भक्ति-धर्म की साधिका के रूप में। गोपी, राधा के साथ कृष्ण के प्रेम-सम्बन्धों को देखा जाये तो एक तरफ़ अध्यात्म तो दूसरी तरफ़ शृंगार एक सिक्के के दो पहलू के रूप में नज़र आयेंगे। साधारण प्रेम, श्रद्धा व समर्पण के संयोग से भक्ति कोटि का बन जाता है। स्वतन्त्र अनुराग की भूमि इसे रहस्यात्मक व विशिष्ट कोटि का बना देती है। राधा-कृष्ण व गोपियों के बीच की इस रहस्यात्मक प्रेमाभक्ति का उन्मोचन ओड़िआ कवि देवदुर्ल्लभ दास ने अपनी प्रसिद्ध कृति 'रहस्य मंजरी' में किया है। वे यहाँ तक कहते हैं कि प्रेमाभक्ति प्राप्त गोपियों के दर्शन से पुलिंग स्त्रीलिंग में परिवर्तित हो जाते हैं—

प्रेमभक्ति प्रापत गोपींक दरसने/ पुलिंग पालिटि स्तिरी हुअइ तक्षणे[9]

ओड़िआ भक्तिधर्म में स्त्री-पुरुष का भेद मिटाकर समानता का सन्देश दिया गया है। इस अप्राकृत प्रेमलीला का विस्तार आगे चलकर भक्तचरण दास तथा अन्य रीति कवियों ने भी किया है। भक्तिकाल में प्रेमाभक्ति का एक तरह अतिक्रमण शिशुशंकर दास की कृति 'उषाभिलाष' (1555 ई.) में देखने को मिलता है। इसका वर्ण्य विषय कवि खिल हरिवंश व भागवत के दशम स्कन्ध से सम्बन्धित है पर शिशुशंकर के कवित्व का चरम निदर्शन उस कृति की नायिका वाणासुरनन्दिनी उषा के विप्रलम्भ शृंगार-चित्रण में है। यह ओड़िआ भक्तियुगीन प्रेमाख्यानक काव्य है, जिसमें स्त्री का शृंगारिक चित्रण परवर्ती रीतियुगीन शृंगार-वर्णन से कम नहीं है। ओड़िआ भक्तिकाल के अन्यतम कवि कन्हाई खुण्टिआ ने भी अपनी चर्चित कृति 'महाभाव प्रकाश' में शृंगार की अधिष्ठात्री देवी श्री राधा को महाभाव स्वरूपिणी के रूप में प्रस्तुत किया है। कवि खुण्टिआ के अनुसार भावातिरेक कृष्ण आराधना का अर्थ राधाभाव को प्राप्त करना है।

ओड़िआ मुस्लिम (यवन) कवि सालवेग सूफ़ी दर्शन से प्रभावित थे। कई भजनों में उन्होंने अपने को कृष्ण की सखी रूप में प्रस्तुत किया है। इसी युग में कवि दाशरथि दास के काव्य में भी सखीरूप की भक्ति की प्रधानता है, नारी-पुरुष निर्विशेष, सब सखी।

'यत्र नार्यस्तु पूज्यंते रमन्ते तत्र देवता:'[10] जहाँ नारी की पूजा होती है वहाँ देवता रमण करते हैं– वाला विचार ओड़िआ भक्तिकाल में सर्वत्र स्वीकृत है। उसके जननी व देवी रूप उसके आदर्श-रूप की प्रशंसा सर्वत्र है पर उसके कामिनी-कामान्ध रूप निन्दनीय रहे हैं, जबकि इसके लिए वह अकेली उत्तरदायी नहीं है। पुरुष वर्चस्ववादी समाज में सारे दोष स्त्रियों के होते हैं, पुरुष को अपने दोष दृश्य नहीं होते। सम्पूर्ण भारतीय भक्ति काव्य में मूलत: ये रवैये हर जगह देखने को मिलते हैं। चाहे ओड़िआ रामायणकार बलराम दास हों या हिन्दी के मानसकार तुलसीदास अथवा अन्य भाषाओं के रामायणकार– सब सीता के आदर्श गृहिणी रूप के प्रशंसक रहे हैं पर विकट परिस्थिति में राम द्वारा गर्भवती सीता का वर्जन दोष तो दूर की बात है पर यह आलोचना का विषय तक नहीं बनता है। वरना परिवार व समाज में नारी के लिए तमाम विधि-निषेधों के उपदेश मुकर्रर कर दिये गये हैं। हिन्दी के महान कवि रामायणकार (रामचरितमानस) तुलसीदास ने अवश्य यह कहकर– "कत विधि सृजीं नारि जग माही। पराधीन सपनेहुँ सुखु माहीं।"[11] नारी की परतन्त्रता के प्रति चिन्ता जाहिर की है और वे ही तुलसीदास अन्य स्थल पर ढोल, गँवार, सूद्र, पसु, नारी को एक ही पंक्ति में खड़ा कर देने से नहीं चूकते हैं। तुलसी की रचनाओं में एक तरफ़ वर्णाश्रम धर्म, नैतिक मर्यादा, आदर्शवादिता के प्रति अतिरिक्त आग्रह मौजूद है, दूसरी तरफ़ इस सब के बनिस्बत स्त्री, दलित, आदिवासी आदि के संघर्षों के प्रति रुचि में कमी दिखती है। इस सन्दर्भ में ओड़िआ कवि रामायणकार बलराम दास का नज़रिया भिन्न प्रतीत होता है, विशेषकर उनकी युगान्तकारी कृति 'लक्ष्मी पुराण' में।

कोई भी सच्चा कवि युग की उपज होता है और उसकी सच्ची रचनाएँ युग को वाणी देने के लिए अछिष्ट होती हैं। दूसरे शब्दों में कहा जाये तो आदिकाल से आज तक की रचनाएँ अपने समय व समाज की उपज होती हैं और समय, समाज व संस्कृति को समर्पित रहती हैं। करोड़ों में से कतिपय मनुष्य अपने शौर्य, त्याग, संघर्ष, तपस्या व कृतित्व के बल पर केवल अपने युग के नहीं युग-युग के चरित्र बन जाते हैं, जिन पर मनुष्य की आस्था व उनके विश्वास की जड़ें गहरी होती चली जाती हैं और रचनाकार अपनी रचनाओं में उन लोक प्रतिष्ठित चरित्रों व कथाओं के माध्यम से अपने मानवतावादी मूल्य-चिन्तन को वांछित दिशा देने के उद्देश्य से अपनी सृजनशील कर्मानुभूतियों को आकार देते हैं। ऐसे में कृतियाँ वस्तुत: रचनाकार की अनुभूति व कल्पना का संशिलष्ट रूप होती हैं। ऐसी ही एक कृति है ओड़िआ

भक्तिकालीन कवि मत्त बलरामदास की जिसका शीर्षक है 'लक्ष्मी पुराण' जिसमें दरअसल भक्ति, नीति व समाज सुधार की त्रिधाराएँ हैं और जिनके केन्द्र में हैं— स्त्री और शूद्र।

ओड़िआ विद्वान-आलोचक श्री सूर्यनारायण दास ने अच्युतानन्ददास की 'उदय कहानी' के वर्णन के आधार पर बलराम दास के जन्म-वर्ष का अनुमान 1484 ई. लगाया है। यही समय था जबकि भारतीय समाज स्त्री-पराधीनता व जाति-वैषम्य जैसी व्याधियों से ग्रस्त था। इन व्याधियों से समाज को मुक्त किये बिना भक्ति-धर्म-साधना के उद्‌देश्य सफल नहीं हो सकते— इस बात को ओड़िआ भक्त व सन्त कवि बलराम दास वाकिफ़ थे। साथ ही दुर्गा व काली से जुड़ी पुराणकालीन घटनाएँ भी परम्परा में उनके सामने थीं। उनको लगा होगा कि स्त्री को दुर्गति से मुक्ति स्त्री ही दे सकती है। इसलिए एक स्त्री-पात्र का चयन करना था। स्मरण रहे कि दुर्गा व काली को अत्याचारी राक्षसों से लड़ना पड़ा था पर यहाँ सरसों में भूत हो या अपने ही आदमी दुश्मन हों तो उनसे निपटना कितना कष्टकर है इसका अनुमान लगाया जा सकता है। भक्ति-साधना के क्षेत्र में यह कोई नयी बात नहीं है। स्वयं साधक को मोह-माया ग्रस्त विषय में निमज्जित अपने मन के ख़िलाफ़ संघर्ष करना पड़ता है। परिवार, समाज, देश व राष्ट्र को सही दिशा में संचालित करने का काम साहित्य-संस्कृति व धर्म के माध्यम से, सैकड़ों सालों से जारी है। इस काम के लिए वेद, गीता, बाइबिल, कुरआन मजीद, भागवत, उपनिषद, पुराण, संहिता, ब्राह्मण, स्मृति आदि में कई कहानी उपाख्यान आदि को सन्निविष्ट किया गया है। और तो और भारत में विभिन्न व्रतों, पूजाओं, तीज-त्योहारों, उपवासों आदि के माध्यम से सामाजिक सम्बन्धों को मजबूत बनाने और संस्कार देने के काम होते आ रहे हैं। लिहाजा बलराम दास ने ऐसी तरकीब का अनुसरण करते हुए धन की देवी लक्ष्मी को चुना और सामाजिक-पारिवारिक अधिकार व अस्मिता की लड़ाई के लिए तैयार कर लिया। तैयार हुआ 'लक्ष्मी पुराण'।

वृहस्पति वार लक्ष्मीवार है। ओड़िशा में मार्गशीर्ष महीने में धान-कटाई होती है। धान धन है, लक्ष्मी का प्रतीक है। इसलिए इस महीने में गुरुवार का महत्त्व और बढ़ जाता है। मार्गशीर्ष या अगहन महीने का पहला वृहस्पतिवार अथवा लक्ष्मी वार सबसे महत्त्वपूर्ण होता है; क्योंकि इस दिन ओड़िशा में घर-घर में लक्ष्मी की पूजा होती है और व्रत रखा जाता है। भारतवर्ष में अधिकतर व्रतोपवास की जिम्मेदारी महिलाओं पर न्यस्त रहती है। अत: इस लक्ष्मीव्रत की जिम्मेदारी स्त्रियों पर ही है।

इस दिन लक्ष्मी घर-घर घूमकर यह देखना चाहती हैं कि लोगों के द्वारा पूरी निष्ठा व नीति-नियम के साथ इस व्रत का अनुपालन होता है कि नहीं। 'लक्ष्मीपुराण' की कथा के अनुसार पति से अनुमति लेकर लक्ष्मी सज-धज कर मन्दिर से अगहन के वृहस्पतिवार को भ्रमण में निकलीं और उन्होंने देखा किसी का घर गोबर से लीपा हुआ नहीं है। पद्मावती नामक एक ब्राह्मणी की अनीति देखकर लक्ष्मीमाता ख़फ़ा हो गयीं और उसे धिक्कारती हुई वृहस्पतिवार की महिमा तथा उस दिन स्त्रियों के लिए कर्तव्य-अकर्तव्य की बातें बताती हुईं आगे बढ़ गयीं और ग्राम के बाहर आकर श्रीया नामक एक चाण्डालनी के घर पहुँचीं। सम्पूर्ण नीति-नियम व श्रद्धा के साथ श्रीया ने लक्ष्मी व्रतोपासना की थी, जिसे देखकर लक्ष्मी ने अति प्रसन्न होकर उन्हें कई वरदान दिये। जो एक ब्राह्मणी द्वारा सम्भव न हो सका उसे एक चाण्डालनी ने कर दिखाया।

इधर लक्ष्मी के चाण्डाल के घर जाने के कारण जगन्नाथ के बड़े भाई बलभद्र क्रोधित हुए और लक्ष्मी को मन्दिर से निकाल देने के लिए कहा। अब लक्ष्मी की एक न सुनी गयी और जगन्नाथ ने बड़े भाई की आज्ञा का पालन करते हुए लक्ष्मी को घर से निकाल दिया। लक्ष्मी ने चुनौती स्वीकारी और घर से निकल गयीं। मायके भी नहीं गयीं। विश्वकर्मा ने उनके लिए एक सुन्दर महल बना दिया जिसमें लक्ष्मी रहने लगीं। अष्टबेतालों द्वारा मन्दिर के सारे सामान गायब करवा दिये गये। अन्तत: लक्ष्मी हीन होकर दोनों भाई भिखारी बन कर भूख-प्यास के मारे दर-दर भटकते फिरे, हर जगह उन्हें अपमान ही मिला। भूख की ज्वाला से मुक्ति के लिए इस निर्णय पर पहुँचे कि भोजन कहीं से भी मिले, चाण्डाल के घर से भी, वे उसे ग्रहण करेंगे। सारा अहंकार चूर-चूर हुआ और जात्याभिमान भी जाता रहा। अन्त में लक्ष्मी की शरण में आये और उनकी सारी शर्तें मानकर उन्हें बड़े देवल में प्रवेशाधिकार प्राप्त हुआ।

मध्यकाल में सामाजिक-पारिवारिक स्तर पर लैंगिक समानता की बात करना चुनौतीपूर्ण था पर कौशलपूर्ण ढंग से पूरे साहस के साथ बलराम दास द्वारा इसे अंजाम तक पहुँचाना कम बड़ी बात नहीं है। ओड़िआ साहित्येतिहासकार प्रोफेसर बाउरीबन्धु कर की 'लक्ष्मी पुराण' पर यह टिप्पणी प्रणिधान योग्य है–"महालक्ष्मी की ज़िद के सामने जगन्नाथ के हार मानने से नारी स्वातन्त्र्य की रक्षा हुई है। नारी को दयनीय स्थिति में न देखकर पुरुष के साथ बराबर अधिकार दिलाने हेतु वस्तुत: बलराम दास ने इसी क्षुद्र पुराण में कोशिश की है। यह क्षुद्र पुराण कवि की

वैप्लविक भावना की अभिव्यक्ति जैसा प्रतीत होता है।"[12] लक्ष्मी पुराण में बलराम जैसे जाति-कुल की बात करनेवाले को यह कहना पड़ता है कि जब प्राण संकट में हो तो तब जाति-कुल की खोज नहीं होती। ओड़िशा में यह परम्परा है कि जेठ भ्रातृ-वधू को नहीं छूते हैं। इसलिए बलराम जगन्नाथ से अपना दोष कबूलते हुए कहते हैं कि तुम जाकर लक्ष्मी के हाथ पकड़ो और कहो दोष मेरा (बड़े भाई का) है। यह हमें स्वीकार्य है कि उनकी (लक्ष्मी को) जहाँ जाने की इच्छा हो जायें, कोई पाबन्दी नहीं है–

"बलराम बोलुछन्ति बाबु चक्रधर। तुंभे जाइ हस्त धर महालक्ष्मीं कर।।

आम्भे दोष कलु बोलि तुम्भे कह जाइ। जाहिँ इच्छा तहिं जाअ आगो महामायी।।"[13]

'लक्ष्मी पुराण' का स्त्री-चिन्तन किसी आधुनिककालीन स्त्री-चिन्तन से कम प्रगतिशील नहीं है। यह आधुनिक विमर्शीय चिन्तन की पीठिका निर्माण में कम सहायक नहीं। तत्कालीन सामन्ती परिवेश में इस तरह सृजनशील उद्यम समूचे भारतवर्ष के लिए भी कम गौरव का विषय नहीं है। भक्तिधर्म की आड़ में विशेषकर स्त्री-चिन्तन के क्षेत्र में लोक और शास्त्र का समुचित समन्वय ओड़िआ भक्ति काव्य की बहुत बड़ी उपलब्धि है।

भक्तिकालीन ओड़िआ काल में पुरुष और स्त्री दोनों की सृजनशील भूमिका रही है, यद्यपि संख्या की दृष्टि से पुरुष की तुलना में स्त्री कम है। इनके भक्तिधर्म में भेद व वैषम्य का कोई स्थान नहीं है। ये निर्गुण व सगुण दोनों की उपासना करते रहे हैं। जाहिर है कि इनकी काव्य-चेतना में स्त्री अनिवार्य अंग बनकर आयी है। एक तरफ़ स्त्री के देवी, जननी, साधना-संगिनी जैसे रूप वरेण्य रहे हैं तो दूसरी तरफ़ उसके शृंगारिक, रहस्यमयी कामिनी रूपों को निन्द्य माना गया है और ये सब उनके (कवियों) के भक्तिधर्म के विधि-निषेधवाले विचारों से अनुप्रेरित रहे हैं किन्तु स्त्री अस्मिता व उसके सामाजिक अधिकारों के प्रति सचेतनशीलता व सृजनात्मक सक्रियता इनके स्त्री-चिन्तन का उज्ज्वल व विशिष्ट पक्ष रहा है, इसमें सन्देह नहीं।

सन्दर्भ

1. मिश्र, दामोदर, 'हिन्दी और ओड़िआ काव्य की सांस्कृतिक विकास धारा', कला प्रकाशन, वाराणसी, 2012, पृ. 58
2. वही, पृ. 58

3. दास, चित्तरंजन, 'अच्युतानन्द व पंचसखा धर्म', ओड़िआ गवेषणा विभाग, विश्वभारती, शान्तिनिकेतन, 1951, पृ. 102
4. दास, चित्तरंजन, 'ओड़िआ साहित्यर सांस्कृतिक विकासधारा', ओड़िआ राज्य पाठ्य पुस्तक प्रणयन ओ प्रकाशन संस्था, भुवनेश्वर, 1981, पृ. 135
5. दास, चित्तरंजन, 'अच्युतानन्द व पंचसखा धर्म' विश्वभारती, 1951, पृ. 106
6. वही, पृ.106
7. वही, पृ. 99
8. महान्ति, सुरेन्द्र, 'ओड़िआ साहित्यर क्रमविकास', अग्रदूत प्रकाशनी, बांका बजार, कटक-2, प्रथम प्रकाश-1978, पृ. 56
9. कर, प्रो. बाउरीबन्धु, 'ओड़िआ साहित्यर इतिहास', फ्रेण्ड्स पब्लिशर्स, विनोद विहारी, कटक, 2018, पृ. 139
10. 'मनुस्मृति', रणधीर बुक सेल्स, हरिद्वार, 56/अध्याय-3, संस्करण-तृतीय, 1992, पृ.77
11. तुलसीदास, 'रामचरितमानस' (बालकाण्ड), 101/3, गीता प्रेस, गोरखपुर, सं. 2067, तेईसवाँ मुद्रण, पृ.82
12. कर, प्रो. बाउरी बन्धु, 'ओड़िआ साहित्यर इतिहास', फ्रेण्ड्स पब्लिसर्स, कटक, 2018, पृ. 113-114
13. दास, बलराम, 'लक्ष्मी पुराण', सं. नाग महेन्द्र, सम्बलपुर, पृ. 22

लला योगेश्वरी

प्रो. तनुजा मजुमदार

कश्मीर सदियों से योगियों, सिद्धों और सूफ़ी सन्तों की साधना भूमि के रूप में रही है। योग दर्शन और शैव दर्शन की केन्द्र भूमि कश्मीर की साधक परम्परा में लला योगेश्वरी का नाम अन्यतम है और भारत की स्त्री सन्तों में सर्वोपरि है। लला योगेश्वरी कश्मीर में कई नामों से प्रसिद्ध हैं, यथा : लल्लेश्वरी, लल्लद्यद, लला, लल, ललारिफा, ललयोगेश्वरी आदि।

कश्मीर के लोक जीवन और जन मानस को लला योगेश्वरी ने जिस गहराई से प्रभावित किया था, वह अतुलनीय है। उसके वाख आज भी कश्मीर के घर-घर में प्रचलित हैं। लला के वाख पुरानी कश्मीरी भाषा में रचित पहली रचना है। इसलिए लला कश्मीरी साहित्य की आदि कवयित्री मानी गयी है। वस्तुत: कश्मीरी साहित्य के आदिकाल का आरम्भ लला के वाखों से होता है।

वाख मूलत: आदिकवयित्री लला की आत्माभिव्यक्तियाँ हैं, जो गेय एवं लयबद्ध हैं और मौखिक परम्परा में सदियों से लोकप्रिय रही। इन वाखों की लोकप्रियता ने समय-समय पर अनेक विद्वानों को अभिभूत किया है। मौखिक परम्परा से लला के वाखों को संग्रहित कर सर्वप्रथम लिपिबद्ध बाबा दाऊद मिशकाती ने 1654 ई. में अपनी पुस्तक 'तवारीखे-हुसैनी' और 'अस्त्रार उल-अखार' में किया था। अरबी-फारसी लिपि में लिखी इन पुस्तकों में लला के जीवन की अनेक घटनाओं का भी ज़िक्र मिलता है। कई वाख 'तारीख-ए-कश्मीर' (1730) में भी मिलते हैं। 18वीं सदी में राजानक भास्कर ने लला के 60 वाखों का संस्कृत पद्यानुवाद ललित संस्कृत में किया था। उनकी पुस्तक का नाम है– 'लला वाक्य'। भारतीय साहित्य में

प्रोफेसर, हिन्दी विभाग, प्रेसीडेंसी विश्वविद्यालय, कोलकाता (पश्चिम बँगाल)

संस्कृत कृतियों के लोक भाषा में अनुवाद की परम्परा मिलती है, किन्तु लोक भाषा की किसी कृति का संस्कृत में अनुवाद नहीं मिलता। लोक भाषा कश्मीरी में रचित लला के वाखों का देवभाषा संस्कृत में अनुवाद एक विरल घटना है। इसी से इन वाखों की लोकप्रियता का अन्दाज़ा लगाया जा सकता है। लला के वाखों का अंग्रेजी में सर्वप्रथम अनुवाद जार्ज ग्रियर्सन ने किया था। उन्होंने पं. मुकुन्दनाथ शास्त्री की सहायता से 106 वाखों का संग्रह किया और उनका अंग्रेजी में अनुवाद तथा उनके भावार्थ का विश्लेषण किया।

ग्रियर्सन ने लला के वाखों का संग्रह 'Lal Vakyayani' (लल वाक्यानी) के नाम से सम्पादित कर रॉयल एशियाटिक सोसायटी, लन्दन से 1920 में प्रकाशित किया। पुस्तक की भूमिका में ग्रियर्सन लिखते हैं -

The verses in the following collection are attributed to a women of Kashmir, named, in Sanskrit, Lalla Yogiswari. There are few countries in which so many wise saws and proverbial sayings are current as in Kashmir, and none of these have greater repute than those attributed by universal consent to lal Ded or 'Granny Lal', as she is called nowadays. There is not a Kashmiri, Hindu or Muslim, who has not some of these ready on the tip of his tongue, and who does not reverence her memory.[1]

1924 ई. में Sir Richard Carnac Temple की पुस्तक 'The word of Lalla (Also known as Laleshwari, Yogeshwari & Lalishri between 1300-1400 AD)' विश्वविद्यालय प्रेरा, कैम्ब्रिज से प्रकाशित हुई। इस पुस्तक में ग्रियर्सन द्वारा संग्रहित लला के वाखों का दार्शनिक और आध्यात्मिक विश्लेषण टेम्पल ने बहुत गहराई से किया है। लला के वाखों के भाव सौन्दर्य और अनुभव सत्य ने सर आर. सी. टेम्पल को बहुत प्रभावित किया था। पुस्तक की भूमिका में टेम्पल लिखते हैं – It impressed me forcibly, because, irrespective of the merits of the editors, the authoress of the Sayings, as a wandering ascetic and devoted follower of the Shaiva Yoga form of the religion of the Hindus, obtained such a hold on the people of the country that her verses have become a household word. This is because her songs illustrate her religion on its popular side, though they are not a systematic exposition of Shaivism on the lines laid down by the theologians who preceded her. In fact, what we have in her poems is not a mere book-religion, as evolved in the minds of great thinkers and idealists, but a picture of the actual hopes and fears of the common folk that nominally followed the teaching of these wise men, whom they had accepted as guides. She gives, indeed, an account, often in vivid and picturesque language, of the actual working out in practice of a religion previously worked out in theory. As such Lalla's work is a unique contribution to the body of evidence that must necessarily form the basis of a future history of one of the most important religions of India, of this very little is even yet known in England.[2]

इसमें कोई सन्देह नहीं कि लला एक ऐतिहासिक चरित्र है, परन्तु लला के जीवन के बारे में बहुत कम जानकारी उपलब्ध है। कश्मीर के सूफ़ी सन्तों के बारे में लिखे गये ग्रन्थों में और सूफ़ी सन्तों की अपनी रचनाओं में लला के जीवन के कुछ प्रसंगों का श्रद्धासहित उल्लेख मिलता है। इसके अतिरिक्त उससे सम्बन्धित अनेक जनश्रुतियाँ, किंवदन्तियाँ तथा अन्तर्कथाएँ मिलती हैं। जयालाल कौल ने अपनी पुस्तक 'लल द्यद' में इन जनश्रुतियों, किंवदन्तियों तथा अन्तर्कथाओं पर विस्तार से प्रकाश डाला है। इन उपलब्ध सामग्री के आधार पर अधिकांश विद्वानों का मत है कि लला का जन्म 14वीं शताब्दी के मध्य में पांपोर के निकट सिमपुरा गाँव में एक ब्राह्मण कुल में हुआ था और कश्मीर के सुल्तान शहाबुद्दीन के समय में उसकी मृत्यु हुई थी। इसके भी प्रमाण मिलते हैं कि वह सूफ़ी सन्त सैयद जलालुद्दीन बुख़ारी, सैयद हुसैन समनानी और सैयद अली हमदानी की समकालीन थी। लला इन सूफ़ी सन्तों के गहरे सम्पर्क में रही। लला के समकालीन प्रसिद्ध सूफ़ी सन्त कवि शेख नसीरुद्दीन ने लला का शिष्यत्व ग्रहण किया था। शेख नसीरुद्दीन ने लला का परिचय देते हुए लिखा है - ***ब्रह्म चिन्तन के मनोरथ के सामने उसने अपना सर्वस्व स्वाहा कर दिया और उसके हृदय से धुएँ के बादल उठे। 'अहद-ए-अलस्त' का घूँट पीकर आनन्दोल्लास में वह उन्मत हुई। हरि नाम का एक मादक प्याला उसकी सुध-बुध को भुला गया। कारण, सैकड़ों कलशों की मदिरा से भी बढ़कर इसकी थोड़ी-सी खुमार का नशा होता है।***[3]

बाल्यकाल से ही लला का रुझान अध्यात्म की ओर था। वह अक्सर ध्यानमग्न रहती थी। कम उम्र में उसका विवाह पांपोर गाँव के प्रसिद्ध ब्राह्मण परिवार में सोनपण्डित के साथ हुआ था। लला का विवाहित जीवन दुख और यन्त्रणाओं से भरा था। सदैव ध्यानमग्न लला को उसका पति सोनपण्डित समझ नहीं पाया और सांसारिकता के प्रति विरक्ति के कारण लला गृहस्थ जीवन में रम नहीं पायी। गृहस्थी के प्रति उसकी उदासीनता से चिढ़कर सास ने उस पर अकथनीय अत्याचार किये। वह थाली में एक पत्थर रखकर उस पर चावल का लेप लगाकर लला को परोसती

थी। फलस्वरूप, घर के काम-काज में दिन-रात खटते हुए भी लला नित्य निराहार रहती थी। सास लला की झूठी शिकायतें करके उसके पति को उकसाती थी। सोनपण्डित के प्रहारों को नित्य-प्रतिदिन झेलना लला की नियति बन गयी थी।। एक वाख में लला सांसारिक यातनाओं के बारे में कहती है – ***मैं लल उसी उमंग और चाव के साथ इस संसार में खिली थी जिस उमंग और चाव के साथ कपास के डंठल से फूल खिलता है। परन्तु बेलने की रगड़ और पिंजयारे (धुनिये) की धुनकी ने मेरी खूब गत बनायी और बारीक बनाते-बनाते मेरा कण-कण उखाड़ डाला। फिर जुलाहे के यहाँ पहुँच कर करघे पर मैं लटक गयी।***[4]

प्रतिदिन लला को तिरस्कार, उलाहनाएँ और गाली-गलौज का सामना करना पड़ता था, पर धैर्य और संयम से यातनाओं को सहती हुई लला अपनी अन्तर्साधना में रत रही। सास के अत्याचार और पति की प्रताड़नाओं के बावजूद उसका ध्यान दिन पर दिन गहन होता गया। सांसारिक यातनाओं ने उसे और अधिक निरासक्त बनाया और उसकी अन्तर्साधना को मजबूत किया। लला कहती है - ***मैंने गाली-गलौज और थूक-फटकार को शिरोधार्य कर लिया। मेरी निन्दा तो आगे-पीछे हुई है और होती रहेगी। मगर इससे मुझ लल की एकाग्रता में कभी व्यवधान नहीं पड़ा क्योंकि मेरी उपलब्धियों का घर तो पहले से ही भरा पड़ा है, उसमें और कुछ भला कैसे समा सकता है।***[5]

एक दूसरे वाख में लला कहती है – ***चाहे कोई मुझे गाली दे या बुरा-भला कहे। जिसे जो रुचे, मुझे कहे। चाहे तो कोई मेरी सहज कुसुमों से पूजा करे। मगर इस सब का मुझ पर कोई प्रभाव नहीं पड़ेगा क्योंकि मैं अमलिन हूँ।***[6]

गृहस्थ जीवन में ही लला ने सुख-दुख, मान-अपमान, अच्छे-बुरे में समदर्शिता प्राप्त कर ली थी। उसका कहना था – ***भला और बुरा मुझे समभाव से सहना है। कान मेरे न बुरा सुनें और आँखें मेरी न बुरा देखें।***[7]

एक घटना के कारण लला ने गृहस्थ जीवन को सदा के लिए त्याग दिया। इस घटना का वर्णन लगभग सभी समकालीन सूफ़ी सन्तों और परवर्ती लेखकों ने अपनी पुस्तकों में किया है। लला पानी लेने नदी के घाट पर जाती थी और घाट के एकान्त स्थल पर ईश्वर चिन्तन और ध्यान करते हुए भाव समाधि में लीन हो जाती थी। इससे पानी लेकर घर लौटने में उसे देर हो जाती थी। एक दिन वह पानी लेने घाट पर गयी और वहीं ध्यानमग्न हो गयी। जब वह बहुत देर तक लौटी नहीं, तब सास ने बेटे को बहू के विरुद्ध उकसाया। सोनपण्डित लाठी लेकर घाट पर गया और सामने से लला को पानी का घड़ा लिये आते देखा।

क्रुद्ध सोनपण्डित ने जोर से लाठी घड़े पर चलायी। घड़ा टूट गया, पर पानी सिर पर ज्यों का त्यों ठहरा रहा। घर पहुँचकर उस पानी से लला ने सब बर्तन भरे और शेष पानी को खिड़की से बाहर फेंक दिया। जहाँ पानी गिरा, वहाँ एक तालाब बन गया। यह तालाब 'लल तड़ाग' के नाम से प्रसिद्ध हुआ जो आज भी विद्यमान है। हालाँकि आज उसका पानी सूख गया है। 1925 तक इसमें पानी था।

इस तरह लला के जीवन की अनेक अलौकिक घटनाएँ कश्मीर के लोक जीवन में प्रचलित हैं। एक और घटना का उल्लेख अनेक पुस्तकों में, अधिकांशतः अरबी-फारसी में लिखित सूफ़ी ग्रन्थों में मिलता है। आत्मानन्द में डूबी लला को न तन की सुध रहती थी, न लोक लज्जा का ध्यान। कभी विवस्त्र तो कभी अर्धनग्न पूरी घाटी में नाचती, डोलती, गाती, फिरती थी। पर दिगंबरी लला के लिए सामाजिक नियम, रीति-रिवाज का कोई महत्त्व नहीं था और न उसे लोक निन्दा की परवाह। लोगों द्वारा टोकने पर वह कहती थी कि इस दुनिया में केवल ईश्वर का सच्चा भक्त ही पुरुष है। ऐसा भक्त जब विरल है, तब शेष सभी स्त्री हैं। फिर इनसे अपने शरीर को आवृत करने की क्या आवश्यकता। एक बार सूफ़ी सन्त सैयद अली हमदानी को सामने से आते देख विवस्त्र लला चिल्ला पड़ी कि आज सच्चे पुरुष के दर्शन हो गये। फिर अपने शरीर को आवृत करने के लिए उसने एक बनिये की दूकान से वस्त्र माँगा। बनिये के मना कर देने पर वह पास ही एक नानबाई की जलती तन्दूर में लज्जा निवारण हेतु कूद पड़ी। अली हमदानी तन्दूर के पास आये और लला को पुकारा। कुछ क्षण बाद दिव्य वस्त्र धारण किये आलोकवृता लला जलते तन्दूर से बाहर निकली। उसके जीवन की इस तरह की अलौकिक घटनाओं का कश्मीर के लोक जीवन पर सबसे अधिक प्रभाव पड़ा था। वह हिन्दू और मुस्लिम दोनों समुदाय द्वारा स्वीकृत तथा सम्मानित थीं।

घड़े वाली घटना के बाद लला ने सदा के लिए घर छोड़ा और परमेश्वर की खोज में वन-वन घूमने लगी। लला ने बचपन में योग की शिक्षा कुलगुरु सिद्धमोल से प्राप्त की थी। उसी शिक्षा के बल पर उसने कठोर तप किया। वह कहती है – ***(घूमते-फिरते) मेरे तलवों का मांस सड़कों से चिपक गया अर्थात् सत्यान्वेषण के लिए मुझे खूब कष्ट उठाने पड़े।***[8] क्रमशः कठोर तप की निस्सारता का बोध हुआ। स्वाध्याय और माला जाप भी व्यर्थ प्रतीत हुआ। लला कहती है - ***पढ़ते-पढ़ते मेरी जीभ और तालु फट गये मगर तेरे योग्य कर्त्तव्य-विधि मेरी समझ में नहीं आयी। सुमरनी(माला) फेरते-फेरते मेरा अँगूठा और उँगलियाँ गल गयीं मगर***

मन की दुय (द्वैत भावना) फिर भी दूर न हुई। [9]

केवल प्राणायाम आदि का अभ्यास ईश्वर प्राप्ति में उसे अपर्याप्त प्रतीत हुआ। लला कहती है - ***मैं किस दिशा और किस मार्ग से आयी, नहीं जानती। किस दिशा और किस मार्ग से (वापस) जाऊँगी, यह भी नहीं जानती। अन्ततः मुझे कोई सत् परामर्श दे। क्योंकि मात्र श्वास साधन (योग, प्राणायाम आदि) पर अवलम्बित रहने में कोई सार नहीं।*** [10]

आखिर उसे सद्गुरु का सन्धान मिला। गुरु ने अन्तर्साधना की शिक्षा दी। लला कहती है - ***गुरु ने मुझे एक ही वचन की दीक्षा दी - बाहर से भीतर चली जा। इसी एक वचन ने मेरी काया पलट दी और मैं नंगी (विवस्त्र) होकर नाचने लगी।*** [11]

योग साधना में आत्मानुसन्धान और आत्मज्ञान का महत्त्व है। साधक को स्वयं ही परमात्म तत्त्व की खोज अपने भीतर करनी पड़ती है। गुरु इस पथ पर केवल सहायक होता है, मार्ग निर्देशक होता है। प्रयत्न साधक को करना पड़ता है। लला को योग साधना के उत्तरोत्तर चरणों की शिक्षा किस गुरु से मिली, इसकी जानकारी नहीं मिलती है। सिद्धमोल की चर्चा लला के एक वाख में मिलती है, परन्तु, लला साधना के मार्ग में सिद्धमोल से बहुत आगे निकल गयी थी। सूफ़ी सन्तों के जीवनी ग्रन्थों में सूफ़ी सन्तों, विशेष रूप से अली हमदानी से लला के ज्ञान प्राप्ति का उल्लेख मिलता है, लेकिन लला के वाखों में सूफ़ी साधना का नहीं, योग साधना के विभिन्न चरणों का वर्णन मिलता है। अत: स्पष्ट है कि किसी सिद्ध योगी ने लला का पथ प्रदर्शन किया था। वस्तुत: लला सिद्धावस्था को प्राप्त योगिनी थी। उसके वाखों में प्राण वायु का निरोध, षट्चक्र भेदन, कुण्डली जागरण और समाधि के अनुभवों का सरस वर्णन मिलता है। यह साधना आसान नहीं थी। भौतिक स्थूल शरीर के भीतर के रहस्य का उद्घाटन करते हुए लला कहती है –

नाभिस्थान की प्रकृति में (जठराग्नि) जलती रहती है और वहीं से कण्ठ तक प्राण-वायु ऊपर आती है। ब्रह्माण्ड (शीर्षस्थल) में (प्राणापान रूपी) नदी प्रवाहमान है, इसीलिए हह ठण्डा और हा-हा गर्म है। [12]

योगाभ्यास द्वारा शरीर को तपाकर, पाँच कर्मेन्द्रियों और पाँच ज्ञानेन्द्रियों को अन्तर्मुख कर, प्राण वायु को नियन्त्रित कर, भूख-प्यास को जीत कर, मन को निष्क्रिय कर इस साधना-पथ पर बढ़ना पड़ता है। लला का कहना है– ***जो पवन को पूरक (भीतर-बाहर खींचकर अर्थात् प्राणायाम) द्वारा नियन्त्रित करे, उसको***

न भूख स्पर्श कर सकती है और न प्यास। जो अन्त तक यह विधि अपनाये संसार में उसी का जीना सार्थक है। [13]

लला ने यह विधि अपनायी है, तभी तो वह अपने लक्ष्य सहस्रार तक पहुँच पायी - *ऊँकार को अपने में लय करने के लिए मुझे अपनी काया को (प्रेमाग्नि में) तपाना पड़ा। (योग के) छः मार्ग पार कर सातवाँ मार्ग (सहस्त्रार) पकड़ा और तब कहीं जाकर मैं 'लल' प्रकाश-स्थान तक पहुँच सकी।* [14]

मूलाधार चक्र से सहस्रार चक्र तक की यात्रा के निम्नांकित वर्णन भी द्रष्टव्य हैं–

छः वन (शक्ति के छः चक्र) लाँघकर मैंने शशिकला को जगाया (अर्थात् सांसारिक बन्धनों को जब मैंने योगादि क्रियाओं से वश में कर लिया तब उस चन्द्रकला तक पहुँची जो परम-शिव का स्थान है) इसके लिए मुझे पवन (प्राणायाम) द्वारा अपनी प्रकृति को सुखाना पड़ा और प्रेमाग्नि (देवानुराग) से अपने कलेजे को भूनना पड़ा। तब कहीं जाकर मैं अपने शंकर को पा सकी। [15]

(कुंभक द्वारा) मैं प्रतिपल दम (प्राण वायु) का निरोध करती रही। इस (अभ्यास) से मेरे अन्तर में ज्ञान रूपी दीप प्रज्ज्वलित हुआ और मुझे अपनी असली जात (स्थिति) का पता चल गया। तब अन्तर्प्रकाश को बाहर फैला दिया और उस (प्रकाश में प्राप्त सत्य) को मैंने दृढ़ता से थाम लिया। [16]

पर लला षट्चक्र भेदन, कुण्डली जागरण द्वारा आत्म तत्त्व और शिव तत्त्व के साक्षात्कार तक सीमित नहीं रही। जिसे 'कुछ नहीं' कहते हैं, जिसका कोई नाम नहीं, रूप नहीं, गोत्र नहीं, पहचान नहीं - उस अनादि, अरूप, अनन्त, असीम, अनिवर्चनीय परम तत्त्व को पूर्णता से जानने के लिए व्याकुल लला कहती है –

गुरु से मैंने हजार बार पूछा कि जिसे 'कुछ नहीं' कहते हैं, उसका नाम क्या है? पूछते-पूछते मैं थक गयी और मुरझा गयी। (अन्त में) मैं यही समझी कि 'कुछ नहीं' से ही कुछ न कुछ निकला है। [17]

अन्ततः साधना में उत्तरोतर विकास के चरणों को पार करते हुए लला ने सहस्रार चक्र को पार कर उस परम शून्य को जान लिया -

तन्त्र (शास्त्र सम्मत तत्त्वांकन) निष्क्रिय सिद्ध हुआ तो मन्त्र (जप-तप योगादि) सामने आया। मन्त्र भी गला (निष्क्रिय सिद्ध हुआ) तो मात्र चित्त (चिन्मय तत्व) शेष रहा। चित्त भी जब मिट गया तो कहीं कुछ भी न रहा- शून्य के साथ शून्य मिल गया। [18]

कोई बिरला ही साधना की परम सिद्धि की इस अवस्था को पाने में सक्षम होता है। परम शून्य की अनुभूति वस्तुत: निर्गुण-निराकार परब्रह्म से तदाकार होने की अनुभूति है। परम शून्य का वर्णन करते हुए लला कहती है–

अनाहत-ओइम् जिसकी ध्वनि है, शून्य जिसका स्वरूप है (अर्थात् शून्यालय जिसका वास है), जिसका न नाम, न वर्ण, न गोत्र और न रूप है। आत्म-विमर्श से जिसे नाद-बिन्दु आदि का ज्ञान है, वही देवता (योगशक्ति वाला सवार) निर्गुण रूपी घोड़े पर चढ़कर सवारी कर सकता है।[19]

योगाभ्यास साधना का आरम्भिक चरण है तो शून्य बोध से तदाकार अन्तिम चरण है। जहाँ पहुँचने पर सगुण और निर्गुण, रूप और अरूप, बहिर्जगत् और अन्तर्जगत् का एक ही तत्त्व में लय हो जाता है। लला के शब्दों में–

अभ्यास अर्थात् योगाभ्यास द्वारा जब विस्तार-विकास का लयीकरण हो जाता है यानी बहिर्जगत् और अन्तर्जगत् एक हो जाते हैं, तब सगुण (ब्रह्माण्ड) और गगन (शून्य, निर्गुण) एक दिखने लग जाते हैं तथा शून्य भी नाम-शेष हो जाता है। बचा रहता है मात्र अनामय (रोग, शोक, उपाधि विहीन) शिव तत्त्व। हे पण्डित! यही एक उपदेश है।[20]

साधना की यह सर्वोच्च अवस्था है। साधक अपने भीतर और अपने बाहर सर्वत्र व्याप्त परम तत्त्व के दर्शन करके उसके साथ एकात्मकता को प्राप्त करता है। इस अवस्था को प्राप्त कर लला कह उठती है –

(ध्यान-योग में स्थित होकर) मैं अन्दर से (सब को प्रकाशित करनेवाले) चन्द्र को ढूँढ़ते-ढूँढ़ते बाहर आ गयी। (अर्थात् अन्तर्जगत् से बहिर्जगत् में आ गयी)। (इस प्रक्रिया में) मैंने भीतर-बाहर दोनों को एक जैसा पाया। दरअसल, हे नारायण ! तू ही सर्वत्र दिखा है मुझे। हे नारायण ! तू ही सर्वत्र दिखता है मुझको हे नारायण ! तेरी यह अद्भुत लीला कैसी विचित्र है ![21]

अपने भीतर-बाहर अणु-अणु में सर्वत्र व्याप्त परम देव के दर्शन से अभिभूत लला को इस चरम सत्य की अनुभूति होती है कि यह परम तत्त्व ही सब कुछ है और लला तो कुछ भी नहीं। परमदेव के रंग में रँगी लला आनन्दोल्लास से कहती है–

हे देव! तुम ही इस जीवन और धरती (जगत) के सृजक हो। तुम ही ने देव ! पंचभूतों में प्राण फूँके हैं। हे देव! यद्यपि तुम ध्वनि-रहित हो किन्तु तुम्हारी ही ध्वनि हर जगह व्याप्त है। हे देव! तुम्हारा प्रमाण (गति-अवगति) भला कौन जान सका है?[22]

निर्गुण निराकार सर्वव्यापी ब्रह्म से एकात्म होने की अवस्था का वर्णन लला कीचड़ में उगे कमल के रूप में करती है–

जब मैंने शून्य के एक असीम मैदान (क्षेत्र) को पार किया तो मुझ लल को न बुद्धि रही और न होश। तब स्वात्म के भेद को पाकर मेरी स्थिति कीचड़ में उगे कमल जैसी हो गयी। [23]

अद्वैत की यह सहजानुभूति 'तत् तवम् असि' की भावना है, 'अहम् ब्रह्मास्मि' की भावना है जो लला के वाखों में मूलत: व्यक्त हुई है। वस्तुत: उसके वाखों में योग साधना के सिद्धान्तों, प्रक्रियाओं, विधियों का वर्णन नहीं मिलता है। इन वाखों में मुख्य रूप से परम सत्य का वर्णन है और उस परम सत्य की प्राप्ति के मार्ग की कठिनाइयों, अन्तर्जगत में उसकी आत्मोपलब्धि और बहिर्जगत में उसकी सर्वत्र व्यापकता की अनुभूति, आत्म चेतना में विश्व चेतना के तिरोभाव और परम तत्त्व के साथ एकात्मकता के अनुभवों का वर्णन है। ब्रह्म ज्ञान और सत्य मार्ग की ज्ञाता लला का यह विश्वास है कि अपनी वृत्तियों को अन्तर्मुख कर प्रत्येक मनुष्य अपने ही भीतर अवस्थित ब्रह्म को प्राप्त कर सकता है। सोहम् से एकाकार का आनन्द प्रत्येक मनुष्य प्राप्त कर सकता है, केवल प्राणों का रहस्य जानना है। मनुष्य को सम्बोधित करते हुए लला कहती है –

(रे मनुष्य ! यह शिव ही है जो) तेरे भीतर कभी हँसता है, कभी छींकता है, कभी अँगड़ाइयाँ लेता है और कभी खाँसता है। वह नित्य (तेरे मन के संकल्प-विकल्प रूपी विचारों के) तीर्थों पर स्नान करता है। वर्ष भर निर्वसन रहता है। (तेरा शरीर ही उसका वसन है) अर्थात् वह तेरे भीतर है, उसे तू ढूँढ़ ले। [24]

वह परम तत्त्व तो मनुष्य के भीतर है, पर अज्ञानी मानव उसे बाहर ढूँढ़ता है। अपना उदाहरण देते हुए लला कहती है–

मैं लल प्रेम से उस परम शक्ति को ढूँढ़ने के लिए घर से निकल पड़ी। उसे ढूँढ़ते-ढूँढ़ते रात-दिन बीत गये। अन्त में देखा वह पण्डित (इष्ट) तो मेरे ही घर में विद्यमान है। [25]

जो मानव के भीतर है, वही परम तत्त्व बाहर सर्वत्र व्याप्त है। उसे जानने के लिए पहले बहिर्जगत से अन्तर्जगत की ओर मुड़ना पड़ता है। आत्म ज्ञान, आत्म चेतना और आत्मोपलब्धि के द्वारा कण-कण में व्याप्त परम ब्रह्म का साक्षात्कार होता है, जैसा कि लल ने किया–

मैं दसों दिशाओं में घूम फिरकर अपने देश (अन्तर्जगत) में लौट आयी। इसके लिए मुझे जाने कितने शून्यों और तूफ़ानों को झेलना पड़ा। जब छः (पंचेन्द्रियों और मन) और तीन (त्रिगुणों) को वश में कर लिया तो पाया कि शिव जगह-जगह (सर्वत्र) व्याप्त है।[26]

अपने अनुभवों और उपलब्धियों का उदाहरण बार-बार देते हुए लला योग-साधना को मानव मात्र के लिए सर्वसुलभ बताते हुए कहती है –

मैंने प्राण और रुहन अर्थात् अपान, समान आदि को एक ही जाना। इन प्राणों के रहस्य को जानकर विधिपूर्वक उनका निरोध करने पर दूसरे मनुष्य भी क्यों न सोहम् रूपी स्वाद (आनन्द) को प्राप्त करें?[27]

साधना के लिए तीर्थाटन, मूर्ति पूजन, व्रत-उपवास की कोई आवश्यकता नहीं है। कुशा, तेल, दीप, जल आदि की कोई आवश्यकता नहीं है। धर्म ग्रन्थों का पाठ, शास्त्र ज्ञान की भी कोई आवश्यकता नहीं है। लला का मत है– *शास्त्र सुन-सुनकर यम-भय बड़ा क्रूर दिखने लगता है। जो इन शास्त्रों के चक्कर में नहीं पड़ा अर्थात जिसने उधार नहीं लिया, वही धनी है, आनन्द का भागीदार है।*[28]
शास्त्र ज्ञान को भुला कर ही लला ने चेतन आनन्द की प्राप्ति की है–

पढ़ना सुलभ (आसान) है किन्तु उसका पालन करना दुर्लभ (कठिन) है। (इसी प्रकार) सहज (स्वात्म) को खोजना भी दुष्कर है। अभ्यास के घने कुहरे में जब मैं सारे शास्त्र भूल बैठी तब मुझे चेतन-आनन्द की प्राप्ति हुई।[29]

बहुत सारे मन्त्रों की भी आवश्यकता नहीं। मन्त्र-तन्त्र की निस्सारता का उपदेश देते हुए लला कहती है–

जो मात्र ऊँकार को नाभिस्थान में (ध्यानपूर्वक) धारण कर ले तथा कुम्भक (प्राणायाम की एक अवस्था) से उसे ब्रह्माण्ड तक पहुँचा दे और केवल इसी एक मन्त्र (यानी ऊँ के जाप) को याद कर ले, उसे अन्य सहस्त्र मन्त्रों (को याद करने) की क्या आवश्यकता है?[30]

देवी-देवताओं के पूजन-अर्चन की भी कोई आवश्यकता नहीं, कारण परम देव तो मानव के भीतर ही है। अहम् का सोहम् में लय होने पर मानव स्वयं देवस्वरूप हो जाता है। लला कहती है–

जिसने द्वादशमण्डल (ब्रह्मरन्ध्र) को देवस्थान मान लिया हो, जिसने नासिक्य-पवन (प्राणायाम) से अनाहत स्वरूप को अनुभूत कर लिया हो,

जिसके मन की सारी कल्पनाएँ (सांसारिक इच्छाएँ) दूर हो गयी हों - वही तो देव है फिर भला वह किसका अर्चन करे! [31]

अतएव मिथ्या आशाओं को त्यागकर, मन की शान्ति को प्राप्त कर, सद्भाव से गुरु की बात मन में उतारकर और नित्य भावना से ईश्वर स्मरण कर मनुष्य कर्म-बन्धन से मुक्त होकर सहज-आनन्द में तल्लीन हो सकता है। जगत के भीतर ही परमात्मा का साक्षात्कार कर सकता है। मानव जीवन की सार्थकता इसी जीवन में परमात्मा के साक्षात्कार में है। लला कहती है –

शिव अपना बारीक जाल बिछाये सर्वत्र व्याप्त है। देखो तो कैसे सबके शरीरों (अस्थि-पंजरों) में रच-पच गया है। यदि तू जीते जी उसको न देख सका तो क्या मरकर उसे देखेगा? विवेक और आत्म-चिन्तन से काम ले और उसे अपने भीतर खोज निकाल। [32]

वह परम तत्त्व सभी भेदों से परे है। उसकी प्राप्ति के लिए वर्ण-भेद, जाति भेद, धार्मिक भेद, सभी भेदों से ऊपर उठने की आवश्यकता है –

शिव थल-थल पार (सर्वत्र) व्याप्त है। (अतः रे मनुष्य! तू) हिन्दू और मुसलमान में भेद न जान। यदि तू प्रबुद्ध है तो अपने आपको पहचान, यही साहिब (भगवान) से परिचय करने के बराबर है। [33]

परम्परावादिता, कट्टरवाद, शास्त्र ज्ञान, धार्मिक आडम्बर, रूढ़िबद्धता का लला ने बारम्बार विरोध किया है। मनुष्य के प्रति उसका स्पष्ट कथन है –

(रे मनुष्य !) वह (परमशक्ति) वाणी, मन तथा कुलीनता-अकुलीनता की सीमाओं से परे है। मौन-मुद्राओं का भी वहाँ प्रवेश नहीं है। शिव और शक्ति भी वहाँ रहते नहीं है। (इन सबके अतिरिक्त) तुम्हारे पास जो शेष बचा है, वही परमोपदेश है। [34]

लला ने उस नाम-रूपरहित परम शक्ति को जाना है, समझा है, पाया है। लला जानती है कि उसे कैसे जाना जा सकता है और कैसे पाया जा सकता है। अतएव, लला जो कुछ कह रही है, वह निस्सार, व्यर्थ कथन नहीं है। उसके पद महत्त्वपूर्ण हैं। लला को विश्वास है कि उसके पदों के अनुसार चलकर मनुष्य को धार्मिक आडम्बरों, मिथ्या धारणाओं, पाखण्डों और व्यर्थ नियम-आचारों से मुक्ति मिल सकती है, उसके लिए परम शक्ति को उपलब्ध करना सम्भव है–

(रे मनुष्य! तू) तन पर ज्ञान के अम्बर (वस्त्र) धारण कर, लल ने जो पद कहे, उन्हें अपने हृदय में उतार। ऐसा करने से जिस प्रकार लल (परम-शिव में)

लीन हो गयी, उसी प्रकार तेरे चित्त में भी ज्योति उत्पन्न होगी और मरण की शंका लुप्त हो जायेगी।[35]

लला के वाखों में शैव दर्शन, वेदान्त दर्शन और सूफ़ी दर्शन के समन्वय की चर्चा की जाती है, परन्तु इन वाखों में किसी दर्शन के तत्त्वों को ढूँढ़ना, किसी सम्प्रदाय विशेष के सिद्धान्तों की खोज करना निरर्थक है। योग मार्ग की साधिका होने के बावजूद लला के वाखों में योग के विभिन्न अंगों, प्रक्रियाओं, विधियों का वर्णन नहीं मिलता। योग का प्रचार करना और योग की शिक्षा देना उसका उद्देश्य नहीं है। मनुष्य की अज्ञानता को दूर करना, उसे भय मुक्त करना लला का उद्देश्य है। लला के वाख उसकी अन्तर्साधना के साक्ष्य हैं, जिनमें सहजानुभूति जन्य ज्ञान है, तत्त्व चिन्तन की शुष्कता नहीं। लला के लिए जो सत्य है, उसे उसने बहुत ही सहज भाव से, बहुत ही सजीवता से, बहुत सरसता से काव्यात्मक भाषा में व्यक्त किया है। ये वाख लला के सहज उद्गार हैं, जो उसके अन्तर्मन की शुचिता, विमलता, गहनता और आस्था को व्यक्त करते हैं। जो मनुष्य को यह विश्वास दिलाते हैं कि उसकी सीमितता और लघुता में ही असीम का वास है। उसमें वह शक्ति है, जिसके द्वारा बाहरी साधनों के बिना स्वयं अपने भीतर परम तत्त्व को पा सकता है, पूर्णता को प्राप्त कर सकता है। भारतीय साधना पद्धति में निर्गुण-निराकार ब्रह्म की साधना को कठिन माना गया है, क्योंकि यह ज्ञान मार्ग की साधना है। परन्तु, लला के वाख शुष्क ज्ञान का उपदेश नहीं देते हैं, उनमें एक ओर सहज ज्ञान है तो दूसरी ओर प्रेम की सरसता है। लला के वाख मनुष्य के भीतर आत्मविश्वास को उत्पन्न करते हैं, उसे साधना के पथ पर आगे बढ़ने के लिए प्रेरित करते हैं, दिशा निर्देश देते हैं। सन्तों की परम्परा में निर्गुण-निराकार ब्रह्म की उपासिका लला ने ज्ञान और प्रेम के समन्वय से सहज योग के पथ का सन्धान दिया, जिसके आधार पर वह केवल योगिनी नहीं, योगेश्वरी कहलायी, लला योगेश्वरी।

सन्दर्भ

1. Griersan, George, Lal Vakyayani, Introduction, Royal Asiatic Soceity, London, 1920, PP. 1
2. Temple, Sir Richard Carnac, 'The word of Lall (Also known as Laleshwari, Yogeshwari & Lalishri between 1300-1400 AD), Uni. Press Cambridge, 1924, PP. 3
3. कौल, जयालाल, लल्लद्यद, साहित्य अकादेमी, नयी दिल्ली, 1980, पृ.2

4. रैणा, डॉ. शिबनकृष्ण, ललेश्वरी आदिकवयित्री, (अनु. एवं लिप्यन्तरणकार), कश्मीरी लल्लद्यद, भुवन वाणी ट्रस्ट, लखनऊ, 1977, वाख संख्या-57, पृ.53
5. वही, वाख-130. पृ. 90
6. वही, वाख-97. पृ. 73
7. वही, वाख-129. पृ. 89
8. वही, वाख-119. पृ.84
9. वही, वाख-116. पृ. 83
10. वही, वाख-9. पृ. 29
11. वही, वाख-2. पृ.26
12. वही, वाख-89. पृ. 69
13. वही, वाख-86. पृ.68
14. वही, वाख-72. पृ. 61
15. वही, वाख-90. पृ. 70
16. वही, वाख-82. पृ. 66
17. वही, वाख-117. पृ. 83
18. वही, वाख-181. पृ. 65
19. वही, वाख-69. पृ. 59
20. वही, वाख-70. पृ. 60
21. वही, वाख-65. पृ. 57
22. वही, वाख-149. पृ. 99
23. वही, वाख-151. पृ. 100
24. वही, वाख-8. पृ. 29
25. वही, वाख-1. पृ. 25
26. वही, वाख-150. पृ. 100
27. वही, वाख-85. पृ. 67
28. वही, वाख-15. पृ. 32
29. वही, वाख-127. पृ. 88
30. वही, वाख-33. पृ. 58
31. वही, वाख-83. पृ. 66
32. वही, वाख-147. पृ. 98
33. वही, वाख-148. पृ. 99
34. वही, वाख-59. पृ. 54
35. वही, वाख-16. पृ. 33

दक्षिण की कृष्ण भक्त कवयित्रियाँ (तेलुगु एवं तमिल के सन्दर्भ में)

आचार्य एन.लक्ष्मी अय्यर

भक्ति की परम पावन धारा भारत के मनीषियों, योगियों, दार्शनिकों व भक्तों की देन है। इस पवित्र भक्ति धारा को अपनाकर तन्मय होकर अमर साहित्य प्रदान करनेवाली सन्त कवयित्रियों में आन्ध्र प्रदेश के चित्तूर जिले की तरिगोंड वेंगमांम्बा एवं तमिल प्राचीन साहित्य के आलवार साहित्य की एकमात्र स्त्री आलवार आण्डाल की गणना सहर्ष की जाती है। मरुभूमि की मन्दाकिनी मीरा की तरह वेंगमांम्बा की भक्ति भी माधुर्योपासना से पूर्ण प्रेमा भक्ति थी। उन्होंने तिरुमलेश श्री वेंकटेश्वर को पति मानकर, सामाजिक रूढ़ियों, साम्प्रदायिक पद्धतियों का शान्त भाव से उल्लंघन किया था। स्वयं कष्टों को भोग कर साहित्य प्रेमियों के लिए काव्यामृत बाँटा था। अयोनिजा आण्डाल तो पेरियाल्वार की गोद ली गयी बेटी थीं, जो बचपन से ही श्री रंगमरंगनाथ की मधुर्योपासिका रहकर उन्हीं से विवाह करके समर्पित हो गयीं। वे दुल्हन के रूप में सजकर श्री रंगनाथ के मन्दिर के अन्दर जाकर अदृश्य हुई साक्षात श्री महालक्ष्मी स्वरूपा मानी जाती हैं। इन दोनों कवयित्रियों को जोड़कर उनकी कृष्ण भक्ति (विष्णु भक्ति) को रेखांकित करना इस शोध आलेख का महती उद्‌देश्य है।

आन्ध्र की मीरा वेंगमांम्बा के काव्य में चित्रित श्री कृष्ण भक्ति

वेंगमांम्बा का जन्म ईस्वी सन् 1830-35 के बीच में हुआ होगा। इसमें विद्वानों का मतभेद रहा है। कृष्णायार्युडू एवं मंगमाम्बा को वेंकटेश की कृपा से उद्‌भूत बालिका वेंगमांम्बा थी। चित्तूर जिले के तरिगोंडा गाँव में इन्होंने बाल विवाह का

प्रोफेसर, हिन्दी विभाग, राजस्थान केन्द्रीय विश्वविद्यालय

शिकार होकर, यौवनावस्था में ही वैधव्य प्राप्त करके अपनी अचंचल माधुर्योपासना द्वारा शान्त मन से, अपने को मीरा की तरह अखण्ड सौभागिनी मानते हुए, पुरुषसत्ता से पूर्ण उस सामाजिक, साम्प्रदायिक लोगों के कट्टर ब्राह्मणवाद की श्रृंखलाओं को तोड़ा था। अधेड़ उम्र में उन्होंने तिरुमल तिरूपति पहाड़ पहुँचकर अपना शेष जीवन काव्य रचना करते हुए बिताया।

जीवनी : बचपन से ही हरि-भक्त एवं कारण जन्मा वेंगमांम्बा का मन लौकिक विषयों से सदा अलग रहा था। उनके स्वभाव से हताश होकर उनके पिताजी शादी के लिए वर ढूँढ़ने लगे। वेंगमांम्बा अपने आराध्य देव श्री वेंकटेश्वर को मनसा-वाचा-कर्मणा पति मानती थी, इसलिए विवाह करने से इंकार कर दिया। पुरुष सत्ता से पूर्ण समाज के कारण अन्त में कट्टर ब्राह्मण परिवार में जन्मी वेंगमांम्बा को भी परिस्थितिवश माँ बाप के दु:ख को दूर करने के लिए बाल विवाह का शिकार होना पड़ा। उनका विवाह इंजेटी तिम्मयार्य के पुत्र वेंकटाचलपति से हुआ। सयानी होने तक वेंगमांम्बा को तरिगोंडा में छोड़कर ससुरालवाले चले गये। वेंगमांम्बा की भक्ति-साधना में कोई विघ्न नहीं हुआ। कहा जाता है कि वेंगमांम्बा को ले जाने पति आये और सुहागरात के समय वेंगमांम्बा ने अपने पति से अनुरोध किया कि उसके एकमात्र पति श्री वेंकटेश्वर ही हैं और उसे अपनी सहचरी के रूप में स्वीकार न करके दैव-भक्ता के रूप में देखने को कहा। कुछ समय के बाद वे अपने गाँव गये और उनकी मृत्यु हो गयी। बाल विधवा वेंगमांम्बा को देखकर उसके माँ बाप और दुखी हुए। सहज से ऐहिक विषयों से अनासक्त वेंगमांम्बा इस घटना से निराश न होकर अपनी भक्ति-साधना में अटल रहीं।

वेंगमांम्बा ने विधवा होते हुए भी वैधव्य को स्वीकार नहीं किया हैं। उनका दृढ़ विश्वास था कि उनके एकमात्र पति भगवान् श्री तिरुमलेश्वर हैं, जो अनश्वर हैं। उनके गाँव के खासकर साम्प्रदायिक ब्राह्मण समाज के लोगों में वेंगमांम्बा की क्रान्ति भावना को देखकर उनकी भावना का विरोध किया और उनके ख़िलाफ़ अफवाहें फैलाने लगे। अपनी बेटी के भविष्य की चिन्ता करते हुए वेंगमांम्बा के पिताजी मदन पल्ली के पण्डित रूपवातारम सुब्रह्मण्य शास्त्री के पास ले गये और उन्होंने वेंगमाम्बा को वेदान्त की शिक्षा, उपासना की पद्धतियाँ, योग शास्त्र आदि का उपदेश दिया था। गुरुदेव से उपदेश प्राप्त करके वह कवयित्री तरिगोंडा वापस आकर अधिक समय, वहाँ के लक्ष्मी नरसिंह स्वामी के मन्दिर में एक कोने पर स्थित हनुमान की मूर्ति के पास एकान्त प्रदेश में बैठकर योग समाधि में डूब जाती

थी और काव्य रचना करती थी। वहाँ के ब्राह्मण लोग उसे उन्मादिनी, पिशाचिनी, महाकाली कहकर गालियाँ देते थे और उनके शिरोमुण्डन करवाने की कोशिश खूब करते थे। इस प्रकार वेंगमांम्बा ने सामाजिक, साम्प्रदायिक, कट्टर ब्राह्मणवाद का शिकार होकर कई कष्टों का सामना किया। उनकी महिमा के सम्बन्ध में कई जन श्रुतियाँ, दन्तकथाएँ आज तक प्रचलित हैं। कहा जाता है कि वेंगमांम्बा को विधवा बनाने की कोशिश में ध्यानमग्न वेंगमांम्बा के पास नाई को भेजा गया और वह भयभीत होकर मूर्छित हो गया।

एक और घटना उसकी जीवनी के सन्दर्भ में उल्लिखित है—पुष्पगिरि के आचार्य श्रीमद् अभिनावोद्दण्ड विद्या नरसिंह स्वामी तरिगोंडा आकर वेंगमंम्बा को धार्मिक उपदेश देने के लिए किसी दासी के द्वारा बुलवाया। जवाब में वेंगमांम्बा ने कहा कि वह भोजन करने के बाद आयेगी। बाद में एक नारियल लेकर उनके दर्शनार्थ गयी। स्वामीजी ने उन्हें परदे के अन्दर से ब्राह्मण नारी के नीति नियम, सदाचार, कुल वधुओं के कर्तव्य आदि के बारे में भाषण देकर विधवा के लिए शिरोमुण्डन की आवश्यकता के बारे में बताया। वेंगमांम्बा परदे के बाहर खड़ी थी। सारी बातें सुनकर वेंगमांम्बा ने पूछा पतिव्रता नारी को परपुरुष का स्पर्श करना कहाँ तक उचित है? नाई परपुरुष ही है न? किस शास्त्र में उल्लिखित है कि पतिव्रता, विधवा नारी के लिए शिरोमुण्डन आवश्यक है? अगर शिरोमुण्डन करवाया तो क्या आप पुन: आनेवाले केशों को रोकेंगे? उनके प्रश्नों को सुनकर स्वामी जी क्रोधित हो गये, वहाँ के विप्र वृन्द ने वेंगमांम्बा से स्वामी जी को प्रणाम करने को कहा। वेंगमांम्बा चुपचाप खड़ी थी। स्वामी जी ने आग बबूला होकर परदे को निकलवाकर गुरु की गद्दी का प्रणाम न करने का कारण पूछा तो वेंगमांम्बा ने कहा अगर वे गद्दी से उठकर निकलेंगे तो वह नमस्कार करने को तैयार है। अपने क्रोध को वश में रखते हुए गद्दी से उठकर वे दूर होकर खड़े रहे। वेंगमांम्बा ने अपने दोनों हाथ जोड़कर गद्दी को प्रणाम किया। तुरन्त भयंकर ध्वनि के साथ आग गद्दी पर फैल गयी और गद्दी भस्म हो गयी। उसके बाद स्वामी जी भयभीत होते हुए उन्हें अष्ट सिद्धि प्राप्त योगिनी बताते हुए उसे प्रहलाद का अवतार मानकर उन्हें प्रणाम किया और उनकी निन्दा करनेवालों को उपदेश दिया कि वे भगवद अंश युक्त नारी हैं। यह कहते हुए चले गये। वेंगमांम्बा से बदला लेने के लिए वहाँ के विप्र वृन्द उनके पिता को ब्राह्मण समाज से निकालने की कोशिश करने लगे। समाज से डरकर उनके पिताजी ने उन्हें घर से बाहर जाने को कहा। तब से वेंगमांम्बा उसी नरसिंह मन्दिर में

रहकर भजन कीर्तन करते हुए काव्य रचना करने लगीं। कृष्णमाचार्य नामक पुजारी ने उनके चरित्र पर कलंक लगाकर उनके बाल खींचे तो ध्यानमग्न वेंगमांम्बा ने आँखें खोलीं तो वह मूर्छित हो गया–आज भी उस पुजारी के नाम पर एक मण्डप तरिगोंडा में है। वेंगमांम्बा पर लोगों ने पत्थर फेंके तो मुरषावली नामक मुसलमान ने उसे बचाया। आज उसकी याद में मुरषावली दरगाह तरिगोंडा में है। इस प्रकार उनकी साधना के पग पग पर लोगों द्वारा बाधाएँ डालने के कारण वेंगमांम्बा तिरुमल पहाड़ पहुँच गयीं और काव्य रचना करते हुए उन्होंने अपना शेष जीवन बिताया।

साहित्यिक कृतियाँ : उनकी पहली साहित्यिक रचना है *तरिगोंडा नरसिंह शतकमु* जिसकी रचना उन्होंने तरिगोंडा गाँव के लक्ष्मी नरसिंह मन्दिर के कोने पर स्थित हनुमानजी की शिला के पास रहकर की थी। विद्वत समाज में उनकी कविताओं की निन्दा हुई, लेकिन वे इसकी परवाह किये बिना नरसिंह स्वामी से अपनी कविताओं को धरती पर प्रचार कराने की प्रार्थना करती थी। उसके बाद प्रहलाद चरित के आधार पर *नरसिंह विलासकथा (यक्ष गान), शिव विलासमु (शिव नाटकमु), बाल कृष्ण नाटकमु* आदि रचानाएँ की थीं। इस कवयित्री पर प्रथम शोधाध्ययन करके इस मूर्धन्य कवयित्री को साहित्याकाश में लाने का श्रेय इस लेख की रचयित्री के पूज्य गुरुवर डॉ. के. जे. कृष्णा मूर्ति को जाता है। डॉ. के. जे कृष्णा मूर्ति के अनुसार वेंगमांम्बा के निवास व उनके भोजन की व्यवस्था का दायित्व शायद 'ईस्ट इंडिया कम्पनी' द्वारा नियुक्त (सन् 1843 में) तिरुमल तिरूपति देवस्थान के शासनाधिकारी सेवादास पर हो सकता है। तिरुमल पहुँचने के बाद वेंगमांम्बा को हयग्रीव मन्त्रोपदेश मिला था। तिरुमल में रहते हुए भगवान वेंकटेश्वर स्वामीजी को नैवेद्य चढ़ाकर, फूल मालाएँ अर्पित करके साथ-साथ वे काव्य रचना भी करती रहीं।

तिरुमल तिरूपति में रचित कृतियाँ : उन्होंने *पारिजातापहराणमु* या *विष्णु पारिजातामु, चेंचू नाटकमु* या *चेंचू कथा, रुक्मिणी नाटकमु (अलभ्य), गोपिका नाटकमु (अलभ्य), जलक्रीड़ा विलासमु, श्री कृष्णा मंजरी, रमा परिणयमु, श्री भागवतमु (अनुवाद), वशिष्ठ रामायणमु (अनुवाद)* नामक अन्तिम रचना के विषय विस्तार के कारण यहाँ मात्र कृष्ण सम्बन्धी रचनाओं पर प्रकाश डाला गया है।

श्री कृष्णा मंजरी में कवयित्री ने प्रत्येक पद्य में कृष्ण सम्बोधन से मकुट नियम को अपनाया। इसमें वेंगमांम्बा द्वारा वर्णित कृष्ण किशोर कृष्ण हैं जो मूँछ सहित सुन्दर चेहरे से युक्त हैं। इनके काव्य में की आत्मसमर्पण की भावना, एकाश्रय

ग्रहण आदि दृष्टिगोचर होते हैं। श्रीकृष्ण के मुग्ध मनोहर रूप का वर्णन करती हुई कवयित्री कहती हैं–

कनक रत्न प्रभा कलित मैनट्टी
सुरूचिर मकुटम्बू चूपवे कृष्ण
तलुकैन कुटिल कुंतल युक्त मैन
सलालित फाल देहमु जूपू कृष्ण
सुन्दर प्रपुल्लता शोभितंबैन
कनुगवबेलुकू चक्कागा जूपू कृष्ण

{हे कृष्ण! सुवर्ण एवं रत्नों की आभा से जड़ित अपना मुकुट दिखाओ, हे कृष्ण सुन्दर घुँघुराले बालों से युक्त कोमल ललाट से शोभित अपना रूप दिखाओ, प्रफुल्लता की कान्ति से शोभित अपनी सुन्दर पलकें दिखाओ, पूर्ण विकसित चम्पक की कली जैसी सुन्दर लगनेवाली अपनी नाक दिखाओ, कृष्ण कुन्द जैसे अनुपम अपने सुन्दर दाँत, बिम्ब फल की तरह लाल लाल सुन्दर लगनेवाले अपने अधर दिखाओ, हे कृष्ण काली काली सुशोभित मूँछ से युक्त सुन्दर चुबुक दिखाओ, शीशे जैसे अपने सुन्दर गाल दिखाओ (...चरणों तक वर्णन मिलता है) इस रचना में श्रीकृष्ण के रूप सौन्दर्य के साथ-साथ उन्हें पतितपावन परमात्मा के रूप में भी स्वीकार करती हैं। '*कृष्ण मंजरी*' के एक स्थान पर कृष्ण को साथी मानकर भी उन्होंने उपासना की।}

बाल कृष्ण नाटकमु में वर्णित कृष्ण गोपियों के साथ लीला करने वाले युवा थे। ***पारिजातापहरणमु*** में श्रीकृष्ण की प्रौढ़ावस्था का वर्णन मिलता है। ***जलक्रीडा विलासमु*** एक यक्ष गान है, जिसमें श्रीकृष्ण के जन्म से लेकर चीरहरण तक की कहानी है। पूतना वध, शकटासुर वध, तृणावर्त वध, गर्गाचार्य द्वारा कृष्ण का नामकरण, कृष्ण की नटखट चेष्टाएँ, गोपियों की शिकायत, माखनचोरी आदि सविस्तारपूर्वक श्रीकृष्ण के जन्म व बाल लीला सम्बन्धी वर्णन मिलता है।

श्री भागवतमु की प्रथम छः स्कन्ध की ही लिखित प्रतियाँ उपलब्ध है, जिसमें महाभारत के नीति विशारद श्रीकृष्ण हैं। वेंगमांम्बा ने अपने आराध्य की अलौकिकता के प्रति अपनी श्रद्धा प्रकट की। वेंगमांम्बा का दृढ़ विश्वास है कि श्रीकृष्ण के चरण रूपी नाव से इस संसार रूपी सागर को पार करना सम्भव है।

हरी नी पादाम्बुजम्बुलानु नाव निच्ची
मायाब्धि दार्टिंची मनुपवे–कृष्ण

(हे कृष्ण! तेरे चरण कमल रूपी नाव देकर संसार रूपी माया सागर से पार कराओ) वेंगमांम्बा श्रीकृष्ण से विनती करती हैं कि वे उसे मार्जल किशोर की तरह प्यार करें।

सोलसी मार्जल किशोरमुवले
नीवू पेट्टीन चोट नेनुन्दुनु कृष्ण।

जलक्रीडा विलासमु में वेंगमांम्बा ने संगीत के स्वरों की मदद से राग, ताल सहित श्रीकृष्ण की शोभा का वर्णन किया है। वेंगमांम्बा बालक श्रीकृष्ण के नृत्य के प्रति आकृष्ट होकर गाती है :

आडेने कृष्णुडाडेने
पाडूचु गोपलुलन्दरू
तन वेडुक चूड़गा–विन्तग नगुचु।। आडेने।।

कवयित्री सदा अपने आराध्य श्री कृष्ण के स्मित मुख पर रीझ कर कहती हैं– *नव्वु मुखाम्बू वाडू, मृदु नाद वेणु वू पूनिनाडू।*

वेंगमांम्बा की भक्ति में भागवत में वर्णित नवधा भक्ति, प्रेमा भक्ति, माधुर्योपासना आदि पद्धतियाँ मिलती हैं। आज से लगभग डेढ़ सौ वर्ष पूर्व जीवित इस तेलुगु की सन्त कवयित्री की याद में तिरुमल तिरूपति के मन्दिर के उत्सव, भगवान् की पालकी ढोते वक्त पाँच मिनट उनकी कुटिया के पास मूर्ति को रखकर भगवान् को उनके नाम पर आरती उतारने का रिवाज तिरुमल में है। उनकी समस्त रचनाओं पर शोधाध्ययन हो रहा है। उनके यक्ष गान गाये जा रहे हैं। उनके सन्दर्भ में कहा जाता है ताल्ला पाक लाली, तरिगोंड हारति (पद कविता पितामह तल्लापाक अन्नमाचार्य की लोरी और तरिगोंड वेंगमांम्बा की आरती) श्री वेंकटेश्वर को प्रिय है। इनके नाम पर तिरुमल तिरूपति पहाड़ पर मातृश्री तर्रिगोंड नित्य अन्नदान महा मण्डप है जहाँ चौबीस घण्टे अत्यन्त सफाई सहित व्यवस्थित रूप से करोड़ों रूपए खर्च करके नित्य अन्नदान लाखों लोगों को करवाते हैं। स्वादिष्ट भोजन तिरूपति भगवान के दर्शन के बाद मिलता है, यात्री भी इस कृष्ण भक्त के प्रसाद रूप में मिलनेवाले भोजन को पेट भर खाकर निकलते हैं। इस प्रकार विष्णु भक्त सन्त वेंगमांम्बा ने एक नारी होकर, सामाजिक साम्प्रदायिक प्रताड़नाओं को झेलते हुए काव्य जगत में अपने लिए एक विशिष्ट स्थान प्राप्त कर लिया। उनकी रचनाओं पर शोध अध्ययन करने का कार्य मात्र तेलुगु विद्वानों का नहीं बल्कि सम्पूर्ण भक्ति साहित्य का अध्ययन व अध्यापन करनेवाले आचार्यों के हाथ में है। अपने साहित्य के माध्यम से भक्ति का

प्रचार व प्रसार करके वेंगमांम्बा ने यह सिद्ध किया कि भगवद् प्राप्ति के लिए पूर्ण प्रेम व समर्पण भाव से पूर्ण भक्ति की आवश्यकता होती है।

भारतीय भाषाओं में अत्यन्त प्राचीन और अपनी सुदीर्घ साहित्यिक समृद्धता के कारण ख्याति प्राप्त, द्रविड़ भाषाओं में मुख्य भाषा तमिल में साहित्यिक विकास लगभग 327 ईसा पूर्व या उसके पहले माना गया था। तमिल के अत्यन्त प्राचीन संगम साहित्य में भी सन्त कवयित्रियों की कमी नहीं रही। नीति साहित्य में औवैयर नामक तीन महिला सन्तों का उल्लेख विभिन्न समय में विभिन्न रचनाओं के सन्दर्भ में मिलता है। तमिल में शैव सन्तों को 'नायनमार' कहते हैं, इनकी संख्या तिरसठ हैं और वैष्णव सन्तों को 'आलवार' कहते हैं, इनकी संख्या बारह हैं।

बारह आलवारों में एकमात्र भक्त कवयित्री *आण्डाल* हैं। ये मीरा की तरह माधुर्योपासिका हैं। यह विष्णुचित्त (पेरियाल) की तनुजा हैं। नन्दनवन में तुलसी पौधों के बीच में मिली अयोनिजा बालिका हैं जिन्हें लक्ष्मी का अवतार माना गया था। बचपन से ही पिता के द्वारा दिये गये ज्ञानोपदेश, दैवचिन्तन के कारण इनको स्वत: विष्णु भक्ति प्राप्त हुई। इन्होंने तमिलनाडु के सुप्रसिद्ध वैष्णव क्षेत्र श्रीरंगम् के भगवान शेष पर शयनित श्रीरंगनाथ (विष्णु) एवं कृष्ण में अभिन्नता स्वीकार की है। बचपन से उन्होंने विष्णु स्वरूप रंगनाथ स्वामी को अपने पति के रूप में स्वीकार करके उनसे विवाह करने का निर्णय लिया। हर रोज वह विष्णु के अवतार श्रीकृष्ण के प्रति आकृष्ट होकर उनकी महिमाएँ गाती थीं। इनका दूसरा नाम *गोदा* है। आण्डाल अपने स्वग्राम चेन्नई के पास स्थित श्री विल्लिपुत्तूर को ब्रज मानकर ख़ुद गोपी बनकर भक्ति का आस्वादन करती रही। आण्डाल की कविताओं में प्रेम पीड़िता नारी की विभिन्न भावावस्थाओं का मार्मिक चित्रण है। इन्होंने श्रीकृष्ण के प्रति नायक-नायिका भाव से भक्ति की। श्रीकृष्ण को अपने इष्टदेव एवं पति के रूप में स्वीकार करके उनके प्रति गहरा आत्मीय प्रेम प्रकट किया।

बालिका से जब युवती बनी तब तो, कृष्ण को ही अपने पति के रूप में मानकर उन्होंने अपने आपको समर्पित कर दिया। इनके सम्बन्ध में तमिलनाडु में एक प्रमुख कहानी प्रचलित है। आण्डाल प्रतिदिन विष्णु पूजा के लिए पुष्पों को गूँथकर मन्दिर जानेवाले पिताजी पेरियालवाल को मालाएँ बनाकर देती थी। वह पहले दर्पण के सामने बैठकर ख़ुद पहनकर देखती थी कि उनके साथ उनकी शोभा कृष्ण के सौन्दर्य के बराबर है या नहीं? बाद में उसे मन्दिर के लिए देती थी। एक दिन जब ये सारी बात पेरियालवार को मालूम हुईं, तो वे क्रोधित हो गये। उस दिन उन्होंने

भगवान को फूल की मालाएँ समर्पित नहीं कीं। स्वप्न में भगवान रंगनाथ ने आकर कहा कि आण्डाल की पहनी हुई मालाएँ ही उन्हें पसन्द हैं, क्योंकि वह लक्ष्मी का अवतार है। पेरियालवार ने जागकर उनके दिव्यत्व के बारे में जान लिया। तब से वे 'चूडिकोडुत्त सुडर कोडि' के नाम से प्रसिद्ध हो गयीं। अर्थात पहनकर दी गयी प्रकाश युक्त पुष्पमाला।

आण्डाल ने अपने गाँव विल्लिपुत्तूर को गोकुल मानकर, उधर रहने वाली अपनी समवयस्क स्त्रियों को गोपियाँ मानकर, श्रीरंग के मन्दिर में रहनेवाले श्रीरंगनाथ को श्रीकृष्ण मानकर अपने उद्धार के लिए 'तिरूप्पावै' (दिव्य नारी) नामक कृति की रचना की। कहा जाता है कि उन्होंने वैदिक परम्परा के अनुसार विष्णु के अवतार श्रीरंगनाथ को श्रीकृष्ण मानकर उनसे विवाह कर लिया।

इनके द्वारा रची गयी रचनाएँ दो हैं– 1. *तिरूप्पावै* 2. *नाच्चियार निरूमोलि*। इनके द्वारा रचित तिरूप्पावै एवं नाच्चियार तिरूमोलि में सौम्यता, कोमलता, लालित्य, मधुरता ज़्यादा मिलती है।

तिरूप्पावै में वर्ण्य विषय : तिरूप्पावै का शाब्दिक अर्थ है 'दिव्य नारी'। श्रीकृष्ण को पति के रूप में प्राप्त करने के लिए आण्डाल ख़ुद 'गोपी' बनकर अन्य सखियों से मिलकर कात्यायनी व्रत का पालन करने का नियम बताती है। इसमें आण्डाल श्रीकृष्ण की लीलाओं और महिमाओं का वर्णन करती है। यह तीस *पाशुरो* से पूर्ण गीतिकाव्य है जो आजकल मार्गशीर्ष महीने के तीस दिन (दिसम्बर चौदह से जनवरी चौदह तक) मनाया जाता है। लोग बड़ी भक्ति श्रद्धा के साथ हर एक दिन एक पाशुर के हिसाब से एक महीने तक पाशुर श्रीकृष्ण पर गाते हुए प्रात: उठकर उनकी पूजा करते हैं। अब भी तमिलनाडु में यह मान्यता है कि अविवाहित स्त्रियों द्वारा यह व्रत करने से उसका विवाह शीघ्र हो जायेगा और विवाहिता स्त्रियाँ करेंगी तो सदा सुहागिन बनी रहेंगी। उस पूरे महीने में घी, दूध सेवन किये बिना काजल या किसी भी प्रकार की श्रृंगारिक सामग्री के उपयोग किये बिना मात्र भगवान का नाम स्मरण करते हैं। इसमें आण्डाल कहती है–

मार्गली टिंगल मादी निरिन्द नन्नालिल नीरादा पोकुवीर
एरंदा कन्नी यसोदे इलाम सिंगम

बाह्य दृष्टि से देखने पर यह ललित राग रागिनियों से बद्ध सुललित गीत हैं लेकिन इस गीतिकाव्य में प्रतीकात्मकता ज़्यादा मिलती है। इन पाशुरों में एक गोपी दूसरी गोपी को जगाती हुई श्रीकृष्ण की पूजा करने का उपदेश देती है। सांसारिक

माया रूपी निद्रा में ग्रस्त जीव (गोपी) को जगाना इनका ध्यान है। एक गोपी दूसरी गोपी को इस प्रकार जगाती है (पाशुर-86)। *हे मूर्ख नारी। उषोदय हो गया है किच् किच् ध्वनि करनेवाले गौरैयों की अवाज तुमने सुनी नहीं, ध्यान से सुनो कि नारायण ने श्रीकृष्ण के रूप में अवतार लिया है उसके गुणगान सुनकर भी तुम सोती रही, शोभा देनेवाली जागो। दरवाजा खोलो।* आण्डाल स्त्री होने के नाते उनके स्वभाव जन्य कोमलता, सरसता तिरूप्पावै में मिलती है। तिरूप्पावै के अन्तर्गत नामस्मरण की महिमा (तिरूप्पावै पृष्ठ-87) दास्यभक्ति (पृ.-88) और माधुर्य भक्ति मिलती है। यह रचना पूर्ण रूप से माधुर्य भक्ति से युक्त है। इस रचना में मूल भाव माधुर्य है। आंशिक रूप से दास्य भक्ति भी मिलती है। नायिका-नायक के शृंगार का वर्णन, संघकालीन साहित्य में चित्रित नाप्पिन्ने (एक गोपी जो राधा की तरह) वर्णन मिलता है। उनको श्रीकृष्ण की प्रेयसी मानते हुए उनके साथ शयनागार में होने वाली शृंगारिक चेष्टाओं का मार्मिक वर्णन भी आण्डाल ने इसमें किया है। (तिरूप्पावै-89 पृष्ठ) इस रचना के माध्यम से आण्डाल अपने नायक श्रीकृष्ण से मिलने की तीव्र उत्कण्ठा अभिलाषा प्रकट करती हुई उनकी ओर समर्पण भावना के साथ निष्काम होकर भगवद-ध्यान में मग्न हो जाती है। वैष्णव साहित्य के लिए यह एक अमर निधि है।

नच्चियार तिरूमोलि में वर्ण्य विषय : आण्डाल अपने उद्धार करने में देर करने वाले श्रीकृष्ण से मिलने के लिए तीव्र उत्कण्ठा के साथ कामदेव की पूजा करती है। कामदेव बिछुड़े हुए प्रेमियों को मिलाने में चतुर है। माधुर्यभक्ति शाखा के सभी कवि इसके साधक हैं। आण्डाल माधुर्योपासिका होने के नाते कामदेव की श्रद्धा से पूजा करके उनसे अपने को श्रीकृष्ण से मिलाने की प्रार्थना करती है। *वारणं मायिरम* गीत के माध्यम से वह सपने में ब्याह रचाती है। इस रचना की प्रमुख विशेषता यह है कि कवयित्री ने तमिलनाडु में प्रचलित पारम्परिक प्रादेशिक, प्रान्तीय पद्धतियों का पालन किया है। उद्धार के लिए आण्डाल इस प्रकार कहती है– *हे कामदेव! सफेद चावल को पीसकर उससे मैंने सम्पूर्ण मार्ग रंगोली से सजाया है। प्रात: काल ही उठकर, नहा-धोकर, चींटें-काँटे रहित छोटी लकड़ियों को (समिधो) आग में डालकर तुम्हारा व्रत शुरू किया। मधु से पूर्ण फूलों रूपी तीरों को तुम्हारे धनुष पर चढ़ाओ। (नाच्चियार तिरूमोली, पृ. 90) सागर जैसे नीलवर्णवाले (श्रीकृष्ण) का नाम एक तीर पर लिखकर मुझ पर चढ़ाओ जिससे बकासुर का वध करनेवाले श्रीकृष्ण की ओर मैं आकृष्ट हो जाऊँगी।* इस रचना के अन्तर्गत चीर हरण

लीला का प्रसंग भी आता है। इस रचना में शृंगार के दोनों पक्ष (संयोग और वियोग) देखने को मिलते है। आण्डाल अपने पति श्रीकृष्ण से मिलन का अनुभव करते हुए अपने सपने को साकार करने की प्रार्थना मन्मथ से करती है।

इन रचनाओं का सूक्ष्म अध्ययन करने के बाद इस निष्कर्ष पर पहुँच सकते हैं कि आण्डाल की रचनाओं में लोक कल्याण की भावनाएँ कूट-कूट कर भरी हैं। तिरूप्पावै में वह श्रीकृष्ण से प्रति माह तीन वर्षा बरसाने की, धरती को शस्य श्यामल रखने की, सभी के दिल में सद्भावनाएँ जगाने की प्रार्थना करती हैं। इतना ही नहीं तीसवें दिन के पाशुर में वह यह कामना व्यक्त करती हैं– *हे भगवान! कृष्ण! हमने लगातार तीस दिन तुम्हारे गुणगान करते हुए व्रत किया, उसका प्रतिफल हमें नहीं चाहिए। अगर आप कुछ देना चाहते हो तो ऐसा वर दो कि हम आने वाले सात-सात जन्मों में बस तेरा गुणगान सेवा कैंकर्य, भक्ति करते जीवन बिताएँ!* यही उनकी निष्काम भक्ति का उदाहरण है। तमिल में आण्डाल का शाब्दिक अर्थ है– *शासन करनेवाली*। आण्डाल ने सचमुच अपने आराध्य पर माधुर्य भक्ति के माध्यम से शासन ही कर लिया। उनके साहित्य में विरहानुभूति की तीव्रता, भक्ति की उत्कृष्टता यथेष्टता यथेष्ट रूप में मिलती है। इस प्रकार बारह वैष्णव सन्तों में से एकमात्र स्त्री अपनी अनन्य भक्ति एवं समर्पण भाव, ललित रागिनियों से युक्त मधुर गीतों के कारण प्रसिद्धि प्राप्त करके आज तक तमिलवालों में खासकर वैष्णव लोगों के वैवाहिक संस्कार में *वारणं मायिरम* गीत के माध्यम से चिरस्मरणीय बन गयी। वैष्णव लोग आज भी विवाह में वधु को आण्डाल जैसे सजाकर *वारणं मायिरम* गाते हुए विवाह सम्पन्न करते हैं। इस प्रकार दक्षिण भारत में वेंगमांम्बा एवं सन्त आण्डाल का साहित्य एक कालजयी, अमर साहित्य बन गया।

सहायक ग्रन्थ

1. श्रीमद् स्वामी, चिद्भावनन्द, भक्तियोगविलक्कम्
2. अय्यर डॉ. वीयुस्वामिनाथ, तमिल इलक्कियवरलारु
3. स्वामी, एनराम, अय्यंगार, नाच्चियारतिरूमोलि, तिरूप्पावै
4. स्वामी, के. वरदाचार्य, नालायिरदिव्यप्रबन्धम्
5. स्वामी, के. वरदाचार्य, नालराय दिव्य प्रबन्धम (तृतीय, चतुर्थ भाग)
6. अय्यर, डॉ. बीयुस्वामीनाथ, तमिल इलैक्कियमुम्वरलारुम
7. डॉ. जयद्रक्षकन्, नालायिर दिव्य प्रबन्धम(मूलमुम्उरैयुम)
8. भक्त सिद्धान्त, श्री देवीमंजू प्रकाशन, 405 चौपटिया रोड, लखनऊ

9. डॉ. मलिकमोहम्मद, अलवर भक्तों का तमिल प्रबन्धम्, विनोद पुस्तक मन्दिर, आगरा
10. आचार्य श्यामसुन्दर, श्री श्री विष्णु पुराण भाषा (सचित्र) मूल श्लोक हिन्दी अनुवाद सहित
11. कृष्णमूर्ति, डॉ. के. जे., तरिगोंडवैगमांबाकुतुल - सविमर्शनात्मकपरिशीलनमु
12. कृष्णमूर्ति, डॉ. के. जे., जलक्रीड़ाविलासमु -वेंगमांम्बा.
13. तरिगोंडवैगमांबा, श्रीकृष्णमंजरी
14. राव, रजनीकान्त बालांपत्रपुर, आन्ध्रप्रदेश वागगेकारचरित्रमु
15. कार्लपाटि, श्रीराममूर्ति आचार्य, तेलुगु साहित्य चरित्र
16. मूर्ति, डांवेटूरी आनन्द, वैष्णावान्ध्र वाग्मंयमु

भक्तिकाल का स्त्री स्वर : लल्लेश्वरी देवी, अक्का महादेवी और मीराबाई

डॉ. संध्या कुमारी सिंह

किसी भी समाज, भाषा और साहित्य की प्रगतिशीलता और आधुनिकता इस बात से तय होती है कि उस साहित्य में स्त्री-समाज की भागीदारी कैसी है ? उसमें स्त्री प्रश्नों को किस तरीके से उठाया गया है और उसमें स्त्री समाज ख़ुद को किस तरीके से रिप्रेजेंट कर रहा है। दरअसल स्त्री-लेखन किसी समाज को देखने और समझने का बैरोमीटर है स्त्री का लिखना स्त्री प्रश्नों को एक ठोस ज़मीन देता है और उसकी आयीडेंटिटी को एक स्वायत्त प्रश्न के रूप में देखे जाने की माँग करता है। स्त्री की आयीडेंटिटी के प्रश्न केवल स्त्री के प्रश्न नहीं हैं अपितु सामाजिक प्रश्न हैं और जब भी किसी भाषा की साहित्यिकता और सामाजिकता पर बात होगी, स्त्री प्रश्नों को केन्द्र में रखना ही पड़ेगा।

भक्तिकाल जन सांस्कृतिक और सामाजिक आन्दोलन का काल रहा है। देशज जन के संघर्ष की चेतना से यह काल अभिपूरित रहा है। यह एक ऐसा कालखण्ड है जहाँ काव्य रचकर, वाणी सुनाकर, पद-भजन गाकर समाज की सामाजिक व सांस्कृतिक बनावट को दुरुस्त किया जा रहा है। सामाजिक ताने-बाने पर इस काल में सबसे ज़्यादा प्रश्न उठाये गये हैं। प्रश्न केवल प्रश्न के लिए नहीं उठाये गये हैं बल्कि मनुष्य समाज को और बेहतर करने के लिए और ज़्यादा मानवीय होने के लिए पूछे गये हैं। सामन्ती व्यवस्था की चूलों को हिलाती इस काल की कविता विराट मानवीय प्रश्नों को अपने सृजन की ज़मीन बनाती है। धर्म और राजनीति की

एसोसिएट प्रोफेसर, हिन्दी विभाग, लेडी ब्रेबोर्न कॉलेज, कोलकाता

सत्ता को चुनौती देती हुई इस काल की कविता वृहद् मानवीय सरोकारों को अपनी चिन्ता में शामिल करती है। निःसन्देह भक्तिकाल अपनी भाव चेतना में आधुनिक और मानवीय है। पर इस भाव चेतना में गहराई से डुबकी लगाने पर यह सत्य भी सामने आता है कि यह कालखण्ड और इसका साहित्य 'स्त्री' को लेकर उतना आधुनिक और मानवीय नहीं है। इसको देखते हुए यह सवाल उठाना स्वाभाविक और रोचक है कि भक्तिकाल के इस सांस्कृतिक और सामाजिक आन्दोलन में स्त्री समाज कहाँ खड़ा है? इस काल की कविता स्त्री प्रश्नों को कैसे डील करती है, स्त्री के लिए उसका दृष्टिकोण क्या है? स्त्री समाज स्वयं के लिए किस तरीके की ज़मीन तैयार कर रहा था? ये तमाम सवाल उस भक्तिकाल से हैं जो मानव मुक्ति का अलख जगाता है पर 'स्त्री' की मुक्ति के तमाम रास्ते बन्द कर देता है। जबकि सत्य यह है कि स्त्री मुक्ति मानव मुक्ति का उत्स है।

अब तक हुए अनुसन्धानों से यह बात पुष्ट हो गयी है कि भक्तिकाल का अपना एक 'स्त्री' स्वर भी है यानी स्त्री भक्त कवयित्रियों ने पुरुष भक्त कवियों के समानान्तर लिखा है और बतौर महत्त्वपूर्ण लिखा है। यह बात और है कि अब तक वे प्रायः उपेक्षिता ही रही हैं। उनके लिखे हुए को, जो महत्त्व मिलना चाहिए था वह आज तक नहीं मिला है। हिन्दी भाषा का अब तक जो इतिहास लिखा गया है और जो उपलब्ध हुआ है वहाँ भक्त कवियों के योगदान की तो चर्चा है पर स्त्री भक्त कवयित्रियाँ अपनी उपस्थिति दर्ज नहीं करा पायी हैं। मीराबाई को छोड़कर अन्य किसी भक्त कवयित्री की बात नहीं होती है जबकि ऐतिहासिक तथ्य यह प्रमाण दे चुके हैं कि भारतवर्ष की विविध भाषाओं में अनेक स्त्री भक्तों ने अपनी वाणी, अपनी कविताओं के माध्यम से सुनाई है। भारत की भूमि स्त्री भक्तों और सन्तों से समृद्ध रही है। भक्तिकाल में यह लीक और मजबूत हुई है। भक्तिकाल में एक लम्बी परम्परा है 'स्त्री-स्वर' की, स्त्री-लेखन की–आण्डाल, अक्का महादेवी, महालक्ष्मी, रंगाजम्मा, माधवीदासी, उमा, पार्वती, मुक्ताबाई, झीमा चारिणी, पद्मावती, सुरसुरी, रत्नावली, ताज, दयाबाई, सहजोबाई, गंगाबाई आदि। लगभग दो सौ से ऊपर स्त्री भक्तों ने अपनी कविताओं के द्वारा अपनी आयीडेंटिटी को रखा है और इस आयीडेंटिटी में केवल स्त्रियाँ नहीं आयी हैं बल्कि स्त्री के साथ उस समय का पूरा का पूरा समाज अपने तमाम अन्तर्विरोधों के साथ आया है। इनकी वाणी से उस समय के समाज को समझने का एक पैमाना मिलता है, एक दृष्टि मिलती है। मध्यकाल का यह एक ऐसा समाज था जहाँ स्त्रियों के लिए अनेक दरवाजे बन्द थे।

स्त्रियों के सामाजिक खुलेपन पर पाबन्दी थी। सामाजिक बराबरी स्त्रियों को उपलब्ध नहीं थी। स्त्रियाँ या तो माया थीं या केवल कामिनी। या तो उनकी निन्दा की जा सकती थी या पूजा। स्त्रियों को मानवीय सत्ता से बेदखल करने का यह समय था। ऐसे समय में स्त्री–समाज का लिखना बेहद जरूरी हो जाता है। स्त्री का लिखना प्रकारान्तर से पितृसत्ता को चुनौती देना है। असल में पितृ सत्ताएँ गैर बराबरी और शोषण का केन्द्र रही हैं।

भक्तिकाल का स्त्री लेखन पितृसत्ता से संघर्ष और मुक्ति का उद्बोधन है। भक्तिकाल में स्त्री-स्वर और सुर के तीन प्रखर स्तम्भ दिखाई देते हैं– कश्मीरी की आदि कवयित्री ललेश्वरी, कर्नाटक की कवयित्री अक्क महादेवी और हिन्दी की कवयित्री मीराबाई। इन तीनों ने अपने समय और समाज को अपनी बात सुनने के लिए बाध्य किया है। इन्होंने अपनी वाणी के द्वारा जड़ हो चुकी पितृसत्ता को चुनौती दी, उसके साँचों में ढलने से इंकार किया और आने वाली नयी पीढ़ी के लिए राहें दिखायीं। भक्ति के क्षेत्र में पुरुष वर्चस्व तथा उनके एकाधिकार को चुनौती दी तथा भक्ति और काव्य में स्त्री भागीदारी को सुनिश्चित किया। यह अपने आप में बहुत बड़ी बात थी। भक्तिकाल में स्त्री की लेखकीय और भक्ति की भागीदारी किसी एक भाषा या प्रान्त में नहीं दिखती बल्कि भारत की तमाम भाषाओं, बोलियों और प्रान्तों में दिखती है। यह दीगर है कि स्त्रियाँ लिख तो रही थीं पर उनके लिखे को इतिहास के पन्नों में जगह नहीं दी गयी। यहाँ भी पितृसत्ता की एक चाल थी कि स्त्री के लिखे हुए को इग्नोर किया जाये। उनके लिखे हुए पर बात न की जाये। पर यह भी दीगर है कि स्त्री के लिखे हुए को छोड़कर कोई बड़ी लकीर खींची नहीं जा सकती है।

कश्मीरी भाषा की आदि कवयित्री ललद्दद या ललेश्वरी स्त्री-चेतना और स्त्री-ज्ञान की मिसाल हैं। उन्होंने अपने दार्शनिक चिन्तन से पूरी दुनिया को अचम्भित कर दिया था। वे एक उच्च कोटि की भक्त और कवयित्री थीं। अपने दार्शनिक चिन्तन को, अपने ज्ञान और भक्ति की सरस अभिव्यक्तियों को उन्होंने सहज होकर अभिव्यक्त किया। उनकी वाणी 'वाख' के नाम से जानी जाती है। उनके वाख गाये जाने वाले पद हैं। अब तक उनके लगभग डेढ़ सौ वाख सामने आये हैं। इन्होंने छन्दमुक्त शैली में अपने वाख लिखे हैं। इनमें जीवन दर्शन की गहन मीमांसा मिलती है। दर्शन के गूढ़ प्रश्नों को ललद्दद इतनी सहज ढंग से सुलझाती हैं कि आश्चर्य होता है कि किताबी ज्ञान से दूर होने के बावजूद दर्शन और भक्ति की इतनी गहरी और सुलझी हुई समझ ललद्दद को कैसे आयी। इनकी कविताओं पर शैव, वेदान्त

और सूफ़ी दर्शन की छाप देखने को मिलती है। घर की देहरी से निकलकर निराकार शिवत्व की यात्रा तक में उन्होंने जो कहा वे महज दिव्य वाणी नहीं है बल्कि उसमें उनका गहरा सामाजिक बोध और सांस्कृतिक चिन्तन भी है। उनकी वाणी में जो ओज है, जो तेज़ है, जो खरापन है, वह अतुलनीय है। भक्ति, दर्शन और काव्य का सुन्दर मणिकांचन योग दिखलाई पड़ता है उनके वाख में। उन्होंने जो कहा अपने जीवन के अनुभवों के आधार पर कहा और जो कहा, उसमें जीवन था, जीवन जीने का मन्त्र था और उनका कहना उस समाज से कहना था जो ढोंग और आडम्बरों से बजबजा उठा था। ऐसा समाज जो 14वीं सदी के मुहाने पर खड़ा था और 'धर्म' की बात तो बहुत करता था पर 'धर्म' का मर्म नहीं समझ पाया था। 'धर्म' उसके लिए शोषण और पाखण्ड का सबसे बड़ा हथियार था। ऐसे समाज में जहाँ भेदभाव समाज की मूल संरचना में था, जाति, कुल, वर्ण, लिंग के आधार पर गैर बराबरी खूब फल-फूल रही थी, ऐसे समाज में ललद्दद भक्ति की अलख जगाते हुए समाज को चेताती हैं और भक्ति व योग साधना में उच्च शिखर पर जा पहुँचती हैं।

कश्मीर की आदि कवयित्री ललेश्वरी को कश्मीर में 'द्वितीय राबिया' के नाम से भी जाना जाता है। 14वीं शताब्दी में जन्मी भक्त ललेश्वरी प्रसिद्ध सूफ़ी सन्त सय्यद अली हमदानी की समकालीन थीं। कहा जाता है कि बचपन से ही उनका मन दुनियावी बन्धनों के प्रति विद्रोही रहा। घर-परिवार की कोई दिलचस्पी उनके लिए आकर्षण का केन्द्र न बन सकी। धर्म, दर्शन, ज्ञान और योग में उनका मन रमता था। कहा जाता है कि घर-परिवार की देहरी लाँघकर वे वन-वन अन्तर्ज्ञान का रहस्य पाने के लिए भ्रमण करने लगीं। यहाँ तक कि उन्होंने वस्त्रों का भी त्याग कर दिया। "नाचती, गाती तथा आनन्दमग्न होकर विवस्त्र घूमती रहती। पुरुष उन्हीं को मानती जो भगवान से डरते हों और ऐसे पुरुष उनके अनुसार इस संसार में बहुत कम थे। शेष के सामने नग्नावस्था में फिर घूमने-फिरने में शर्म कैसी? एक दिन ललद्दद को प्रसिद्ध सूफ़ी सन्त मीर सैयद हमदानी सामने से आते दिखाई पड़े। उसने एकदम अपनी देह को आवृत करने का प्रयास किया। निकट पहुँचकर सन्त हमदानी ने पूछा—हे देवि, तुमने अपनी देह की यह क्या हालत बना रखी है? तुम्हें नहीं मालूम कि तुम नंगी हो। ललद्दद ने सकुचाते हुए उत्तर दिया—हे ख़ुदा दोस्त, अब तक मेरे पास से केवल औरतें गुजरती रहीं, उनमें से कोई पुरुष अथवा आँख वाला नहीं था।"[1] अपनी देह के प्रति यह निराकार दृष्टि कवयित्री ललद्दद की विराट चेतना को दर्शाती है। स्त्री को देह से अलग करके देखने की भी माँग करती है।

ललद्दद अपनी भक्ति से परिपूर्ण वाख में आत्मचेतना को सर्वोपरि मानती हैं। आत्मज्ञान के बिना उस परम चेतना से मिला नहीं जा सकता और यह ज्ञान परम गुरु के अलावा और कौन दे सकता है। वे चेतना के उस स्तर पर पहुँच चुकी थीं जहाँ पंच भौतिक काया की कोई माया नहीं रह जाती। ललद्दद कहती हैं– ***'शिव पनुन येलि अनुग्रह करयम, लुकहुन्द हेड्डुन मे करयम क्याह।।'***[2] जब मेरे शिव का मुझ पर अनुग्रह है तो लोगों के भला-बुरा कहने से क्या होता है? यह समाज को आयीना दिखाना है। समाज की आलोचना की परवाह न करना ललद्दद की स्त्री-चेतना को धार देता है। ललद्दद बेपरवाह और अध्यात्म की मस्ती में धूनी रमानेवाली फक्कड़ सन्त थीं।

ललद्दद ने धर्म के नाम पर समाज में जो पाखण्ड थे उनका खुलकर साहस के साथ खण्डन किया है। कबीर की तरह वे सामाजिक पाखण्डों की धज्जियाँ उड़ा देती हैं और मानव जीवन को आडम्बर विहीन बनाने की बात कहती हैं। वे बहुत ही अचूक शैली में चोट करती हैं सामाजिक व्यवहार में कथनी और करनी के भेद पर– 'अविचारी हा मालि छिय पोथ्यन परान, यिथु तोतु परान राम पंजरस। गीता परान हत्या लबान, परुम गीता तु परान छस।।' अविचारी पोथियाँ ऐसे पढ़ते हैं जैसे तोता पिंजरे में राम-राम रटता है। ऐसे व्यक्ति गीता पढ़ते हैं तो केवल दिखावे के लिए। मैंने सचमुच गीता पढ़ी है तथा उसे पढ़ रही हूँ।[3]

ललद्दद बार-बार अपने-आपको पहचनने पर बल देती हैं। यह स्त्री-मुक्ति से जुड़ा हुआ सवाल है। स्त्री की मुक्ति उसकी ख़ुद की पहचान से जुड़ी है। अपने आपको तौलना समाज को जानने की पहली सीढ़ी है। अपने आपको जानने का अर्थ अपनी अनुभूतियों को महत्त्व देना है। मध्यकाल में जब स्त्री समाज को घर की लक्ष्मण-रेखा में बाँध दिया गया तो उसे अपने आपको जानने के लिए अपनी अनुभूतियों से बेहतर कोई विकल्प नहीं था। अपने अनुभव से प्रामाणिक कोई ज्ञान नहीं– कबीर बार-बार यही तो कहते रहे और ललद्दद भी यही कहती हैं। ऐसा नहीं है कि ललद्दद के पास केवल 'स्व' है बल्कि उनका 'स्व' समाज को लेकर है। उनके 'स्व' के प्रश्न सामाजिक प्रश्न भी हैं। वे भक्ति को केवल अपनी मुक्ति का माध्यम नहीं मानतीं बल्कि भक्ति को सामाजिक चेतना से जोड़कर व्यापक लोकहित की बात करती हैं। उनकी भक्ति में शिव प्रेम मुख्य है और उस प्रेम की अभिव्यक्ति कभी दर्शनशास्त्र से करती हैं तो कभी सहज भाव से उस प्रेम का अकुंठ भाव से वर्णन करती हैं।

स्त्री-देह का सवाल स्त्री मुक्ति के सवाल से जुड़ा हुआ है और यह सवाल इन भक्त कवयित्रियों के पास है। ललद्दद के पास भी स्त्री-देह को लेकर एक दृष्टि है। देह के प्रति उनकी एक निराकार सोच है। वे देह से परे हो जाती हैं। पितृ सत्तात्मक समाज स्त्री को देह से इतर देख नहीं पाता है और ऐसे समाज में ललद्दद ही नहीं बल्कि अक्क महादेवी भी देह को स्त्री के एकमात्र परिचय से मुक्त कर देती हैं। वे देह को सामाजिक वस्तु बनाने से इंकार कर देती हैं। स्त्री की देह पर सबसे पहला अधिकार ख़ुद स्त्री का है। यह बात ललद्दद और अक्क महादेवी ख़ुद को विवस्त्र करके बताती हैं।

सामन्तवाद ने स्त्रियों के लिए 'घर' को एक दायरा के रूप में विकसित किया था। घर-परिवार स्त्रियों की जिम्मेदारी है। भक्तिकाल में स्त्री सन्त अपने लिए घर से बाहर की दुनिया में भी अपने लिए स्पेस की माँग करती हैं। ललद्दद घर का परित्याग करती हैं, भौतिक सुखों को छोड़कर अध्यात्म की राह चुनती हैं। वे भक्ति में निर्वस्त्र हो जाती हैं। बड़े साहस के साथ समाज के डर को दरकिनार करके अपने लिए भक्ति की राह चुनती हैं। अपने जीवन का निर्णय स्वयं लेकर ललद्दद स्त्री–चेतना की सुन्दर मिसाल बनती हैं। ये सन्त कवयित्रियाँ अपने जीवन और अपने निर्णयों से समाज को यह बताती हैं कि अध्यात्म के लिए केवल पुरुष ही गृह त्याग नहीं कर सकते बल्कि स्त्रियाँ भी गृह त्याग सकती हैं।

भक्तिकाल का दूसरा स्त्री-स्वर कर्नाटक की सन्त अक्क महादेवी के रूप में देखा जा सकता है। बारहवीं सदी के तीसरे दशक में जन्मी महादेवी परम शिव भक्त थीं और भक्ति की एक ऐसी परम्परा रख गयीं जो पितृसत्ता की नींव हिला चुका था। इतिहास बताता है कि अक्क को सुन्दरता और भक्ति दोनों का आशीर्वाद मिला था। एक परम सौन्दर्यवान स्त्री के लिए भक्ति का रास्ता कितना चुनौती भरा हो सकता है, यह अक्क का जीवन-वृत्त पढ़ने से पता चल जाता है। इनके सौन्दर्य पर मुग्ध होकर स्थानीय जैन राजा कौशिक ने इनके सामने विवाह का प्रस्ताव रखा था। अक्क के माता-पिता विवश होकर अपनी बेटी का विवाह राजा से करने के लिए तैयार हो गये क्योंकि राजा का क्रोध झेलने का सामाजिक सामर्थ्य उनके पास नहीं था। अक्क विवाह के लिए कुछेक शर्त रखती हैं–उनकी स्वतन्त्रता में राजा कभी बाधक न बने, उनके पूजा-पाठ में किसी प्रकार का कोई विघ्न न पड़े यानी भक्ति का अधिकार, कहीं भी आने-जाने का अधिकार। अक्क के सौन्दर्य पर मोहित हुआ राजा सारी शर्तें मान लेता है पर निर्वाह नहीं कर पाता है। स्त्री पर एकाधिकार रखने की इच्छा

ही तो विवाह प्रथा के मूल में कार्य करती है। स्त्री को स्पेस देना या उसे स्वतन्त्रता देना पितृसत्तात्मक समाज को आया ही नहीं है। विवाह के बाद राजा अक्कदेवी पर अपना अधिकार जताने लगा। परन्तु अक्क महादेवी जिस भक्ति के पथ पर अग्रसर थीं वह सांसारिक जीवन में रहकर सम्भव नहीं था। शिव को अपना सबकुछ मानने वाली अक्क से राजा कौशिक को जब दाम्पत्य सुख नहीं मिला तो उसने राजसभा में अक्क को खड़ा कर दिया। अक्क महादेवी ने राजा का परित्याग कर दिया और राजा के साथ-साथ उसके वस्त्र आभूषण भी उतार फेंके। अक्क के लिए तो शिव ही उसके पति थे। शिव को 'चेन्नमल्लिकार्जुन' कहकर अक्क ने अपने आपको शिवत्व में तल्लीन कर दिया। शिव के आत्मिक प्रेम और भक्ति में गृह का परित्याग किया और अपने देह को अपनी लम्बे केशों से अधिवेषित कर चल पड़ीं एक नयी राह पर। परन्तु यह राह सरल नहीं थी। सहज भी नहीं थी। यह यात्रा आध्यत्मिक यात्रा थी, स्व को खोजने की यात्रा पर एक स्त्री के लिए मध्यकालीन समय में यह कितनी कठिन रही होगी इसका सहज ही अन्दाज़ा लगाया जा सकता है। यह यात्रा अकल्पनीय दुर्निवारों से भरी थी। गगन गिल कहती हैं– "महादेवी ने अपनी सुन्दरता का वध स्वयं किया, भक्ति में देह का अतिक्रमण, उन्होंने पंच तत्त्वों के खेल को समझा, साकार से प्रेम किया और निराकार में लीन हुईं। पूर्ण तत्त्व को उन्होंने पा लिया था, साध लिया था।"[4]

इस साधना में निर्वस्त्र अक्क महादेवी देह का अतिक्रमण कर चुकी थीं। ईश्वर से मिलन में वस्त्रों की क्या भूमिका – कहती रहीं उस समाज से जहाँ मन न रँगाये, रँगाये जोगी कपरा, जहाँ अध्यात्म के लिए भी चोले और रंग तय थे वहाँ महादेवी का निर्वस्त्र हो जाना कितना चुनौतीपूर्ण है यह सोचने वाली बात है। वे कहती हैं– "एक बार प्रभु को जान लेने के बाद / किसे परवाह है / कुत्ते खाते हैं इस देह को/ या गलती है यह पानी में।"[5]

अपने लघु जीवन में वे लगातार यात्रा करती रहीं। उनकी यात्रा शिव को पाने की यात्रा थी और इस पाने में ख़ुद को पा लेना था। भक्ति में भक्तिधारा की तरह अजस्र प्रवाहित होते हुए वे उस समय के सन्त अल्लामा प्रभु और बासवन्ना से मिलीं और वहाँ के अनुभव-मण्डप की गोष्ठी में अपने विचार रखे। यह वह समय था जब स्त्रियाँ घर की चौहद्दी में क़ैद थीं उस समय अक्क महादेवी अध्यात्म और भक्ति की गूढ़ पहेलियों को अपनी वाणी से खोल रही थीं। ज्ञान की पिपासा में भटकती एक ऐसी स्त्री सन्त के रूप में अक्क दिखलाई पड़ती हैं जिनके पास पीड़ा और वेदना

का एक अथाह सागर है, बहुविध प्रश्न हैं, भाव हैं, प्रेम है, मुक्ति की आकांक्षा है, राग है, गहरा वैराग्य है, निराकार से मिलने की अदम्य कामना है। शिव को पाना है पर इस पाने की राह में समाज से सवाल है स्त्री को लेकर, देह को लेकर, प्रेम को लेकर। इस वैरागन में जीवनबोध है, एक स्त्री की पुकार है, एक स्त्री का संघर्ष है, एक स्त्री की चेतना है और एक स्त्री की इयत्ता।

अक्क की वाणी कन्नड़ साहित्य ही नहीं अपितु भारतीय साहित्य की अमूल्य निधि है। इनकी कविताएँ भक्ति, प्रेम और दर्शन से संगुम्फित गहरी सामाजिक चेतना से परिपूरित हैं। इनके विचारों को पढ़ते हुए आश्चर्य होता है कि 12वीं सदी में अक्क कितने साहस के साथ अपने समाज और उसकी सोच के साथ लोहा ले रही थीं। शास्त्रीय परम्पराओं को ख़ारिज करके स्त्री के लिए स्वतन्त्र चित्त का निर्माण करना चाह रही थीं। यह करना कोई आसान काम नहीं था और खासकर एक स्त्री के लिए। लैंगिक असमानता के विरुद्ध अक्क महादेवी एक मिसाल बन जाती हैं। पारम्परिक स्त्री की छवियों को तोड़ती अक्क अपने वचनों में समाज से सीधे संवाद करती हैं। इस संवाद में सामाजिक प्रतिबन्धों से उनके संघर्ष का स्वर साफ़ सुनाई पड़ता है।

अक्क महादेवी के यहाँ भी अपनी स्वानुभूति की बात है। डंके की चोट पर वे अपने प्रेम की उद्घोषणा करती हैं। जिस समाज में स्त्री को प्रेम करने का अधिकार प्राप्त नहीं था, अपना जीवनसाथी चुनने का अधिकार नहीं मिला था, उस समाज में अक्क महादेवी अपने प्रेम की खुलेआम उद्घोषणा करती हैं–"ओ मल्लिकार्जुन, जब से पनपा / तुम्हारा प्रेम, भूल गयी मैं / भूख, नींद और प्यास.... / मल्लिकार्जुन के प्रेम में /घूम आयी मैं/ कैसे कैसे जगत..../एक नहीं, दो नहीं, न तीन या चार / चौरासी लाख योनियों में से आयी हूँ मैं/ निकल कर आयी हूँ /असम्भव संसारों में से / कभी आनन्द पिया, कभी पीड़ा....घर में पति / बाहर प्रेमी / मुझसे नहीं निभते दोनों ये संसार/ और दूसरा संसार / मुझ से नहीं निभते दोनों....।"[6] यहाँ एक स्वीकारोक्ति है। उस सामन्तवादी समाज में परकीय प्रेम को स्वीकारना एक स्त्री के लिए निःसन्देह काफ़ी चुनौतीपूर्ण था। अक्क महादेवी मीरा की तरह ही अपने विवाहित पुरुष से इतर एक अन्य पुरुष से अपनी आत्मा का सम्बन्ध जोड़ती हैं। यह एक ऐसा प्रतिकार है स्त्री भक्तों का कि जो पुंसवाद की हवा निकाल देता है। जो पुंसवाद स्त्रियों के लिए प्रेम और विवाह के साँचे बनाता आया था वहाँ ये स्त्रियाँ घर-परिवार, पति-विवाह को ख़ारिज करते हुए, उनको अस्वीकार करते हुए, उनसे परे निकलते हुए अपने लिए अपना आसमान चुनती हैं। लोक को छोड़कर परलोक

से अपने लिए एक प्रेम का आधार चुनती हैं। आखिरकार घर-परिवार से सतायी गयी ये स्त्रियाँ अपने लिए एक ज़मीन तो पुख्ता तैयार करेंगी ही।

स्त्री-देह को लेकर समाज की जो रीडिंग्स है अक्क उसे अच्छी तरह जानती हैं क्योंकि वे स्वयं भुक्तभोगी हैं। स्त्री-देह पर जो हिंसात्मक हमले होते हैं अक्क उसकी शिकार रही हैं। वे लिखती हैं –"ओ भाइयों, क्यों कसते हो बोल / बाल बिखेरे / मुरझाये मुखड़े / सूखी देह लिये /इस स्त्री पर ?/ ओ पिताओं / क्यों सताते हो इस स्त्री को?/ उसके अंगों में नहीं प्राण / छोड़ दिया उसने यह संसार / त्याग दी इच्छा / हो गयी वह भक्तिन / वह सोयी थी मल्लिकार्जुन के संग / और अपनी जात गँवा बैठी है / ?"[7] गृह त्यागी स्त्री को पितृ सत्ताएँ आख़िरकार हिंसा के अलावा क्या दे सकती हैं। जब पुरुष गृह त्याग करता है तो वह बुद्ध बनता है और जब स्त्री गृह त्याग करती है तो वह कुलटा बन जाती है। समाज ऐसी स्त्रियों पर पत्थर उठा लेता है। अक्क को वह समाज छोड़ कैसे देता?

भक्तिकाल ज्ञान पिपासा का काल भी रहा है। ज्ञान और दर्शन की परम्परा पर पुरुषों का एकाधिकार रहा था पर इस परम्परा को चुनौती देती कई स्त्री सन्त सामने आयीं जिनमें मीरा का स्थान अन्यतम है। मीराबाई एक ऐसा नाम है जो स्त्री-भक्ति की और स्त्री-चिन्तन की कई नयी परम्पराओं का सूत्रपात भी करता है। भक्तिकाल की सामन्त विरोधी चेतना का सबसे प्रखर स्त्री-स्वर मीराबाई में सुनाई पड़ता है। राजघराने से निकलकर एक स्त्री अपने लिए भक्ति और मुक्ति का अधिकार माँगती है। मीराबाई पितृसत्ता के साँचे में ढली स्त्री नहीं हैं। वे उस साँचे को तोड़ती हैं जिसमें स्त्री को घर-परिवार, कुल की मर्यादा और प्रतिष्ठा से बाँध दिया जाता है। पितृसत्ताएँ स्त्री को घर की नाक बनाकर उससे उसका मानवीय होने का अधिकार छीनती रही हैं। मीरा अपनी मानवी इयत्ता की पहचान चाहती हैं। और जब एक स्त्री अपने लिए स्पेस तलाशने लगे तो परिवार, लोकलाज, कुल-मर्यादा का बोझ उस पर लाद दिया जाता है। मीरा इस बोझ को नहीं उठाती हैं। वे ज्ञानपिपासु स्त्री हैं। उन्होंने पोथियाँ पढ़ी हैं और पढ़े हुए को गुनना भी चाहती हैं। घर से निकलकर बाहर की दुनिया को देखना चाहती हैं। मध्यकालीन राजसी परिवार की स्त्रियों की नियति से मुक्त होना चाहती हैं। घरेलू हिंसा से मुक्त होने की राह तलाशना चाहती हैं। और जैसा कि हम जानते हैं कि मुक्ति का रास्ता स्वाभिमान और साहस से खुलता है। मुक्ति का रास्ता खोजने वाली स्त्रियों के लिए समाज के पास भर्त्सना और गालियों के अलावा कुछ नहीं रह जाता। मीरा बेखबर और मुखर होकर कहती हैं– "मोहे या बदनामी लागै मीठी...मैं चाल चलूंगी अनूठी।"[8]

मीरा का समूचा काव्य सामन्ती समाज द्वारा उत्पीड़ित स्त्री की पीड़ा का आख्यान है। एक स्त्री अपनी पीड़ा रोकर-गाकर अभिव्यक्त करती है। अपनी भावनाओं को छुपाती नहीं है बल्कि खुलेआम कहती हैं और मीरा का यह कहना, यह अभिव्यक्ति ही पितृसत्ता का प्रतिकार है। पितृसत्ताएँ मूक स्त्रियों को पसन्द करती हैं, उसे बोलती हुई स्त्रियाँ नहीं चाहिए। मीरा मध्यकाल की बोलती हुई स्त्री हैं। दाम्पत्य जीवन की कटुता, देह का भाव, पीड़ा, प्रेम सब पर अकुंठ भाव से बोलती हैं। रोहिणी अग्रवाल कहती हैं कि "मीरा के पदों को यदि आध्यत्मिकता के कुहासे से मुक्त कर दिया जायें तो वे जीवन के राग, उल्लास, उत्सव और ठाठ-बाट के साथ एन्द्रिकता के उद्दाम का भी संस्पर्श करते हैं।"[9]

भक्तिकाल में जब सन्त और भक्तों के पास अपना दुःख कहने का अवकाश नहीं था उस समय मीराबाई अपनी कविता में अपना दुःख, अपनी पीड़ा अभिव्यक्त करती हैं। सामाजिक तौर पर अपने निजी जीवन "हेरी मैं तो दरद दिवाणी मेरो दरद न जाणै कोइ....दरद की मारी बन-बन डोलूं बैद मिल्या नहिं कोइ।"[10] –मीरा की इन पंक्तियों से गुजरते हुए यह ठोस तौर पर कहा जा सकता है कि व्यक्ति समाज से इतर नहीं है इसलिए व्यक्तिगत दुःख केवल मीरा का नहीं है वह तत्कालीन समाज का भी दुःख है। उस स्त्री में एक नागरिक चेतस की पीड़ा है।

मीरा के पास आत्म अभिव्यक्तियाँ हैं और इसमें स्वीकारोक्तियाँ भी हैं। मीरा कृष्ण के प्रेम और भक्ति में सबकुछ ठुकरा देती हैं–घर, परिवार, कुल, राजसुख। और अपने लिए चुनती है सन्तत्व की राह। इस राह पर चलने के लिए गुरु तो चाहिए ही। मीरा अपने लिए अपने गुरु के रूप में रैदास को चुनती हैं। यह भी मीरा के सामाजिक प्रतिरोध को दर्शाता है। राज परिवार की कुलवधू रैदास के चरणों में बैठी सत्संग कर रही है यह बात राज परिवार के लिए असहनीय हो उठती है। जगदीश्वर चतुर्वेदी कहते हैं–"सद्गुरु से मिलने की आकांक्षा एवं कोशिशें, सत्संग में जाकर ज्ञान प्राप्त करने की कोशिश, पुरुषों के साथ सार्वजानिक जीवन में एक साथ उठने-बैठने की इच्छा, सार्वजनिक सम्पर्क बढ़ाने आदि की कोशशों का वस्तुतः सामन्ती परिवेश में स्त्री के लिए बनाये गये सीमित दायरे को तोड़ने की कोशिश है, यह स्त्री को सार्वजनिक जीवन में अपना स्थान बनाने की कोशिश भी है।"[11]

मीरा के पास अस्वीकार करने का, 'न' कहने का साहस है। उनमें एक ज़िद है, एक हठ है जो उन्हें सामाजिक वर्जनाओं के ख़िलाफ़ खड़ा कर देता है। स्त्री पर पैतृकाना हक़–समाज की अमानवीय दृष्टि थी। पैतृक सम्पत्ति में स्त्रियों को हिस्सा न देना पड़े, सम्पति के बँटवारे न हों, पति की मृत्यु के बाद स्त्रियों की क्या जरूरत

....पति की मृत्यु के बाद स्त्री बदचलन न हो जाये–ये कुछ ऐसे कारण थे जिनकी आड़ में पति की मृत्यु के बाद स्त्रियों को उनके साथ सती कर दिया जाता था। सती-प्रथा जैसी अमानवीयता को महिमामण्डित किया जाता रहा। मीरा का महत्त्व और अधिक बढ़ जाता है कि जब वे वैधव्य के बाद सती होने से इंकार कर देती हैं। उनका यह अस्वीकार स्त्री-समाज के लिए एक नयी रौशनी था। पितृ सत्तात्मक व्यवस्था स्त्री के प्रति किस कदर अमानवीय होती है, उसे मीरा को पढ़ते हुए जाना जा सकता है।

कुल मिलाकर यह कहा जा सकता है कि भक्तिकाल में जो स्त्री-स्वर है वह बेहद प्रखर और आधुनिक है। स्त्री–समाज से जुड़ी जो चिन्ताएँ हैं, जो प्रश्न हैं वे इस बात की तस्दीक करती हैं कि भक्तिकाल की कवयित्रियाँ अपने समय से बहुत आगे थीं। वे पितृसत्ता की बेड़ियों को तोड़ रही थीं। अपने लिए और अपनी जैसी लाखों स्त्रियों के लिए वे सामाजिक प्रतिरोध की नयी परिभाषा गढ़ रही थीं। लोक अपवाद की धज्जियाँ उड़ाती ये कवयित्रियाँ स्त्री के लिए स्त्री के मन और तन दोनों पर स्वामित्व की लड़ाई लड़ रही थीं।

सन्दर्भ

1. रैणा, शिबनकृष्ण, कश्मीरी ललद्दद, भुवन वाणी ट्रस्ट, लखनऊ, संस्करण 1977 पृ. 14
2. वही, पृ. 17
3. वही, पृ. 19
4. https://samalochan.com/akka-mahadevi/
5. गिल, गगन, तेजस्विनी अक्का महादेवी के वचन, राजकमल प्रकाशन, नयी दिल्ली, संस्करण 2023, पृ. 34
6. https://samalochan.com/akka-mahadevi/
7. गिल, गगन, तेजस्विनी अक्का महादेवी के वचन, राजकमल प्रकाशन, नयी दिल्ली, संस्करण 2023, पृ. 48
8. त्रिपाठी, विश्वनाथ, वाणी प्रकाशन, नयी दिल्ली, संस्करण 1998, पृ. 104
9. अग्रवाल, रोहिणी, साहित्य का स्त्री-स्वर, साहित्य भण्डार, इलाहाबाद, संस्करण 2015, पृ. 39
10. त्रिपाठी, विश्वनाथ, वाणी प्रकाशन, नयी दिल्ली, संस्करण 1998, पृ. 108
11. चतुर्वेदी, जगदीश्वर, लेख मार्क्सवादी मूल्यांकन : कबीर और समकालीन परिदृश्य : पश्चिम बंगाल कबीर विशेषांक, सं. ताराकान्त झा, अंक14-16, सितम्बर 1999, अक्टूबर, पृ. 42

"रामविलास शर्मा : भक्ति आन्दोलन में स्त्रियों का योगदान"

(आण्डाल, अक्क महादेवी, ललद्यद और मीराबाई)

डॉ. बिजय कुमार रबिदास

भारतीय साहित्य के विकास में भक्ति आन्दोलन की महत्त्वपूर्ण भूमिका है। यह विशुद्ध रूप से एक धार्मिक आन्दोलन था, जिसने समाज के सभी पन्थों एवं सम्प्रदायों को अपने में समाहित कर लिया था। भारत का शायद ही कोई ऐसा प्रान्त या सूबा होगा, जहाँ इसकी गूँज सुनाई न पड़ी हो। तमाम भारतीय भाषाओं एवं बोलियों में इसका जनवादी रूप उभरकर सामने आया है। ग़ौरतलब है, भक्ति आन्दोलन का यह उत्कर्ष रूप सिर्फ मन्दिरों या देवालयों के भक्तों तक सीमित नहीं था, बल्कि उसका प्रभाव समाज के निचले तबकों पर भी दिखाई देता है। इसे लोकप्रिय बनाने में सन्त कवियों की महत्त्वपूर्ण भूमिका है। जिन्होंने एक तरफ़ साधारण जनता के हृदय में भक्ति के भाव जगाये और दूसरी तरफ़ लोगों को मानवतावाद के सन्देश दिये। इन सन्तों की दृष्टि में मनुष्य ही सत्य है, मनुष्य से बढ़कर कोई दूसरा नहीं। इसी मनुष्यता को ध्यान में रखकर उन्होंने भक्ति साहित्य की रचना की। यही कारण है कि हिन्दी के बड़े-बड़े आलोचकों ने इन सन्तों के अध्ययन में सबसे ज़्यादा रुचि दिखाई है। प्रसिद्ध आलोचक रामविलास शर्मा ने भक्तिकाल को 'लोकजागरण' काल के नाम से अभिहित किया हैं। उनका मानना है, "आधुनिक भाषाओं में भक्ति साहित्य का विकास सबसे पहले तमिल में हुआ।"[1] दक्षिण भारत से भक्ति की जो धारा प्रवाहित हुई थी, वह देखते-देखते पूरे देश में फैल गयी और आगे चलकर अखिल भारतीय स्तर पर उसकी एक अलग पहचान बनी। जिसे हम भक्ति आन्दोलन के

असिस्टेंट प्रोफेसर, हिन्दी एवं आधुनिक भारतीय भाषा विभाग, इलाहाबाद विश्वविद्यालय, प्रयागराज

नाम से जानते हैं। ध्यातव्य है, भक्ति का विकास सबसे पहले दक्षिण भारत में हुआ था और उसका प्रचार-प्रसार वहाँ के सन्त कवियों ने किया था। ये सन्त आगे चलकर आलवार सन्त के नाम से विख्यात हुए। तमिल शब्द आलवार का अर्थ है, "सर्वशक्तिमान, सर्वव्यापी, ईश्वर की निकटता में आनन्द में निमज्जित अथवा तल्लीन।"[2] अर्थात, ईश्वर सर्वव्यापी एवं शक्तिमान है, उसकी भक्ति में लीन रहकर आनन्द की प्राप्ति की जा सकती है। आलवार सन्त विष्णु के परम भक्त थे। वे विष्णु की भक्ति में लीन रहकर सुन्दर-सुन्दर कविताएँ रचते थे और उसे जन साधारण के बीच गाकर सुनाते थे। उनकी वाणियाँ (रचनाएँ) 'दिव्य-प्रबन्ध' में संकलित हैं।

ध्यातव्य है, उत्तर और दक्षिण भारत के सन्तों में कई तरह की भिन्नता दिखाई देती है। उत्तर भारत के सन्तों ने ईश्वर के निर्गुण-निराकार रूप पर सबसे ज़्यादा जोर दिया है। उन्होंने मूर्तिपूजा और तीर्थाटन का विरोध किया है। उनके राम परमतत्त्व हैं और वह प्रकृति के कण-कण में व्याप्त हैं। इस परमतत्त्व को खोजने के लिए वे किसी मन्दिर की चौखट तक नहीं जाते हैं बल्कि उसे अपने ही अन्दर खोजने की प्रेरणा देते हैं। जबकि दक्षिण भारत के सन्त वैष्णव थे। वे पूजा-व्रत करते थे और मूर्ति पूजा में भी विश्वास करते थे। उनके सामने ईश्वर का सगुण (विष्णु, कृष्ण, राम) रूप है और इसी रूप को सामने रखकर उन्होंने अपनी भक्ति भावना प्रदर्शित की है। इन सन्तों के बारे में रामविलास शर्मा लिखते हैं, "वे तीर्थ-यात्राएँ करते थे। एक स्थान से दूसरे स्थान तक जाते हुए वे जो कुछ देखते थे, उसका वर्णन करते थे।"[3] इन वैष्णव सन्तों में बहुत से द्विज एवं शूद्र थे। इन्हीं के साथ कुछ स्त्रियाँ भी थीं और उन्होंने भी भक्ति साहित्य में भाग लिया। भक्ति साहित्य के विकास में स्त्रियों का योगदान महत्त्वपूर्ण है। उन्हें अलग या अनदेखा करके नहीं चला जा सकता है। रामविलास शर्मा ने भक्ति साहित्य पर विचार करते हुए मुख्य रूप से चार कवयित्रियों के नाम गिनाये हैं, जिसमें तमिलनाडु की आण्डाल, कर्नाटक की अक्क महादेवी, कश्मीर की ललद्यद और राजस्थान की मीराबाई प्रमुख हैं। उनके अनुसार सन्त साहित्य की अनेक विशेषताएँ इन कवयित्रियों के साहित्य में परिलक्षित होती हैं। इसके अतिरिक्त उनके साहित्य में नारी-जीवन की पीड़ा भी अभिव्यक्त हुई है।

आण्डाल

तमिलनाडु की आण्डाल आलवार सन्तों में अकेली सन्त कवयित्री हैं। उनकी कविताएँ तमिल जाति में बहुत गहराई से बसी हुई हैं। उनके जन्म के बारे में मान्यता

है कि मदुरै के श्री श्रीविल्लीपुथुर नामक गाँव में पेरिआलवार सन्त श्री विष्णुचित्त रहते थे। एक दिन वह पूजा के लिए बगीचे में फूल तोड़ रहे थे तभी तुलसी के पेड़ के नीचे उन्हें एक नवजात बालिका मिली। नि:सन्तान विष्णुचित्त उसे भगवान का आशीर्वाद समझकर प्रसन्नतापूर्वक अपने घर ले गये और एक पिता की तरह उसका पालन-पोषण करने लगे। उन्होंने उस बालिका का नाम 'गोदाई' रखा। विष्णुचित्त बड़े कवि थे, जो बाद में 'पेरिआलवार' के नाम से प्रसिद्ध हुए। वह एक धार्मिक प्रवृत्ति के सन्त थे और विष्णु के परम उपासक थे। वह बचपन में गोदा को तमिल कविताएँ और कृष्ण-लीला के गीत सुनाया करते थे। जिसका प्रभाव आगे चलकर गोदा के जीवन पर भी पड़ा और वह कृष्ण को अपने इष्टदेव के रूप में देखने लगती हैं। मीरा की तरह वह भी कृष्ण को अपना प्रिय मानती हैं और उनके प्रेम में काव्य रचना करती हैं। इस तरह गोदा को बचपन में ही एक ऐसा भक्तिमय परिवेश मिला, जिससे प्रेरित होकर वह भक्ति की ओर उन्मुख हुईं।

एक दिन विष्णुचित्त फूलों की माला बनाकर घर पर रख गये थे। बाद में चुपके से गोदा ने उस माला को पहन लिया और जल में अपने रूप-सौन्दर्य को देखकर स्वयं को कृष्ण की दुल्हन समझने लगीं। उनको यह सब करते हुए देखकर विष्णुचित्त बहुत नाराज हुए और उन्होंने माला को अपवित्र कहकर फेंक दिया। बाद में उन्हें एहसास हुआ कि गोदा कृष्ण की भक्ति करती हैं और उनका प्रेम कृष्ण के प्रति सच्चा है। फिर उन्होंने गोदा को माला पहनने से कभी नहीं रोका। उसके बाद से वह गोदा को 'आण्डाल' के नाम से बुलाने लगे थे। गोदा भी अब एक सामान्य बालिका की तरह नहीं रह गयी थी। उसके व्यक्तित्व ने एक भक्त का रूप ले लिया था। वह हमेशा कृष्ण की भक्ति में डूबी रहती थी, जिसके कारण बाद में वह आण्डाल के नाम से प्रसिद्ध हुईं।

गोदा अर्थात आण्डाल ने अपने छोटे से जीवन में दो ही रचनाएँ की थीं, एक 'तिरूप्पवई' और दूसरा 'नाच्चियार तिरुमौलि'। 'तिरूप्पवई' उनकी प्रसिद्ध रचना है। इसमें कुल तीस कविताएँ हैं। इन कविताओं में वह स्वयं को गोकुल की गोपी समझती है। वह कृष्ण का सिर्फ इसी जन्म में नहीं बल्कि हर जन्म में साथ चाहती है। 'नाच्चियार तिरुमौली' उनकी दूसरी प्रसिद्ध रचना है, इसमें कुल 143 पद हैं। इन पदों में उन्होंने कृष्ण के प्रति अपनी विरह वेदना प्रकट की है। वह कृष्ण के प्रेम में व्याकुल हैं और उनके विरह की अग्नि में निरन्तर जलती रहती हैं। उनका विरह सूर की गोपियों की तरह स्वाभाविक है। उसमें कहीं कोई अतिशयोक्ति या छिछलापन

नहीं है, उनकी विरह-वेदना पर टिप्पणी करते हुए रामविलास शर्मा लिखते हैं, "वर्ण का मन्द पड़ना, मन का अवसाद, लज्जा का अभाव, अधरों का पीलापन, भोजन में अरुचि, अन्तर की दुर्बलता, विरह में अपनी इस दशा का वर्णन भी गोदा ने किया है।"[4] उनके काव्य में विरह की अलग-अलग दशाएँ हैं। मीरा की तरह वह भी लोकापवाद से नहीं डरती हैं। जो दशा सूर की गोपियों की है, वही दशा आण्डाल की भी है। वह अपने रूप-यौवन के साथ कृष्ण के सामने खड़ी हैं, रामविलास शर्मा लिखते हैं, "गोदा कृष्ण के रूप का वर्णन तो करती ही हैं, अपने रूप और यौवन के प्रति भी बहुत सचेत हैं। न तो भागवत में और न सूरसागर में गोपियाँ इस तरह अपने यौवन का उल्लेख करती हैं।"[5] ध्यान रहे, आण्डाल ने अपने काव्य में रूप-यौवन का उल्लेख किया है लेकिन इसके प्रति वह बहुत सजग हैं। वह इसी जन्म में कृष्ण से शारीरिक सम्पर्क चाहती है।

आण्डाल ने अपने पदों में कृष्ण के अनेकानेक रूपों का वर्णन किया है। अपनी भक्ति में उन्होंने कहीं-कहीं पर नृसिंह, वामन, वाराह, राम आदि अवतारों का भी उल्लेख किया है। लेकिन मुख्य रूप से वह कृष्ण को ही अपना आराध्य मानती हैं। रामविलास शर्मा की दृष्टि में आण्डाल ने अपने काव्य में ब्रज-भूमि की लीला को तमिल-भूमि की लीला बना दी है, वह लिखते हैं, "उनके पदों में ब्रज की कथा तमिल कथा बन जाती है। उनका आत्मीय सम्बन्ध यमुना से नहीं, कावेरी से है।"[6] कृष्ण वंशी बजाते हैं। आण्डाल ने भी अपने पदों में वंशी का उल्लेख किया है लेकिन वह वंशी से ज़्यादा शंख को महत्त्व देती है। कृष्ण के साथ वह गोपी, ग्वालबाल, मथुरा, यमुना का भी बार-बार उल्लेख करती है। इस तरह आण्डाल के काव्य में "सामाजिक परिवेश, प्रकृति वर्णन, अनेक लोक-रीतियों का उल्लेख, ये सारी बातें कृष्णकथा को विशिष्ट तमिल कथा बना देती हैं।"[7] उनके काव्य में कृष्ण-लीला का सुन्दर रूप साकार हो उठा है।

रामविलास शर्मा के अनुसार आण्डाल भागवत की कथा से अच्छी तरह परिचित थीं, वह लिखते हैं, "गोदा तमिल काव्य के अतिरिक्त महाभारत और भागवत की समृद्ध साहित्यिक परम्परा से परिचित थीं।"[8] वह कई बार अपने काव्य में महाभारत के कृष्ण और भागवत के कृष्ण को एक साथ मिला देती हैं। इससे पता चलता है कि "आठवीं सदी में तमिल कवियों को भागवत किसी न किसी रूप में सुलभ थी।"[9] इससे यह भी निष्कर्ष निकलता है कि "भागवत की रचना आठवीं सदी के पहले हो गयी थी।"[10] क्योंकि भागवत कथा में पूतनावध से लेकर कंसवध तक

की जिन घटनाओं का वर्णन मिलता है, उसका उल्लेख आण्डाल ने अपने पदों में किया है। भागवत में कृष्ण के प्रति गोपियों का श्रृंगार भाव व्यापक रूप में उभरकर सामने आया है। यह भाव आण्डाल के पदों में भी बहुत उदात्त रूप में प्रकट हुआ है। अतएव, आण्डाल ने भागवत का अध्ययन गहराई से किया था। तभी उनके पदों में भागवत के कृष्ण का उल्लेख मिलता है।

आण्डाल तमिल जाति की अत्यन्त सम्मानित कवयित्री हैं। उन्हें भू-देवी के नाम से भी जाना जाता है। तमिलनाडु में आज भी वह बगीचा सुरक्षित है, जहाँ वह बालिका के रूप में विष्णुचित्त को मिली थी। वह कुँआ भी सुरक्षित है, जिसमें वह माला पहनकर अपने रूप-सौन्दर्य को निहारा करती थी। उनके गीतों की लोकप्रियता इस कदर है कि वे आज भी वहाँ के मन्दिरों में सुने जाते है। इसके अलावा विभिन्न सांस्कृतिक त्योहारों, पर्व, विवाहादि के अवसर पर भी उनके गीत गाये जाते हैं। उनके गीत उच्चकोटि के हैं, जिसमें कृष्ण के प्रति अपार निष्ठा एवं प्रेम के भाव व्यक्त हुए है। आण्डाल की लोकप्रियता का अन्दाज़ा इससे भी लगाया जा सकता है कि वहाँ के विष्णु मन्दिरों में जगह-जगह पर उनकी मूर्तियाँ स्थापित की गयी है और लोग उस मूर्ति की पूजा करते हैं। अत: वहाँ के लोगों में आण्डाल एक देवी के रूप में पूजनीय हैं।

अक्क महादेवी

कन्नड़ साहित्य में अक्क महादेवी का नाम बहुत आदर के साथ लिया जाता है, उनके बारे में रामविलास शर्मा लिखते हैं, “बारहवीं सदी के कन्नड़ वचनकारों में अक्क महादेवी इस भाषा की पहली कवयित्री हैं।”[11] उनका जन्म सन 1130 के आसपास शिमोगा के उडुताड़ी नामक एक गाँव में हुआ था। उनके माता-पिता शिव भक्त थे। आगे चलकर महादेवी भी शिव (चेन्ना मलिकार्जुन) की परम भक्त बन गयीं। आण्डाल की तरह वह भी अपने आराध्य की भक्ति करती हैं और काव्य रचना करती हैं। उनकी भक्ति सम्बन्धी रचनाओं में ‘वचन’, ‘मन्त्रगोप्य’ और ‘योगांगत्रिविधि’ प्रमुख हैं। उनकी ये रचनाएँ कन्नड़ साहित्य को बहुत बड़ी देन हैं।

अक्क महादेवी के जीवन के बारे में कई तरह की किंवदन्तियाँ हैं। एक किंवदन्ती के अनुसार उन्होंने विवाह नहीं किया था। दूसरी किंवदंती के अनुसार उन्होंने वर (राजा) के सामने तीन शर्तें रखी थीं। उनमें पहली शर्त थी कि महादेवी नित्य अपने आराध्य देव की भक्ति करती रहेंगी और साधु-सन्तों के साथ सत्संगति

भी करती रहेंगी। जब उनके पति ने इस शर्त का उल्लंघन किया तब वह घर छोड़कर शिव की भक्ति में संन्यासी बन गयीं। एक किंवदन्ती यह भी है कि वर (राजा) को उनकी शर्तें स्वीकार नहीं थीं और उसने जबरदस्ती विवाह के लिए महादेवी पर दबाव बनाया था, जिससे तंग आकर वह घर छोड़कर निकल गयीं और संन्यासी बनकर इधर-उधर घूमते-घूमते कल्याण नामक नगर पहुँच गयीं। वहाँ उनकी भेंट भक्ति आन्दोलन के प्रमुख कवि 'अलामप्रभु' और 'बसव' से हुई, जिनसे दीक्षा लेकर वह 'अनुभव मण्डप' की सदस्य बन गयीं। यहीं पर उन्हें आध्यात्मिक ज्ञान की प्राप्ति हुई और वह अपनी भक्ति एवं ज्ञान के अनुभवों को कविताओं के ज़रिये व्यक्त करने लगीं।

अक्क महादेवी गृहस्थ जीवन से मुक्त थीं और वह शिव को अपने पति के रूप में देखती थीं। शिव के प्रति उनकी निष्ठा एवं भक्ति को देखते हुए लोग उन्हें 'अक्का' (बड़ी बहन) कहकर सम्बोधित करने लगे थे। उसके बाद से वह अक्का के नाम से प्रसिद्ध हो गयीं। महादेवी शिव भक्त हैं। उनके मन रूपी मन्दिर में मात्र शिव हैं। उनसे मिलने के लिए वह तड़पती रहती हैं और न मिलने पर कभी-कभी निराश भी हो जाती हैं। उनका प्रेम शिव के प्रति वैसा ही है, जैसे आण्डाल का प्रेम कृष्ण के प्रति है। महादेवी की तुलना आण्डाल से करते हुए रामविलास शर्मा लिखते हैं, "आण्डाल जैसे विवाह का स्वप्न देखती हैं, वैसे ही अक्क महादेवी शिव से अपने विवाह की कल्पना करती हैं।"[12] आण्डाल और महादेवी में बहुत सी बातें समान हैं। आगे महादेवी के बारे में रामविलास शर्मा लिखते हैं, "आण्डाल की तरह उनमें उत्कट प्रेम अभिलाषा है। यह अभिलाषा लौकिक पुरुष से अलग हटकर अलौकिक शक्ति की ओर मोड़ दी गयी है।"[13] आण्डाल की तरह महादेवी की रचनाओं में कामचेतना के सारे तत्त्व मौजूद हैं, एक स्थान पर वह कहती हैं, "प्रभु, तू मुझे पसन्द करे तो अच्छा, नहीं तो न सही। मैं तुझे गले से लगाये बिना नहीं रह सकती। मैं तुझे देखकर, आनन्दित होकर तेरे लिए आतुर हुए बिना नहीं रह सकती।"[14]

मध्ययुगीन समाज में किसी स्त्री का संन्यासी बन जाना कोई साधारण घटना नहीं है। वह भी ऐसे समाज में जहाँ पुरुषों ने स्त्रियों के लिए कई तरह के कठोर नियम बना रखे हैं। ऐसे समाज में किसी स्त्री का संन्यासी बनकर निकलना एक बहुत बड़ी घटना है। महादेवी के यहाँ हम देखते हैं कि वह पूरी तरह से पुरुषसत्तात्मक व्यवस्था के ख़िलाफ़ खड़ी हैं। ऐसे संकीर्ण समाज को चुनौती देती हुई वह साधु-सन्तों के बताये गये मार्ग पर चलती हैं, उन्हीं को अपने जीवन का आदर्श मानती हैं और अन्त

में उन्हीं का अनुसरण करती हुई अपने शरीर का पूरा वस्त्र भी त्याग देती हैं। वस्त्र के साथ-साथ वह लज्जा एवं अहं का आवरण भी उतारकर फेंक देती हैं और कहती हैं, "जब संसार का स्वामी अदृश्य होते हुए भी हर जगह मौजूद है तो छुपाने के लिए बचा ही क्या है।"[15]

"तुम क्यों संकोच करते हो
जब पूरा संसार प्रभु की निगाह में हैं
सब जगह वह सबको देख रहा है
तो क्या है जो तुम छुपा सकते हो"[16]

महादेवी सामाजिक निन्दा से बिल्कुल नहीं घबराती हैं। लोग जितना उनका विरोध करते हैं उतना ही उनका चरित्र उज्ज्वल बनकर उभरता है। उनके सम्पूर्ण क्रिया-कलाप को देखते हुए यह कहा जा सकता है कि उन्होंने पुरुषवादी मानसिकता की जड़ें हिला दी थीं।

महादेवी के काव्य में अहंकार एवं घमण्ड रत्तीभर नहीं है। क्योंकि उनके ऊपर प्रभु की कृपा है, वह कहती हैं..

"जाति का गर्व नहीं है मुझे
दृढ़ संकल्पशक्ति का गर्व नहीं है मुझमें
समृद्धि का अहंकार नहीं है मुझमें
ज्ञान का अहंकार भी नहीं
किसी भी तरह का घमण्ड मेरे पास नहीं आ सकता
क्योंकि तुम्हारी कृपा है प्रभु मुझ पर"[17]

इस तरह अक्क महादेवी के काव्य में प्रेम है, आनन्द है, साहस है, आत्मविश्वास है, तर्क है, निडरता है और अपने आराध्य देव के प्रति प्रेम एवं त्याग है। उन्होंने अपनी भक्ति के ज़रिये स्पष्ट कर दिया कि आध्यात्मिक ज्ञान की प्राप्ति की ओर केवल पुरुष ही नहीं स्त्रियाँ भी उन्मुख हो सकती है। उनके जीवन में व्यापक धैर्य है और इस धैर्य में एक साहसपूर्ण चुनौती है।

ललद्यद

उत्तर भारत की सन्त कवयित्रियों में कश्मीर की ललद्यद शिव भक्त हैं। उनके वाख अर्थात वाक्य कश्मीरी भाषा और संस्कृति में घुल-मिल गये हैं। कश्मीरी साहित्य

में वह लल, लल्लेश्वरी, लल्ला दिद्दी, लल्ला देवी कई नामों से विख्यात हैं। रामविलास शर्मा की दृष्टि में लल ने अपनी रचनाओं के माध्यम से कश्मीरी साहित्य को समृद्ध किया है, वह लिखते हैं, "कश्मीर के विद्वान अपना रचना-कौशल संस्कृत में दिखाते थे। कुछ दिन बाद फ़ारसी में दिखाने लगे। लोकभाषा कश्मीरी निम्नजनों की भाषा मानी जाती थी। इस भाषा को साहित्य का शक्तिशाली माध्यम बना देने का श्रेय ललद्यद नाम की स्त्री को है।"[18] उनका जन्म सन् 1320 के आस-पास श्रीनगर से पाँच मील दूर पन्द्रेथान नामक एक गाँव में हुआ था। उनके पिता ने उन्हें अच्छी शिक्षा दी थी और बारह वर्ष की उम्र में उनका विवाह कर दिया था। विवाह के बाद पति द्वारा प्रताड़ित किये जाने पर उन्होंने घर त्याग दिया और संन्यासी बन गयीं। वह एक शैव योगिनी थीं। उनका सम्पूर्ण साहित्य कश्मीरी भाषा में है। उनके काव्य की सबसे बड़ी विशेषता है कि उन्होंने "कश्मीरी भाषा को संस्कृत में मौजूद ज्ञान की परम्परा से जोड़ा। ऋषियों की ज्ञान सम्पदा को आम लोगों की बोली में प्रस्तुत किया और इस तरह प्रस्तुत किया कि लोगों की समझ में आये और याद भी रहे। तभी तो उनके वाख सदियों से लोक-स्मृति में मौजूद हैं। पढ़े-लिखे और ग़ैर पढ़े सभी लोग उन्हें अपने चित्त में सँजोए हैं।"[19] लल कश्मीरी भाषा एवं साहित्य की प्रतिनिधि कवयित्री हैं। साधारण जन पर उनका गहरा असर है।

रामविलास शर्मा ने लल के साहित्य का मूल्यांकन भारतीय दर्शन के परिप्रेक्ष्य में किया है। उनके अनुसार लल पर भारतीय दर्शन का प्रभाव देखा जा सकता है। लल की दार्शनिकता पर विचार करते हुए वह लिखते हैं, "उन्हें भारत की दार्शनिक विरासत का गहरा ज्ञान था।"[20] उपनिषद् में जल को परम तत्त्व माना गया है। लल ने भी जल से संसार के उत्पन्न होने की बात कही है। मूल तत्त्व (जल) एक है, जो भिन्न-भिन्न रूपों में दिखाई देता है। लल ने भी इस भिन्न रूप को स्वीकार किया है और उसे अलग-अलग नामों से पुकारा है। इस परम तत्त्व को वह शिव, तीर्थंकर, ब्रह्मा आदि कई नामों से पुकारती हैं। लल की दार्शनिकता किसी से कम नहीं है, रामविलास शर्मा लिखते हैं, "किसी भी भारतीय कवयित्री की तुलना में उनकी दार्शनिक चेतना प्रखर है और वह किसी भी पुरुष के दार्शनिक चिन्तन का मुकाबला कर सकती हैं। योग और सांख्य में कितनी शक्ति है, ये दर्शन जीवन संघर्ष में मनुष्य की कितनी बड़ी सहायता कर सकते हैं, यह ललद्यद के काव्य में देखा जा सकता है।"[21] उनकी दार्शनिकता भारतीय ऋषियों के चिन्तन के समक्ष है। उन्होंने बहुत सहज शब्दों में अपने दार्शनिक विचारों को प्रस्तुत किया है।

लल के दर्शन में ऋग्वेद का असत (अव्यक्त) है, उपनिषद का ब्रह्म है, वेदान्त के साथ योग है और योग के साथ छः चक्र है। लल सहज साधना पर जोर देती हैं। उनके अनुसार चित्त को शान्त करना ही सहज साधना है। शरीर को कष्ट देकर मुक्ति की कल्पना करना व्यर्थ है। उनके अनुसार भूख लगने पर भोजन करना चाहिए और ठण्ड लगने पर वस्त्र धारण करना चाहिए, नहीं तो यह शरीर नष्ट हो जायेगा। लल मृत्यु की चिन्ता नहीं करती हैं और न ही मोक्ष के लिए मृत्यु की राह देखती हैं। उनके अनुसार इसी जीवन में मुक्ति सम्भव है।

लल साम्प्रदायिक भेद-भाव से कोसों दूर हैं। वह हिन्दुओं और मुसलमानों को भी भेद-भाव से बाहर निकलने के लिए कहती हैं। दोनों को फटकारते हुए वह कहती हैं, "शिव सर्वत्र व्याप्त हैं, अतः हे मनुष्य ! तू हिन्दू तथा मुसलमान में भेद न जान। यदि तू बुद्धिमान है तो अपने आप को पहचान।"[22] लल दोनों को प्रेम एवं भाईचारे का सन्देश देती हुई कहती हैं..

"ईश्वर मौजूद है हर जगह
भेद मत करो हिन्दू और मुसलमान के बीच
यदि तुम्हारे पास अक्ल है
तो स्वयं ईश्वर को जानने का प्रयास करो
और यही सबसे अच्छा रास्ता है
ईश्वर को जानने का"[23]

लल के वाख में कर्मकाण्ड एवं अन्धविश्वास का अभाव है। उनके वाख दया और करुणा से सराबोर हैं। प्राणी के प्रति दया का भाव प्रकट करते हुए वह कहती हैं...

"तन ढकने को ऊन देकर
यह बचाती है तुम्हें सर्दी से
खाने को कुछ और नहीं माँगती
घास और पानी के सिवाय
अरे ब्राह्मण, किसने दी तुम्हें राय
निर्जीव पत्थर के लिए
जीवित भेड़ की बलि देने की"[24]

लल की भक्ति में अहिंसा का भाव है। ईश्वर को प्रसन्न करने के लिए वह किसी जीव की हत्या करने के पक्ष में नहीं है।

पुरुषसत्तात्मक समाज में स्त्री होना अभिशाप है। आण्डाल और महादेवी को पढ़कर इस सत्य को समझा जा सकता है। लल की भी कुछ ऐसी ही स्थिति है। लल का वैवाहिक जीवन दुखमय था। पति और सास की प्रताड़ना से व्यथित होकर उन्होंने घर त्याग दिया था और योगिनी बनकर शिव की भक्ति करने लगी थीं। अपना दुःख प्रकट करते हुए वह कहती हैं, "जिस पर दुख न पड़ा हो, वह भला दर्द (की पीड़ा) क्या जाने ? गम के वस्त्र पहनकर मैं दर-दर फिरी और मुझ पर पत्थर बरसे तथा किसी को भी मेरा पक्ष लेते हुए न देखा।"[25] लल का दुःख स्त्री समाज का दुःख है। उन्होंने अपने पदों में स्त्री उत्पीड़न की पीड़ा को बहुत बार दोहराया है।

कश्मीरी कविता लल की वाणी से शुरू होती है। उनकी वाणी कश्मीरी भाषा, साहित्य और संस्कृति की अमूल्य निधि है। उनके वाख भक्ति-रस से परिपूर्ण हैं, जिसमें उनकी विद्रोही चेतना प्रखर रूप से प्रकट हुई है। अतएव, उनके बारे में कहा जा सकता है कि "उन्होंने कश्मीरी शैव दर्शन को जन सामान्य के लिए सुलभ बनाया और कर्मकाण्ड को अस्वीकार किया। इतना ही नहीं उन्होंने बौद्धों से अहिंसा, करुणा और शून्य की अवधारणा लेकर कविता को बहुजन हिताय बनाया। वह सही मायने में विद्रोही सन्त थीं जिन्होंने रूढ़ियों, अन्धविश्वास, कर्मकाण्ड की निरर्थकता के प्रति लोगों का ध्यान"[26] आकृष्ट किया।

मीराबाई

भक्तिकाल की कवयित्रियों में राजस्थान की मीराबाई कृष्ण की परम भक्त हैं। उनके जन्म को लेकर विद्वानों में मतभेद है। इतिहासकारों का मानना है कि उनका जन्म राजस्थान के मेड़ता में 1504 ई. के आस-पास हुआ था। उनके पिता वैष्णव भक्त थे। बड़ी होने पर मीरा भी कृष्ण की भक्ति करने लगती हैं। उनका विवाह राणा सांगा के पुत्र भोजराज से हुआ था। भोजराज की मृत्यु के बाद वह घर छोड़ देती हैं और कृष्ण को अपना प्रिय मानने लगती हैं। उनके जीवन का एकमात्र ध्येय कृष्ण की भक्ति करना था। इस भक्ति के मार्ग पर चलने के लिए वह साधु-सन्तों के साथ संगति करती हैं। उनके साथ नाचती और गाती हैं। समाज की सड़ी-गली मान्यताओं एवं परम्पराओं को चुनौती देती हुई वह अपनी भक्ति का मार्ग स्वयं प्रशस्त करती हैं।

मीरा कृष्ण के प्रेम में तल्लीन हैं और कृष्ण को अपने जीवन का सम्बल मानती हैं। दूसरे भक्तों की तरह वह भी कृष्ण के प्रेम में आनन्दित हैं और उस आनन्द में वह नाचती एवं गाती हैं। इस कारण उन्हें अपने परिवार और समाज के विरोधों का सामना करना पड़ता है। उनके पदों को पढ़कर प्रतीत होता है कि उनका खूब विरोध हुआ था और उन्होंने उस विरोध का सामना बड़ी निडरता एवं साहस के साथ किया था। रामविलास शर्मा उन्हें भक्तिकाल की एक सशक्त स्त्री के रूप में देखते हैं, उनके अनुसार "मीरा के पद एक काव्य-परम्परा का प्रतिनिधित्व करते हैं जिसमें नारी के उल्लास, स्वाधीन और सुखी जीवन बिताने की आकांक्षा व्यक्त हुई है।"[27] अन्य भक्तों की तरह वह भी स्वतन्त्र रहकर कृष्ण के भजन गाती हैं। उन्हें किसी तरह का सामाजिक बन्धन स्वीकार्य नहीं था।

रामविलास शर्मा ने मीरा के पदों को लोकसंस्कृति के निकट माना है। उनकी दृष्टि में "मीरा के गीत लोक संस्कृति का अंग बन गये"[28] हैं। वर्तमान समय में मीरा पदावली के नाम से जो ग्रन्थ उपलब्ध है, उसमें बहुत सारे पद विवादित हैं। अर्थात जो पद मीरा के नहीं है उन्हें भी पदावली में शामिल कर लिया गया है। रामविलास शर्मा ने इसके पीछे एक बड़ा कारण मीरा की लोकप्रियता को माना है। उनके अनुसार "मीरा की लोकप्रियता राजस्थान या हिन्दी-प्रदेश तक सीमित नहीं थी, अखिल भारतीय स्तर पर उसका प्रसार हुआ"[29] था। पंजाब, बिहार, उड़ीसा, गुजरात तक उनकी ख्याति फैली हुई थी। इन प्रदेशों के दूर ग्रामीण अंचलों में मीरा के गीत गाये और सुने जाते थे। स्त्रियाँ घरों में काम करती हुई उनके पदों को गाती थीं। मेले और नौटंकी में उनके गीत सुने जाते थे। यहाँ तक कि उनके गीतों की धूम बंगाल तक थी। जिसे आज हम भजन कहते हैं, उसमें मीरा के भी पद सम्मिलित हैं। उनकी लोकप्रियता को लेकर किसी तरह का सन्देह नहीं होना चाहिए। साधारण जनता में वह एक भक्त के रूप में प्रतिष्ठित हो चुकी थीं। यही कारण है कि साधारण जनता में उनके ऊपर बहुत सारे पद रचे गये। जो बाद में मीरा के पद मान लिये गये। यह मीरा की लोकप्रियता ही है, जिसके कारण आज उनके पद लोक संस्कृति के अंग बन गये हैं।

रामविलास शर्मा के अनुसार पदावली में मीरा और सास के बीच का विवाद, मीरा और राणा का विष प्रसंग और मीरा एवं तुलसी के बीच का पत्र व्यवहार जैसे प्रकरण मीरा के जीवन से सम्बन्धित नहीं हैं। समय के साथ-साथ इस तरह के प्रकरण उनके नाम के साथ जुड़ते चले गये और आज उन्हें सच मान लिया गया है।

अपने वक्तव्य को प्रामाणिक बनाने के लिए रामविलास शर्मा ने भगवानदास तिवारी के कथन को उद्धृत किया कि "मीरा के नाम पर ऊदा मीरा संवाद, मीरा और उनकी सास की कहा-सुनी, मीरा-राणा संवाद, जोगी का आत्म निवेदन, मीरा और उनकी सखी का परस्पर वार्तालाप और कई नाटकीय कथनोपकथन भी छपे हैं। ये संवाद मीरा की रचनाएँ नहीं हैं बल्कि वे नौटंकी के उन संवाद लेखकों की प्रतिभा की उपज हैं।"[30] जो आगे चलकर साधारण जनता में खूब लोकप्रिय हुई। इसके अलावा समय-समय पर उनके बहुत सारे पद परिवर्तित भी हुए हैं। यह परिवर्तन राजस्थान और उसके बाहर दोनों जगहों पर हुए हैं। इस परिवर्तन ने मीरा के मूल पदों को बहुत प्रभावित किया हैं। रामविलास शर्मा ने इन परिवर्तित पदों को लोकसंस्कृति के प्रसार के साथ जोड़कर देखा है, वह लिखते हैं, "लोकसंस्कृति के प्रसार का यह भी एक रूप है। विभिन्न प्रदेशों की जनता को मीरा की पदावली इस तरह अपनाने से कौन रोक सकता था?"[31] इसका परिणाम यह हुआ कि मीरा के मूल पदों के साथ लोकसंस्कृति से उपजें पदों को भी रख लिया गया और साधारण जनता ने उसे वैसे ही अपना लिया, इस सन्दर्भ में रामविलास शर्मा लिखते हैं, "मीरा अब एक भाषिक परम्परा का नाम है, गीत-परम्परा का नाम है। भले ही मूल रूप अशुद्ध हो गया हो, मानना होगा कि सर्वसाधारण ने मीरा के पद परिवर्तित रूप में ग्रहण किये, इससे उसे अपनी संस्कृति को समृद्ध करने का अवसर मिला।"[32] यह मीरा की लोकप्रियता ही है, जिसे साधारण जनता ने अपनी सुविधा के अनुसार अपनाया था। सम्भव है, वे मीरा की समस्याओं से भी अवगत होंगे तभी वे मीरा को परिवार और समाज पर विजयिनी के रूप में देखते थे।

इस तरह हम देखते हैं कि मीरा के मूल पदों के साथ लोकसंस्कृति के पद मिश्रित हो गये हैं। अब उन्हें अलगाना बहुत कठिन कार्य है। वहीं दूसरी तरफ़ उनके कुछ ऐसे भी पद हैं, जो इधर-उधर बिखरे पड़े हैं, जिन्हें पदावली में अब तक जोड़ा नहीं गया है। रामविलास शर्मा का मानना है कि यदि मीरा किसी मत या सम्प्रदाय से जुड़ी हुई होतीं तो उनके पदों को लेकर आज इतना बड़ा विवाद नहीं होता, वह लिखते हैं, "मीरा के समय में अनेक धार्मिक सम्प्रदाय प्रचलित थे। सम्भव है, वह किसी सम्प्रदाय के साथ हो जातीं तो उनके पद अधिक सुरक्षित रहते।"[33] वल्लभ सम्प्रदाय के अनुयायियों ने भी उन्हें पुष्टिमार्ग में लाने का बहुत प्रयास किया था लेकिन मीरा ने किसी सम्प्रदाय में आने के बदले उन्मुक्त रहना ज़्यादा पसन्द किया। अब उनका नाम भक्त कवियों के साथ जुड़ गया है। वह कृष्ण भक्त है लेकिन

उनका नाम कबीर, रैदास आदि सन्तों के साथ लिया जाता है। सन्त कवि तुकाराम ने उनके प्रति बहुत सम्मान एवं श्रद्धा का भाव अर्पित किया है।

अन्ततः कहा जा सकता है कि भारतीय साहित्य में भक्ति साहित्य की सुन्दर अभिव्यक्ति हुई है। बांग्ला, गुजराती, तमिल, मराठी, कन्नड़, कश्मीरी आदि भाषाओं में भक्ति सम्बन्धी उच्चकोटि का साहित्य लिखा गया है। आण्डाल, अक्क महादेवी, ललद्यद और मीराबाई जैसी विभूतियाँ इन्हीं भाषागत क्षेत्रों से निकलकर आती हैं और भक्ति के मार्ग पर चलकर अपने जीवन को सार्थक बनाती हैं। भक्ति ही उनके जीवन का मूलाधार है। इस भक्ति के सहारे वे सामाजिक असमानता, अन्याय, अत्याचार के खिलाफ़ आवाज़ उठाती हैं। जिसके कारण आण्डाल आज सिर्फ तमिलनाडु तक ही सीमित नहीं हैं बल्कि अपनी रचनाओं के ज़रिये पूरे देश में जानी जाती हैं। अपने पदों में वह भक्ति की चरम अवस्था तक पहुँच गयी हैं। अक्क महादेवी सामाजिक कुरीतियों के फेर में नहीं पड़ती हैं। उन्हें लोक-लाज और मर्यादा की भी चिन्ता नहीं है। उनके काव्य में त्याग, विद्रोह, प्रेम एवं समर्पण का भाव है। लल ने अपनी रचनाओं के द्वारा भारतीय दर्शन को साधारण जन के अनुरूप बनाया है। उनके दार्शनिक विचार बड़े-बड़े दार्शनिकों के समतुल्य हैं। वहीं, मीरा के भजन केवल हिन्दी प्रदेश में ही नहीं बल्कि दूसरे प्रदेशों में भी बड़ी तन्मयता के साथ गाये जाते हैं। भक्तिकाल की ये कवयित्रियाँ भक्ति एवं प्रेम रस से प्रेरित हैं। ये अपने अधिकारों के प्रति भी बहुत सचेत हैं। सामन्ती व्यवस्था को चुनौती देती हुई ये कवयित्रियाँ एक क्षण के लिए भी अपने मार्ग से विचलित होती हुई दिखाई नहीं देती हैं।

सन्दर्भ

1. शर्मा, रामविलास, भारतीय संस्कृति और हिन्दी प्रदेश, द्वितीय खण्ड, किताबघर प्रकाशन, नयी दिल्ली, संस्करण 2012, पृ. 113
2. वर्मा, रामचन्द्र, प्राचीन भारत के स्त्री रत्न, सस्ता साहित्य मण्डल, नयी दिल्ली, पहला संस्करण 2017, पृ. 98
3. शर्मा, रामविलास, भारतीय संस्कृति और हिन्दी प्रदेश, द्वितीय खण्ड, किताबघर प्रकाशन, नयी दिल्ली, संस्करण 2012, पृ. 113
4. वही, पृ. 125
5. वही, पृ. 124
6. वही, पृ. 125
7. वही, पृ. 126

8. वही, पृ. 124
9. वही, पृ. 123
10. वही, पृ. 123
11. वही, पृ. 126
12. वही, पृ. 127
13. वही, पृ. 126
14. वही, पृ. 126
15. वर्मा, रामचन्द्र, प्राचीन भारत के स्त्री रत्न, सस्ता साहित्य मण्डल, नयी दिल्ली, पहला संस्करण 2017, पृ. 104
16. वही, पृ. 104
17. वही, पृ. 106
18. शर्मा, रामविलास, भारतीय संस्कृति और हिन्दी प्रदेश, द्वितीय खण्ड, किताबघर प्रकाशन, नयी दिल्ली, संस्करण 2012, पृ. 128
19. वर्मा, रामचन्द्र, प्राचीन भारत के स्त्री रत्न, सस्ता साहित्य मण्डल, नयी दिल्ली, पहला संस्करण 2017, पृ. 107
20. शर्मा, रामविलास, भारतीय संस्कृति और हिन्दी प्रदेश, द्वितीय खण्ड, किताबघर प्रकाशन, नयी दिल्ली, संस्करण 2012, पृ. 129
21. वही, पृ. 128
22. वही, पृ. 132
23. वर्मा, रामचन्द्र, प्राचीन भारत के स्त्री रत्न, सस्ता साहित्य मण्डल, नयी दिल्ली, पहला संस्करण 2017, पृ. 111
24. वही, पृ. 110
25. शर्मा, रामविलास, भारतीय संस्कृति और हिन्दी प्रदेश, द्वितीय खण्ड, किताबघर प्रकाशन, नयी दिल्ली, संस्करण 2012, पृ. 134
26. वर्मा, रामचन्द्र, प्राचीन भारत के स्त्री रत्न, सस्ता साहित्य मण्डल, नयी दिल्ली, पहला संस्करण 2017, पृ. 109-110
27. शर्मा, रामविलास, भारतीय संस्कृति और हिन्दी प्रदेश, द्वितीय खण्ड, किताबघर प्रकाशन, नयी दिल्ली, संस्करण 2012, पृ. 136
28. वही, पृ. 138
29. वही, पृ. 139
30. वही, पृ. 138-139
31. वही, पृ. 139
32. वही, पृ. 139
33. वही, पृ. 139

मन दर्पण मैल न होई : ललद्यद, कश्मीरियत और भक्ति आन्दोलन की विरासत

डॉ. मेधा

यह लेख राजनीतिक दर्शन के रूप में भक्ति आन्दोलन का भारतीय राजनीति और समाजनीति पर प्रभाव की ओर इशारा करते हुए कश्मीर के समाज और राजनीति पर कश्मीरी भाषा की आदि सन्त कवयित्री ललद्यद के जीवन और साहित्य के प्रभाव को रेखांकित करने का एक विनम्र प्रयास है।

'भक्ति का लोकतन्त्र': भक्ति आन्दोलन

भक्ति आन्दोलन अखिल भारतीय सामाजिक, धार्मिक और आध्यात्मिक आन्दोलन है। यह आन्दोलन सातवीं सदी में दक्षिण भारत में अलवार और नयनारों से प्रारम्भ होकर उत्तर भारत पहुँचता है और 15वीं सदी में अपने उत्कर्ष पर पहुँचता है तथा 17वीं सदी तक जारी रहता है। इस आन्दोलन ने लिंग, धर्म, जाति, वर्ग, भाषा, नस्ल सबकी दीवारों को ध्वस्त कर एक समतामूलक धर्म और समाजिक व्यवस्था की बात की। पहली बार संस्कृत के बरक्स तमाम क्षेत्रीय भाषाओं में स्त्रियों, शिल्पकार जातियों और दलितों ने साहित्य और ज्ञान की रचना प्रारम्भ की। इस आन्दोलन ने ईश्वर को पण्डितों-पुरोहितों, मुल्लाओं, मन्दिर-मस्ज़िदों और धर्मग्रन्थों से मुक्त कर भक्त के हृदय तक पहुँचा दिया। ईश्वर और धर्म का लोकतान्त्रिकरण किया। *भक्ति लोकतन्त्र* है[1] भक्ति आन्दोलन अपनी अभिव्यक्ति में बहुवाची रहा है। तुलसीदास और सूरदास जैसे सगुण भक्त कवियों के यहाँ यह एकान्तिक भक्ति के रूप में अभिव्यक्त हुआ है। वहाँ समाजसत्ता और धर्मसत्ता के बीच टकराहट प्रकट तौर पर लगभग अनुपस्थित है। लेकिन दक्षिण भारत के अलवार, नयनार, वीरशैव

आन्दोलन, से लेकर महाराष्ट्र के वाराकरी आन्दोलन से होते हुए उत्तर भारत में कबीर, रैदास जैसे निर्गुण सन्तों के यहाँ धर्मसत्ता से समाजसत्ता की टकराहट होती है। भक्ति आन्दोलन की सभी अभिव्यक्तियाँ भारत की जाति-व्यवस्था और पितृसत्तात्मक, सामन्ती मूल्यों पर फौलादी प्रहार करती हैं। अक्क महादेवी, ललद्यद, जनाबाई, मीरा, सहजोबाई, दयाबाई जैसी स्त्री-सन्तों ने अपने जीवन और साहित्य से पितृसत्ता को चुनौती दी। इसी अर्थ में भक्ति आन्दोलन सबसे अधिक लम्बे समय तक चलने वाली क्रान्ति रहा; जिसने एक लोकतान्त्रिक समाज की संकल्पना की कल्पना की और उसे साकार करने का प्रयास किया। धर्मसत्ता और समाजसत्ता की इस टकराहट से एक समतामूलक, प्रेम केन्द्रित नयी धार्मिक और आध्यात्मिक व्यवस्था का दर्शन विकसित हुआ। एक न्यायपरक, समतामूलक, प्रेमिल समाज का ब्लू प्रिंट तैयार हुआ। रैदास का 'बेगमपुरा' वही ब्लू प्रिंट है, जिसकी अनुगूँज आधुनिक राष्ट्र-राज्य हिन्दुस्तान के संविधान में मौजूद है।

राजनीतिक दर्शन के रूप में भक्ति आन्दोलन

भक्ति आन्दोलन अपनी बहुमूलक प्रकृति के कारण हिन्दुस्तान के लिए एक राजनीतिक दर्शन के तौर पर हमेशा प्रासंगिक रहा है। देश की समकालीन चुनौतियों को ध्यान में रखकर समय-समय पर भक्ति के विचार और व्यवहार की पुनर्व्याख्या की जाती रही है। समकालीन सन्दर्भ में भी हम देखें तो पिछले एक-दो दशकों में लोकप्रिय संस्कृति में एक बार पुन: विभिन्न भक्त सन्तों की सशक्त उपस्थिति दिखलाई पड़ने लगी है। इसका प्रमाण संगीत की दुनिया में भक्त सन्तों के साहित्य का विपुल प्रयोग है। साथ ही देशभर में लगातार हो रहे कबीर, भक्ति और सूफ़ी संगीत उत्सव हैं। आज राजनीति, समाज, पर्यावरण, मानसिक स्वास्थ्य–सभी क्षेत्रों की समस्याओं के निदान के लिए भक्ति-आन्दोलन की ओर लोगों ने देखना शुरू कर दिया है।

19वीं सदी का भारत भी भक्ति आन्दोलन से अपनी प्रेरणा और ऊर्जा ग्रहण कर रहा था। औपनिवेशिक शासन के दौरान हुए नवजागरण में भी भक्ति आन्दोलन की गूँज स्पष्ट सुनाई देती रही है। औपनिवेशिक भारत के समाज-सुधार आन्दोलन, स्वतन्त्रता-संग्राम और राष्ट्रीयता की परियोजना को दशा और दिशा देने वाले कुछ महान पुरोधाओं पर भक्ति आन्दोलन का अत्यन्त गहरा प्रभाव रहा है।

महात्मा गाँधी के राजनैतिक मुहावरों का यदि हम गहराई से अध्ययन करें, तो वहाँ हमें भक्ति आन्दोलन के मूल्यों की अनुगूँज स्पष्ट सुनाई देगी। देश की ज़रूरत

के अनुसार वह भक्ति की नयी परिभाषा गढ़ रहे थे। भक्ति की इस नयी परिभाषा में श्रम की गरिमा, समानता और सर्वधर्म समभाव को उन्होंने साधना का आधार बनाया। गाँधी के अलावा स्वतन्त्रता सेनानी और महान विचारक गोविन्द रानाडे पर भी भक्ति-आन्दोलन का प्रभाव स्पष्ट देखा जा सकता है। अंग्रेजी शासन से उत्पन्न हिन्दुस्तान की नयी राजनीतिक और सामाजिक परिस्थितियों और उनकी आवश्यकताओं को मध्य नज़र रखते हुए "गोविन्द रानाडे ने भक्ति आन्दोलन के मूल्यों को अपना आलम्बन बनाया। उन्होंने समानता, करूणा और सहअस्तित्व के मूल्यों को औपनिवेशिक भारत के लोकवृत्त में स्थापित करने के लिए तुकाराम, एकनाथ जैसे सन्तों के सिखावन का प्रयोग किया।"[2]

ज्योतिबा फुले की सार्वभौम धर्म की अवधारणा भी भक्ति आन्दोलन के दर्शन से ही प्रभावित है। वह कबीर की मानिन्द एकेश्वरवाद में यकीन करते हैं और मूर्ति पूजा और हर तरह के कर्मकाण्ड का विरोध करते हैं। कबीर, रैदास और अन्य सन्तों की मानिन्द वह भी ब्राह्मणवादी जाति व्यवस्था का विरोध करते हैं।

भक्ति आन्दोलन की इस उर्वर ज़मीन को तैयार करने में चौदहवीं सदी की कश्मीरी भाषा की आदि सन्त कवयित्री ललद्यद की महती भूमिका रही है। भक्ति को एक राजनैतिक दर्शन के रूप में विकसित करने में ललद्यद के योगदान को विस्मृत नहीं किया जा सकता है।

कश्मीर : मानवीय विरासत की स्वर्ग-स्थली

बीसवीं और इक्कीसवीं सदी में कश्मीर दुनिया के मानचित्र पर राजनीतिक दृष्टि से सर्वाधिक विवादित स्थानों में से एक रहा है। लेकिन यह भी सत्य है कि न केवल हिन्दुस्तान बल्कि दुनियाभर के विद्वानों और लेखकों ने इसे धरती का स्वर्ग कहा है। यह धरती का स्वर्ग केवल अपनी नैसर्गिक प्राकृतिक सुषमा के कारण ही नहीं है, बल्कि यहाँ की आध्यात्मिक और धार्मिक विरासत के कारण भी रहा है। अपनी भौगोलिक अवस्थिति के कारण कश्मीर हमेशा ही कई संस्कृतियों के सहमेल की स्थली तो रहा ही है, व्यापारिक दृष्टि से भी महत्त्वपूर्ण रहा है। यही वजह है कि वहाँ विभिन्न संस्कृतियों और धार्मिक-आध्यात्मिक विरासतों का संश्लेषण होता रहा है।

सदियों पहले कश्मीर बौद्ध धर्म का प्रमुख केन्द्र था। किन्हीं कारणों से नौवीं से ग्यारहवीं सदी के बीच बौद्ध धर्म का प्रभाव कश्मीर पर कम होता चला गया और शैव और शाक्त सम्प्रदायों का प्रभाव बढ़ने लगा। कश्मीर की सरजमीं पर दसवीं

सदी में अभिनव गुप्त जैसा महान शैव, तन्त्र का विद्वान, संगीतज्ञ, नाटककार, तर्कशास्त्री और धर्मशास्त्री पैदा होता है। बौद्ध धर्म, शाक्त और शैव सम्प्रदाय के संश्लेषण से अभिनव गुप्त ने त्रिका शैव दर्शन विकसित किया। कश्मीर में विभिन्न धार्मिक सम्प्रदायों के एकीकरण का यह सम्भवतः पहला प्रयास रहा होगा। यही मत बाद में कश्मीरी शैव मत के रूप में प्रचलित हुआ। कश्मीरी शैव दर्शन पर बौद्ध धर्म का स्पष्ट प्रभाव देखा जा सकता है। इसने भी ब्राह्मणवादी-व्यवस्था और मूर्ति पूजा का विरोध किया। *कश्मीरी शैव दर्शन के अनुसार ईश्वर से मिलन में व्यक्ति की जाति या धर्म की कोई भूमिका नहीं है। ईश्वर की चाहना करके कोई भी व्यक्ति ईश्वर को पा सकता है, चाहे उसकी जाति या धर्म कुछ भी हो।*[3] जब सूफ़ी कश्मीर आये तो कश्मीरी शैव सम्प्रदाय का यह समतावादी दर्शन उन्हें अपनी साधना-पद्धति के बहुत करीब लगा। और इस तरह कश्मीर में एक बार पुनः धार्मिक-आध्यात्मिक संश्लेषण की प्रक्रिया प्रारम्भ हुई।

चौदहवीं सदी में कश्मीर की इस बहुलतावादी सांस्कृतिक-आध्यात्मिक विरासत को एक ठोस शक्ल-ओ-सूरत मिली, जिसे आज भी कश्मीरियत के नाम से जाना जाता है। इसका इतिहास 'सत्यम शिवम सुन्दरम' की परम्परा को विकसित करने का इतिहास रहा है। सांस्कृतिक बहुलता, प्रेमपूर्ण सहअस्तित्व, सार्वभौम धर्म, समानता, साम्प्रदायिक सौहार्द, मानवता और सहिष्णुता के मूल्यों से सुसज्जित कश्मीरियत की धारणा चौदहवीं सदी में ललद्यद और उनके सूफ़ी शार्गिद नुन्द ऋषि ने विकसित की, जिनके बारे में एक कथा प्रचलित है कि जब उनका जन्म हुआ तो वह माँ के स्तन से दुग्धपान नहीं कर रहे थे और व्याकुल होकर रोये जा रहे थे। इस घटना से उनकी माँ और घरवाले बहुत परेशान थे कि आखिर शिशु को क्या हो गया! तभी ललद्यद वहाँ पहुँच जाती हैं और बच्चे के कानों में कुछ कहती हैं और शिशु शान्त होकर माँ का दूध पीने लगता है। कथा कहती है कि *वह शिशु बहुत ही उच्च आत्मा था और जन्म लेकर फिर से संसार के जंजाल में फँसने के कारण वह दुखी था। ललद्यद ने शिशु के कान में कहा था कि जब जन्म लेने में शर्म नहीं आयी तो अब दूध पीने में क्यों शरमा रहे हो।*[4]

वह बालक बाद में नुन्द ऋषि के नाम से मशहूर हुआ और उस नुन्द ऋषि ने सन्त ललद्यद के बारे में लिखा है–

उस पांपोर की लला ने / दिव्यामृत छक कर पिया / वह थी हमारी अवतार / प्रभु! वही वरदान मुझे भी देना।

ललद्यद : जीवन और समय

आधुनिक कश्मीरी भाषा की पहली कवयित्री ललद्यद को आज भी मुस्लिम और हिन्दू, दोनों समुदाय अपनी माँ के रूप में याद करते हैं। वहाँ के लोक गायक आज भी किसी कार्यक्रम में सबसे पहले ललद्यद की कविता गाते हैं। कश्मीर की जनता द्वारा उन्हें विभिन्न नामों से पुकारा जाना इस बात का प्रमाण है कि कश्मीर के समाज और संस्कृति पर आज भी ललद्यद की अमिट छाप है। औपचारिक और अकादमिक जगत में ललद्यद के नाम से जानी जानेवाली सन्त कवयित्री को आज भी अपने घर यानि कश्मीर में लोग कई-कई प्यार के नाम से पुकारते हैं। कोई उन्हें लल कहता है तो कई लला तो लला आरिफा तो कोई ललयोगेश्वरी तो किसी को उन्हें ललेश्वरी के नाम से पुकारना अच्छा लगता है। वैसे उनका जन्म का नाम कुछ और ही बताया जाता है। विद्वान पण्डित गोपीनाथ रैना के अनुसार *ललद्यद के माता-पिता ने उन्हें पद्मावती*[5] नाम दिया था।

यद्यपि ललद्यद के जन्म के बारे में इतिहासकार और विद्वान एकमत नहीं हैं, तथापि इस बात को लेकर सभी एकमत हैं कि उनका जन्म चौदहवीं सदी में श्रीनगर के पास पाम्पोर में हुआ था।

ललद्यद की आध्यात्मिक यात्रा बचपन में ही शिवभक्त के रूप में प्रारम्भ होती है। उनके गुरु का नाम सिद्धमोल बताया जाता है, जो कि कश्मीरी शैव थे। बचपन में ही उनकी शादी हो जाती है। उनकी आध्यात्मिक गतिविधियों के कारण उन्हें उनकी ससुराल में गलत समझा जाता है। सास और पति के द्वारा तरह-तरह की प्रताड़ना दी जाती है। तब भी वह अपनी साधना में अडिग रहती हैं और जब पानी सर से ऊपर चला जाता है, तो 25 साल की उम्र में वह निर्वस्त्र होकर सांसारिक जीवन को त्याग देती हैं।

उनकी कविताएँ, जिन्हें वाख कहा जाता है आज भी कश्मीर घाटी के रोजमर्रा जीवन की साँस हैं। बाद में उनकी मुलाकात सूफ़ी विद्वान हमदानी से होती है और उन पर सूफियत का रंग चढ़ता है। आज भी ललद्यद कश्मीर में हिन्दू मुसलमान दोनों ही समुदायों में अत्यन्त लोकप्रिय हैं। उनकी कविताओं में भक्ति आन्दोलन के लगभग सारे ही आध्यात्मिक मूल्य अन्तर्निहित हैं। उन्होंने सार्वभौम प्रेम, एकत्व, धार्मिक एकता की बात बार-बार अपने वाख में कही है। उनका जीवन भी इन मूल्यों की अभिव्यक्ति रहा है। कश्मीर भारत की आजादी के बाद से ही विभाजनकारी

राजनीति का शिकार रहा है। गहन दुख के इन क्षणों में ललद्यद के जीवन, दर्शन और साहित्य ने घाटी को एक माँ की तरह सँभाला है।

कश्मीरियत और ललद्यद

ललद्यद के वाखों में सांस्कृतिक बहुलता, प्रेमपूर्ण सहअस्तित्व, सार्वभौम धर्म, समानता, साम्प्रदायिक सौहार्द, मानवता और सहिष्णुता की एक निर्मल नदी सी निरन्तर बहती नज़र आती है। इन मूल्यों की नदी का जल लेकर ही कश्मीरियत की अवधारणा विकसित हुई। कश्मीरियत की विकसित हो रही परिभाषा में धर्म, आचरण, भक्ति, साधना सबकी नयी परिभाषा गढ़ी जा रही थी। ललद्यद के वाखों में उन परिभाषाओं को बनते हुए देखा जा सकता है।

वह बाहरी सारे आडम्बरों पर सीधा प्रहार करती हैं और कहती हैं कि पत्थर के देव की पूजा करने से कुछ हासिल नहीं होगा। मन और प्राण के मिलन से ही प्रगति सम्भव है–

देव भी पत्थर है और दीवार (मन्दिर) भी पत्थर है
ऊपर नीचे एक ही स्थिति है
हे! पण्डित तू किसकी पूजा करेगा ?
मन और प्राणों को एक साथ मिला दे। (अनुवाद–मीराकान्त)

ईश्वर की भक्ति के लिए वह कर्मकाण्ड को जरूरी नहीं मानतीं, बल्कि उनके अनुसार यह ईश्वर और भक्त के बीच की दीवार है। वह कहती हैं कि–

धरती गगन दिन रात पवन
अर्घ्य, पुष्प, चन्दन, पानी
जे सब कुछ तेरा, तू ही सब में
फिर क्या मैं तोहे दूं। (अनुवाद– प्रभजोत प्रभु सिंह)

जब कण-कण में शिव हैं, तो फिर उसे क्या अर्पित किया जा सकता है! उनके अनुसार न तो पोथियाँ पढ़ने से, न ही व्रत-उपवास से न ही पूजा-अर्चना से ईश्वर की भक्ति की जा सकती है। ललद्यद के यहाँ जो भक्ति के लिए सर्वाधिक अनिवार्य तत्त्व है– वो है, 'मन की शुद्धता'। वह अपने एक वाख में कहती हैं–

चाहे लोग हँसें या बोल कसें

घट अन्तस भेद न होई,

ये में जानयो सांचों भक्ति

मन दर्पण मैल ना होई। (अनुवाद– प्रभजोत प्रभु सिंह)

यहाँ हम सहज ही देख सकते हैं कि ललद्यद भक्ति के लिए धर्म को अनिवार्य नहीं मानती हैं। आचरण की शुद्धता से मन के दर्पण को साफ करना और सुख-दुख, अपने-पराये के भेद को मिटाकर सबको समता के भाव में देखना ही उनके यहाँ भक्ति है–

मैंने मिथ्याचार, असत्य व कपट को त्यागने को अपने मन को उपदेश दिया तथा प्रत्येक जन में उस 'केवल' को व्याप्त जाना। अत: फिर अन्न खाने से द्वेष क्यों रखूं! व्रत उपवास से अधिक महत्त्वपूर्ण है मन को शुद्ध रखना।[6]

आचरण की शुद्धता से जब सदियों से मन पर पड़ी धूल की परत समाप्त हो जाती है, तब मन मन्दिर बन जाता है और तब हर किसी में उस शिव के ही दर्शन होते हैं। भक्ति की इस समूची प्रक्रिया में कहीं भी धर्म का पारम्परिक स्वरूप नहीं आता। और भक्त समस्त संसार में उसी परम सत्य का दर्शन करता है–

मिटे मैल जब मन-दर्पण से

मन मन्दिर में सूपाया।

हुई हैरान तब मैं, जब हर को हर में पाया। (अनुवाद– प्रभजोत प्रभु सिंह)

ललद्यद के 'एकत्व' के इस बोध से ही कश्मीरियत की समानता और सर्वधर्म समभाव का बोध विकसित होता है। वह अपने वाखों में धार्मिक एकत्व की बात बार-बार कहती हैं–

थल थल में बसता है शिव ही,

भेद न कर क्या हिन्दू मुसलमां।

ज्ञानी है तो स्वयं को जान,

वही है साहिब से पहचान। (अनुवाद-मीराकान्त)

संक्षेप में कहें तो ललद्यद के वाख में कबीर के दोहे के समान ही मनुष्यता के एकत्व का आख्यान मिलता है। उनके वाख कबीर के दोहे के समान ही मनुष्य पर आरोपित किसी बाहरी पहचान का प्रत्याख्यान रचते हैं। धर्मसत्ता की प्रबलता के उस दौर में मनुष्य की बाहरी पहचान का अर्थ है किसी व्यक्ति का शास्त्र-विहित धार्मिक आचरण से बँधा होना। वाख शास्त्र-विहित इन धार्मिक आचरणों की व्यर्थता सिद्ध

करनेवाली वाणी है। इस अर्थ में बाह्य आरोपित आचरण से हासिल प्रदत्त पहचान नहीं, बल्कि आत्म-आरोपित आचरण से अर्जित आत्म-पहचान के गढ़न की बात कभी स्वगतकथन, कभी सिखावन, कभी तत्त्व-बोध तो कभी मित्रवत परामर्श के रूप में ललद्यद के वाख में चला आता है। वाखों में अर्जित पहचान की कसौटी है, मन का निष्कपट और निष्कवच हो जाना। इस अवस्था को वाखों में बारम्बार 'मन-दर्पण' कहा गया है। दर्पण की विशेषता होती है– जस को तस दिखाना। ललद्यद के वाख अपनी समग्रता में आरोपित आचरण का प्रत्याख्यान रचती ही इस एक अनुभूति से हैं कि व्यक्ति-बाह्य किसी सत्ता के द्वारा आरोपित होने के कारण इन आचरणों से बनने वाली पहचान भेद-भाव करती है, वह दर्पण की तरह जस का तस नहीं दिखाती। ललद्यद के वाखों में यह टेक की तरह चली आती है कि जस का तस देखोगे तो पता चलेगा कि भेद कहीं है ही नहीं क्योंकि जो तुझमें है, वही मुझमें है कि तेरा-मेरा का एकमेक करता यह कोई पारलौकिक दैवीय भाव या देशना भर नहीं बल्कि नितान्त मानुष-भाव है और इस मानुष-भाव को प्रेम का भाव कहकर पहचाना जाता है, प्रेम की संवेदना कहकर अनुभव किया जाता है यानी तेरा-मेरा को एकमेक करनेवाला भाव स्वयं में इन्द्रियजन्य ज्ञान है, जो इसी धरा और इसी जीवन में प्राणिमात्र के साथ सह-जीवन में अनुभूत किया जाने वाला है।

चाहे वाख को अंशत: या प्रधानत: कश्मीर की विशिष्ट राजनीतिक-ऐतिहासिक परिस्थितियों की देन मानें अथवा यह कि एक स्त्री के रूप में ललद्यद के लिए ऐसे भाव-बोध तक पहुँचना सामाजिक रूप से भले ही कठिन किन्तु स्वभावगत रूप से आसान था और यह भी कि ललद्यद की लोक-स्वीकृति के पीछे उनका स्त्री होना भी एक कारण है क्योंकि तब उन्हें माँ कह और समझकर अपने दुख का साक्षी और साझी बनाया जा सकता है, फिर भी इन बातों के सहारे इस एक बात के महत्व को कम नहीं किया जा सकता कि वाख अपनी समग्रता में भक्ति के लोकवृत्त के भीतर इहलौकिक जीवन को स्वतन्त्रता, समता और बन्धुता की भूमि पर प्रतिष्ठित करते हैं, जो आगे जाकर कश्मीरियत की अवधारणा बन जाता है।

सन्दर्भ

1. मूलचन्दानी, संध्या 2019, फॉर द लव आफ गॉड, पेंग्यून रैंडम हाउस, गुड़गाँव, भारत
2. होस्कोटे, रंजीत 2011, आयी, लल्ला, पोएम्स ऑप ललद्यद, पेंग्यून रैंडम हाउस, गुड़गाँव, भारत

3. संगारी, कुमकुम 2016, मीराबाई और भक्ति की आध्यात्मिक अर्थनीति, वाणी प्रकाशन, दिल्ली।
4. लॉरेंजन, डेविड एन., (अनुवाद : धीरेन्द्र प्रताप सिंह), 2010 निर्गुण सन्तों के स्वप्न, राजकमल प्रकाशन, दिल्ली।
5. इंडिया एंड सिविलाइजेशन लफ्यूचरर्स (सम्पादित–विनय लाल), 2019, ऑक्सफोर्ड यूनिवर्सिटी प्रेस।
6. नीरजा मट्टू, 2019, द मिस्टिक एंड द लिरिक, जुबान, नयी दिल्ली।

भारतीय नेपाली सन्त कवयित्री योगिनी अंजना देवी : एक परिचय

डॉ. नम्रता चतुर्वेदी

पूर्वी हिमालय में पहाड़ों में बसा एक छोटा सा शहर है 'खर्सांग'। इसे अंग्रेजों ने 'कर्श्यंग' नाम दिया था और इसे टॉय ट्रेन के साथ हमेशा के लिए जोड़ दिया। पर्यटकों की आँखों से जो बाहर रहता है वह है यहाँ का सांस्कृतिक और आध्यात्मिक जीवन। इस जीवन की कड़ियाँ सीधे जुड़ती हैं योगिनी अंजना देवी के संग। सिंगबुली चाय कमान में अंजना अपने दादाजी श्री दयाल राय के साथ रहती थीं। वह यहाँ एक बड़े बँगले में रहते थे। दयाल राय जी आध्यात्मिक प्रवृत्ति के व्यक्ति थे जिनके घर के द्वार सन्तों और जोगियों के लिए हमेशा खुले रहते थे। उनके घर से दान-दक्षिणा सदा दी जाती थी और उनके व्यवहार में सेवा-सत्कार की कोई कमी नहीं थी। दयाल राय जी 1008 सन्त सोमेश्वरानन्द के शिष्य थे। वे रामकृष्ण मिशन के स्वामी अभेदानन्द को भी अपना आध्यात्मिक गुरु मानते थे। आध्यात्मिक विषयों पर परिचर्चा और सत्संग का वातावरण कायम रहता था। ऐसे परिवेश में अंजना का पालन-पोषण हुआ। स्वयं की प्रवृत्ति ईश भक्ति में डूबी होने के कारण अंजना बचपन से ही सन्तों के सान्निध्य में रही। ऐसे वातावरण में घटित एक घटना ने उसके जीवन पर गहरा प्रभाव डाला।

एक दिन एक जोगी उनके द्वार आया। उसने बालिका को एक शालिग्राम दिया और उसका ध्यान रखने को कहा। अंजना ने पूरे मातृत्व से शालिग्राम को दुलार दिया और ईश्वर के इस शिला रूप ने अंजना के आध्यात्मिक जीवन को पोषित

असिस्टेंट प्रोफेसर, अंग्रेज़ी विभाग, ज़ाकिर हुसैन दिल्ली कॉलेज, दिल्ली विश्वविद्यालय

किया। धीरे-धीरे शिला जीवन्त होती गयी और अंजना की भक्ति प्रगाढ़ होती चली गयी। दयाल राय जी के आग्रह पर सन्त सोमेश्वरानन्द ने अंजना को मन्त्र दीक्षा दी थी। सन् 1904 में जन्मी अंजना कृष्ण प्रेम में ऐसी उतरती गयी कि सन् 1925 में मात्र इक्कीस वर्ष की उम्र में उसने स्वेच्छा से देह त्याग कर दिया। ध्यान में अपने पूर्व जन्मों को देख लेने के बाद और नारद और व्यास तथा अन्य ऋषि मुनियों के दर्शन पाने के बाद अंजना देवी कृष्ण तत्त्व में विलीन होने के लिए व्याकुल थीं। योग को उच्च स्तर पर ले जाने के बाद एक योगिनी के लिए इस भौतिक जगत में क्या रह गया था बाकी?

मुझे सिंगबुली चाय कमान में उनका बँगला देखने का और उसके बाहर विचरने का अनुभव याद रहेगा। इस गाँव का नाम सिंगबुली देवी माँ के नाम पर है, माँ जो सिंह की सवारी करती हैं। बँगले के पीछे एक प्राचीन देवी मन्दिर भी है। बँगले के ठीक सामने एक रबर का पुराना और भव्य वृक्ष है। गाँव के लोगों की स्मृति में और अंजना देवी के परिवार की स्मृति में इस वृक्ष की बड़ी भूमिका है। अपने आलेख 'योगेश्वरी अंजना देवी' में बिरही काइला ने अंजाना देवी के परिवार की मनरानी राई की स्मृति के आधार पर वर्णन किया है कि अंजना देवी इसी वृक्ष के नीचे सफ़ेद कपड़ों में रुद्राक्ष की माला धारण किये ध्यान में लीन रहती थीं। ईश्वर साक्षात्कार उन्हें इसी वृक्ष के नीचे प्राप्त हुआ। कभी-कभी वह इस वृक्ष के ऊपर भी बैठती थीं और कृष्ण भक्ति में लीन गीत गाती थीं। बँगले के पीछे एक धारा है जिसमें अंजना देवी नहाती थीं और वहाँ से भक्ति गीत गुनगुनाते हुए विचरती थीं। इस वृक्ष की विशालता को हमने इसके नीचे बैठकर अनुभव किया। अंजना देवी का साधना स्थल उनकी दिव्य अनुभूति से आज भी पोषित है। उस वृक्ष के नीचे बैठकर मैंने अपने मन की दृष्टि से अंजना देवी को देखा। मुझे एक अल्हड़ लड़की दिखाई दी जिसकी साधना इतनी सहज हो चुकी थी कि वह हँसते गाते कृष्ण से बातें करती घूमती रहती थी। स्वाभाविक था लोगों का उसे पागल समझना। इससे भी अधिक स्वाभाविक था इस लड़की के वैवाहिक जीवन का विफल होना। विवाह के कुछ ही दिनों में अंजना देवी अपने दादाजी के घर लौट आयीं। उनके जीवन के ध्येय को न समझ पाने के कारण दयाल राय जी ने उनसे क्षमा माँगी और उन्हें आश्वासन दिया कि अब वह उनके और उनके ईश्वर के बीच नहीं आयेंगे।

दयाल राय जी ने खर्सांग में गिद्दे पहाड़ पर एक कोठी खरीदी थी। इसके प्रांगण में अंजना देवी की स्मृति में एक मन्दिर का निर्माण भी करवाया। इस मन्दिर

में एक एकतारा रखा है, वह एकतारा जिस पर अंजना देवी कृष्ण भजन गाती थीं। पहले इस मन्दिर में वह शालिग्राम भी रखा था जिसने अंजना के आध्यात्मिक जीवन को शक्ति दी थी। सन् 1955 में रामकृष्ण मिशन के स्वामी अमृतानन्द ने इस ज़मीन को खरीदा जिस पर मन्दिर बना हुआ था। एक दिन जब स्वामी जी वहाँ नहीं थे एक अद्‌भुत घटना घटित हुई। छविलाल घाले उस मन्दिर की देखरेख करते थे। उनकी बेटी गोभा वहाँ खेल रही थी जब उसने एकाएक एक तीन-चार साल के लड़के को मन्दिर से निकलते हुए देखा। वह लड़का गुलाब की झाड़ी में विलीन हो गया। गोभा भय से चीखने लगी और लोग एकत्रित हो गये। उन्होंने पाया कि मन्दिर के किवाड़ पटल सब बन्द थे और किसी के भी वहाँ से निकलने का कोई प्रमाण नहीं मिला। परन्तु भीतर रखा शालिग्राम गायब था। स्वामी जी के लौटने पर जब उन्हें इस घटनाक्रम की जानकारी हुई तो वह उदास हो गये और जल्द ही ज़मीन बेचकर वहाँ से चले गये। पूछने पर उन्होंने बताया कि यह ज़मीन उन्होंने अंजना देवी की दिव्य आत्मा के दर्शन के लिए ही खरीदी थी और अब वह दर्शन उन्हें भाग्य में नहीं था। वह लड़का उस दिव्य आत्मा का स्वरूप था और वह अपना शालिग्राम लेकर चला गया।

अंजना देवी का एक भजन नेपाली भाषा से हिन्दी में अनुवाद करके आपके समक्ष रख रही हूँ :

माँगू प्रभु चरणों का आशीष अभय
चौरासी चक्र के इस पतित का हर लो भय
दया के सागर संसार के आधार हे हरि कृपालु
मैं दुखी तुम्हारी शरण में हूँ उद्धार करो हे दयालु
मुझ अधम जीव को आशा और आश्रय दो हे प्रभु के पद
व्याकुलता से बँधी हूँ पार लगाओ हे प्रभु नाम के पद
जहाँ देखूँ वहाँ दिखे संसार, नहीं दिखते प्रभु कहीं
धिक्कार है मेरा जन्म और कर्म जहाँ प्रभु नहीं
मास ऋतु और घड़ियाँ बीत रहा है काल
अब भी दर्शन न दिये तो क्या होगा मेरा हाल
कहाँ दिखेंगे श्याम सलोने कहाँ मिलेंगे शान्ति सुख
श्याम के दर्शन बिना इस संसार में है केवल दुख

प्रपंच के वन में मनरूपी वायु बहे निरन्तर
माया में फँसी मैं भूल गयी प्रभु का अन्तर
कृपा करो दर्शन दो हे प्रभु हर लो मेरा दुख
प्रभु की कृपा नहीं भेद करे क्या सुख और कैसा दुख
मुझे अपनी भक्ति से अमर कर प्रभु दो स्थान चरण में
आपकी ही कृपा की आशा में बसी हूँ आपकी शरण में[1]

निर्गुण भजन परम्परा में एकतारा का बहुत महत्त्व है। सब स्वरों को एक तार में साध लेना ही तो असली साधना है– सांसारिक तरंगों को ईश्वरीय तरंग से जोड़ देना, सब भेदों के पीछे अभेद तत्त्व को पहचान लेना। सिक्किम और दार्जिलिंग के पहाड़ों में निर्गुण भजन की परम्परा जुड़ती है जोसमनी सन्त परम्परा से। यह सन्त परम्परा नेपाल में विकसित हुई, और कुमार सिंह राय के आलेख 'जोसमनी पन्थ परम्परा औ स्वामी १०८ श्यामदास' के अनुसार इसके प्रथम गुरु का उत्तराखण्ड के जोशीमठ से आने के कारण समय के साथ इसका नाम जोसमनी परम्परा पड़ गया। एक बेहद महत्त्वपूर्ण किताब है 'जोसमनी सन्त परम्परा र साहित्य' जिसके लेखक जनकलाल शर्मा ने इस भक्ति परम्परा के विकास और प्रादुर्भाव का बृहत अध्ययन किया है। नेपाल में इस परम्परा के एक सन्त ज्ञानदिलदास हुए। वे नेपाल से भारत आये और उन्होंने एक धाम दार्जिलिंग में रंगबुल में बनाया और दूसरा धाम सिक्किम के गेलिंग गाँव में। सन्त ज्ञानदिलदास का पहाड़ के समाज पर बहुत प्रभाव रहा जिसमें जीवन शैली को सुधारना, प्रभु का नाम जपना और सत्य के मार्ग पर चलना शामिल थे। इसी परम्परा के एक सन्त हुए स्वामी सोमेश्वरानन्द जो श्री दयाल राय के गुरु थे और जिन्होंने अंजना देवी को मन्त्र दीक्षा दी थी। अंजना देवी के साथ श्यामदास को भी सोमेश्वरानन्द ने दीक्षा दी थी। जहाँ श्यामदास की रचनाओं का संरक्षण हुआ है वहीं अंजना देवी द्वारा रचित भजनों में केवल 3-4 ही उपलब्ध हैं। स्त्री सन्त साहित्य में प्राय: ऐसा देखने को मिलता ही है। इसके कारणों पर विचार करने से हम भविष्य में स्त्री साहित्य के प्रमाण, उपमेय और उपमान सभी का संरक्षण करने में समर्थ हो सकते हैं। इनके बिना आध्यात्मिक साहित्य में स्त्री अनुभूति का स्थान रिक्त ही रह जायेगा जिससे साहित्यिक समझ भी अपूर्ण ही रह जायेगी।

अंजना देवी के प्राप्य भजनों से उनके आध्यात्मिक चिन्तन और चेतना के स्तर का अनुमान हमें सहज ही मिलता है। भगवान कृष्ण के निर्गुण स्वरूप का चिन्तन, योग अभ्यास में ध्यान, धारण, समाधि, इष्ट प्रेम और सहज साधना के

प्रमाण हमें इनकी कृतियों में मिलते हैं। एक योगिनी के ईश प्रेम का क्या स्वरूप हो सकता है यह हमें इनके शब्दों से दृष्ट होता है। एक लगन– आत्मसाक्षात्कार की तड़प अंजना देवी की साधना में स्पष्ट दिखती है। एक स्त्री सन्त के काव्य में एक प्रकार का माधुर्य भक्ति भाव ही सदा विद्यमान हो यह अनिवार्य नहीं है। प्रेम के अर्थ बहुआयामी हैं, और उनमें योग-प्रेम भी एक प्रकार का प्रेम है। यह वह प्रेम है जो एक योगी ईश्वर के सनातन सत्य से करता है। यह वो प्रेम है जो हर एक साधना के अनुभव से प्रगाढ़ होता जाता है। यह एक स्त्री का पुरुष रूपी इष्ट से प्रेम नहीं है, यह एक योगिनी का योग है। यहाँ वह दर्शनाभिलाषी है, वह साक्षात्कार जो साधना को प्रमाणित करता है। स्वानुभव से उपजा प्रेम एक कोरी लगन नहीं है, एक लौकिक लगन का बिम्ब नहीं है, माधुर्य भाव की कसौटी नहीं है। यह एक योग मार्ग है, यह वही प्रेम है जो रामकृष्ण परमहंस ने ब्रह्मतत्त्व से किया, जो परमहंस योगानन्द ने अपने गुरु से किया। ऐसा प्रेम मानवीय रूपकों से आगे बढ़ जाता है और अपने रूपक स्वयं ही निर्धारित करता है। ऐसे प्रेम को समझने के लिए एक नयी काव्य चेतना का जन्म होता है जो सन्त साहित्य से सम्भव होता है। उसमें भी स्त्री सन्त काव्य स्त्रीत्व से गर्भित अलंकारों को रचता है जिनके आस्वादन के लिए पुरुषत्व से परे एक दृष्टि की आवश्यकता होती है। जब सन्त दयाबाई पूछती हैं ईश्वर से "किस बिधि रीझत हौ प्रभु, का कहि टेरूँ नाथ"[2], यह एक खास स्त्रीत्व-रूपक है, एक ऐसा भाव जो स्त्री मुख से एक अलग ही अर्थ सौन्दर्य को झलकाता है। जब स्त्री सन्त लौकिक अनुराग का खण्डन करती हैं, सामाजिक रिश्तों के मायाजाल को दिखलाती हैं और जीव, ब्रह्म और पिण्ड पर मनन करती हैं तो इन शब्दों के अर्थ और भी गहरे हो जाते हैं। आखिर स्त्री ही तो है जो जीव उत्पत्ति की स्रोत है, जो मातृत्व से लेकर और सभी भावों का निर्वाह करती है। साथ में सामाजिक रिश्तों के मायाजाल को भी एक स्त्री जीवन भर ढोती है। इस मायाजाल की बारीकियों को समझते हुए, साथ में उनसे संघर्ष करते हुए जब एक स्त्री सत्य के अनुभव पथ पर अग्रसर होती है, उसके शब्दों में लौकिक बोध और चेतना की छटपटाहट साथ आ जाते हैं। इन सबसे 'प्रेम' शब्द के अर्थ और भी गहरे हो जाते हैं। सहजोबाई का गुरु प्रेम, अंजना का निर्गुण कृष्ण प्रेम, सन्त भूरीबाई का मौन प्रेम, और सन्त मीराबाई का सगुण इष्ट प्रेम, सभी प्रेम के ही रूप हैं– एक दूसरे से भिन्न यद्यपि एक।

भारतीय नेपाली भक्ति काव्य में अंजना देवी से पहले हमें केवल एक स्त्री कवि का नाम मिलता है– बबगुनी गुरुङ जिनकी कृति का शीर्षक है 'ब्रह्मतत्त्व को

सवाई'। यह कृति अब प्राप्य नहीं है। वस्तुतः अंजना देवी नेपाली भाषा की पहली भारतीय स्त्री कवि मानी जा सकती हैं। इस विभूति की समाधि सिंगबुली चाय कमान में स्थित है, परन्तु यह स्थल स्थानीय निवासियों के अलावा किसी भी साहित्यिक दृष्टि में अपनी जगह नहीं बना पाया है। इस स्थल पर जाकर मुझे ज्ञात हुआ कि बीसवीं शताब्दी के शुरू के दशकों में 'कल्याण' पत्रिका में छपे एक लेख के सन्दर्भ में जयपुर से भक्त अंजना देवी की समाधि ढूँढ़ते हुए आये थे। यह लेख 'नेपाल की मीराबाई' के शीर्षक से अंक ७ में छपा था। उस समय शीर्षक में 'नेपाली' की जगह 'नेपाल' शब्द के प्रयोग के कारण सम्भवतः कुछ भ्रम उत्पन्न हुआ होगा कि यह सन्त भारत की नहीं बल्कि नेपाल की हैं। वास्तव में शीर्षक होना चाहिए था 'नेपाली की मीराबाई' जैसा कि अंजना देवी के नाम के साथ प्रचलित है। रामकृष्ण मिशन के स्वामी, जयपुर के भक्त और बाद में जर्मनी के कुछ शोधकर्ता यहाँ आये पर अंजना देवी का नाम आज भी साहित्यिक और आध्यात्मिक इतिहास के पन्नों में अनुपस्थित है। सिंगबुली में लोगों से मिलकर मुझे ज्ञात हुआ कि १९९० के दशक में पहली बार अंजना देवी की समाधि के बारे में पता चला और वह भी जर्मनी से आये शोधकर्ताओं के आग्रह पर। घास-पात के बीच एक समाधि मिली जिस पर झाड़-झंकार उग आये थे। स्थानीय लोग चकित रह गये जब शोधकर्ताओं ने एक केमिकल के प्रयोग से समाधि को साफ किया और साक्षात अंजना देवी का नाम पहली बार लोगों ने पढ़ा। जिन्हें 'पहाड़ की मीराबाई' के नाम से पुकारा गया था, उनका अस्तित्व पहाड़ में ही खो चुका है। ऐसी विभूतियाँ पुण्य कर्म से जन्म लेती हैं और अपनी आभा अपने जन्म और कर्म स्थान में बिखेर देती हैं। इन आभा के मोतियों को पिरोकर रखना हम सबका दायित्व है।

अन्त में अंजना देवी के एक और भजन के अनुवाद के साथ हम निर्गुण भक्ति भावना को और गहराई से आत्मसात कर सकेंगे :

अज्ञान को मिटाकर ज्ञान का प्रकाश देने वाले प्रभु
सत्य और प्रेम में डुबोकर असत्य मिटाने वाले प्रभु
मनमोहन माधव अपने भक्त का चित्त हर लेते हैं
परम पद देकर प्रभु हमारा भरण करते हैं
अखिल जगत तो व्यापक है, प्रभु हैं अव्यक्त निराकार
पर अपने भक्तों के लिए प्रभु ही बन जाते हैं रूपाकार

अमर अपार आनन्द की खान प्रभु हैं परलोक
शान्ति के साथ देते हैं प्रभु ज्ञान का आलोक
अज्ञानी फँसा है आनन्द विषय भोग में
ज्ञानी स्वतन्त्र है अखण्ड आनन्द के भोग में
अनन्त कोटी सृष्टि का निर्माण करते प्रतिपल
इसी सृष्टि के गर्भ में बीज रूप में बसे अटल
इस भव बन्धन से पार वही है जो स्वयं को पहचाने
मुक्ति और बन्धन बस बुद्धि में बसते हैं यह पहचाने
चित्त शुद्ध होकर ही समाता है परम ज्ञान
परम पद से वह दूर है जिसमें है बसा अज्ञान
ज्ञान पाया जबसे माधव की कृपा से भरी गागर
इस ज्ञान के सहारे अब पार होगा भव सागर
धन्य है प्रभु कृपा जो मिली इस दीन को आँखें मूँद
कठिन भवसागर के पार ले जायेगी ज्ञान की अमृत बूँद [3]

सन्दर्भ

1. सुंदास, इन्द्र, 'अंजना देवी', दियालो पत्रिका (अधिक जानकारी अनुपलब्ध), पृ. 15
2. दयाबाई, दयाबाई की बानी, प्रयाग बेल्वेडीर प्रेस, प्रयाग, 1980, पृ. 15
3. सुंदास, इन्द्र, 'अंजना देवी', दियालो पत्रिका, पृ. 17

सहायक ग्रन्थ

1. प्रधान, विनेश, योगेश्वरी अंजना देवी औ उनको साहित्यिक र आध्यात्मिक उपलब्धि (पत्रिका का नाम अनुपलब्ध)
2. काइला, बिरही, 'योगेश्वरी अंजना देवी विस्मृत हुँदैछिन!', हिमाली दर्पण, 2016
3. छेत्री, पूरनकुमार 'नेपाली', नेपाल की मीरा–अंजना देवी, कल्याण, अंक-7, कुमार सिंह राय, जोसमनी पन्थ परम्परा औ स्वामी 108 श्यामदास, 1993 (अधिक जानकारी अनुपलब्ध)
4. शर्मा, जनकलाल, जोसमनी सन्त परम्परा र साहित्य, काठमांडू, अजंबरी पब्लिकेशन, 2021

भक्ति साहित्य और स्त्री का मुक्ति - स्वर

डॉ. श्रद्धांजलि सिंह

स्त्री के पितृसत्तात्मक शोषण और दमन का इतिहास बहुत पुराना है। उतना ही पुराना है उसके ख़िलाफ़ स्त्री का प्रतिरोधी स्वर। पारम्परिक शोषण और अपमान के ख़िलाफ़ स्त्री रचनाशीलता का प्रतिरोधी स्वर भारतीय समाज में हमेशा मौजूद रहा है, भले उसे सुना न गया हो। वैसे भी जिस समाज में स्त्रियों के प्रति लिंगभेदीय रवैया हो, वहाँ यह सम्भव ही नहीं है कि उनका प्रतिरोधी स्वर न हो। इसके अनेक साक्ष्य हैं कि प्राचीनकाल से ही लैंगिक असमानता की स्थिति सहमति आधारित नहीं थी और उसे औचित्य प्रदान करने वाली धारणाओं पर सवाल उठाये जाते रहे हैं। स्त्रियों को बुद्धि, विचार और संवेदना से हीन महज कामुक देह मानने की दृष्टि का किसी न किसी रूप में हर युग में विरोध हुआ है। बौद्ध थेरीगाथाओं से लेकर मध्यकालीन भक्त कवयित्रियों ने वर्चस्ववादी व्यवस्था को किसी भी काल में निरापद नहीं रहने दिया है। उन्होंने पितृसत्तात्मक समाज में स्त्री-जीवन की दारुण व्यथा कहते हुए उसके असन्तोष और प्रतिरोध की एक समृद्ध विरासत छोड़ी है।

भारत में स्त्री मुक्ति का स्वर सबसे पहले बौद्ध थेरीगाथाओं में गूँजता है। बौद्ध त्रिपिटक साहित्य में सुत्तपिटक के अन्तर्गत पाँच निकायों में से एक है ख़ुद्दक निकाय। इसके नवें भाग में 73 बौद्ध भिक्षुणियों की थेरीगाथाओं का संकलन है। थेरीगाथाएँ पालि भाषा में लिखी गयी हैं और इनकी रचनाकार थेरियाँ 600 ईसा पूर्व की बुद्धकालीन स्त्रियाँ थीं। समझा जा सकता है कि भारतीय समाज में स्त्री मुक्ति की चेतना बहुत पहले से जागृत हो चुकी थी। इसे पश्चिम का प्रभाव मानना अपनी समृद्ध विरासत की अनदेखी करना है। उमा चक्रवर्ती के शब्दों में, 'ये (थेरीगाथाएँ)

सहायक प्राध्यापक, हिन्दी विभाग, दार्जिलिंग गवर्नमेंट कॉलेज, दार्जिलिंग, पश्चिम बँगाल

इस तथ्य का खुलासा करती हैं कि स्त्रियों द्वारा पितृसत्तात्मक संरचना यानी घरेलू दायरे के बाहर अस्मिता रचने या उसे तलाश करने का मामला ईसा पूर्व छठी सदी का है, न कि पश्चिमी विचारों के प्रभाव का हालिया नतीजा, जैसा कि नारीवाद के आलोचक मानते हैं।'[1]

थेरियाँ समाज की विभिन्न जातियों और वर्गों से आयी थीं। इनमें सुमनार, जयन्ती, शैला, गौतमी आदि राजघरानों की स्त्रियाँ थीं। अनुपमा, उत्पलवर्णा आदि श्रेष्ठिकन्याएँ और सिंहा सेनापति की पुत्री थीं। वेश्याओं के वर्ग से विमला, अम्बपाली थीं। दलित वर्ग से आयी थेरियों में चापा, सुमंगला माता और पूर्णिमा का नाम लिया जाता है। स्पष्ट है कि बौद्ध धर्म ने सभी जातियों के लिए अपने दरवाजे खुले रखे थे।

यह सच है कि बौद्ध संघ में प्रवेश पाने के लिए स्त्रियों को काफ़ी संघर्ष करना पड़ा था और संघ के भीतर भी कई बार उन्हें लैंगिक भेद का शिकार होना पड़ता था जहाँ उनकी स्थिति बौद्ध भिक्षुओं के अधीन थी। लेकिन ऐसे दौर में जब परम्परा, सम्मान और कुलमर्यादा के नाम पर स्त्रियों को घर के भीतर रखा जाता था और उनके घर से बाहर जाकर उच्च शिक्षा ग्रहण करने की प्रथा बहुत प्रचलित नहीं थी, इसे बौद्ध धर्म का ऐतिहासिक योगदान माना जाना चाहिए कि उसने भिक्षुणियों के रूप में स्त्रियों को शिक्षा का अवसर मुहैया कराया और उनके लिए आध्यात्मिक उत्थान की राह खोली। उस युग की सीमाओं के बीच बौद्ध धर्म का यह योगदान कितना महत्त्वपूर्ण था, रोमिला थापर के शब्दों में, 'इस बात को दृष्टि में रखते हुए कि ब्राह्मण रूढ़िवादिता धीरे-धीरे स्त्रियों की गतिविधियों पर प्रतिबन्ध लगाने का प्रयत्न कर रही थी, स्त्रियों को भिक्षुणियों के रूप में स्वीकार करना उनकी अवस्थिति के विचार से एक क्रान्तिकारी कदम था।'[2] यह भी सही है कि एक बार संघ में प्रवेश पा लेने के बाद स्त्रियों ने पितृसत्तात्मक जकड़नों से निकलने के लिए इस अवसर का भरपूर लाभ उठाया और अपनी बौद्धिक-आध्यात्मिक श्रेष्ठता का परिचय दिया।

थेरीगाथाएँ स्त्री की स्वतन्त्र पहचान और सामाजिक रूढ़ियों से मुक्ति कामना का ऐतिहासिक दस्तावेज़ हैं। इनमें लैंगिक विषमता का विरोध और घरेलू दायरे की बँधी-बँधाई भूमिकाओं से अलग स्त्री की स्वतन्त्र पहचान निर्मित करने की छटपटाहट स्पष्ट देखी जा सकती है। वे स्त्रियाँ उस दुनिया को पीछे छोड़ चुकी हैं जहाँ सामाजिक और लैंगिक विषमता के साथ पारिवारिक दमन और उत्पीड़न था। सुमंगला माता की लिखी इन पंक्तियों में एक स्त्री के रसोई के क़ैदखाने और पति के क्रूर व्यवहार के जाल से मुक्त होने का सन्तोष और उल्लास देखा जा सकता है,

'आह, मैं मुक्त हुई। / आज विमुख हुई / तीन टेढ़ी चीजों से / ओखली से, मूसल से / अपने कुबड़े पति से / अच्छी विमुक्त हुई। / गया, मेरा निर्लज्ज पति गया / जो मुझे उन छातों से भी / तुच्छ समझता था / जिन्हें वह बनाता था / अपनी जीविका के लिए।'[3]

थेरीगाथाओं में स्त्रियों की सामाजिक भागीदारी, आत्मिक शान्ति और व्यक्तिगत स्वतन्त्रता के गहन अनुभव के काव्यात्मक चित्र हैं। एक थेरीगाथा की पंक्तियाँ हैं, 'ओह सचमुच कितनी आजाद हूँ मैं / ओह यह आजादी कितनी गौरवपूर्ण है / मैं यहाँ चट्टान पर बैठ सकती हूँ / और मैं स्वच्छन्दता से साँस ले सकती हूँ।'[4] स्त्री-पुरुष के बीच भेद करनेवाली यौनिक दृष्टि का विरोध करते हुए थेरियाँ स्वयं को एक भिन्न दृष्टि से देखे जाने की माँग कर रही थीं। सोमा थेरी कहती हैं, 'मैं वैसे ही स्त्री हूँ जैसे कोई पुरुष है – मैं जैसे पुरुष ही हूँ।'[5] यहाँ समानता की झोंक में अपनी नैसर्गिक पहचान भुलाकर पुरुष बन जाने का आग्रह नहीं है, बल्कि स्त्रीत्व की उस सामाजिक निर्मिति का विरोध है, जिसके कारण पुंसवादी समाज में एक स्त्री महज अपनी लैंगिकता के कारण अधीनस्थ और मातहत स्थिति में होती है।

बौद्ध धर्म में ही कई बार भिक्षुणियों का प्रतिभा-स्तर भिक्षुओं से नीचे माना गया है, जिसका कई थेरियों ने विरोध किया। साथ ही उन्होंने भक्ति के क्षेत्र में पुरुषों के विशेषाधिकार का विरोध करते हुए आध्यात्मिक जगत में स्त्री-पुरुष समानता की बात की। इसका उदाहरण एक भिक्षुणी द्वारा मरा को दिये गये जवाब में मिलता है। एक बार ध्यान का अभ्यास कर रही भिक्षुणी का उपहास करते हुए मरा कहता है, उसे द्विअंगुल ज्ञान (चावल पकाते हुए एक दाने को दो अंगुलियों के बीच रखकर उसके पके होने की जाँच करना) तक सीमित रहना चाहिए, इससे ज़्यादा स्त्रियों को जानने की ज़रूरत ही क्या है। उच्च ज्ञान प्राप्त करने का तो भिक्षुओं को ही अधिकार है। भिक्षुणी उसके श्रेष्ठता दम्भ और विशेषाधिकार बोध को चुनौती देते हुए कहती है, 'जिसने ठान लिया हो / उसे कौन रोक सकता है, / ज्ञान की राह पर चल पड़ी मैं / कौन हूँ / पुरुष अथवा स्त्री / मुझे आकाश ('जगह') चाहिए।'[6] कहा जा सकता है कि संघ में प्रवेश मिलने पर स्त्रियों को एक सीमा तक ही सही लेकिन पितृसत्तात्मक जकड़नों से मुक्त होने का अवसर जरूर मिला। थेरीगाथाओं में वैदिक परम्परा से हटकर स्त्री के जीवन-दर्शन और उसकी मुक्तिकामना को पहली बार प्रकट किया गया। इसके माध्यम से थेरियों ने लिंग, वर्ग और जातिगत भेद का विरोध किया।

पुंसवादी सामाजिक संरचना का विरोध और तयशुदा सामाजिक ढर्रे से बाहर निकलकर अपनी स्वतन्त्र अस्मिता तलाशने की बेचैनी प्राचीन और मध्यकालीन भक्त कवयित्रियों के यहाँ प्रखर रूप में दिखाई देती है। आण्डाल, उमा, पार्वती, मुक्ताबाई, बहिणाबाई, सोयराबाई, कान्होपात्र, जनाबाई, झीमाचारणी से लेकर अक्क महादेवी, मीराबाई, राबिया फकीर, सहजोबाई तक भक्त कवयित्रियों की एक लम्बी परम्परा रही है जिन्होंने अपनी कविताओं, पदों, भजनों के ज़रिये वर्गगत, जातिगत और लैंगिक विषमता पर आधारित सामाजिक व्यवस्था का विरोध किया। भक्त कवयित्रियों ने अपने व्यक्तिगत जीवन की पीड़ाओं, दुखों, पारिवारिक और सामाजिक अपमान, उपेक्षा को अपनी रचनाओं में अभिव्यक्त किया। इस अर्थ में उनकी रचनाएँ व्यक्तिगत अभिव्यक्ति की रचनाएँ हैं, जिनसे उस दौर में स्त्री की सामाजिक स्थिति का भी पता चलता है।

स्त्री की व्यक्तिगत अनुभूति को सार्वजनिक बनातीं भक्त कवयित्रियों की रचनाएँ 'जो व्यक्तिगत है वही राजनीतिक है' की आधुनिक नारीवादी चेतना का आख्यान रचती हैं। वे पितृसत्ता के ख़िलाफ़ वैचारिक और राजनीतिक संघर्ष का माध्यम बनती हैं। भक्त कवयित्रियाँ अपनी रचनाओं के ज़रिये पितृसत्ता को निर्मित करने और उसे स्थायित्व प्रदान करने वाली बुनियादी संरचनाओं-संस्थाओं पर सवाल उठाती हैं और व्यक्तिगत स्तर पर उसे अस्वीकार भी करती हैं।

पितृसत्तात्मक व्यवस्था में घरेलू और सार्वजनिक क्षेत्र के बीच बहुत स्पष्ट बँटवारा होता है। इसी आधार पर स्त्री और पुरुष के अलग-अलग कार्य-क्षेत्रों का निर्धारण होता है। इसके तहत सार्वजनिक-सामाजिक क्षेत्र पुरुषों के लिए होता है, जबकि स्त्रियाँ स्थायी रूप से घर की चहारदीवारी में क़ैद होती हैं। निजी और सार्वजनिक के बँटवारे पर पुरुष वर्चस्ववादी व्यवस्था की मजबूती और उसका स्थायित्व निर्भर करता है। भक्त कवियित्रियों की यह उल्लेखनीय विशेषता है कि उन्होंने जीवन-क्षेत्रों के इस बँटवारे को अस्वीकार करते हुए इसके तहत पुरुषों को मिले विशेषाधिकारों को चुनौती दी। उन्होंने सार्वजनिक जीवन में साधिकार प्रवेश कर लिंगभेदीय सामाजिक परिवेश को तोड़ने का प्रयास किया। प्राय: सभी भक्त कवयित्रियों ने साधु-संगति करने, सत्संग में रहकर ज्ञान प्राप्त करने, मन्दिरों आदि सार्वजनिक स्थानों पर भजन-कीर्तन-नृत्य करने का विचार और आचरण के स्तर पर समर्थन किया। यह स्त्री को घर के भीतर क़ैद रखने और उसकी सामाजिक भूमिका को प्रतिबन्धित करने वाली मानसिकता के ख़िलाफ़ उनका खुला विद्रोह था।

सार्वजनिक क्षेत्र की तरह ही ज्ञान-प्राप्ति का क्षेत्र भी पुरुषों के लिए आरक्षित था। यह उनके विशेषाधिकार का क्षेत्र था। भक्त कवयित्रियों ने यहाँ भी पुरुषों के विशेषाधिकार को चुनौती देते हुए अपने आध्यात्मिक ज्ञान और बौद्धिक-तार्किक क्षमता का परिचय दिया। उन्होंने सामाजिक विषमता, धार्मिक रूढ़ियों, कर्मकाण्ड का पुरजोर विरोध किया। इनमें उनकी तार्किक क्षमता प्रखर रूप में सामने आती है। सोयराबाई शारीरिक अशुद्धता के नाम पर दलितों और स्त्रियों को ज्ञान और भक्ति के क्षेत्र से निष्कासित करने का विरोध करते हुए कहती हैं, 'वे कहते हैं कि शरीर अशुद्ध है, / केवल आत्मा शुद्ध है। / लेकिन शरीर की अशुद्धता / शरीर के भीतर ही तो जन्म लेती है।'[7] सामाजिक विषमताओं पर सवाल उठाते हुए आगे वह पूछती हैं, 'किस अनुष्ठान या कर्मकाण्ड से शरीर शुद्ध होता है ?/ सभी जीव रक्तिम गर्भ से ही जन्मे हैं। / यह तो ईश्वर की महिमा है, / कि गन्दगी हमारे भीतर निवास करती है। / शरीर भीतर से ही दूषित है, / यही सच कहती है महारी चोखा।'[8] धार्मिक रूढ़ियों और बाह्याडम्बर का निषेध करते हुए ललद्यद कहती हैं, 'दिखने में सुन्दर चेहरा हृदय पत्थर समान/ उसमें सत्व की बात कभी समाई नहीं। / पढ़ते-लिखते, होंठ और अंगुलियाँ घिस गयीं/ फिर भी तेरी द्वैत भावना दूर हुई नहीं।'[9]

इसी तरह बोंता देवी सामाजिक समानता का दार्शनिक तर्क देते हुए कहती हैं, 'गाँव में जहाँ ब्राह्मण निवास करते हैं,/वही शून्यता/गाँव के बाहर जहाँ होल्या रहते हैं, वही शून्यता/आखिर भेद कहाँ है?[10] इस तरह के तार्किक वचनों द्वारा भक्त कवयित्रियाँ सामाजिक असमानता और यथास्थिति की पोषक स्थापित मान्यताओं को चुनौती दे रही थीं। वे सामाजिक व्यवस्था को कम से कम विचारधारा के स्तर पर ही सही, अस्वीकार कर भक्ति के धरातल पर समानता की बात कर रही थीं। भक्ति उनके लिए वह शरणस्थली थी, जहाँ वे जातिगत, वर्गगत और लैंगिक विषमताओं से मुक्त एक स्वतन्त्र जीवन की कल्पना कर सकती थीं। अक्क महादेवी लिखती हैं कि लोग अपनी जाति और लिंग त्यागकर उससे मुखातिब न हों क्योंकि वे तो भगवान चेन्नामल्लिकार्जुन के साथ एकात्म हो चुकी हैं। सहजोबाई भी ईश्वरीय प्रेम के धरातल पर ऊँच-नीच के भेद को अस्वीकार करते हुए कहती हैं, 'प्रेम दिवाने जे भये, पलटि गयो सब रूप/ सहजो दृष्टि न आवाई, कहाँ रंक कँह भूप।'[11]

भक्त कवयित्रियों ने सामन्ती जकड़नों के ख़िलाफ़ संघर्ष में प्रेम को अपना मुख्य औज़ार बनाया। उन्होंने पारिवारिक-सामाजिक बन्धन, सामन्ती नैतिकता और आचार संहिता को अस्वीकार करते हुए अपनी प्रेमानुभूतियों को, प्रिय से मिलन और

उसके प्रति समर्पण की इच्छाओं को छिपाने के बजाय उसे खुलकर सामने रखा। अधिकतर भक्त कवयित्रियों ने ईश्वर के सगुण रूप के प्रति माधुर्य भाव की व्यंजना की है। उनके माधुर्य वर्णन की दो विशेषताओं की तरफ़ ध्यान जाना चाहिए – पहली, भक्त कवयित्रियों ने अपने आराध्य के प्रति प्रेम और समर्पण भाव को जिस रूप में व्यक्त किया है, वह तत्कालीन सामाजिक नैतिकता के बिलकुल विपरीत पड़ता था। उन्होंने अपने अलौकिक प्रेम की अभिव्यक्ति लौकिक धरातल पर की है। मध्यकालीन भक्त कवयित्रियों में सर्वाधिक चर्चित और विद्रोहिणी मीराबाई अपने प्रिय का जितना सजीव चित्रण अपने पदों में करती हैं उससे सहसा यह मान लेना कठिन होता है कि उनका प्रेमी कोई आध्यात्मिक पुरुष था। ऐसा लगता है कि उनका समूचा भाव निवेदन किसी जीते-जागते लौकिक पुरुष के प्रति है। 'थारो रूप देख्या अंटकी' लिखने वाली मीरा के यहाँ प्राय: ऐसी स्थिति मिलती है कि वे घर में रहती हैं, बाहर प्रिय दिखाई पड़ता है, लेकिन वे जाकर उससे मिल नहीं पातीं और वह चला जाता है।

पद्मावती शबनम ने विरह-वर्णन के पदों को आधार बनाकर यह सिद्ध करने की कोशिश की है कि मीरा में वियोग की जो स्वाभाविक तड़प और प्रिय मिलन की बेचैनी दिखाई देती है उससे उनके किसी लौकिक पुरुष के साथ 'गहरे व्यक्तिगत सम्पर्क की गन्ध आती है।'[12] मीरा के प्रिय की लौकिकता-अलौकिकता पर विवाद हो सकता है लेकिन इतना जरूर कहा जा सकता है कि उन्होंने अपनी प्रेमाभिव्यक्ति द्वारा स्त्री के लिए निर्धारित आचार-संहिता और नियम-कायदों का ठोस यथार्थ के धरातल पर विरोध किया। पितृसत्तात्मक समाज में जहाँ स्त्री केवल एक देह के रूप में पुरुष की सम्पत्ति होती है, जिसकी अपनी कोई इच्छा-आकांक्षा नहीं होती है, भक्त कवयित्रियों ने स्त्री के लिए प्रेम करने के अधिकार की बात की। उसके लिए अपने हिसाब से जीवन जीने और अपने फैसले ख़ुद लेने के साहस और सबलता की बात की।

भक्त कवयित्रियों के माधुर्य वर्णन की दूसरी विशेषता है कि उनका प्रेम कोई अतीन्द्रिय प्रेम नहीं था। उसमें मनुष्योचित सुख कामनाएँ थीं। उनके विरह वर्णन में प्रेम के उद्वेग की गहन अनुभूति है और कई बार उद्धत कामचेतना के मांसल दृश्य भी मिलते हैं। आण्डाल एक जगह कहती हैं, 'मेरे अश्रु की बूँदें/ टपक रही हैं मेरे स्तनों पर/ और मैं विह्वल हो रही हूँ/ मेरे स्त्रीत्व का इस तरह नाश होते देखना ही/ क्या है तुम्हारा बड़प्पन? उनसे कहो/ मेरी उत्कण्ठा है कि/ मेरे तरुण स्तनों

की कामना कर/ प्रभु अपने सुनहरे शरीर से करें इनका आलिंगन।'[13] ऐसे वर्णनों के द्वारा स्त्री की यौन इयत्ता को नकारने और उसे यौन-सम्बन्धों में निष्क्रिय साथीदार (पैसिव पार्टनर) मानने की धारणा खण्डित होती है। भक्त कवयित्रियों ने पहली बार स्त्री की यौनिकता पर उसके अपने नियन्त्रण और उसकी यौन-इच्छा की पुरजोर दावेदारी पेश की। उनके काव्य में ऐन्द्रिक बोध का निषेध इसलिए नहीं है क्योंकि वे जीवनबोध का निषेध नहीं करतीं। उनकी कविताएँ जीवन से गहरे लगाव की कविताएँ हैं।

दरअसल सम्पूर्ण भक्ति आन्दोलन ही जीवन की स्वीकृति का आन्दोलन है। उसमें अध्यात्म का महत्त्व है तो जीवन का महत्त्व भी है। भक्त कवियों ने कभी भी जीवन के ऊपर संन्यास अथवा मोक्ष को महत्त्व नहीं दिया। सूरदास जब ब्रजभूमि में कृष्णलीला-दर्शन के सुख के सामने मोक्ष को तुच्छ ठहराते हैं तो वे इसी जीवन के महत्त्व का दर्शन स्थापित करते हैं। इसी तरह सातवीं शती की तमिल नायनार भक्त कवयित्री कारइक्कल अम्माइयार भी मनुष्य जीवन का महत्त्व स्वीकार करते हुए कहती हैं, 'मेरा इस शरीर में जन्म हुआ है/ इसीलिए सम्भव हुआ हे ईश्वर/ तुमसे कर सकी इतना भावपूर्ण प्रेम/ मैं पहुँच सकी/ तुम्हारे मेहँदी रँगे लाल चरणों के पास।'[14]

कई विचारकों का मानना है कि भक्त कवयित्रियों ने लौकिक जगत में भले ही पुरुष वर्चस्व का विरोध किया हो, लेकिन आध्यात्मिक संसार में उन्होंने ईश्वर के रूप में पुरुष की सत्ता में अपना पूर्ण विलयन कर दिया। इस तरह उन्होंने जाने-अनजाने अपनी रचनाओं में पितृसत्तात्मक मूल्य-व्यवस्था को मजबूत किया। यह भूलना नहीं चाहिए कि मध्यकाल का समूचा वैचारिक संघर्ष धर्म के आवरण में धार्मिक मिथकों, प्रतीकों और वक्तव्यों के ज़रिये लड़ा जा रहा था। उस दौर में स्त्री की अनुभूतियों की सही पहचान के लिए जरूरी है कि उस पर से धार्मिक आवरण हटाकर देखा जाये। भक्त कवयित्रियों ने ईश्वर रूपी पुरुष की सत्ता को स्वीकार किया, इससे कहीं ज़्यादा महत्त्वपूर्ण तथ्य यह है कि उन्होंने एक घोर सामन्ती और पुरुष वर्चस्ववादी समाज में पति-पुरुष की सत्ता को अस्वीकार कर दिया था। पितृसत्तात्मक समाज में जहाँ स्त्री बेटी, पत्नी, माँ, रखैल के रूप में केवल पुरुष सन्दर्भों में ही उपस्थित रहती है, भक्त कवयित्रियों ने पुरुष सन्दर्भ से अलग अपनी स्वतन्त्र अस्मिता की तलाश और स्थापना की कोशिश की।

यह भी समझा जाना चाहिए कि कुछेक प्रतिक्रियावादी गतिविधियों को छोड़ दें

तो स्त्रीवाद कभी भी पुरुष मात्र का विरोधी नहीं रहा है। उसने पुरुषसत्ता, वर्चस्ववाद और अधिनायकशाही का विरोध किया है। इसके साथ ही उसने हमेशा एक ऐसे संवेदनशील, विनम्र, लोकतान्त्रिक पुरुष की कल्पना की है, जो शासक नहीं, साथी हो, मालिक नहीं, मित्र हो। भक्त कवयित्रियों ने लौकिक जगत में सामन्ती पुरुष की सत्ता और उसके वर्चस्व को अस्वीकार करते हुए अपने आराध्य के रूप में इसी साथीदार पुरुष की कल्पना की। उनके यहाँ आराध्य के प्रति एकनिष्ठ समर्पण की बात है तो उसकी कठोरता के प्रति खीझ भी है, उसके लिए उलाहने भी हैं। यह सम्बन्धों में बराबरी की कल्पना है। भक्त और भगवान के एक समान भूमि पर प्रतिष्ठित होने का सुन्दर उदाहरण जनाबाई के अभंग पदों में मिलता है जहाँ उनके विठोबा गोबर इकट्ठा करने, अनाज पीसने, कपड़े धोने जैसे कार्यों से लेकर उनके बालों से जूएँ निकालने तक में उनकी मदद करते हैं। वे लिखती हैं, 'जनी फर्श बुहार रही है / और विठोबा कूड़ा इकट्ठा कर रहे हैं।'[15]

भक्त कवयित्रियों ने भक्ति के माध्यम से उन सारी वर्जनाओं, रीति-रिवाजों को अस्वीकार करते हुए उनका विरोध किया जो स्त्री को पराधीन बनाते हैं और पितृसत्ता को संस्थागत स्वरूप प्रदान करते हैं। इस पर ध्यान जाना चाहिए कि अधिकांश भक्त कवयित्रियों ने परिवार, विवाह, गृहस्थी जैसी संस्थाओं को अस्वीकार कर दिया था। वह चाहे अण्डाल हों, अक्क महादेवी हों या मीराबाई, सभी ने पत्नी, माँ, सेविका जैसी स्त्री की पारम्परिक भूमिकाओं को त्याग दिया था। वे सांसारिक पति के अस्तित्व को भी पूरी तरह अस्वीकार करती हैं। भक्त कवयित्रियाँ जब परिवार, गृहस्थी जैसी संस्थाओं को भी अस्वीकार करती हैं तो असल में वे वैवाहिक जीवन के नियन्त्रणों को अस्वीकार कर रही थीं। उनके इस अस्वीकार से वे सामाजिक संरचनाएँ भी कहीं न कहीं टूटती या कमजोर होती हैं जो पितृसत्ता की आधारभूत संरचनाओं का निर्माण करती हैं।

मीरा के लिए उनके कृष्ण ही एकमात्र पूर्ण पुरुष हैं, जिन्हें पाकर उनका जीवन सफल हो गया, वे बार-बार अपने काव्य में दोहराती हैं कि उनके आराध्य प्रियतम के अलावा संसार में कोई दूसरा पुरुष ही नहीं है, जिसका वे वरण कर सकें। यह उस दौर में पुरुष सत्ता के ख़िलाफ़ मीरा का खुला विद्रोह है। इस पर भी ध्यान देना चाहिए कि मीरा जब स्वयं को कृष्ण की चाकर अथवा दासी कहकर पुकारती हैं तो असल में वे पुरुष सत्ता के सामने आत्मसमर्पण नहीं करतीं, अपने युग की समस्त वर्चस्ववादी सत्ताओं से, फिर चाहे वह राजसत्ता हो, धर्म सत्ता अथवा पुरुष सत्ता,

अपनी स्वतन्त्रता की उद्घोषणा करती हैं कि हम तुम्हारे नहीं बल्कि कृष्ण के चाकर हैं। कृष्ण को एकमात्र पुरुष मानकर उनके चरणों में समर्पण असल में वर्चस्ववादी व्यवस्था के ख़िलाफ़ विद्रोह का एक अन्यतम रूप है। यह जैसे अपने को खोकर अपने को पूरा पा लेना है। वर्चस्ववादी, संकीर्ण सामाजिक व्यवस्था से मुक्त होकर, किसी भी लौकिक पुरुष अथवा सत्ता के बजाय उच्च मानवीय मूल्यों के प्रति स्वयं को समर्पित करना है।

भक्त कवयित्रियों द्वारा सांस्कृतिक बन्धनों के अस्वीकार का एक प्रबल उदाहरण उनके द्वारा पर्दा-प्रथा का निषेध है। अक्क महादेवी निर्वस्त्र होकर भ्रमण करती थीं, जिसके कारण उन्हें समाज में कुलटा और चरित्रहीन समझा जाता था। मीरा ने न केवल सती प्रथा का विरोध करते हुए अपने जीवन के अधिकार की पुरजोर दावेदारी की थी, पर्दा-प्रथा को भी अस्वीकार कर दिया था। उनके यहाँ बार-बार यह बात आती है कि उन्होंने घूँघट का त्याग कर दिया है, घूँघट वस्तुतः पुरुष वर्चस्व और सामन्ती इज्जत का प्रतीक है। पितृसत्तात्मक समाज में किसी कुल की उच्चता और सम्मान इस बात से तय होती है कि उसकी स्त्रियाँ कितने पर्दे में रहती हैं। जितना ऊँचा कुल, उतना लम्बा घूँघट।

इसके साथ ही घूँघट निजी और सार्वजनिक परिवेश की सीमाओं को तय करने और इसी आधार पर स्त्री को निजी दायरे तक सीमित रखने का माध्यम भी है। भक्त कवयित्रियों ने घूँघट का त्याग करके निजी और सार्वजनिक के विभाजन को अस्वीकार कर दिया था। साथ ही उन्होंने सामन्ती प्रतिष्ठा को स्त्री की मर्यादा और अच्छे आचरण का पर्याय मानने वाली मानसिकता पर भी प्रहार किया था। उन्होंने घूँघट के साथ साज-शृंगार और आभूषणों का भी त्याग कर दिया था। मीरा कहती हैं, 'गहणा गाँठि हम सब त्याग्यां, त्याग्यो कर रो चूड़ो। काजल टीका हम सब त्याग्यां, त्याग्यो छै बाँधन जूड़ो।'[16] असल में साज-शृंगार और आभूषण स्त्री को पुरुष के भोग की सामग्री बनाते हैं। उसके समूचे अस्तित्व को केवल शारीरिक सौन्दर्य तक सीमित कर देते हैं, जहाँ व्यक्तिगत आभा के लिए कोई जगह नहीं होती। इसीलिए भक्त कवयित्रियों ने लौकिक शृंगार का त्याग करते हुए अपने अनूठे आध्यात्मिक शृंगार, यानी मन और आत्मा को सुन्दर बनाने की बात की।

यह ऐतिहासिक तथ्य है कि भक्त कवयित्रियों के लिए भक्ति का रास्ता आसान नहीं था। उन्हें इसके लिए सामाजिक-पारिवारिक विरोध का सामना करना पड़ रहा था। अक्क महादेवी के पदों से स्पष्ट होता है कि वे अपने आराध्य शिव के लिए

तमाम सारे सामाजिक विरोध और अपमान सहती हैं। इसी तरह मीरा भी बार-बार राणा के क्रुद्ध होने और सास-ननद द्वारा अपमानित किये जाने की बात कहती हैं। उनके प्रेम में पूरा परिवार बाधा पहुँचाता है, 'हेली म्हांसू हरि बिन रह्यो न जाये / सास लड़े मेरी ननद खिझावै, राणा रह्या रिसाय / पहरो भी राख्यो चौकी बिठारयो, तालो दियो जड़ाय।'[17] मीरा ने राजघराने के पुरुषों के अलावा स्त्रियों द्वारा भी किये जा रहे उत्पीड़न की चर्चा की है। उनके इन पदों के समाजशास्त्रीय विश्लेषण के ज़रिये समझा जा सकता है कि पितृसत्तात्मक व्यवस्था के अन्तर्गत सभी स्त्रियाँ समान रूप से मातहत स्थिति में अथवा उसकी निरीह शिकार भर ही नहीं होतीं, बल्कि कई बार उसके पुनरुत्पादन में भी उनकी भूमिका होती है।

व्यवस्था-विद्रोही बिगड़ी स्त्रियों के विद्रोह को कुचलने और उन्हें सही रास्ते पर लाने के लिए सामन्ती व्यवस्था के पास तरह-तरह की रणनीतियाँ होती हैं। कभी तरह-तरह के प्रलोभनों और स्त्री-धर्म के आदर्शों का बखान कर विद्रोही स्त्रियों के मानसिक अनुकूलन की कोशिश की जाती है। मीरा की ननद ऊदाँ समझाते हुए कहती हैं, 'छापा तिलक गलहार उतारो, पहिरो हार हजारी / रत्न जड़ित पहिरो आभूषण, भोगो भोग अपारी।'[18] कभी उन्हें 'बिगड़ी', 'कुलनाशिनी' आदि कहकर निन्दित और अपमानित किया जाता है। लेकिन जब इन दोनों रास्तों से बात नहीं बनती तो उनके ख़िलाफ़ प्रत्यक्ष हिंसा का सहारा लेने से भी गुरेज नहीं होता। राणा द्वारा मीरा को विष देकर मार डालने की साजिश इसी प्रत्यक्ष हिंसा का प्रमाण है। लेकिन फिर भी मीरा का प्रेम और उसके लिए उनका सामाजिक विद्रोह अचूक बने रहते हैं।

यह अजीब विडम्बना है कि एक स्वतन्त्रचेता स्त्री के ख़िलाफ़ सबसे पहले उसका परिवार और समाज ही विरोधी की भूमिका में खड़ा हो जाता है। भक्त कवयित्रियों के पदों से स्पष्ट होता है कि उनके लिए भक्ति मार्ग की बाधक शक्तियाँ, भक्तिकाल के अन्य कवियों की तरह, लालची इन्द्रियाँ या चंचल मन नहीं हैं। उन्होंने तो माया के साधनों, सुख और विलास की चीजों को ख़ुद छोड़ दिया था। अक्क महादेवी कहती हैं कि 'वे सूखे पत्ते चबाकर रहेंगी / छुरी की धार पर सोयेंगी।' मीरा भी कहती हैं कि उन्होंने खाने-पीने व पहनने-ओढ़ने की तमाम विलासिता का परित्याग कर दिया।

भक्त कवयित्रियों के लिए उनके प्रेममार्ग की सबसे बड़ी बाधा स्वयं राजसत्ता और पुरुषसत्ता थी। सत्ता के सामाजिक आधार थे। लेकिन प्रेममार्ग पर तो सत्ता

का भय लेकर नहीं चला जा सकता। कबीर से शब्द उधार लेकर कहें तो, 'प्रेम गलि अति सांकरी' होती है, जहाँ एकनिष्ठ प्रेम और सत्ता का भय एकसाथ 'दो न समाहीं।' इसलिए भक्त कवयित्रियाँ अपनी एकनिष्ठ प्रेम साधना के लिए ख़ुद को सत्ता के भय से मुक्त कर लेती हैं।

पितृसत्तात्मक समाज में आमतौर पर स्त्री के लिए सबसे बड़ी बाधा लोकलाज की होती है। इसी का भय दिखाकर उसकी सामाजिक भागीदारी को नियन्त्रित किया जाता है। उसे घर की चहारदीवारी में क़ैद रखा जाता है। परिवार, कुल-खानदान की मर्यादा की पोटली स्त्री के माथे ही धरी होती है। यह अन्दाज़ा लगाया जा सकता है कि मीरा के लिए यह कितना कठिन रहा होगा जब उन्होंने सामन्ती मान-मर्यादा, लोक में अच्छी और भली औरत कहलाने का मोह त्यागकर अपना स्वतन्त्र निर्णय लागू किया होगा। इस निर्णय के बाद ससुराल और नैहर का आसरा तो छूटा ही, समाज ने 'कुलनाशिनी', 'बावली', 'बिगड़ी' जैसे तमगे भी दे डाले। लेकिन मीरा की संकल्प शक्ति, उनका एकनिष्ठ प्रेमभाव पितृसत्ता, सामाजिक सत्ता और राजसत्ता सब पर भारी है। मीरा इन सबसे अकेली लड़ती हैं और जीतती भी हैं, 'आधे मीराँ एकली रे, आधे राणा की फौज / काम क्रोध को डाल केरे, शील किये हथियार / जीती मीराँ एकली रे, हारी राणा की धार।'[19]

मीरा पर प्रेम में पड़कर लाज/शील गँवाने का आरोप है। लेकिन मीरा इसी शील को समाज के ख़िलाफ़ अपनी लड़ाई का हथियार बनाती हैं। जाहिर है, पितृसत्ता द्वारा परिभाषित 'स्त्रियोचित शील' से मीरा का यह वैयक्तिक शील अलग है। अपने इसी शील के सहारे मीरा समाज से लड़ती हैं और उसे अपना तथाकथित शील बचाने की चुनौती देती हैं। पुरुष वर्चस्वी समाज में पर्दा स्त्रियोचित आभूषण माना जाता है। यह उसका ऐसा सुरक्षा कवच होता है, जो स्वयं स्त्री की घेरेबन्दी करता है। मीरा इस पर्दे को समाज के मुँह पर दे मारती हैं कि जिन्हें अपने ऊपर खतरा लगता हो वे पर्दा कर लें। यह जैसे दुश्मन को उसी के हथियार से चित करने का उपाय है।

इस तरह भक्तिकालीन स्त्री रचनाशीलता की समृद्ध परम्परा के सूक्ष्म अध्ययन से यह स्पष्ट होता है कि कोई भी वर्चस्ववादी व्यवस्था एकदम से निरापद नहीं होती। उसके ख़िलाफ़ असन्तोष और प्रतिरोध की आवाजें किसी न किसी रूप में हमेशा उठती रहती हैं। भक्त कवयित्रियों ने जिस तरह सामन्ती-पितृसत्तात्मक व्यवस्था को चुनौती दी, व्यक्तिगत स्तर पर उसका प्रतिकार किया, वह अपनी युगीन सीमाओं के भीतर एक क्रान्तिकारी क़दम था। भक्ति और अध्यात्म उनके लिए एक ऐसी

दुनिया थी, जहाँ वे अपनी आकांक्षाओं को मूर्त होते देख सकती हैं। काव्य-रचना के सीमित संसार में ही सही, लेकिन वे आजाद होकर जी सकती थीं, प्रेम कर सकती थीं। कहना होगा कि उनके प्रेमपरक पदों में उनकी मुक्ति की छटपटाहट व्यक्त हुई है। प्राचीन और मध्यकालीन कवयित्रियों ने अपनी अनुभूति में व्यापकता लाते हुए एक समृद्ध विरासत छोड़ी, जिसकी बुनियाद पर आधुनिक युग में स्त्री आन्दोलन और विमर्श का पूरा ढाँचा खड़ा होता है।

सन्दर्भ :

1. चक्रवर्ती, उमा, जाति समाज में पितृसत्ता, ग्रन्थशिल्पी प्रकाशन, नयी दिल्ली, पहला संस्करण, 2011,पृ॰ 90
2. थापर, रोमिला, भारत का इतिहास, राजकमल प्रकाशन, नयी दिल्ली, बारहवाँ संस्करण, 1989,पृ॰ 59
3. उद्धृत, अनामिका, मन मांझने की जरूरत, सामयिक प्रकाशन, नयी दिल्ली, दूसरा संस्करण, 2008, पृ॰ 43
4. वही, पृ॰ 44
5. वही, पृ॰ 42
6. उद्धृत, उमा चक्रवर्ती, जाति समाज में पितृसत्ता, ग्रन्थशिल्पी प्रकाशन, नयी दिल्ली, पहला संस्करण, 2011, पृ॰ 91
7. वही, पृ॰ 94
8. वही, पृ॰ 95
9. शम्भुनाथ, भक्ति आन्दोलन और उत्तर धार्मिक संकट, वाणी प्रकाशन, नयी दिल्ली, पहला संस्करण, 2023, पृ. 513
10. उद्धृत, रामास्वामी, विजय, वर्किंग नेकेडवीमेन : सोसाइटी, स्पिरिचुयलिटी इन साउथ इंडिया, भारतीय उच्च अध्ययन संस्थान, शिमला, पहला संस्करण, 1996, पृ. 117
11. उद्धृत, उमा चक्रवर्ती, जाति समाज में पितृसत्ता, ग्रन्थशिल्पी प्रकाशन, नयी दिल्ली, पहला संस्करण, 2011, पृ॰ 97
12. शबनम, पद्मावती, मीराँ एक अध्ययन : लोकसेवक प्रकाशन, बनारस, पहला संस्करण,1950, पृ॰ 136
13. उद्धृत, रामास्वामी, विजय, वर्किंग नेकेडवीमेन : सोसाइटी, स्पिरिचुयलिटी इन साउथ इंडिया, भारतीय उच्च अध्ययन संस्थान, शिमला, पहला संस्करण, 1996, पृ॰ 116
14. शम्भुनाथ, भक्ति आन्दोलन और उत्तर धार्मिक संकट, वाणी प्रकाशन, नयी दिल्ली, पहला संस्करण, 2023, पृ. 480
15. उद्धृत, उमा चक्रवर्ती, जाति समाज में पितृसत्ता, ग्रन्थशिल्पी प्रकाशन, नयी दिल्ली,पहला संस्करण, 2011, पृ॰ 95

16. शबनम, पद्मावती, मीराँ एक अध्ययन : लोकसेवक प्रकाशन, बनारस, पहला संस्करण,1950, पृ॰ 316
17. वही, पृ॰ 310
18. वही, पृ॰ 312
19. वही, पृ॰ 313